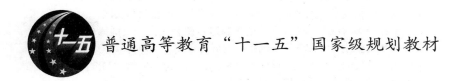

普通高等教育"十一五"国家级规划教材

电控发动机原理与检测技术

第 2 版

张葵葵　主编
夏富民　参编

机械工业出版社

本书是普通高等教育"十一五"国家级规划教材《电控发动机原理与检测技术》的第 2 版，适合高职高专及技师类院校汽车检测与维修技术、汽车电子技术、汽车制造与试验技术等专业的教学与实践，也可以作为汽车经销店内汽车修理人员、整车制造厂试验岗位人员的入门参考书。本教材系统概述了电控汽油发动机的发展历程和发展趋势，详细讲述了电控汽油发动机的进气系统、燃油供给系统、进气道燃油喷射和缸内燃油直接喷射、点火系统、排放控制系统、随车诊断系统、尾气检测、辅助控制系统的功能及组成与工作原理，以工作任务方式展示了故障诊断思路和检测方法，并介绍了示波器的使用方法，梳理了如何针对电控汽油发动机故障现象进行故障原因分析，总结了电控汽油发动机的故障诊断方法。本教材通俗易懂、内容新颖、技术含量高，适用于目前所有配置汽油发动机的轿车，乃至满足国六和欧Ⅵ排放标准的新型发动机。

图书在版编目（CIP）数据

电控发动机原理与检测技术/张葵葵主编. —2 版. —北京：机械工业出版社，2021.8

普通高等教育"十一五"国家级规划教材
ISBN 978-7-111-68588-3

Ⅰ.①电… Ⅱ.①张… Ⅲ.①汽车－电子控制－发动机－理论－高等学校－教材②汽车－电子控制－发动机－检测－高等学校－教材 Ⅳ.①U472.43

中国版本图书馆 CIP 数据核字（2021）第 128443 号

机械工业出版社（北京市百万庄大街 22 号　邮政编码 100037）
策划编辑：赵海青　　责任编辑：赵海青　丁　锋
责任校对：张　征　　封面设计：王　旭
责任印制：李　昂
北京圣夫亚美印刷有限公司印刷
2021 年 10 月第 2 版第 1 次印刷
184mm×260mm　·28.25 印张·699 千字
0 001—1 900 册
标准书号：SBN 978-7-111-68588-3
定价：69.90 元

电话服务　　　　　　　　网络服务
客服电话：010-88361066　　机　工　官　网：www.cmpbook.com
　　　　　010-88379833　　机　工　官　博：weibo.com/cmp1952
　　　　　010-68326294　　金　书　网：www.golden-book.com
封底无防伪标均为盗版　　机工教育服务网：www.cmpedu.com

前言 FOREWORD

《电控发动机原理与检测技术》是"十一五"国家级规划教材，主要针对乘用车汽油发动机电控技术进行讲解，是一本与发动机检测与维修操作相结合的实用教材。教材结构按发动机电控系统的核心结构组织编写，具有连贯性，可帮助学习者进行思考和推理，培养汽车发动机故障诊断的高级思维。

2011年至2020年，中国汽车市场的年平均增长率放缓，在这个阶段，乘用车开始普及汽油直喷技术、可变气门正时、废气涡轮增压、二次空气喷射、独立点火等技术，以减小发动机尺寸，提高发动机动力，降低排放。此阶段汽车排放标准已有国六标准出现。教会学习者尾气排放检测，并能对检测结果进行分析，阐明发动机问题的可能性，这项技能就显得尤为重要了。第2版教材补充了这些技术，在原有丰田车系技术的基础上，参阅了德国车系技术，补充了相关故障码、数据流及故障原因分析和检测方法，普及如何用示波器进行故障检测。本教材能指导学习者完成汽车发动机控制系统诊断和故障排除的实践，帮助学习者熟悉工作流程和诊断技巧。

本教材仍保留将引导文教学法嵌入到教材中。教材内每个知识点都设有工单，通过将某一完整的发动机电控系统检测维修工作过程以详细的引导文列出，让学生在设定的工作环境下主动参与实际的操作过程，使教师的"授"转变为"导"，有利于帮助学生分析发动机的工作过程，从而把理论知识、实践技能与实际应用环境紧密结合在一起。学生通过完成每个任务的工单和单元复习题，来进行理论和实践学习效果的全面评价。

第2版教材符合全国高职高专汽车检测与维修技术专业教学标准要求，全面融入了全国高职高专组装备制造类汽车检测与维修职业技能大赛中发动机电控系统赛项所涵盖的知识点和技能点，与第1版相比内容进行了以下更新：

1）单元1：增加了 MED – Motronic 概念，梳理了至2021年为止我国与国际的主要汽车排放标准，描述了汽油发动机电控技术近些年的发展趋势。

2）单元2：补充了传感器相关故障码和数据流，从传感器信号电压超出正常范围、传感器输入信号变化不正常、传感器电路间歇工作等方面分析故障现象及原因。更新了热模式 MAF、电容式 MAP、德尔福第二代 ETC 技术。增加了动力传动故障指示灯 EPC 或 VSC 灯、电控节气门系统的控制功能、ETC 系统功能完整性实现策略、ETC 系统失效模式和影响等新知识。

3）单元3：在电动燃油泵原有的电阻调速控制和脉宽调制控制方式基础上，补充了功率调节和按需调节工作原理的介绍，新增燃油液位计算与故障设置、燃油液位相关故障码和数据流的内容，以及燃油系统监控数据流、燃油系统状态、燃油系统压力相关数据流、喷油正时数据流等。

4）单元4：新增电控汽油机缸内直喷系统技术描述，能让学习者不再混淆以下这些概念：TSI、TFSI 和 FSI。了解缸内直接喷射—双喷油系统的工作模式和特点，学会如何维护保养直喷发动机，能正确读取直喷喷油器的电压波形含义。

5）单元5：对电控点火系统的知识点和技能点进行了修订和完善，并举例示范如何用示波器连接检测点火波形，补充对初级点火波形的问题分析。

6）单元6：补充了燃油修正过高或过低的原因、催化转化器转化效率监测、影响TWC的转化效率的原因、基于STFT和LTFT进行故障诊断的案例、空燃比传感器的结构与工作原理、空燃比传感器的检测、与氧传感器相关的故障码、OBDⅡ系统对加强EVAP控制系统的监测方法、EVAP系统故障诊断、OBDⅡ系统对废气再循环系统的监测、废气再循环系统故障诊断、废气再循环系统的故障检测方法、OBDⅡ系统与二次空气喷射相关故障码和数据流等。

7）单元7：增加了传统气门传动机构知识，能让可变气门正时控制系统从传统气门机构的演变更清晰地展现给学习者。另外，对可变气门正时技术的梳理更全面更系统，增加了可变排量系统、谐波增压可变进气系统、电子废气涡轮增压等知识，完善了诊断操作。

8）单元8：完善了OBDⅡ系统故障码含义、故障码优先级别、冻结帧数据内容，尤其是对动力系统"P"开头的故障码进行了详细说明。归纳了OBD诊断的故障范围（电路/开路、范围/性能、电路低、电路高）和诊断模式。强调了诊断系统中"监视器""驱动循环""故障指示灯"启用的条件，对故障诊断更见精细。

9）单元9：新增的单元，对美国、欧洲、中国排放标准的发展进行了展示，让学习者能深入理解汽车排放检测的重要性。描述了无载荷检测法（怠速法、双怠速法）、有载荷检测法（稳态工况法、瞬态工况法、简易工况法）的检测步骤和排气污染物排放限值，重点阐述了五气体分析仪的检测范围，讲解了如何判断检测结果和分析故障原因，对实际尾气检测操作具有现实指导意义。

10）单元10：新增单元，让学习者学会如何设置和调整示波器，能使用示波器和电流钳进行电路诊断，能分析波形。

11）单元11：新增单元，让学习者学会根据症状判断发动机的性能问题，能列出发动机加速迟滞、发动机怠速不稳、发动机起动困难、发动机能起动但无法着车、发动机回火、发动机动力不足、燃油经济性差的可能原因。

12）单元12：新增单元，让学习者能按漏斗型诊断过程进行故障诊断，对疑难故障诸如间歇性熄火问题、未读取到故障码、重复发生故障或同时出现多个故障、涉及总线系统、无钥匙进入与一键起动和防盗系统对发动机故障的关联和诊断进行了详细讨论。

本教材既是一本全面的参考书，又是一本高效、实用的教科书。

本书由张葵葵主编，夏富民参编。

缩略语

ABS Anti-Lock Brake System　防抱死制动系统
AC Alternative current　交流电
A/C Air Conditioning　空调
A/F Aire Fuel Ratio　空燃比
AFR Aire Fuel Ratio　空燃比
AFC Air Flow Control　空气流量控制
AFM Air Fuel Meter　空气计量
APP Accelerator Pedal Position　加速踏板位置
AIR Air-injection Reaction　空气喷射反应
AIR_RDY Secondary Air System Monitoring Ready　二次空气系统监控就绪
AIR_SUP Secondary Air System Monitoring Supported　二次空气系统监控支持
BARO Barometric Pressure　大气压力
BCM Body Control Modulel　车身控制模块
BIN Both the certification limits　认证限值
BTDC Before Top Dead Center　上止点前
CA Crankshaft Angle　曲轴转角
CAN Controller Area Network　控制局域网
CALID Calibration Identification　校准标识
CARB California Air Resources Commission　美国加州空气资源委员会
CAT_RDY Catalyst Monitoring Ready　催化转化器监视已就绪
CAT_SUP Catalyst Monitoring Supported　支持催化转化器监视
CCM_SUP Comprehensive Component Monitoring Supported　支持全面的组件监控
CCM_RDY Comprehensive Component Monitoring Ready　全面组件监控就绪
CFI Center Fuel Injection　中央燃油喷射
CGW Central Gateway Module　中央网关模块
CID Cylinder Identification　气缸识别
CKP Crankshaft Position　曲轴位置
CL Closed Loop　闭环
CLD Chemiluminescence　化学发光
CMP Camshaft Position　凸轮轴位置
CO Carbon Monoxide　一氧化碳
COP Coil on Plug　线圈火花塞
CR Compression Ratio　压缩比

CSI Cylinder – specific Injection　缸内喷射
CVN Calibration Verification Number　校准验证号
DC Direct current　直流电
DEFI Digital Electronic Fuel Injection　数字电子燃油喷射
DI Direct Injection　直接喷射
DLC Data Length Code　数据长度代码
DLI DistributorLess Igniton　无分电器点火
DOD Displacement on Demand　按需排量
DPFE Delta Pressure Feedback　Delta 压力反馈
DPFE Differential Pressure Feedback Exhaust Sensor　差压反馈排气传感器
DLC Data Length Code　数据长度代码
DSO Digital Storage Oscilloscope　数字式示波器
DTC Diagnostic Trouble Code　故障诊断码
DTCFRZF DTC that Caused Required Freeze Frame Data Storage　导致所需定格数据存储的故障诊断码
DTM Diagnostic Test Mode　诊断测试模式
DUT Device Under Test　正在测试的设备
EBC Electronic Brake Control　电子制动控制
ECCS Electronic Concentrated Control System　电子集中控制系统
ECE Economic Commission of Europe　欧洲经济委员会
ECT Engine Coolant Temperature　发动机冷却液温度
ECM Engine Control Module　发动机控制单元
ECU Electronic Control Unit　电控单元
ECUSIM Electronic Control Unit Simulation（used to stimulate the DUT）　电控单元仿真（用于仿真 DUT）
EEC European Community　欧共体
EFI Electronic Fuel Injector　电控燃油喷射
ELS Emergency Lighting System　应急照明系统
EOBD European On – Board Diagnostic　欧洲车载诊断
EPA Environmental Protection Agency　环境保护局
EPC Electronic Power Control　电功率控制
EGR Exhaust Gas Recirculation　废气再循环
EGR_RDY：EGR and/or VVT System Monitoring Ready　EGR 或 VVT 系统监视已就绪
EGR_SUP：EGR and/or VVT System Monitoring Supported　支持 EGR 或 VVT 系统监视
ETC Electronic Traction Control　电子牵引控制
ETC Electronic Throttle Control　电子节气门
ETCS Electronic Traction Control System　电子牵引力控制系统
ETCS Electronic Throttle Control　电子节气门控制系统
EU European Union　欧盟

EVR Electronic Vacuum Regulator   电控真空调节器
EVAP_RDY Evaporative System Monitoring Ready   蒸发系统监视已就绪
FP Fuel Pressure   燃油压力
FPC Fuel Pump Control   燃油泵控制
FLI：Fuellevelinput   燃油液位输入
FLSU Fuel Level Sending Unit   燃油液位发送单元
FTP Fuel Tank Pressure   燃油和蒸气压力
FTP Federal Test Procedure   联邦测试规程
FUEL COMP：Fuel Monitor Completion Condition Counts   燃油监视完成计数
FUEL_SUP：Fuel System Monitoring Supported   支持燃油系统监视
FUEL_RDY：Fuel System Monitoring Ready   燃油系统监视就绪
FUEL SYS1：Fuel System 1 Status   燃油系统1状态
FRZF Freeze Frame Data Storage   冻结帧数据存储
FT Fuel Trim   燃油修正
GDI Gasoline Direct Engine   直喷发动机
GHG Greenhouse Gas Emission   温室气体排放
g/mi Grams Per Mile   克/英里
GVWR Gross Vehicle Weight Rating   车辆额定总重
HCAT_RDY Heated Catalyst Monitoring Ready   催化转化器加热监视已就绪
HCAT_SUP Heated Catalyst Monitoring Supported   支持催化转化器监视
HEV Hybrid Electric Vehicle   混合电动汽车
HOV High－occupancy vehicle lane   高占用车道
HTR_RDY Oxygen Sensor Heater Monitoring Ready   氧传感器加热监视已就绪
HTR_SUP Oxygen Sensor Heater Monitoring   氧传感器加热监视
HSC High Speed CAN   高速CAN总线
IAT Intake Air Temperature   进气温度
IAC Idle Air Control   怠速空气控制
IC Integrated Circuit   集成电路
ICM Ignition Control Module   点火控制模块
ID Identification（number）   标识码
IFI Indirect FuelInjection   间接燃油喷射
IGT Ignition Timing   点火正时
IGF Ignition Feedback   点火反馈
IMTV Intake Manifold Tuning Valve   进气歧管调节阀
I/M Inspection and Maintenance   检查与维护
IMTV Intake Manifold Tuning Valve   进气歧管调节阀
IMRC Intake Manifold Runner Control   进气歧管流道控制
IR Infrared Radiation   红外辐射
ISIM Ion－sensing Ignition Module   离子感应点火模块

ISO International Standards Organization　国际标准化组织

KAM　活性存储器

Kbps Kilobits per second　每秒千位数

KOEO Key ON，Engine OFF　打开点火开关发动机不发动

KWP Key Word Protocol　关键字协议

LCD Liquid Crystal Display　液晶显示器

LOAD_PCT Load Percent　负载百分率

LOT Light – off Time　起燃时间

LTFT Long Term Fuel Trim　长期燃油修正

MAF Mass Air – Flow　空气质量流量

MAP Manifold Absolute Pressure　进气歧管绝对压力

MBT Maximum Brake Torque Timing　最大制动扭矩正时

MDS Multiple Displacement System　多排量系统

MID monitor identification　监视器标识

MIL Malfunction Indicator Lamp　故障指示灯

MIS_RDY Misfire Monitoring Ready　失火监视已就绪

MPI Multi Port Injection　多点喷射

MR Magnetic Resistance　磁阻

NEDC New European Driving Cycle　新欧洲测试循环

NDIR Non – dispersive Infrared　不分光红外线

NHTSA National Highway Traffic Safety Administration　国家公路交通安全管理局

NMHC Non – Methane Hydrocarbon　非甲烷烃

NSW Neutral Switch　空档开关

NTC Negative Temperature Coefficient　负温度系数

O2SLOC Location of Oxygen Sensors　氧传感器位置

OBD – II On Board Diagnostics（level 2）　车载诊断（第二代）

OBDM On Board Diagnostic Monitor　车载诊断监视

OCV Oil Control Valve　机油控制阀

OD Overdrive　超速挡

OEM Original Equipment Manufacturer　原始设备制造商

OHC Over Head Camshaft　顶置凸轮轴

OHV Over Head Valve　顶置气门

OL Open Loop　开环

OL – Drive Open Loop due to Driving Conditions　开环行驶条件

OL – Fault Open Loop – due to Detected System Fault　检测到系统故障处于开环

O2S_RDY Oxygen Sensor Monitoring Ready　氧传感器监视已就绪

O2S_SUP Oxygen Sensor Monitoring Supported　支持氧传感器监视

OSS Output Shaft Speed　输出轴转速

PCM Powertrain Control ECU　动力控制单元

PIM Pressure Intake Manifold 进气歧管压力
PWM Pulse Width Modulation 脉宽调制
PID Parameter Identification (number) 参数标识（代码）
PROM Program Read Only Memory 程序只读存储器
ROM Read Only Memory 只读存储器

RPM Revolutions Per Minute (engine speed) 每分钟圈数（发动机转速）
SAI Secondary Air Injection 二次空气喷射
SFI Sequential Injection 顺序喷射
SI Spark Ignition 火花点火
SID Service ID 服务标识
SIG Signal 信号
SIG RTN Signal Return 返回信号
STA Start 起动
STP Standard Temperature and Pressure 标准温度和压力
STFT Short Term Fuel Trim 短期燃油修正
TBI Throttle Body Injection 节气门体喷射
TCC Torque Converter Clutch 锁止离合器
TCCS Toyota Computer Controlled System 丰田计算机控制系统
TCM Transmission Control Module 变速器控制单元
TDC Top Dead Centre 上止点
THC Total Hydrocarbon 总碳氢化合物
TID Test Identification 测试标识
TP Throttle Positon 节气门位置
TPS Throttle PositonSensor 节气门位置传感器

TPPC Throttle Position Potentiometer Control 节气门位置电位计控制
TRC Traction Control 牵引控制
TSB Technical Service Bulletins 技术服务公告
TSS Transmission Speed Sensor 变速器转速传感器
TWC Three–Way Catalytic Converter 三元催化转化器
UV Ultraviolet 紫外线
VCR Variable Compression Ratio 可变压缩比
VCT Variable Camshaft Timing 可变凸轮轴正时
VIN Vehicle Identification Number 车辆识别码
VMAS Vehicle Mass Analysis System 汽车排放总量分析系统
VNT Variable Nozzle Turbines 可变喷嘴涡轮
VPWR Voltage Power 电源电压
VGT Variable Geometry Turbocharger 可变几何增压器

VREF Voltage Reference 参考电压
VSC Vehicle Stability Control 车辆稳定控制
VSV Vacuum Solenoid Valve 真空电池阀
VSS Vehicle Speed Sensor 车速传感器
VVL variable Valve Lift 可变气门升程
VVT Variable Valve Timing 可变气门正时
WLTC Worldwide harmonized Light vehicles Test Cycles 全球统一轻型车辆试验循环
WOT Wide Open Throttle 节气门全开

目 录
CONTENTS

前言
缩略语
单元1　汽油发动机控制系统概述 ᠁᠁᠁᠁᠁᠁᠁᠁᠁᠁᠁᠁᠁᠁᠁᠁᠁᠁᠁᠁᠁᠁᠁᠁᠁᠁᠁᠁᠁᠁᠁᠁᠁᠁᠁᠁᠁ 1
　学习目标 ᠁᠁ 1
　1.1　发动机电控技术的发展历程 ᠁᠁᠁᠁᠁᠁᠁᠁᠁᠁᠁᠁᠁᠁᠁᠁᠁᠁᠁᠁᠁᠁᠁᠁᠁᠁᠁᠁᠁᠁᠁᠁᠁᠁᠁ 1
　1.2　发动机电控技术的现状与发展趋势 ᠁᠁᠁᠁᠁᠁᠁᠁᠁᠁᠁᠁᠁᠁᠁᠁᠁᠁᠁᠁᠁᠁᠁᠁᠁᠁᠁᠁ 5
　1.3　电控发动机上的电子控制系统 ᠁᠁᠁᠁᠁᠁᠁᠁᠁᠁᠁᠁᠁᠁᠁᠁᠁᠁᠁᠁᠁᠁᠁᠁᠁᠁᠁᠁᠁᠁᠁ 10
　本单元小结 ᠁᠁᠁ 13
　复习题 ᠁᠁᠁ 14
单元2　电控汽油发动机的进气系统 ᠁᠁᠁᠁᠁᠁᠁᠁᠁᠁᠁᠁᠁᠁᠁᠁᠁᠁᠁᠁᠁᠁᠁᠁᠁᠁᠁᠁᠁᠁᠁᠁᠁᠁᠁ 15
　学习目标 ᠁᠁᠁ 15
　2.1　进气系统的组成 ᠁᠁᠁ 15
　2.2　空气流量传感器 ᠁᠁᠁ 17
　2.3　压力传感器 ᠁᠁ 30
　2.4　节气门位置传感器 ᠁᠁ 38
　2.5　温度传感器 ᠁᠁ 48
　2.6　怠速控制系统的组成与工作原理 ᠁᠁᠁᠁᠁᠁᠁᠁᠁᠁᠁᠁᠁᠁᠁᠁᠁᠁᠁᠁᠁᠁᠁᠁᠁᠁᠁᠁ 53
　2.7　电控节气门系统 ᠁᠁᠁ 64
　工单1　热线式空气流量（MAF）传感器的检测 ᠁᠁᠁᠁᠁᠁᠁᠁᠁᠁᠁᠁᠁᠁᠁᠁᠁᠁ 77
　工单2　进气歧管绝对压力（MAP）传感器的检测 ᠁᠁᠁᠁᠁᠁᠁᠁᠁᠁᠁᠁᠁᠁᠁᠁ 79
　工单3　节气门位置（TPS）传感器的检测 ᠁᠁᠁᠁᠁᠁᠁᠁᠁᠁᠁᠁᠁᠁᠁᠁᠁᠁᠁᠁᠁᠁ 80
　工单4　温度传感器的检测 ᠁᠁᠁᠁᠁᠁᠁᠁᠁᠁᠁᠁᠁᠁᠁᠁᠁᠁᠁᠁᠁᠁᠁᠁᠁᠁᠁᠁᠁᠁᠁᠁᠁᠁᠁᠁ 81
　工单5　怠速控制系统的检测 ᠁᠁᠁᠁᠁᠁᠁᠁᠁᠁᠁᠁᠁᠁᠁᠁᠁᠁᠁᠁᠁᠁᠁᠁᠁᠁᠁᠁᠁᠁᠁᠁᠁᠁᠁ 84
　工单6　电控节气门控制系统的检测 ᠁᠁᠁᠁᠁᠁᠁᠁᠁᠁᠁᠁᠁᠁᠁᠁᠁᠁᠁᠁᠁᠁᠁᠁᠁᠁᠁᠁᠁ 86
　本单元小结 ᠁᠁᠁ 88
　复习题 ᠁᠁᠁ 89
单元3　点燃式发动机燃油系统原理与检测 ᠁᠁᠁᠁᠁᠁᠁᠁᠁᠁᠁᠁᠁᠁᠁᠁᠁᠁᠁᠁᠁᠁᠁᠁᠁᠁᠁ 92
　学习目标 ᠁᠁᠁ 92
　3.1　电控燃油喷射系统概述 ᠁᠁᠁᠁᠁᠁᠁᠁᠁᠁᠁᠁᠁᠁᠁᠁᠁᠁᠁᠁᠁᠁᠁᠁᠁᠁᠁᠁᠁᠁᠁᠁᠁᠁᠁ 92
　3.2　电控燃油供给系统主要元件的构造与检测 ᠁᠁᠁᠁᠁᠁᠁᠁᠁᠁᠁᠁᠁᠁᠁᠁᠁᠁ 95
　3.3　燃油喷射控制 ᠁᠁ 114
　3.4　喷油器 ᠁᠁ 121
　工单1　燃油供给系统的检测 ᠁᠁᠁᠁᠁᠁᠁᠁᠁᠁᠁᠁᠁᠁᠁᠁᠁᠁᠁᠁᠁᠁᠁᠁᠁᠁᠁᠁᠁᠁᠁᠁᠁ 128

  工单2 喷油器的检测 ……………………………………………………………… 130
  本单元小结 ……………………………………………………………………… 132
  复习题 …………………………………………………………………………… 133

单元4 电控汽油机缸内直喷系统 …………………………………………………… 136
  学习目标 ………………………………………………………………………… 136
  4.1 电控汽油机缸内直喷系统概述 …………………………………………… 136
  4.2 缸内直喷汽油机的燃油供给系统 ………………………………………… 143
  4.3 缸内直喷汽油机的燃油供给系统检测与维护 …………………………… 156
  工单1 燃油供给系统高压油路与低压油路检测 ………………………… 160
  工单2 燃油供给系统喷油器检测 ………………………………………… 162
  本单元小结 ……………………………………………………………………… 164
  复习题 …………………………………………………………………………… 165

单元5 汽油机电控点火系统 …………………………………………………………… 168
  学习目标 ………………………………………………………………………… 168
  5.1 点火系统的功能 …………………………………………………………… 168
  5.2 电控点火系统的组成及工作原理 ………………………………………… 177
  5.3 电控点火系统主要元件的原理与检测 …………………………………… 182
  5.4 点火系统故障诊断 ………………………………………………………… 198
  工单1 凸轮轴/曲轴位置传感器的检测 …………………………………… 211
  工单2 爆燃传感器的检测 ………………………………………………… 213
  工单3 点火系统故障诊断 ………………………………………………… 214
  本单元小结 ……………………………………………………………………… 216
  复习题 …………………………………………………………………………… 217

单元6 电控汽油机的排放控制 ………………………………………………………… 220
  学习目标 ………………………………………………………………………… 220
  6.1 三元催化转化器与闭环控制系统 ………………………………………… 220
  6.2 氧传感器和空燃比传感器 ………………………………………………… 229
  6.3 燃油蒸气排放（EVAP）控制系统 ……………………………………… 242
  6.4 废气再循环（EGR）控制 ………………………………………………… 247
  6.5 二次空气喷射系统 ………………………………………………………… 253
  工单1 氧传感器的检测 …………………………………………………… 261
  工单2 空燃比传感器的检测 ……………………………………………… 263
  工单3 催化转化器的检测 ………………………………………………… 265
  工单4 燃油蒸发排放（EVAP）控制系统的检测 ……………………… 267
  工单5 真空控制的EGR系统的检测 …………………………………… 269
  工单6 二次空气供给系统的检测 ………………………………………… 270
  本单元小结 ……………………………………………………………………… 272
  复习题 …………………………………………………………………………… 273

单元7　电控汽油发动机的辅助控制 276
　　学习目标 276
　　7.1　可变气门正时控制系统 276
　　7.2　可变排量系统 289
　　7.3　可变进气系统 291
　　7.4　废气涡轮增压系统 299
　　工单1　可变气门正时系统的检测 306
　　工单2　可变进气系统的检测 308
　　工单3　废气涡轮增压系统检测 310
　　本单元小结 312
　　复习题 313

单元8　随车诊断系统 316
　　学习目标 316
　　8.1　汽车计算机控制系统 316
　　8.2　第二代随车诊断系统（OBDⅡ）简介 318
　　8.3　OBDⅡ系统故障码及故障指示灯 321
　　8.4　OBDⅡ诊断系统的诊断服务模式 328
　　8.5　基于OBDⅡ系统监测信息的故障分析方法 338
　　工单1　学会使用手持诊断仪 343
　　本单元小结 346
　　复习题 347

单元9　尾气排放检测 351
　　学习目标 351
　　9.1　认识排放 351
　　9.2　检测汽车排放 357
　　9.3　分析排放检测结果 362
　　工单1　尾气检测与分析 369
　　本单元小结 371
　　复习题 372

单元10　示波器的应用 375
　　学习目标 375
　　10.1　示波器基本常识 375
　　10.2　波形检测与分析 382
　　本单元小结 389
　　复习题 390

单元11　电控发动机故障现象及原因 393
　　学习目标 393
　　11.1　发动机加速迟滞 393
　　11.2　发动机怠速不稳 395

11.3　发动机能起动但无法着车 396
11.4　点火爆燃或有引爆似的砰砰声 398
11.5　发动机无法起动或起动缓慢 399
11.6　发动机回火 399
11.7　发动机动力不足 400
11.8　燃油经济性差 401
本单元小结 403
复习题 404

单元12　电控发动机故障诊断 410
学习目标 410
12.1　八步诊断步骤 410
12.2　间歇性熄火故障诊断 415
12.3　无故障码的故障诊断 417
12.4　重复发生故障或同时出现多个故障的诊断 418
12.5　总线系统与发动机故障的关联和诊断 419
12.6　无钥匙进入与一键起动和防盗系统对发动机故障的关联和诊断 422
本单元小结 432

附录　全国职业院校技能大赛汽车技术赛项规程中汽车发动机管理技术竞赛内容 433

参考文献 436

单元 1 汽油发动机控制系统概述

 学习目标

1. 了解电控发动机发展历程,知道电控发动机的发展趋势。
2. 简单了解电控发动机的系统组成。
3. 认识为满足排放要求,电控发动机所采用的电控技术。

1.1 发动机电控技术的发展历程

问题链接:
  1. 电控发动机的燃油喷射系统大致经历了哪几个阶段?点火系统大致经历了哪几个阶段?
  2. 电控发动机管理系统最终发展趋势是什么?

  发动机的电子技术最早是应用在汽油机上,现以德国博世公司汽油机燃油喷射系统及点火系统的发展历程为例,说明发动机电控技术的发展历程。
  汽油机的燃油喷射和点火使发动机得以运转。
  起先,汽油喷射系统和点火系统是两个独立的系统,它们分别由各自的参数,如喷油量、点火时刻进行单独的控制。这两个系统要么不交换信息,要么只有极少量的信息交换。博世公司将汽油喷射和电子点火集成为一个单元,联合控制的 Motronic 发动机管理系统能够根据燃烧过程中的各种工况要求,对喷射和点火的控制参数进行优化。

1.1.1 汽油喷射系统

  汽油喷射系统根据发动机的运转速度、负荷水平、环境影响等因素,精确地计量供给发动机的燃油量,从而控制混合气的空燃比,使发动机废气排放中的有害物质含量保持在一个较低的水平。下面以博世发动机控制系统的发展历程为例,阐述一下发动机 Motronic 控制系统的演变过程。

  1. 中央喷射

  中央喷射(Mono-Motronic)就是在节气门体上使用单个喷油器,位置与化油器的位置相同。从 1980 年起开始被应用在汽车上,典型的通用汽车公司节气门体喷射(TBI)、福特公司的中央燃料喷射(CFI)、博世的 Mono-Motronic 的单点集成控制喷射系统,已经在发动机控制上增加了更多的传感器,见图 1-1。由于进气管或进气歧管长度不等,中央喷射对燃油的各缸均匀分配不利。在低温状态的发动机上特别容易出现壁面油膜的现象,这都会导致混合气成分不均匀，对混合气的形成产生不良影响。但中央喷射相比化油器式发动机具有更好的控制能力，而且价格便宜，易于维修。

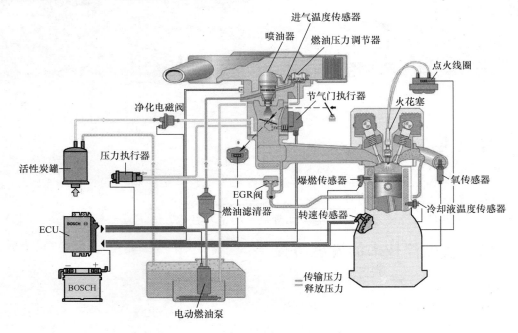

图 1-1 中央喷射发动机管理系统

2. 运用连续喷射原理的进气口多点喷射系统

1973—1995 年，德国博世公司开发了机械液压燃油喷射系统 K – Jetronic（图 1-2），它依据进气量，连续地控制燃油喷射量。K – Jetronic 型系统由电动燃油泵提供 0.36MPa 低压燃油，经燃油分配器输往各缸进气管上的机械式喷油泵，向进气口连续喷射的多点喷油系统，用承压板式空气流量传感器操纵燃油分配器中的计量柱塞来控制空燃比。

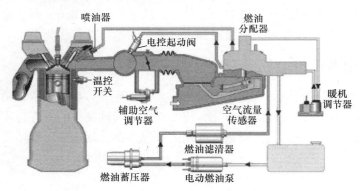

图 1-2 K – Jetronic 机械液压燃油喷射系统

1982—1996 年，为满足更高的性能要求，包括为达到更高的排气质量，德国博世公司在 KE – Jetronic（图 1-3）系统中，添加了一个电控单元 ECU、一个主压力调节器、一个用于控制混合气成分的压力调节器，发展形成了 KE – Jetronic 系统。引入电子控制的 KE –

Jetronic 燃油喷射系统，除原有的燃油定量控制功能外，还能进行加速控制、倒拖断油控制、限速控制、氧传感器闭环控制等。

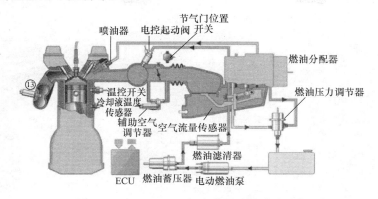

图 1-3　KE-Jetronic 机电液压连续喷油系统

3. 间歇式进气道多点燃油喷射系统

博世公司 1973 年开发出 L-Jetronic 电子控制进气道汽油喷射系统（图1-4），用阻流板式空气流量传感器代替 D-Jetronic 的进气歧管压力传感器提供负荷信息。该系统 1974 年首次用于欧宝公司生产的轿车。它根据进入发动机的空气量、发动机转速及其他一些运行参数间歇喷射燃油。先后共有四代 L-Jetronic。1976 年开始生产氧传感器之后，开发出了配备三元催化转化器的 LU-Jetronic，以满足排放法规的要求。后来才开发出热线/热膜式空气流量传感器，使可燃混合气的计量不受环境状况的影响，从 1981 年开始用来代替阻流板式空气流量传感器，构成 LH-Jetronic（图1-5）。

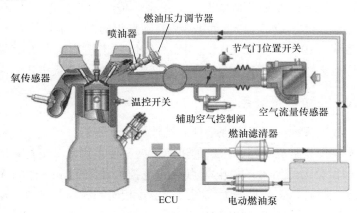

图 1-4　L-Jetronic 汽油喷射系统

4. 缸内直接燃油喷射系统

博世公司 2000 年开发了缸内直接喷射（又称 GDI）技术，见图1-6。前面所列出的进气口多点燃油喷射系统，是用喷油器将汽油喷射到发动机进气门上方的进气歧管内，而直接喷射技术是喷油器直接将燃油喷入气缸内。当时还采用了分层燃烧技术，喷油器在燃烧室内靠近火花塞，少量浓混合气在火花塞附近燃烧，燃烧室其他部位燃烧的是稀混合气，这样可以使燃油消耗降低 10%。直喷发动机再结合涡轮增压、可变配气正时技术，能在保障输出功率和转矩不变的情况下，使发动机体积相应减小。若再加装发动机起停技术，与传统汽车相比，可减少30%的燃油消耗。

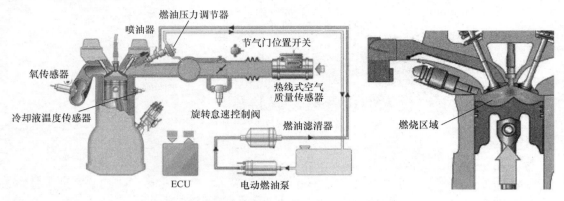

图1-5　LH-Jetronic燃油喷射系统　　　　图1-6　缸内直接喷射燃油喷射系统

1.1.2　点火系统

点火系统的功能是在正确的点火时刻点燃已压缩的混合气，引发混合气燃烧。在火花点火发动机（SI）中，点火是由穿透火花塞电极间的、瞬时放电产生的电火花来完成的。要使催化转化器有效发挥作用，绝对需要正确的点火时刻。混合气燃烧滞后会使燃烧不完全，从而使催化剂有中毒损坏的危险。随着时间的推移，电子元件逐渐取代了点火系统中的机械部件。

点火时刻由发动机的速度和负荷状况计算得来。传统的线圈点火（1934—1986年）和晶体管式线圈点火（1965—1993年）运用机械控制点火时刻，半导体点火系统和半导体无分电器电子点火系统（1988—1998年）运用点火特性脉谱图确定点火时刻。现今，每个气缸都单独装有高压点火线圈，将点火能量直接传递给火花塞，点火电压大大提高。

1.1.3　Motronic发动机管理系统

为了在满足排放法规的前提下实现最佳的燃油经济性指标，单项电子控制装置已远远不能满足要求。随着大规模集成电路和微机的迅速发展，使车用发动机对多因素的综合控制成为可能。1979年博世公司开始生产集电子点火和电控汽油喷射于一体的Motronic数字式发动机综合管理系统。同时，美、日各大汽车公司也竞相研制成功与各自车型配套的数字式电控汽油喷射系统，如：美国通用公司的DEFI系统，福特公司的EEC-IV系统，以及日产公司的ECCS系统，丰田公司的TCCS系统，五十铃公司的I-TEC系统等。这些系统能够对空燃比、点火时刻、怠速转速和废气再循环等多方面进行综合控制，控制精度愈来愈高，功能更趋完善。

上述汽油喷射系统和点火系统的组合并非一成不变，不同形式的点火系统可以与各种喷射系统组合。一个基本的燃油喷射系统和一个电子点火系统一起构成了Motronic点火和燃油喷射系统的基础：

1) KE-Motronic是以连续喷射KE-Jetroric系统为基础的。

2）Mono – Motronic 是以间歇中央喷射系统为基础的。

3）M – Motronic 则是以间歇式进气道燃油喷射 L – Jetronic 系统为基础的。

4）ME – Motronic 是 M – Motronic 系统加入电子节气门控制（ETC）形成的。

5）MED – Motronic 系统把汽油直接喷射、电子点火、涡轮增压、可变配气正时和电控节气门（ETC）技术结合成一个集成的系统。

以上 KE、Motronic、Jetronic、Mono、ME、MED 均为德文缩略语。

1.2 发动机电控技术的现状与发展趋势

> **问题链接：**
> 1. 我国现阶段的电控发动机能满足欧洲第几号排放标准？
> 2. 为达到排放标准，电控发动机需采用哪些电控技术？

汽车作为重要的交通工具，主要向节能、减排、安全、舒适的方向发展，电控发动机是汽车的动力源，节能与减排促进了发动机不断地更新换代。

1.2.1 发动机电控技术与排放标准的匹配

1. 我国汽车尾气排放标准的发展

我国的汽车尾气排放限制标准源于欧洲标准，又不完全等同于欧洲标准，主要历经了以下几个阶段：

1）1999 年我国颁布了《车用无铅汽油》（GB 17930—1999）国家标准，规定了由液体烃类和由液体烃类及改善使用性能的添加剂组成的车用无铅汽油的技术条件。该标准标志着我国车用汽油发动机结束了使用含铅汽油的时代。

2）2001 年我国颁布了《轻型汽车污染物排放限值及测量方法（Ⅰ）》（GB 18352.1—2001）标准，简称国Ⅰ标准，等效于欧Ⅰ排放标准，主要技术内容与欧Ⅰ排放标准相同，各项试验的试验方法和限值也都相同。该标准规定了轻型车，即最大总质量不超过 3.5t 的 M_1 类、M_2 类和 N 类车辆冷起动后排气排放污染物排放限值、点燃式发动机曲轴箱污染物排放限值及车辆排放控制装置的耐久性要求。

3）2001 年我国又颁布了《轻型汽车污染物排放限值及测量方法（Ⅱ）》（GB 18352.2—2001）标准，简称国Ⅱ标准，等效于欧Ⅱ排放标准。该标准增加了燃油蒸发排放污染物排放极限值要求。

4）2005 年我国颁布了《轻型汽车污染物排放限值及测量方法（中国Ⅲ、Ⅳ阶段）》（GB 18352.3—2005）标准，简称国Ⅲ、国Ⅳ标准，等效于欧Ⅲ、欧Ⅳ排放标准。该标准加强了排放限值，增加了对车载诊断（OBD）系统及其功能的要求。

5）2011 年 12 月 29 日起所有生产、进口、销售和注册登记的气体燃料点燃式轻型发动机与汽车必须符合国Ⅳ标准的要求，即《车用压燃式、气体燃料点燃式发动机与汽车排气污染物排放限值及测量方法（中国Ⅲ、Ⅳ、Ⅴ阶段）》（GB 17691—2005）标准，简称国Ⅲ、国Ⅳ、国Ⅴ标准，等效于欧Ⅲ、欧Ⅳ、欧Ⅴ排放标准。该标准增加了装用以天然气或液化石油气作为燃料的点燃式发动机汽车，及点燃式发动机气态污染物的排放限值及测量方法。

2013 年 7 月 1 日起，所有生产、进口、销售和注册登记的车用压燃式发动机（柴油机）

与汽车必须符合国Ⅳ标准的要求。

6）2013年3月北京市发布实施《2013年清洁空气行动计划》，提出北京市全面实施第五阶段轻型机动车污染物排放标准，3月1日起，停止销售注册不符合"京Ⅴ"标准的轻型汽油车。

7）2016年12月23日我国生态环境部正式颁布《轻型汽车污染物排放限值及测量方法（中国第六阶段）》（简称"国Ⅵ"）国家污染物排放标准。

国Ⅵ排放标准分两个阶段实施，从2019年7月1日到2021年7月1日先实施国Ⅵa阶段标准，从2021年1月1日到2023年7月1日开始实施国Ⅵb阶段标准。

2. 国际汽车尾气排放标准现状与未来趋势

美国、欧洲和日本的汽车排放法规是当今世界上的三个主要法规体系。世界上其他国家都是在不同程度上采用这些法规和标准，尤以是采用美国、欧洲法规的较多。

欧洲汽车排放法律标准已经实施若干个阶段：

1）1993年起，欧洲开始实施轻型汽车欧Ⅰ排放标准。

2）1996年起，欧洲开始实施轻型汽车欧Ⅱ排放标准。

3）2000年起，欧洲开始实施轻型汽车欧Ⅲ排放标准。

4）2005年起，欧洲全部车辆都开始实施欧Ⅳ排放标准。

5）2011年1月开始实施欧Ⅴa标准。

6）2013年1月开始实施欧Ⅴb标准。

7）2015年9月开始实施欧Ⅵb标准。

8）2018年9月开始实施欧Ⅵc标准。

9）2019年9月开始实施欧Ⅵd – Temp标准。

10）2021年1月开始实施欧Ⅵd标准。

欧Ⅲ标排放准是欧洲开始实施的，真正意义上的低污染排放标准。欧Ⅲ排放标准中最大的变化，在于车辆出厂前必须装备车载自诊断系统（EOBD）。

欧盟早已经将车辆碳排放纳入标准体系，我国将这一项列入国Ⅴ标准中。我国从三方面加强排放污染物监管：一是加强新车的排放控制，包括制定更严格的排放标准，完善达标车辆的申报制度，加强生产的一致性检验；二是强化在用车辆的排放监督，继续实施标志制度，强制维修排放不达标的车辆，开展排放超标车辆的召回工作，加速淘汰高排放车辆等；三是严格控制车用油品有害物质，包括制定标准，加强备案等。

美国是世界上最早执行排放法规的国家，也是排放控制指标种类最多、排放法规最严格的国家。美国的汽车排放法规分为联邦排放法规，即环境保护局（EPA）排放法规和加利福尼亚州（简称加州）空气资源局（CARB）排放法规。后者一般领先前者1~2年。因为美国的汽车排放标准是按地区的汽车密度来分级的。美国汽车密度最高的州是加州，所以加州的排放标准最严，其次是纽约州，所以纽约州排放标准次之，再其次是其余各州。

CARB规定，从1998年起销售到加州的轻型汽车执行极其严格的低污染排放法规（LEV），这一标准在1999—2003年期间实施，进一步强化的LEVⅡ标准从2004年开始推广，目前美国联邦和加州对轻型车辆实施的汽车排放法规分别为Tier3和LEVⅢ。

3. 发动机电控技术与排放标准的配合

为满足欧洲Ⅰ号排放法规需要采用三元催化转化器，为使三元催化转化器的转化效率维持在较高的水平，需要严格控制空燃比，这要求使用汽油喷射技术。单从排放控制角度来说，单点喷射技术也可以满足欧洲Ⅰ号排放法规。

大排量轿车由于有害气体排放绝对质量较大，要满足欧洲Ⅱ号法规应采用EGR以进一步降低NO_x的排放量。

为实现欧Ⅲ标准，降低发动机的原始排放，要求电控发动机系统能够：

（1）精确控制发动机起动暖机过程中的空燃比。

在保证正常起动的前提下，使空燃比尽快达到14.7:1，从而减少起动、起动后、暖机过程中的原始排放。

1）采用顺序喷射技术，并且采取分缸空燃比控制策略，确保每个气缸内能进行充分的燃烧，从而降低发动机的原始排放。

2）通过空燃比闭环控制，使三元催化转化器对HC、CO、NO_x等有害物质的转化效率最高，并保证三者排放值的均衡。

3）通过点火提前角控制，提高起动过程中的排气温度，使三元催化转化器尽快起燃。

（2）排气后处理技术

1）尽快提升三元催化转化器的温度。三元催化转化器在达到一定的温度时，化学反应才可以顺利地进行。欧Ⅲ测试是在起动后立即采样，而此时三元催化转化器还未到达可进行化学反应的温度，所以可以采取一些措施提升此时转化器的温度。

通常转化器的能量来源于发动机废气。所以通过发动机电子控制系统有目的地控制发动机运行过程中的点火提前角或者转速，增加废气的能量，可以加快三元催化转化器内温度上升的速度，从而改善发动机的排放。

也有的方法是通过纯粹的电能或者在起动过程中形成较浓的混合气，通过二次空气喷射系统在排气管内喷入空气形成化学反应释放热能来加热三元催化转化器。这两种方法成本较高，目前在国内运用得不是十分广泛。

2）提升催化转化器的转化效率。发动机的废气转化归根结底还是通过三元催化转化器来实现的。所以提高其转化效率是改善发动机排放的有效途径。

① 降低催化剂的起燃温度。降低催化剂的起燃温度，废气提前进行化学反应转化为无害物质，能大大改善发动机起动过程中的排放。这依赖催化剂供应商技术的提高。

② 两级三元催化转化器。两级三元催化转化器中，其中一个转化器紧接着排气歧管，另一个由底盘安装空间决定其安装位置，一般离排气歧管较远。前级三元催化转化器由于离排气歧管很近，其温度比较容易上升达到起燃温度，所以可以用来净化起动时的排放。后级三元催化转化器体积一般较大，可以处理高速段发动机废气的排放。

这种方法只需增加较少的成本，就可以实现欧Ⅲ排放，因此比较适合中国的市场。目前得到了比较广泛的使用。

3）废气再循环技术（EGR）。废气再循环技术通过循环一部分废气进入气缸再次参与燃烧，降低了燃烧的峰值温度，从而降低了NO_x的排放。通常废气循环量的多少通过EGR阀来控制，EGR阀的开度可以通过电控系统来控制。目前国内已有一些零部件供应商提供这类产品。

4）碳氢化合物吸收系统。在催化剂涂附特殊的材料——泡沸石，在催化剂活化前吸附HC。当尾气排放温度太低使催化剂不能有效发挥作用时，将碳氢化合物收集起来，即采用燃油蒸发系统（EVAP）。在较高的温度下催化剂能发挥作用时，可以随着温度的升高而自动脱离，释放 HC，通过催化剂来转化 HC。

1.2.2 发动机电控技术的发展趋势

为了防止全球气候变暖，为了应对世界主要地区严格的二氧化碳排放法规，国际市场上，原始设备制造商正在采取一种双重战略：先进的内燃机技术（IC）与动力总成电气化行动。新的研究表明改进后的发动机，后处理技术有出色表现，使汽油市场份额得以增长。尽管如此，纯电池电动汽车（包括燃料电池汽车）正在增加以满足加州和中国的需求。预计 2025—2030 年，汽油 IC 发动机的先进技术将使燃油经济性改善 30%，并使用户每千米行驶的成本最低。

通过对现代轻型发动机技术的评估，证明改进的发动机技术正在被稳步采用，并且尚有很大开发潜力。具体包括以下几项。

1）可变气门升程（VVL）。
2）汽油直喷（GDI）和火花辅助压燃点火（Spark Assisted Gasoline Compression Ignition）。
3）可变几何涡轮增压器（VNT/VGT Turbo）。
4）可变压缩比（VCR）。
5）大的行程/缸径比（High Stroke/Bore Ratio）。
6）集成排气歧管（Integrated Exhaust Manifold）。
7）增压技术（Boosting Technology）。
8）减少摩擦（Friction Reduction）。
9）冷却的废气再循环（Cooled - EGR）。
10）米勒循环（Miller Cycle）。
11）动态气缸停用（Dynamic Cylinder Deactivation）。
12）稀燃烧（Lean Combustion）。

近年来，人们看到了新技术被广泛应用，得以实现燃油经济性的大幅改善。马自达的 SKVACTIV—X 2.0L 是带有火花辅助压缩点火技术的发动机，与 2014 SKVACTIV—G 2.0L 发动机相比，燃油经济性提高了 12.5%。小型涡轮增压 GDI 发动机与 2016 年基准 1.5L 发动机相比，CO_2 排放量降低了约 30%。在 2010—2019 年间，各厂家的发动机相继采用上述 12 项新技术中的某些，大大提高了燃油经济性并降低了排放值。如：

1）福特 EcoBoost 1.6L 发动机。
2）福特 EcoBoost 2.7L 发动机。
3）本田 L5B7 1.5L 发动机。
4）马自达 SKYACTIV—G 2.5L 发动机。
5）大众 EA888—3B 2.0L 发动机。
6）大众/奥迪 EA839 3.0L V6 发动机。
7）日产 MR20 DDT VCR 2.1L 发动机。
8）马自达 SKYACTIV—X 2.0L SC 发动机。

尽管电子控制技术在现代汽车发动机上的应用已相当广泛，但也存在空白，而且已应用的电子控制技术有些也存在缺陷，完善现有发动机电子控制技术，开发电子控制技术在发动机上应用的新领域，通过汽车内部网络的信息通信完成系统之间的各种必要信息的传送与接收，实现高度集中控制及集中故障诊断的"整车控制技术"，仍将是未来汽车发动机技术发展的必然趋势。

此外，除电子技术以外的新技术在发动机上的应用也有待开发，为解决日益严重的能源和污染两大问题，新燃料发动机和汽车新动力也必然成为未来汽车发动机的技术发展方向。具有开发潜力的发动机新技术有如下几项。

1. 发动机新燃料

发动机的燃料最初采用的是煤气，随着石油的发现和应用，才使汽车发动机真正成为人类的得力工具。目前，汽车发动机的主要燃料仍然是汽油和柴油，但石油资源总会有枯竭的一天，为解决石油燃料的供需矛盾，发动机新燃料一直是发动机技术研究的重要课题。目前人们研究的发动机新燃料主要有：醇类燃料、二甲基醚、天然气、植物油、人造汽油和柴油等。

发动机新燃料的研究已取得较大进展，如乙醇汽油在我国已开始推广使用，燃气/汽油双燃料发动机也已在汽车（尤其是出租车）上投入使用。随着新燃料发动机的应用，新燃料发动机电控技术的开发具有很大的潜力。

2. 混合动力装置

为彻底解决汽车排放污染问题，20世纪90年代以来，各种各样的电动汽车脱颖而出。尽管人们普遍认为未来是电动汽车的天下，但由于目前电池技术问题，电动汽车还无法取代全面燃料发动机汽车。

将电动机与燃料发动机有机结合在一起的混合动力装置，既能发挥燃料发动机持续工作时间长，动力性好的优点，又可以发挥电动机无污染、低噪声的好处，在电动汽车时代到来之前，混合动力装置作为一种过渡产品，其应用前景也不可忽视。

3. 柴油机电控技术

在燃料发动机仍占汽车动力装置主流的时代，柴油机经济性好、排放污染低的优势是汽油机无法比拟的，尤其是近年来电控柴油机的出现，其性能得到了进一步的改善，可以预测，未来几年电控柴油机的应用必将更加广泛，柴油机电控技术也将进入一个新的发展阶段。

4. 汽油机负荷控制技术

现代汽油发动机的负荷控制都是利用节气门控制进气量来实现的，尽管在汽油机上已采用了节气门电控技术，但节气门的存在必然会增加汽油机部分负荷时的进气阻力，降低其机械效率，从而影响汽油机的燃料经济性。因此取消汽油机的节气门，利用电控技术通过控制喷油量来实现汽油负荷的"质调节"，已成为汽油机技术研究的一个方向。当然，该技术的关键是解决部分负荷稀混合气燃烧的问题。

5. 进、排气控制技术

众所周知，发动机气门的开启升程、开启和关闭时刻，对发动机性能有重要影响。为改善发动机的进、排气过程，提高发动机性能，近年来在日本本田、德国大众等公司生产的发动机上，相继采用了气门升程和配气相位控制技术，但这些技术仍未全面实现电子控制，而且通常仅对进气门的升程和开闭时刻进行控制，所以发动机的进、排气控制技术仍有较大的开发潜力。

目前，部分汽车公司已开始研究用电磁阀取代气门的发动机进、排气控制新技术。它不仅可以更准确地控制进、排气时刻，还能通过控制进气门的开度和开启时间来控制进气量，为取消汽油机的节气门提供了可能。制约这项技术的关键问题有两个：一是电磁阀取代节气门后消耗电量过大，二是电控系统的响应速度必须满足发动机高转速的需要。

6. 激光点火技术

与现有的汽油机各类点火系统相比，激光点火能更有效地控制点火时间和点火强度，因此能准确控制点火时刻，并且容易实现电控。此外，激光点火还能实现缸外点火，减少火花塞温度和积炭对点火的影响，而且采用缸外点火，也有利于更合理地设计燃烧室形状、布置气门和喷油器。可见，激光点火技术在汽油发动机上有着较好的应用前景。

7. 水泵及节温器电控技术

发动机的工作温度是影响发动机性能的重要因素，利用电动水泵和采用电控节温器，能更好地控制冷却液的循环量和循环路线，对发动机起动后迅速升温和保持正常工作温度非常有利，而且容易实现。

8. 电源系统改进技术

随着汽车电子控制技术的发展，汽车上的用电设备越来越多，发电机的输出功率必然随之提高。以普通的中级轿车为例，发电机的输出功率已从20年前的500W，提高到目前的1000W。现在汽车上用的发电机都是风冷式，利用风扇将空气吹入机壳进行冷却，随着发电机输出功率的提高，其冷却强度也必须增大；由于风冷发电机结构的限制，功率的增加必然会导致发电机体积增大，若加大风扇尺寸来提高冷却强度，又会使噪声增大。为此，对电源系统的改进也必将成为未来发动机的新技术之一，有资料证明，水冷式交流发电机将是未来汽车发电机的发展方向。

综上所述，随着技术的进步和人们对汽车发动机性能要求的不断提高，未来几年，汽车发动机将出现多样化的趋势，其技术含量更高，性能更好。

1.3 电控发动机上的电子控制系统

目前，汽车上广泛应用的是集中控制系统，应用在发动机上的子控制系统主要包括电控燃油喷射系统、电控点火系统和其他辅助控制系统。

问题链接：
电控发动机主要包括哪些系统？

1.3.1 电控燃油喷射系统

在电控燃油喷射（EFI）系统中，喷油量控制是最基本的也是最重要的控制内容，电子控制单元（ECU）主要根据进气量确定基本的喷油量，再根据其他传感器（如冷却液温度传感器、节气门位置传感器等）信号对燃油量进行修正，使发动机在各种运行工况下均能获得最佳浓度的混合气，从而提高发动机的动力性、经济性和排放性。除喷油量控制外电控燃油喷射系统还包括喷油正时控制、断油控制和燃油泵控制。

1.3.2 电控点火系统

电控点火系统（ESA）最基本的功能是点火提前角控制。该系统根据各相关传感器信号，判断发动机的运行工况和运行条件，选择最理想的点火提前角点燃混合气，从而改善发动机的燃烧过程，以实现提高发动机动力性、经济性和降低排放污染的目的。此外，电控点火系统还具有通电时间控制和爆燃控制功能。

1.3.3 怠速控制系统

怠速控制（ISC）系统是发动机辅助控制系统，其功能是在发动机怠速工况下，根据发动机冷却液温度、空调压缩机是否工作、变速器是否挂入档位等，通过怠速控制阀对发动机的进气量进行控制，使发动机随时以最佳怠速转速运转。

1.3.4 排放控制系统

其功能主要是对发动机排放控制装置的工作实行电子控制。排放控制的项目主要包括废气再循环（EGR）控制、燃油蒸发控制、氧传感器和空燃比闭环控制、二次空气喷射控制等。

1.3.5 进气控制系统

进气控制系统的功能是根据发动机转速和负荷的变化，对发动机的进气进行控制，以提高发动机的充气效率，从而改善发动机动力性。

1.3.6 增压控制系统

增压控制系统的功能是对发动机进气增压装置的工作进行控制。在装有废气涡轮增压装置的汽车上，ECU根据检测到的进气管压力，控制增压装置的增压强度。

1.3.7 巡航控制系统

驾驶员设定巡航控制模式后，ECU根据汽车运行工况和运行环境信息，自动控制发动机工作、使汽车自动维持一定车速行驶。

1.3.8 警告提示

由ECU控制各种指示和报警装置，一旦控制系统出现故障，该系统能及时发出信号进行警告提示，如氧传感器失效、油温过高等。

1.3.9 自诊断与报警系统

在发动机控制系统中，电子控制单元（ECU）都设有自诊断系统，对控制系统各部分的工作情况进行监测。当ECU检测到来自传感器或输送给执行元件的故障信号时，立即点亮仪表盘上的"CHECK ENGINE"灯（俗称故障指示灯），以提示驾驶员发动机有故障；同时，系统将故障信息以故障码形式储存在故障存储器中，以便帮助维修人员确定故障类型和范围。对车辆进行维修时，维修人员可通过特定的操作程序（有些需借助专用设备）调取故障码、故障排除后，必须通过特定的操作程序清除故障码，以免与新的故障信息混杂，给故障诊断带来困难。

1.3.10 失效保护系统

失效保护系统的功能主要是当传感器或传感器线路发生故障时,控制系统自动按电脑中预先设定的参考信号值工作,以便发动机能继续运转。如:冷却液温度传感器电路有故障时,可能会向 ECU 输入低于 -50℃ 或高于 139℃ 的冷却液温度信号,失效保护系统将自动按设定的标准冷却液温度信号(80℃)控制发动机工作,否则会引起混合气过浓或过稀,导致发动机不能工作。

此外,当对发动机工作影响较大的传感器或电路发生故障时,失效保护系统则会自动停止发动机工作,若 ECU 收不到点火控制器返回的点火确认信号时,失效保护系统则立即停止燃油喷射,以防大量燃油进入气缸而不能点火工作。

1.3.11 应急备用系统

应急备用系统功能是当控制系统电脑发生故障时,自动启用备用系统(备用集成电路)按设定的信号控制发动机转入强制运转状态,以防车辆停驶在路途中。应急备用系统只能维持发动机运转的基本功能,不能保证发动机性能。

除上述控制系统外,应用在发动机上的电控系统还有冷却风扇控制、配气正时控制、发电机控制等。应当说明的是,上述各控制系统在不同的汽车发动机上只是或多或少地被采用,此外,随着汽车技术和电子技术的发展,发动机控制系统的功能必将日益增加。

为了达到排放法规的要求,国外 1996 年以后生产的车辆必须配置 OBD Ⅱ 系统,也就是必须安装三元催化转化器(Three - Way Catalytic Converter,TWC)。

本单元小结

1）德国博世公司的燃油喷射系统经历了从纯机械控制的多点连续喷射 K‐Jetronic 型燃油喷射系统，到引入电子控制的机电液压 KE‐Jetronic 连续燃油喷射系统，后发展到间歇式多点喷射的 L‐Jetronic 型燃油喷射系统。现今的 LH‐Jetronic 型电控燃油喷射系统采用热膜式空气流量传感器，使可燃混合气的计量不受环境状况的影响，燃油控制更加精确。

2）为满足排放法规并实现最佳的燃油经济性指标，博世生产了集电子点火和电控汽油喷射于一体的 Motronic 数字式发动机综合管理系统，能够对空燃比、点火时刻、怠速转速和废气再循环等多方面进行综合控制，控制精度愈来愈高，功能更趋完善。

3）2016 年 12 月 23 日我国生态环境部正式颁布《轻型汽车污染物排放限值及测量方法（中国第六阶段）》（简称"国Ⅵ"）国家污染物排放标准。国Ⅵ排放标准分两个阶段实施，从 2019 年 7 月 1 日到 2021 年 7 月 1 日先实施国Ⅵa 阶段标准，从 2021 年 1 月 1 日到 2023 年 7 月 1 日开始实施国Ⅵb 阶段标准。

4）为达到欧Ⅵ排放标准，电控发动机采用了顺序喷射、空燃比闭环控制、点火提前角控制、二次空气喷射、加热三元催化转化器、废气再循环、燃油蒸发控制、可变气门正时、涡轮增压、直接喷射等技术。

5）电控发动机上的电子控制系统主要包括：电控燃油喷射系统、电控点火系统（ESA）、怠速控制系统（ISC）、排放控制系统、进气控制、自诊断与报警系统。

6）为了达到排放法规的要求，国外 1996 年以后生产的车辆必须配置 OBD Ⅱ 系统。

复 习 题

1. 为实现欧Ⅵ标准，降低发动机的原始排放，电控发动机应采用什么控制技术？
2. 发动机电控技术主要有哪些？与排放控制有关的是哪些？
3. 发动机综合管理系统主要针对什么进行集中控制？
4. 电控发动机主要包括哪些系统？
5. 连续喷射和间歇喷射式发动机有什么区别？

单元 2
电控汽油发动机的进气系统

 学习目标

1. 了解进气系统的组成。
2. 了解空气流量传感器的工作原理，知道如何检测空气流量传感器。
3. 了解进气歧管绝对压力传感器的工作原理，知道如何检测进气歧管绝对压力传感器。
4. 了解节气门位置传感器的工作原理，知道如何检测节气门位置传感器。
5. 了解温度传感器的工作原理，知道如何检测温度传感器。
6. 熟悉智能电控节气门系统、怠速控制系统工作原理。
7. 依据检测数据判断 ETCS 系统的工作状态，按要求对 ETCS 系统进行故障诊断，找出故障的根源。
8. 依据发动机的数据流判断怠速控制阀的工作状态，通过适当的诊断流程寻找怠速控制系统故障的根源。

2.1 进气系统的组成

问题链接：
1. 进气系统主要由哪几部分组成？
2. 什么是 D 型电控发动机？
3. 什么是 L 型电控发动机？

如图 2-1 所示，发动机工作时，空气经空气滤清器过滤后，由空气流量传感器（通常为空气质量流量传感器）检测进气量，通过节气门体进入进气总管，再通过进气歧管分配给各气缸。节气门体中设有节气门，用以控制进入发动机的空气量，从而控制发动机的输出功率（负荷）。在节气门体的外部或内部设有与主进气道并联的旁通进气道，并由怠速控制阀控制怠速时的进气量。

汽油机的负荷（转矩）与每循环充气量有关，确切地说是与进气的质量流量有关。每循环充气量的测量方法可以分为间接法和直接法两种。

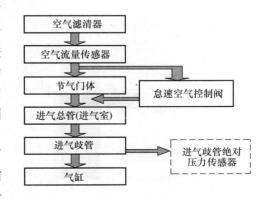

图 2-1 进气系统的组成

1. 空气密度法（直接检测方法）

该方法直接利用空气流量（MAF）传感器所提供的信号来代表进气量。但由于 MAF 传感器无法检测进气压力（海拔）的变化，因此该系统还必须加装一个大气压力传感器（BARO），以避免无法判断海拔的差异。目前，BARO 传感器多安装在 ECU 内。采用这种方法检测进气量的发动机称为 L 型电控发动机，如图 2-2 所示。

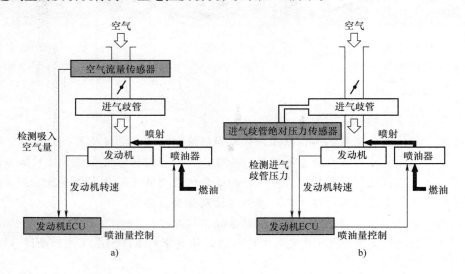

图 2-2　L 型和 D 型发动机的结构示意图
a）L 型　b）D 型

2. 速度密度法（间接检测方法）

由于空气的密度直接与压力大小成正比关系，因此该系统利用装在进气歧管上的进气歧管绝对压力（MAP）传感器所提供的压力信号，再结合进气温度信号（IAT）、发动机转速信号（RPM）、估算出的容积效率（VE）和废气再循环量（EGR）一起，采用速度密度公式换算出进入发动机气缸的空气量，如图 2-3 所示。采用这种方法检测进气量的发动机称为 D 型电控发动机，如图 2-2 所示。

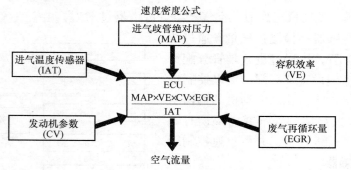

图 2-3　速度密度公式的含义

电控发动机利用空气流量的信号进行喷油和点火控制。

电控发动机主要有 D 型和 L 型两种类型，一个是间接检测进气量，一个是直接检测进气量,从原理可知 L 型发动机检测进气量更精确些。

2.2 空气流量传感器

> 问题链接:
> 1. 空气流量传感器有哪些类型?
> 2. 现今常见的是哪几种类型?

发动机电控单元(ECU)需要从各种传感器处获得信息,来精确控制燃油喷射。基本喷油量是主要的控制变量,发动机负荷和转速用于控制基本喷油量。在各种工况下还需进一步地修正喷油量,具体参见第 3 单元内容。发动机传感器中能感知负荷的传感器有空气流量传感器、进气歧管绝对压力传感器和节气门位置传感器。

2.2.1 空气流量传感器的类型

空气流量传感器俗称空气流量计,它安装在空气滤清器和节气门体之间的进气通道上(图 2-4),这样吸入气缸的空气完全通过传感器。空气流量传感器的常见类型如图 2-5 所示。

图 2-4 空气流量传感器的安装位置

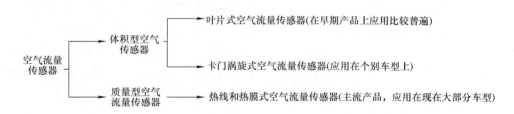

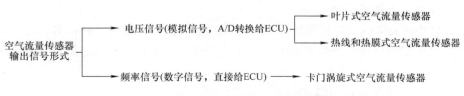

图 2-5 空气流量传感器的分类

空气流量传感器输出的信号有模拟信号型和数字信号型。有些空气流量传感器,如安装在福特和丰田汽车上的,输出直流模拟信号,信号电压范围从 0V 到 5V。而有些空气流量传感器输出直流数字信号,信号频率随进气量的变化而改变。通用公司老款空气流量传感器信号频率范围在 0Hz 到 300Hz 之间,而新款空气流量传感器信号频率在 1000Hz 到 9000Hz 之间。

2.2.2 叶片式空气流量传感器

在进气口汽油喷射发动机中，用叶片式空气流量传感器[也称为叶片式空气流量计(VAF)]检测空气流量，依此进行喷油量计算。

叶片式空气流量传感器内部由测量叶片、补偿叶片、阻尼室、复位弹簧等组成，见图2-6a。测量叶片绕转轴摆动的程度反映出吸入空气的流速。随着叶片的摆动，带动指针在电位计上滑动，这样电位计输出的信号电压就会发生变化。如果电位计的供电电压是5V，那么电位计输出0V的信号电压即代表没有吸入空气，电位计输出接近5V的信号电压即代表吸入空气体积最大。ECU依据接收的反映空气体积大小的电位计输出信号，成比例地改变喷油脉宽。

叶片一开一关，引起进气歧管内压力脉冲，造成叶片脉动，因此用阻尼室和补偿叶片弥补这一缺陷。在很多叶片式空气流量传感器内还装有电动燃油泵的开关，这是为了确保发动机静止时燃油泵不工作（图2-6b）。

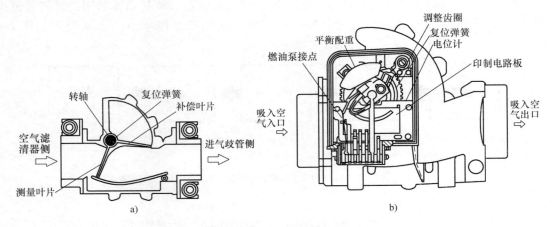

图2-6 叶片式空气流量传感器内部结构

2.2.3 热线式空气流量传感器

1. 热线式空气流量传感器的类型

根据铂金热线在壳体内安装位置的不同，热线式空气流量传感器可分为主流测量方式和旁通测量方式两种结构形式，如图2-7所示。通常大排量的发动机采用前者，小排量的发动机则采用后者。

2. 热线式空气流量传感器的组成

热线式空气流量传感器的基本构成是感知空气流量的铂金**热线电阻**，属于正温度系数电阻。在铂金热线的旁边则有**温度补偿电阻**（冷线），属于负温度系数的热敏电阻，负责检测进气温度并对加热电流进行调整。另外，还有控制热线电流并产生输出信号的**控制电路板**，以及空气流量传感器的**壳体**，见图2-8。

3. 热线式空气流量传感器基本工作原理

对于主流测量方式来讲，有一取样管置于主空气通道中央，直径70μm的铂金热线布置

单元2 电控汽油发动机的进气系统

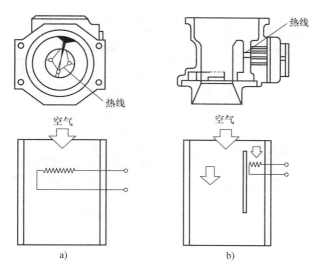

图 2-7 热线式空气流量传感器的安装位置
a) 主流测量方式　b) 旁通测量方式

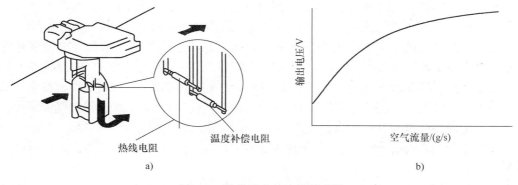

图 2-8 热线式空气流量传感器
a) 热线式空气流量传感器的内部组成　b) 热线式空气流量传感器的信号特征

在取样管支撑环内，其电阻值随温度而变化，是惠斯通电桥电路的一个臂 RH（图2-9），热线支撑环前端为温度补偿电阻，是惠斯通电桥电路的另一个臂 RK。热线支撑环后端的塑料护套上黏结着一只精密电阻，并设计成能用激光修整，也是惠斯通电桥的一个臂 RB，该电阻上的电压即热线式空气流量传感器的输出信号电压。惠斯通电桥还有一个臂 RA 的电阻器装在控制线路板上面，该电阻在最后调试实验中用激光修整，以便在预定的空气流量下调定空气流量的输出特性。

它的工作基本原理是将热线温度与吸入的空气温度差保持在恒定，见图2-9a。空气质量等于体积乘以密度，冷空气密度比热空气密度大，发动机处于不同的工况时，流经热线的空气质量有多有少。当空气流量增大时，由于空气带走的热量增多，热线本身变冷，RH 的电阻会降低，改变了电桥的电压平衡，即 VA 与 VB 的电位发生变化，于是会有电流在电桥中流动，此时信号经过放大器后，送到控制系统。为使热线温度与吸入的空气温度差保持在恒定，混合集成控制电路使热线 RH 通过的电流增大，反之，则减小。这样，就使得通过热线 RH 的电流是空气质量流量的单一函数，电流与进气质量流量成正比，所以热线式空气流量传感器也称为质量式空气流量传感器。

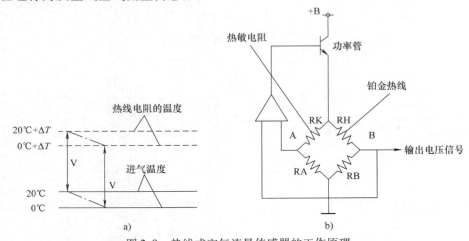

图 2-9　热线式空气流量传感器的工作原理
a）热线温度与进气温度差　b）热线式空气流量传感器的电路原理

如此，便可保证空气流量与加热电流之间的线性关系：即利用加热电流来测出进入发动机的空气流量。而该加热电流经由精密电阻 RB 换算为电压信号，便可以输入给 ECU 作为判断计算的依据。低电压表示低的空气流量，电压升高表示空气流量增加。电路变化完成时，热线电阻 RH 的温度又上升，从而电阻相应增大，直至 A 点与 B 点的电位相等。

以上推导过程均要求环境温度固定，在相同的空气质量流量下，环境温度改变会导致传感器的输出信号改变，引起测量误差，因而必须对由于环境温度变化而引起空气流量传感器输出信号变化的情况进行修正，即温度补偿。对于恒温情况，在电桥中与热线相对的桥臂上加入正温度系数的热电阻 RK，当空气温度变化时 RK/RH 仍与 RA/RB 相等，从而电桥仍保持平衡。

空气质量每秒检测 1000 次，如果热线断开，ECU 将启用应急备用功能。

4. 热线式空气流量传感器的自清洁作用

空气流量传感器使用过程中，可能受到脏的机油、硅有机树脂、蜘蛛网、电器密封胶等的污染，在怠速时空气流量传感器就会过高估计所通过的空气量，造成混合气过浓；在高速时就会低估所通过的空气流量，造成混合气过稀。这样发动机在怠速闭环控制中，可燃混合气将被向稀的趋势调整；发动机在高速时，可燃混合气将被向浓的方向调整。另外，脏的空气流量传感器也会引起过高的 NO_x 排放。

热线式空气流量传感器都有自清洁功能，即：发动机转速超过 1500r/min，关闭点火开关使发动机熄火后，控制系统自动将热线加热到 1000℃ 以上并保持约 1s，使粘附在热线上的粉尘烧掉。

5. 热线式空气流量传感器信号特征

由前面的工作原理分析可知，流经的空气越多，热线式空气流量传感器的信号电压越高，见图 2-8b。表 2-1 中列出了热线式空气流量传感器的模拟信号电压与空气流量的对比。正常情况下流经的空气流量为 3~7g/s。

表2-1 热线式空气流量传感器模拟信号电压与空气流量的对比

空气流量/(g/s)	信号电压/V
0	0.2
2	0.7
4	1.0（典型怠速状态）
8	1.5
15	2.0
30	2.5
50	3.0
80	3.5
110	4.0
150	4.5
175	4.8

6. 热线式空气流量传感器的常规检测方法

以丰田车系的5线热线式空气流量传感器为例，其电路见图2-10，检测方法见表2-2。

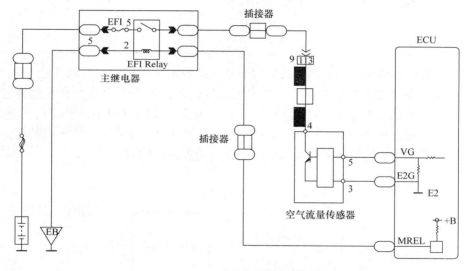

图2-10 丰田车系热线式空气流量传感器电路连接

表2-2 热线式空气流量传感器检测方法

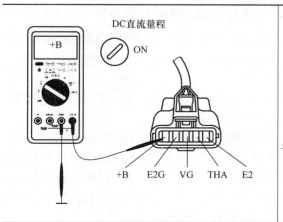

第一步：MAF供电电压检测
1）断开空气流量传感器插接器
2）将点火开关转至ON位置
3）测量空气流量传感器线束插接器的端子+B对搭铁端子的电压，应为9~14V

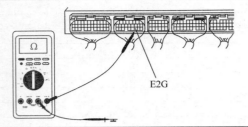
第二步：内部搭铁检测。测 E2G 对搭铁端子的电阻

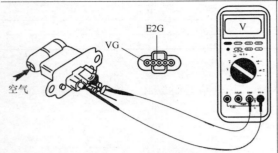
第三步：VG 信号检测。取下 MAF 传感器，提供电源和搭铁，用吹风机模拟进行检测

通用公司及德国博世公司的热线式空气流量传感器的工作原理与前面讲过的基本一致，见图 2-11，它只是将输出信号转换为频率方波信号，并且频率变化趋势也是随着进气量的增加而变大。热线式空气流量传感器的信号频率范围为 32～150Hz，怠速时的平均频率 32Hz，节气门全开时的频率为 150Hz，若有差别，可参见原厂维修手册。输出频率信号的空气流量传感器应采用示波器或能检测频率的数字万用表进行检测。

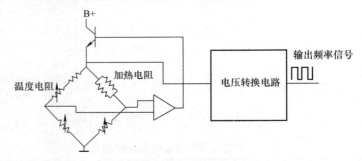

图 2-11 通用公司的热线式空气流量传感器工作原理

另外，有些热线式空气流量传感器内的加热电阻在电路上是与惠斯通电桥分开而单独设置的，这样的热线式空气流量传感器具有 5 条接线，见图 2-12。检测该种传感器时，多了一项测试加热电阻的内容。

7. 热线式空气流量传感器信号波形检测方法

（1）测试过程

关闭所有附属电气设备、起动发动机，并使发动机怠速运转，当怠速转速稳定后，检查怠速时的输出信号电压。将发动机转速从怠速加至节气门全开（加速过程中节气门应以慢中速打开），节气门全开后持续 2s，但不要使发动机超速运转；再将发动机降至怠速运转，并保持 2s；再从怠速工况急加速发动机至节气门全开，然后再关小节气门使发动机回至怠速。定住波形，仔细观察空气流量传感器波形，见图 2-13～图 2-15。

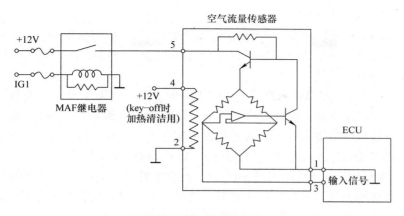

图 2-12　5 线热线式空气流量传感器的电路

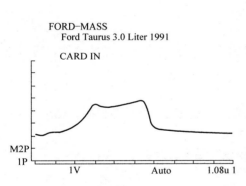

图 2-13　正常的热线式空气流量传感器波形

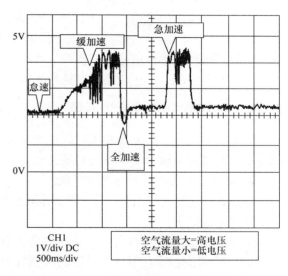

图 2-14　发动机工况变化时的热线式空气流量传感器波形

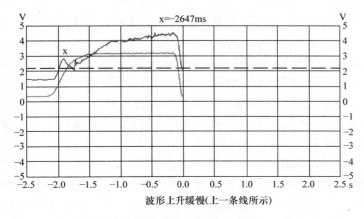

图 2-15　有问题的热线式空气流量传感器波形

（2）波形的含义及相关说明

1）从维修资料中找出输出信号电压参考值进行比较，通常热线（热膜）式空气流量传感器输出信号电压范围是怠速时超过 0.2V，到节气门全开时超过 4V，当急减速时输出信号电压应比怠速时的电压稍低。

2）发动机运转时，波形的幅值看上去在不断地波动，这是正常的，因为热线式空气流量传感器没有任何运动部件，因此没有惯性，所以它能快速地对空气流量的变化做出反应。在加速时波形所看到的杂波实际是在低进气真空度之下各缸进气口上的空气气流脉动，发动机 ECU 中的处理电路读入后会清除这些信号，所以这些脉冲没有关系。

3）不同的车型输出电压会有很大的差异，在怠速时信号电压是否为 0.25V 也是判断空气流量传感器好坏的办法。另外，从可燃混合气是否正常或发动机是否冒黑烟，也可以判断空气流量传感器的好坏。

4）如果信号波形与上述情况不符，或空气流量传感器在怠速时输出信号电压太高，而节气门全开时输出信号电压又达不到 4V，则说明空气流量传感器已经损坏。

5）如果在车辆急加速时空气流量传感器输出信号电压波形上升缓慢，而在车辆急减速时空气流量传感器输出信号电压波形下降缓慢，则说明空气流量传感器的热线脏污。

出现这些情况，均应清洁或更换热线式空气流量传感器。

2.2.4 热膜式空气流量传感器

随着车辆气体排放标准和法规的持续完善，始终需要具有更高测量精度的部件，通过空气质量传感器精确检测发动机进气至关重要。

1. 热膜式空气流量传感器的结构

热膜式空气流量传感器的结构和工作原理与热线式空气流量传感器基本相同，见图 2-16，主要部件组成如下：

① 具有回流识别功能的微型机械式传感器元件和进气温度传感器。

② 一个具有数字信号处理功能的传感器电子单元。

③ 一个数字接口。

与旧式的空气质量传感器相比，新一代空气质量传感器具有以下优势：

① 发热体由热线改为热膜。热膜是由发热金属铂固定在薄的树脂上构成的，不直接承受空气流动所产生的作用力，增加了发热体的强度，提高了工作可靠性，且无须加热清洁电路，所以无功能下降情况。

② 具有回流识别功能的微型机械式传感器元件和进气温度传感器集成在一起，有一个加热电阻、两个与温度相关的电阻，以及一个进气温度传感器。

③ 信号通过传感器电子单元采集，经数字接口传递给发动机控制单元，进行准确、稳定地分析。与以往的型号不同，空气质量传感器将数字信号传递给发动机控制单元。数字信息相对于模拟线路连接来说，对干扰不敏感。

2. 热膜式空气流量传感器的工作方式

通过阻流边的构造方式在空气流量传感器的传感元件后产生负压。在这个负压的作用下，空气分流被吸入旁路通道，以进行空气质量测量。迟缓的污粒跟不上这种快速运动，通过分离孔被重新导入到进气中，见图 2-17。这样，测量结果不会因污粒而失真，传感元件

单元2 电控汽油发动机的进气系统

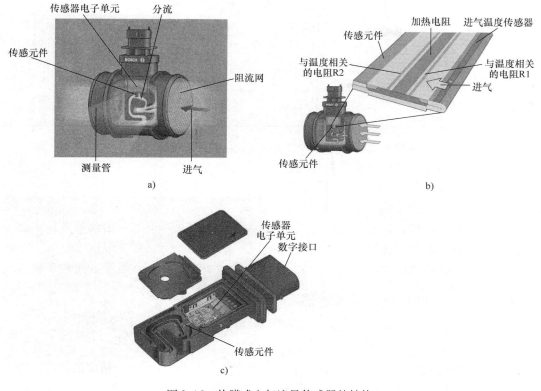

图 2-16 热膜式空气流量传感器的结构
a）结构 b）传感器电子单元 c）气流通道

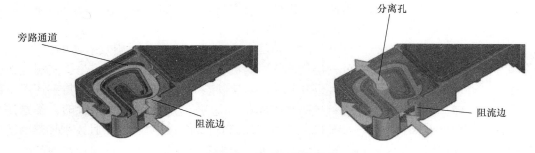

图 2-17 热膜式空气流量传感器的工作方式

也不会因其而损坏。

3. 热膜式空气流量传感器的回流识别

传感元件在中间通过加热电阻被加热到高于进气温度120℃，当：进气温度为30℃时，又被加热电阻被加热至120℃，测得温度为（120＋30）℃＝150℃。

如图 2-16 所示，回流的空气碰到传感元件，先流过与温度相关的电阻 R2，接下来流过加热电阻，然后流过与温度相关的电阻 R1。由于与加热电阻之间的间距，传感器至边缘的温度逐渐降低。电子模块通过 R1 和 R2 的温度差识别出进气空气质量和流向。回流识别原理见表 2-3。

表 2-3　热膜式空气流量传感器回流识别原理

气体流入方向	气体温度值	气体流入方向	气体温度值
进气温度	30℃	进气温度	30℃
加热电阻	(120+30)℃	加热电阻	(120+30)℃
无进气流时，R1 和 R2 的温度	90℃	无进气流时，R1 和 R2 的温度	90℃
有进气流时 R1 的温度	50℃	有回流时 R1 的温度	90℃
有进气流时 R2 的温度	约为 90℃	有回流时 R2 的温度	50℃

4. 热膜式空气流量传感器的信号特征

空气流量传感器向发动机控制单元发送的是被测空气质量的数字信号（频率），见图 2-18。发动机控制单元通过信号周期长度来识别测得的空气质量。在空气质量传感器失灵时，发动机控制单元会使用一个预设的值替代空气流量传感器信号。

2.2.5　卡门涡旋式空气流量传感器

大家都知道，当外架空中的电线被风吹时，就会发出"嗡、嗡……"的响声，风速越高，声音频率越高，这是气流流过电线后形成涡旋所致。液体、气体等流体均会发生这种现象。在流体中放置一个柱状物体（称为涡旋发生器）后。在其下游流体中就会形

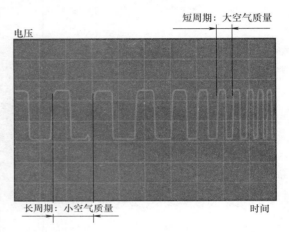

图 2-18　热膜式空气流量传感器的信号波形

成两列平行状涡旋。并且左右交替出现，因此，根据涡旋出现的频率，就可测量出流体的流量。因为这种现象首先被科学家卡门发现，所以称为卡门涡旋。

卡门涡旋是一种物理现象，涡旋的测量精度由空气通道面积与涡旋发生器的尺寸决定，与检测方法无关。涡旋式传感器的输出信号是与涡旋频率对应的脉冲数字信号，其响应速度是几种空气流量传感器中最快的一种，几乎能同步反映空气流速的变化，因此特别适用于数字式计算机处理。除此之外，它还具有测量精度高、进气阻力小、无磨损等优点，长期使用时，性能不会发生变化。其缺点是制造成本较高，因此目前只有少数中高档轿车采用。因为检测的是空气体积的流量，所以需要对空气温度和大气压进行修正。根据涡旋频率的检测方式不同，汽车用涡旋式流量传感器分为光学检测式、超声波检测式等。

2.2.5.1　光学式卡门涡旋传感器

（1）光学式卡门涡旋传感器的结构

它包括涡旋发生器、光耦合器（发光二极管和光电晶体管）组件、反光镜。

（2）光学式卡门涡旋传感器的工作原理

如图 2-19 所示，当空气流经进气道时，会在涡旋发生器的后部产生有规律的卡门涡旋，从而导致涡旋发生器周围的空气压力发生变化，变化的压力经导压孔引向金属膜制成的反光镜使反光镜产生振动，其振动频率与涡旋发生的频率相等，而涡旋发生频率与空气流速（发动机负荷）成正比；反光镜再将发光二极管投射的光反射给光电晶体管，通过光电晶体

管检测涡旋发生的频率,并向 ECU 输送 0V 或 5V 交替变化的方波信号,ECU 则根据此信号确定发动机的进气量。

早期的丰田凌志 LS400 型轿车和皇冠 3.0 型轿车采用了光学式卡门涡旋传感器,由于光学式卡门涡旋传感器容易脏污,现今已很少采用了。

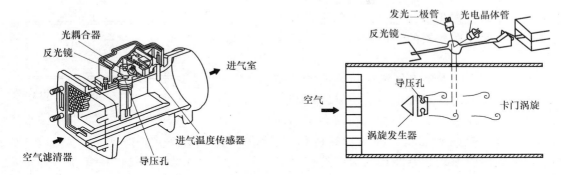

图 2-19　光学式卡门涡旋传感器的结构和工作原理

(3) 光学式卡门涡旋传感器的信号特征

5V 方波信号的频率变化与进气量成正比,进气量大则信号频率高。反之,进气量小则信号频率低。

(4) 光学式卡门涡旋传感器的检测方法

如图 2-20 所示,光学式卡门涡旋传感器产生 5V 方波信号 Ks,信号频率随进气量的增加而成正比变化。由于光学式卡门涡旋传感器的信号频率变化快,要精确地观察该信号,需要使用示波器或带有频率测试功能的数字万用表。

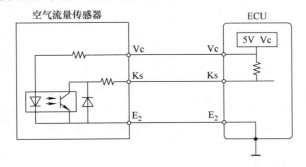

图 2-20　光学式卡门涡旋传感器的检测

2.2.5.2　超声波卡门涡旋传感器

日本三菱公司率先采用超声波卡门涡旋传感器,并安装在多款车上。中国长风猎豹吉普车和韩国现代轿车也采用了超声波卡门涡旋传感器。所谓超声波，是指频率高于20kHz，人耳听不到的机械波。它的方向性好，穿透力强，遇到杂质或物体分界面会产生显著的反射。利用这些物理性质，可把一些非电量转换成声学参数，再通过压电元件转换成电量。

1. 超声波卡门涡旋传感器的结构与工作原理

如图2-21所示，在涡旋发生器上游侧壁上装有一个超声波发生器，它可以发射固定频率的超声波；而在发射器的对面则装有超声波接收器。

超声波式卡门涡旋空气流量传感器的工作原理如下：在卡门涡旋发生器下游管路两侧相对安装超声波发射器和接收器。在没有卡门涡旋的情况下，接收到的超声波为稳定的信号。有卡门涡旋发生时，超声波在气流中的传播受到卡门涡旋信号的影响，接收到的超声波变成一个个与涡旋数对应的脉冲信号，其频率等于卡门涡旋出现的频率，反映了气流速度。此脉冲信号经转换模块转换成矩形脉冲数字信号，计算机对这个矩形脉冲计数，便可测得空气流量，见图2-22。

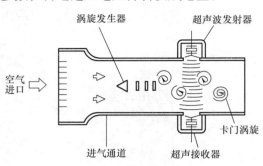

图2-21 超声波卡门涡旋式空气流量传感器基本结构

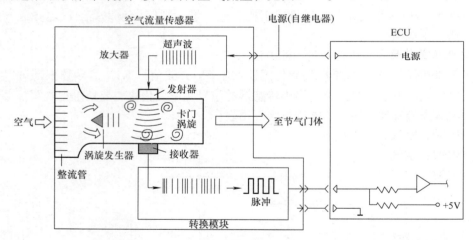

图2-22 超声波卡门涡旋式空气流量传感器工作原理

2. 超声波卡门涡旋传感器的检测方法

可以看出无论光学检测式还是超声波检测式的卡门涡旋空气流量传感器输出的信号都是方波信号，其信号频率随进气量的增加而增加，直观检测方法就是用示波器或能检测频率的数字万用表进行检测。

以三菱公司传感器为例，其电路如图2-23所示。

（1）检测传感器输出频率

当接通点火开关但不起动发动机时，传感器输出频率应为0；发动机怠速（700r/min）运转时，传感器输出频率应在25~50Hz范围内；当发动机转速升高时，传感器输出频率应随转速升高而升高；当转速升高到2000r/min时，传感器输出频率应在70~90Hz范围内，否则说明传感器或其线路有故障。

（2）检测传感器线束

在超声波卡门涡旋式传感器的故障中，线束故障占很大比例。检查线束故障时，先应拔开传感器线束插接器，然后接通点火开关，用万用表测量线束插头电源端子2与搭铁端子4之间的电压，其值应等于系统电压（12V），否则需要修理线束或检查燃油喷射主继电器；再用万用表检测线束插头输出端子1与搭铁端子4之间的电压，其值应为5V，否则需要修理线束。检测搭铁端子4搭铁是否可靠时，可用万用表电阻档检测端子4与发动机缸体之间的电阻值，其值应为0，否则说明搭铁不良，需要修理。

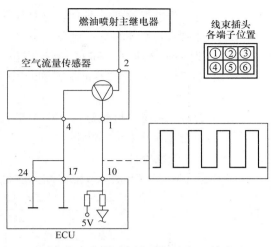

图 2-23　三菱公司超声波卡门涡旋式空气流量传感器电路图

2.2.6 空气流量传感器的故障诊断

因空气流量传感器的原因，会造成车辆出现加速无力、冒黑烟、无法跑到最高车速、没有怠速等现象。

第二代随车诊断系统（OBDⅡ系统）设置空气流量传感器故障码的条件，见表2-4。

1. 空气流量传感器电路故障

当空气流量（MAF）传感器电路开路或短路时，MAF传感器信号持续过高或过低，信号超出正常范围。

与MAF传感器电路密切相关的故障码包括：

1）P0100：空气质量或体积流量电路故障（低/不足空气流量、高/过多空气流量）。

2）P0102：空气质量或体积流量电路频率低。

3）P0103：空气质量或体积流量电路频率高。

引起的故障现象如下：

1）故障指示灯（MIL）点亮。

2）发动机运转粗暴。

3）排气管冒黑烟。

4）失速。

5）发动机难起动或起动后熄火。

6）也可能有其他驾驶症状，甚至没有症状。

引起故障的原因如下：

1）空气流量传感器脏污或污染。

2）空气流量传感器故障。

3）进气泄漏。

4）空气流量传感器的线束或接线有问题（开路、短路、磨损、连接不良等）。

OBDⅡ系统置出P0100故障码。诊断该故障码，发动机只需运行一个驱动循环即可检测出该故障码。出现该故障码时，ECU进入失效保护模式，以固定的点火正时和喷油脉宽运转。

2. 空气流量传感器信号与其他传感器信号相矛盾

ECU 根据实际检测到的空气流量（MAF）传感器信号值算出进气率，再与进气歧管压力（MAP）、发动机转速（RPM）、节气门位置（TP）和进气温度（IAT）信号进行对比，最终判断出 MAF 传感器信号不可信，则 OBD 系统设置 P0101 故障码。诊断该故障码，发动机需运行两个驱动循环。

与空气流量（MAF）传感器性能密切相关的故障码包括：
- P0101 空气流量传感器性能。
- P1101 进气系统性能。

空气流量（MAF）传感器故障诊断方法见表 2-4。

表 2-4 空气流量（MAF）传感器故障诊断

检测条件	信号检测结果	发动机驱动循环	ECU 策略
P0100——MAF 传感器电路故障			
时间 >3s 发动机转速 >4000r/min	0g/s 或 271g/s	1 个	进入失效保护模式：点火正时和喷油脉宽固定
P0101——MAF 传感器信号与其他传感器信号相矛盾			
发动机暖机 节气门关闭 发动机转速 >1000r/min 时间 >10s	MAP 信号电压 >2.2V	2 个	
发动机转速 ≥2000r/min 时间 >6s VTA ≥0.64V	MAP 信号电压 <1.0V	2 个	

进气软管真空泄漏会造成额外的空气进入发动机，绕过空气流量（MAF）传感器的检测，ECU 不会发出提供足够燃油的指令，发动机怠速时漏入的空气多，混合气变稀，怠速不稳甚至熄火；发动机高转速时漏入的空气少，受到的影响小。

如果在怠速时燃油修正是负值（减油），而在发动机高转速时燃油修正是正值，则可能是空气流量传感器脏污了。还有其他方法可进一步判断：

1) 节气门全开时（WOT），读取空气流量传感器数据流，正常情况应超过 100g/s。
2) 节气门全开时，读取空气流量传感器模拟信号电压，正常情况应超过 4V。
3) 节气门全开时，读取空气流量传感器数字信号频率，正常情况应超过 7kHz。

如果读数没有超过这些值，则更加证实空气流量传感器脏污。

3. 与空气流量传感器相关的数据流

MAF：×××.××g/s（××××.×lb/min）。显示流经空气流量传感器的空气流量，最小为 0g/s，最大为 655.35g/s。

2.3 压力传感器

问题链接：

1. 应用在发动机上的压力传感器有哪些？
2. 进气歧管绝对压力传感器起什么作用？

单元2　电控汽油发动机的进气系统

压力传感器在汽车上有广泛应用，主要检测进气歧管绝对压力、真空度、大气压力、发动机油压、制动系统油压、轮胎压力等。压力传感器所得收入占据传感器销售总收入的9%，是销量第二大的传感器。压力传感器在汽车上的测量范围从10kPa真空（用于OBD检测燃油泄漏形成的蒸气）到180MPa（用于柴油机共轨燃油压力系统），这样压力传感器就需要有不同的类型，来满足可检测压力之比在18000：1内的变化。目前已有若干种传感器，依据不同原理分为压阻式、电容式、压电式、共振式、光学式等，见表2-5。

表2-5　压力传感器的原理和特征

原理	压阻		电容		压电
	硅压阻	薄膜压阻	陶瓷电容	薄膜电容	陶瓷压电
结构	集成电路 应变法 振动膜 玻璃	薄膜 金属	陶瓷基座 可动电极 固定电极	上电极	
灵敏度	中等 $\Delta R = 1/2 R \Delta \sigma \pi_{44}$ $\pi_{44}=$压阻系数	低 $\pi_{44}=$单个硅晶的1/6	高	高	低
集成	容易	困难	困难	容易	困难
LIS加工	容易	困难	困难	容易	困难

压阻式压力传感器广泛用于检测发动机进气歧管压力（绝对压力和大气压力）、涡轮增压压力、燃油泄漏蒸气压力。电容式压力传感器用于轮胎压力、发动机机油压力检测，这两处的压力检测无须零压力指示。陶瓷电容式压力传感器用在汽车内复杂环境中检测压力，常用于检测制动、动力转向、悬架、巡航脱离、ABS制动调节、空调压缩机等系统中的液体压力。多晶硅压阻式压力传感器用于高压检测，如柴油发动机的共轨燃油喷射压力、悬架动态控制系统液压力检测。

2.3.1　压阻式进气歧管绝对压力传感器

压阻效应原理：固体受到力的作用后，电阻率发生显著变化，这种效应称为压阻效应。进气歧管绝对压力传感器就是利用这种效应制成的。

进气歧管绝对压力（MAP）传感器用于感知发动机负荷，并将压力转换成电信号传输给计算机。它主要用于点火正时和喷油的控制，这是D型电控发动机中最重要的传感器之一。对于有些L型电控发动，用MAP传感器检测发动机起动时的进气量，而发动机起动后的进气量则由MAF传感器检测。

进气歧管绝对压力（MAP）传感器有的通过软管与进气歧管相连，有的直接安装在进气歧管内。

典型的MAP传感器包括一个密封的陶制膜片或硅膜片，膜片的一侧是真空室，膜片的另一侧导入进气歧管压力，见图2-24。当发动机负荷变化（发动机进气歧管真空改变）时，作用在膜片两侧的压差使MAP传感器输出的信号电压或信号频率也随之变化。

1. 进气歧管绝对压力传感器检测原理

如图2-25所示，进气歧管绝对压力（MAP）传感器采用全桥差动电路，电桥中4个臂

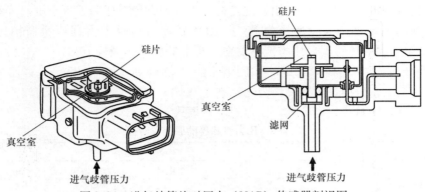

图 2-24 进气歧管绝对压力（MAP）传感器剖视图

为 4 个压变电阻，受压应变，电阻两增两减，输出与输入电压有如下关系：

$$\frac{V_{out}}{V_{in}} = \frac{R_d}{R_c + R_d} - \frac{R_b}{R_a + R_b}$$

在电桥没有变化的情况下，有如下关系：

$$R_a = R_b = R_c = R_d = R$$

则

$$V_{out} = 0$$

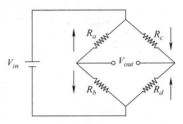

图 2-25 进气歧管绝对压力（MAP）传感器检测原理

当施加一个力时，会造成电阻值的改变，在理想状况下：

$$R_b = R_c = R - \Delta R$$
$$R_a = R_d = R + \Delta R$$

则

$$\frac{V_{out}}{V_{in}} = \frac{\Delta R}{R}$$

假如电阻变化是因施加压力所造成，则可以得出电压、电阻之间的关系：

$$\frac{V_{out}}{V_{in}} = \frac{\Delta R}{R} = kP$$

故在弹性假设下：

$$\frac{\Delta R}{R} \propto P$$

由以上各式可知，电桥的输出电压 V_{out} 与 $\frac{\Delta R}{R}$ 呈线性关系，可利用电压的变化来估计电阻的改变量，进而求得所受的压力大小。

2. 发动机负荷与进气歧管真空度、进气歧管绝对压力之间的关系

如图 2-26 所示，随着发动机负荷的增加（节气门开大），进气歧管绝对压力增加，而进气歧管真空度下降，传感器信号电压升高。当点火开关"ON"但发动机不工作时，突然打开节气门，信号电压最大，而在减速期间随着节气门的关闭，信号电压最小。

以通用汽车公司的 MAP 传感器为例，怠速时 MAP 传感器信号电压范围在 0.88~1.62V 之间，进气歧管真空度为 57.6kPa 时信号电压为 1.62V，进气歧管真空度为 71.1kPa 时信号

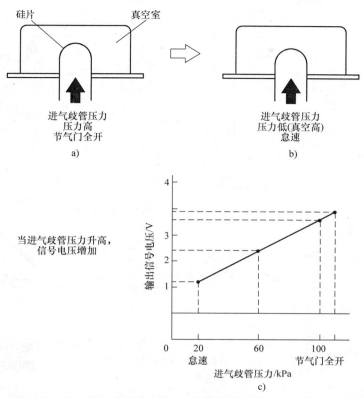

图 2-26 发动机负荷、进气歧管真空度、进气歧管绝对压力、信号电压之间的关系
a) 节气门全开时 b) 急速时 c) 信号电压

电压为 0.88V。当节气门全开时，进气歧管内真空度为 0，信号电压达到最大，见表 2-6。

表 2-6 进气歧管绝对压力传感器信号电压与进气歧管真空度、绝对压力以及发动机负荷的关系

发动机负荷	进气歧管真空	进气歧管绝对压力	MAP 信号电压
大负荷 （节气门全开）	低	高 （大气压力）	高 （4.6～4.8V）
小负荷 （急速）	高 （57.6～71.1kPa）	低 （低于大气压力）	低 （0.8～1.6V）

3. 典型的进气歧管绝对压力传感器电路图

信号端子为 PIM，传感器通过 Vc 接收来自 ECU 的 5V 电源电压，经过 E2 端子通过 ECU 搭铁。ECU 的 PIM 端子在断开时，信号应为 5V，见图 2-27。

4. 进气歧管绝对压力传感器常规检测方法

进气歧管绝对压力（MAP）传感器是进行燃油喷射和点火正时控制用的最重要传感器之一，对发动机的驱动能力有很大的影响。先要检查该传感器的连线、真空软管外部连接情况，再进行电路检测。

MAP 传感器常用三根接线：

① 从 ECU 过来的 5V 电源线。

② 返回给 ECU 的信号线。

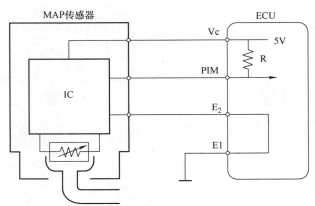

图 2-27 进气歧管绝对压力传感器电路连接

③ 搭铁或参考地线。

MAP 传感器具体电路检测方法见表 2-7。

表 2-7 进气歧管绝对压力（MAP）传感器的检测方法

图示	检测步骤
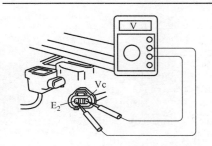	第一步：拔下 MAP 传感器的插头，打开点火开关，测量插头端子 V_c 与 E_2 之间的电压，该电压是否在 4～6V 之间？若在进入第二步；若不在，进入第三步
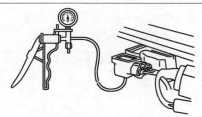 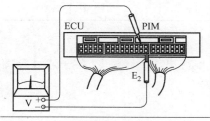	第二步：取下 MAP 传感器的真空软管，打开点火开关，测量 ECU 端子 PIM 与 E_2 之间的电压 ① 测量在大气压力作用下时，PIM 电压 ② 测量在连接真空加装时，在各种真空压力下的 PIM 电压，算出电压下降值，与下表对照 这张表提供了进气歧管绝对压力传感器在测试过程中，信号电压下降情况 V_c 电压 − PIM 电压 = 电压下降量 | 提供的真空/kPa | 13.3 | 26.7 | 40.0 | 53.5 | 66.7 | |---|---|---|---|---|---| | 信号电压下降/V | 0.3～0.5 | 0.7～0.9 | 1.1～1.3 | 1.5～1.7 | 1.9～2.1 |
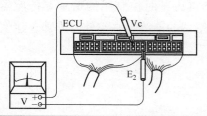	第三步：打开点火开关，测量 ECU 端子 V_c 与 E_2 之间的电压，是否在 4～6V 之间。若不在，更换 ECU 第四步：测量 ECU 与 MAP 传感器之间的连线是否导通

2.3.2 电容式进气歧管绝对压力传感器

福特汽车采用陶瓷电容式进气歧管绝对压力（MAP）传感器，它的内部由两片氧化铝陶瓷极板和一层绝缘垫片组成。随着发动机进气歧管真空度的改变，电容极板受压变形，极板间距发生改变，电容值也改变。通过振荡电路、充放电电路等方法，可以将这个电容变化转换为频率信号输出。信号频率大小可以反映出压力变化的大小，见图2-28和表2-8。

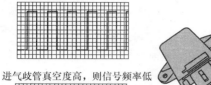

图 2-28 电容式 MAP 传感器信号频率与进气歧管真空度的关系

表 2-8 MAP 信号频率随真空度变化的关系

真空度/inHg①	信号频率/Hz
0	156~159
5	141~143
10	127~130
15	114~117
18	108~109
20	102~104
30	80~88

2.3.3 大气压力传感器

大气压力（简称 BP 或 BARO）传感器用于感知大气压力，并将大气压力转换为电压信号输送给 ECU。由于天气的原因大气压力在不断发生变化，ECU 依据该传感器的信号能感知到这种变化，并进行相应地调整。大气压力传感器也是 ECU 用于判断海拔的主要传感器。该传感器常装于 ECU 内。

进气歧管绝对压力传感器和大气压力传感器工作原理是基本相同的，只不过 MAP 传感器与进气歧管相通，而大气压力传感器与大气相通。点火开关打到"ON"位置，发动机不起动，此时 MAP 传感器读取的是大气压力，海平面应约为4V。如果处于较高的海拔，则每增加305m 的高度，它的电压应降低约0.5V（因型号而异）。车辆在高山地区行驶期间，先停下车，再起动发动机，有利于让计算机读取现在的大气压力信号。

2.3.4 蒸气压力传感器

蒸气压力传感器（简称 VAP）用于燃油蒸发控制系统中（EVAP），该传感器位于燃油箱内、活性炭罐附近，也可位于远离燃油箱的位置。

蒸气压力传感器如果安装在燃油箱中，就无软管；如果安装在远离燃油箱的地方，就有两种情况，一种情况只装一根软管，这根软管就只接燃油蒸气道；如果有两根软管，则一根接燃油蒸气道，另一根接大气，如图2-29所示。

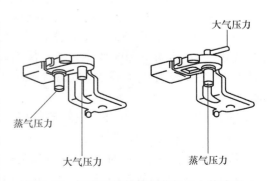

图 2-29 拥有两根软管的蒸气压力传感器

① 1inHg = 3.38kPa

示。实际工作中应注意两根软管不能装反。

VAP 传感器检测的是压力差，以大气压力为参考，当燃油蒸气压力上升时，则它的信号电压也上升，如图 2-30 所示。

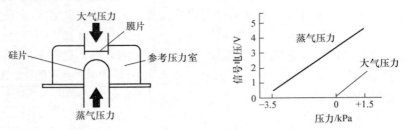

图 2-30　蒸气压力传感器压力检测原理

蒸气压力（VAP）传感器电路原理图如图 2-31 所示，其检测方法与进气歧管绝对压力传感器相似。注意不要给太大的压力，以防止损坏传感器。

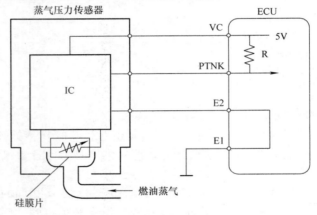

图 2-31　蒸气压力传感器电路原理

2.3.5　进气歧管绝对压力传感器的故障诊断

OBD Ⅱ 系统设置进气歧管绝对压力（MAP）传感器故障码的条件，见表 2-9。

1. 进气歧管绝对压力传感器电路故障

当 MAP 传感器电路开路或短路时，MAP 传感器信号持续过高或过低，信号超出正常范围，OBD 系统设置 P0105 故障码时。诊断该故障码时，发动机只需运行一个驱动循环，即可检测出该故障码。出现该故障码时，ECU 进入失效保护模式，固定点火提前角为上止点前 5°。

故障码 P0105：进气歧管绝对压力/大气压力传感器电路。

与 P0105 相关的故障码：

P0107：进气歧管绝对压力/大气压力电路低输入故障。

P0108：进气歧管绝对压力/大气压力电路高输入故障。

P0109：进气歧管绝对压力/大气压力电路间歇故障。

MAP 传感器故障引起的故障现象：

1) 发动机运转不良。
2) 发动机运转超负荷。
3) 发动机无怠速。
4) 排气管回火。
5) 发动机在负载或怠速时失火。
6) MIL 指示灯亮。
7) 在某些极端情况下,除了 MIL 亮外,可能没有其他症状。

引起故障的原因:
1) MAP 传感器真空软管断开或堵塞。
2) 坏 MAP 传感器。
3) TPS 故障。
4) MAP 传感器插接器损坏或有问题。
5) TPS 插接器损坏或有问题。
6) 接线损坏。
7) MAP 传感器信号电路上的参考电压短路。
8) MAP 传感器或 TPS 的搭铁丢失。
9) MAP 传感器的信号开路。
10) ECU 故障。

2. 进气歧管绝对压力传感器信号与其他传感器信号相矛盾

ECU 根据实际检测到的 MAP 传感器信号值算出进气量,再与节气门位置(TP)和发动机转速信号对比,最终判断 MAP 传感器信号不可信,OBD 系统设置 P0106 故障码。诊断该故障码,发动机需运行两个驱动循环,见表 2-9。

表 2-9 进气歧管绝对压力(MAP)传感器的故障诊断

检测条件	信号检测结果	发动机驱动循环	ECU 策略
P0105——MAP 传感器/BARO 传感器电路故障			
打开点火开关,发动机不运转	0kPa 或 >130kPa	1 个	进入失效保护模式:点火提前角固定在上止点前 5°
P0106——MAP 传感器信号与其他传感器信号相矛盾			
发动机暖机 节气门关闭 发动机转速: 400~1000r/min 时间 >10s	MAP 信号电压 >3.0V	2 个	
发动机转速 2500r/min 时间 ≥5s VTA≥1.85V	MAP 信号电压 <1.0V	2 个	

MAP 传感器的真空管有问题,造成发动机燃油经济性变差、加速迟缓、失速、怠速不稳等现象,ECU 也会设置故障码。

更换真空管时应该用原厂生产的,真空管不要过长,否则真空管下垂易引起可燃混合气在真空管处积存,造车发动机驱动性问题及出现有关的故障码。

对于 D 型喷射系统来说，节气门后方的真空漏气，会使进气歧管内的真空度下降，绝对压力升高。由于 D 型喷射系统都是以绝对压力的信号输出给 ECU 的，所以 ECU 根据绝对压力升高的信号，令喷油量增加，提高发动机的转速，造成急速过高。如果漏气严重且 ECU 有超速断油功能，当转速增加到 1500r/min 左右时，ECU 将开始断油降速，当降到一定的转速时，ECU 又开始供油提高转速，循环不已，以致发动机产生游车现象。

3. 与进气歧管绝对压力（MAP）传感器相关数据流

MAP：×××kPa（××.×inHg）。显示进气歧管绝对压力值，最小为 0kPa，最大为 255kPa。

2.4 节气门位置传感器

问题链接：
1. 常见节气门位置传感器有哪些类型？
2. 节气门位置传感器有哪些用途？

节气门位置传感器（TPS）用于发动机控制。发动机控制系统之所以要有节气门开度信号，是为了下列用途：

1）用于清除溢流功能。发动机起动时，若完全踩下加速踏板，ECU 将发出大量减油指令或彻底断油指令，以清除溢出的燃油。

2）用来判断发动机的工况处于急速控制区、部分负荷区还是节气门接近全开的加浓区（或催化转化器的高温保护区），即用来界定开环、闭环控制区。

3）用节气门转角变化率的大小作为加速、减速过程中修正喷油量的条件。它直接反映驾驶员的意图，比其他负荷响应更快。

4）用于控制液力变矩器锁止离合器的接合和分离。加速状态时，锁止离合器分离，变速器将最大转矩传送给驱动轮。当松开加速踏板时，锁止离合器也是处于分离状态，以利于发动机制动。

5）用于决定换档时刻。如果节气门全开，换档点延时，允许发动机转速提升，保障发动机输出更大的功率，促进加速。如果节气门几乎没有开启，则以最低速度换档。

6）可与 MAF、MAP 传感器的信号对照互检，提供后者发生损坏的信息，并代替后者与转速配合，作为 ECU 控制喷油量的条件参数。

7）还用于点火正时修正、废气再循环控制、空调系统控制、燃油蒸发控制、车辆动态稳定性控制、巡航控制、牵引力控制等。如 ECU 判断出节气门处于完全关闭或完全开启状态，则空调压缩机会被分离。

2.4.1 节气门位置传感器的类型及工作原理

节气门位置传感器安装在节气门体上，主要类型有以下几种。

2.4.1.1 开关触点式节气门位置传感器

开关触点式节气门位置传感器内部有 3 个触点：它们是急速开关触点 IDL、全负荷开关触点 PSW 和搭铁的动触点 E，如图 2-32 所示。发动机在急速或突然减速时，急速触点闭合，ECU 根据此信号对急速时的混合气进行控制，并修正点火提前角，切断废气再循环系统。减速断油时,暂时切断供油。当节气门开度超过一定角度时,全负荷触点闭合,ECU据此信号加浓混合气,提高发动机输出功率。

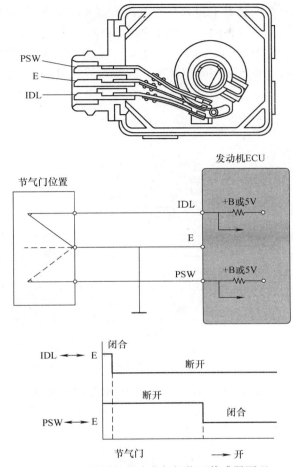

图 2-32 开关触点式节气门位置传感器原理

发动机怠速运转时,IDL 触点闭合,IDL 信号电压为 0V,ECU 以此信号控制发动机怠速时的运转工况。加速时,IDL 触点断开,其电压变为 5V。当全负荷时,PSW 触点闭合,PSW 电压为 0V,ECU 控制发动机在全负荷工况工作。开关式节气门位置传感器的数据见表 2-10。

表 2-10 开关式节气门位置传感器数据

触点	节气门位置		
	全负荷(全开)	部分负荷(部分开启)	怠速(关闭)
IDL	5V	5V	0V
PSW	0V	5V	5V

2.4.1.2 线性式节气门位置传感器

1. 线性式节气门位置传感器结构原理

如图 2-33 所示,它采用线性电位计,由节气门轴带动电位计的滑动触点,在不同的节气门开度下,接入回路的电阻不同。发动机怠速运转时,怠速触点闭合,IDL 信号端子电压为 0，VTA 信号端子与 VC 电源端子间电阻较大，传感器信号电压较低，在 0.6~0.9V。ECU 以 IDL 信号控制发动机怠速时的运转工况。随着节气门开度的增加，电位计的滑动触点在电阻膜上滑动，从而在该触点上得到与节气门开度成比例的线性电压输出，即 VTA 电压信号，如图 2-34 所示。节气门开启后，IDL 触点断开，IDL 信号电压则为电源电压（12V 左右）。全负荷时，VTA 信号电压达到最大，约为 3.5~4.7V。ECU 根据全负荷时 VTA 信号进行空燃比修正、加浓修正和燃油切断控制等。线性式节气门位置传感器在各种工况下的数据如表 2-11 所示。

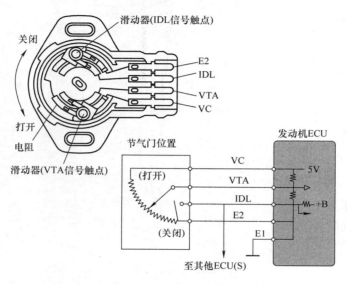

图 2-33　线性式节气门位置传感器结构及原理

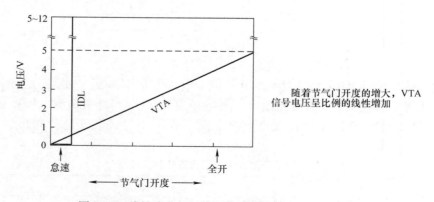

图 2-34　线性式节气门位置传感器信号电压变化趋势

表 2-11　线性式节气门位置传感器数据

触点	节气门位置		
	全负荷（全开）	部分负荷（部分开启）	怠速（关闭）
IDL	12V	12V	0V
VTA	3.5~4.7V	0.9~3.5V	0.6~0.9V

开关触点式节气门位置传感器只能检测发动机的怠速和全负荷工况。当 IDL 触点断开，PSW 触点还未闭合时，发动机处于加速状态，该传感器无法输出节气门所在位置的准确信号。线性式节气门位置传感器的设计避免了开关式传感器的弊端，利用电位计的变化可检测出节气门所在的准确位置。目前的线性节气门位置传感器已无 IDL 怠速触点，或虽有怠速触点但并不与发动机 ECU 相连接。这些型号用 VTA 信号探测怠速运行工况，如图 2-35 所示。

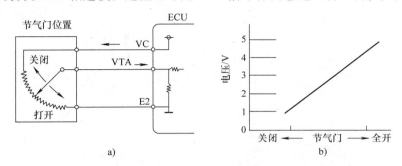

图 2-35　无怠速触点的线性式节气门位置传感器电路原理及信号变化趋势
a）电路原理　b）信号变化

2. 电控节气门中的同向双信号线性节气门位置传感器

第一种：日系车上的双信号正比例输出的线性式节气门位置传感器。

在智能电控节气门（ETCS-i）系统中，采用双信号输出型的节气门位置传感器，传感器内部有两个电位计、两个滑动触点，并有两个信号 VTA1 和 VTA2 来提高可靠性，如图 2-36 所示。

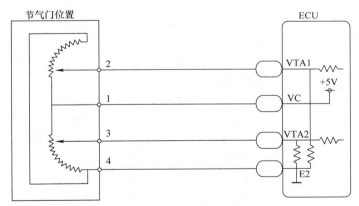

图 2-36　双信号输出型的线性式节气门位置传感器电路原理

注意：如图 2-37 所示，随着节气门的开启，VTA1 和 VTA2 信号都呈比例线性增加，但增加速率不同，VTA2 信号比 VTA1 信号先到达最大值。发动机 ECU 检测到这两个信号，来感知节气门的位置，并能通过比较两个信号，及时发现问题，提高工作的可靠性。

第二种：德系车上的反向双信号线性式节气门位置传感器

如图 2-38 所示，德系车将节气门信号用作主要的负荷信号，采用具有两个电阻片和两个触点臂的电位计。这两个电位计的电压变化情况通常是相反的，如图 2-39 所示，这增加了使用安全性。

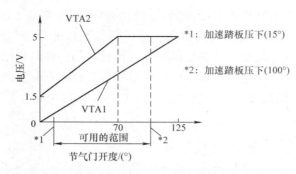

图 2-37　同向双信号输出型的线性式节气门位置传感器信号变化趋势

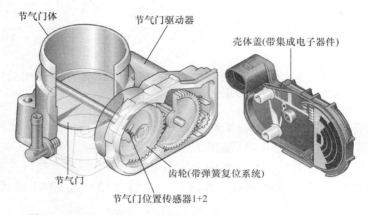

图 2-38　反向双信号输出型的线性式节气门位置传感器结构

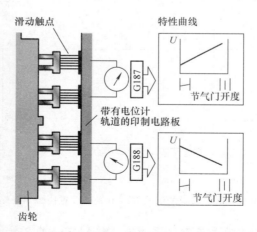

图 2-39　反向双信号输出型的线性式节气门位置传感器信号特征

2.4.1.3　霍尔元件型节气门位置传感器

霍尔元件型节气门位置传感器由霍尔集成芯片（霍尔 IC）和可绕其转动的磁铁构成。磁铁与节气门轴同轴，也就是和节气门一起转动。当节气门开启时，磁铁也一同转动，改变位置，见图 2-40。此时，霍尔 IC 探测磁铁位置变化所造成的磁通量变化并产生霍尔电压，从 VTA1 端子和 VTA2 端子输出信号电压。此传感器不仅能精确地探测节气门开启程度，还采用了无接触方式，简化了构造，所以不易发生故障。而且，为了确保传感器的可靠性，还由具有不同的输出特性的两个系统输出信号，如图2-41所示。

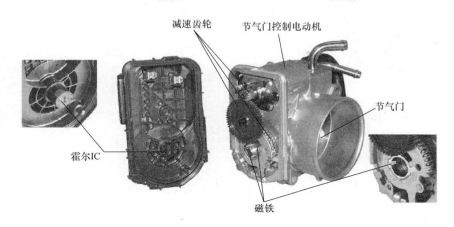

图2-40　霍尔元件型节气门位置传感器

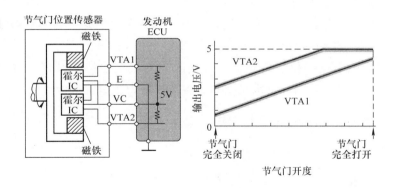

图2-41　霍尔元件型节气门位置传感器电路原理及信号变化趋势

2.4.2　节气门位置传感器安装调整的必要性和方法

对于有安装螺钉槽孔和垫片的节气门位置传感器，需要进行安装调整；对于圆孔螺钉槽孔的节气门位置传感器则不需要安装调整，如图2-42所示。

1. 节气门位置传感器安装调整的必要性

节气门初始开度过小或节气门由于污染堵塞，就需要调整节气门的初始位置。节气门体出厂时已经过调整，节气门保持0°~3°的初始开度，以维持发动机对基本怠速转速的要求。如果开度调整过小或使用一段时间后节气门积炭污染物过多，将使基本空气量减少，ECU便会通过调节怠速空气通道来补充空气量，从而使怠速控制阀开度增加。由于怠速时怠速控制阀开启角度已经很大，当发动机怠速运转时开空调或自动变速器起步，怠速控制阀将进一步开大，以维持怠速转速的稳定。而此时的怠速控制阀开度已无法进一步开大，这样便会出现空气量不足，造成开空调发动机怠速和自动变速器起步时怠速转速过低。

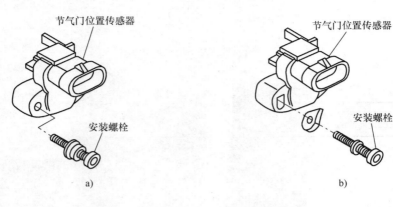

图 2-42 节气门位置传感器安装调整类型
a）安装不需调整 b）安装需要调整

2. 节气门位置传感器安装调整的方法

1）不需调整的节气门位置传感器，每次打开点火开关，ECU 会自动将其信号"归零"，只要该传感器信号电压在 0.2~1.25V 之间，ECU 即认为节气门开度为 0°。基于此位置，节气门开启角度的变化，被以百分比表示。

2）安装需调整的节气门位置传感器，调整时先要接上手持测试仪，将点火开关置于"ON"，安装螺栓，直到节气门开度满足要求，再按规定力矩紧紧螺栓。

2.4.3 节气门位置传感器的检测方法

以无怠速触点的线性式节气门位置传感器为例。

1）第一步：用手持式测试仪读取故障码为：P0120 或 P021。

2）第二步：用手持式测试仪读取节气门开度的百分数。

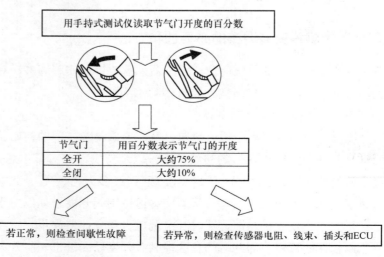

3）第三步：针对节气门位置传感器的电阻、线束、插头和 ECU 进行检测。

节气门位置传感器的检查

断开节气门位置传感器的插头，点火开关置于"ON"，测量节气门位置传感器插头端子VC与E2之间的电压，应为4.5~5.5V

若正常：点火开关置于"OFF"，断开节气门位置传感器插头。测量端子VC和E2、VC和VTA之间的电阻

端子	节气门	电阻kΩ
VC–E2	—	2.5~5.9
VC–VTA	全闭	0.2~5.7
VC–VTA	全开	2.0~10.2

异常：更换节气门位置传感器

正常：检查ECU

若不正常：点火开关置于"ON"，测量ECU插头端子VC和E2之间的电压，应为4.5~5.5V

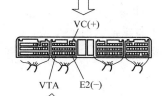

异常：检查线束和插头

正常：检查ECU

检查线束和插头

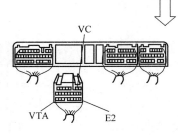
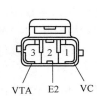

断开节气门位置传感器插头，断开ECU的E8插头。检查ECU的E8插头端子VC和节气门位置传感器插头端子VC之间的导通性，电阻应≤1Ω；检查ECU的E8插头端子VC是否搭铁短路，电阻应≥1MΩ，即不导通

异常：修理或更换线束或插头

正常：检查ECU

2.4.4 节气门位置传感器的故障诊断及检测

2.4.4.1 OBD Ⅱ系统设置节气门位置传感器故障码的条件

1. 节气门位置传感器信号电压超出可能的范围

在点火开关打开，OBD Ⅱ系统只需一个检测行驶工况周期即可检测到该故障，即传感器信号电压低于0.1V或高于4.9V。若故障发生，OBD Ⅱ系统设置故障码P0120，ECU启用失效保护模式，固定以0°开度代替现有传感器的信号值。

故障码P0120：节气门/踏板位置传感器/开关"A"电路。

与P0120相关的故障码：

P0122：节气门/踏板位置传感器/开关"A"电路低。

P0123：节气门/踏板位置传感器/开关"A"的电路高。

P0124：节气门/踏板位置传感器/开关"A"电路间歇性。

引起的故障现象：

1) MIL（故障指示灯）点亮。
2) 怠速或高速行驶时失火。
3) 怠速质量差。
4) 可能无怠速。
5) 可能起动并停止。

引起故障的原因：

1) 节气门复位弹簧卡死。
2) MAP或TPS插接器腐蚀。
3) 线束布线错误导致擦伤。
4) 不良的TPS。
5) ECU错误。

2. 节气门传感器信号与其他信号不一致

ECU可以根据进气歧管绝对压力（MAP）传感器信号和转速信号数值倒推出节气门开度。当进气歧管绝对压力（MAP）读数低于50kPa时，诊断检查节气门位置传感器是否偏高；当进气歧管绝对压力（MAP）读数高于70kPa时，诊断检查节气门位置传感器是否偏低。如果此时算出的节气门开度与节气门位置传感器信号指示的开度值相差甚远，并且没有节气门位置传感器电路及进气歧管绝对压力传感器的故障信息记录等，所检测状况持续10s以上，OBD Ⅱ系统只需一个检测行驶工况周期即可检测到该故障，设置故障码P0121，见表2-12。

表2-12 节气门传感器的故障诊断

检测条件	信号检测结果	发动机驱动循环	ECU策略
P0120——TPS传感器电路开路或短路故障			
打开点火开关 时间≤5s	VTA<0.1V 或 VTA>4.9V	1个	进入失效保护模式：固定以0°开度代替现有传感器的信号
P0121——TPS传感器信号与其他传感器信号相矛盾			
车速已超过19mile/h（30km/h）；车速从19mile/h（30km/h）下降到0mile/h（0km/h），TPS传感器信号电压超出范围	信号电压超出范围 VTA<0.7V 或 VTA>5.27V	1个	

根据其他传感器相关性设置的故障码：

1）P0068：MAP/MAF-节气门位置相关。
2）P0510：节气门位置开关。
3）P060E：内部控制模块节气门位置性能。
4）P2073：进气歧管绝对压力/空气流量-急速时的节气门位置相关。
5）P2074：进气歧管绝对压力/空气流量-高负荷时的节气门位置相关。

2.4.4.2 OBDⅡ系统设置与节气门相关故障码和数据流

1. 读取节气门位置感知相关故障码

（1）与非接触式节气门位置传感器相关故障码

P212A：节气门位置传感器/开关"G"电路。

P212B：节气门位置传感器/开关"G"的电路范围/性能。

P212C：节气门位置传感器/开关"G"的电路低。

P212D：节气门位置传感器/开关"G"的电路高。

P212E：节气门位置传感器/开关"G"电路间歇性。

P212F：节气门/加速踏板位置传感器/开关"F"/"G"的电压相关。

（2）与电控节气门相关故障码

在电控节气门控制（ETC）系统中，加速踏板位置（APP）传感器的作用是将加速踏板的位置以电信号的形式传递给节气门控制模块，作为节气门执行器控制节气门开度的参考依据。

P2130：节气门/加速踏板位置传感器/开关"F"电路。

P2131：节气门/加速踏板位置传感器/开关"F"的电路范围/性能。

P2132：节气门/加速踏板位置传感器/开关"F"电路电压低。

P2133：节气门/加速踏板位置传感器/开关"F"电路高。

P2134：节气门/加速踏板位置传感器/开关"F"的电路间歇性。

（3）加速踏板与节气门位置信息对比设置的故障码

电控节气门控制（ETC）系统中加速踏板位置和节气门位置是两个关联因子。踩下加速踏板时，向下推动加速踏板位置传感器，该传感器指示期望的节气门开度，该传感器将需求信号发送至ECU。作为响应，ECU将电压发送到电动机以打开节气门。内置在节气门体中的两个节气门位置传感器将节气门开度转换为电压信号，并传送给ECU。ECU监视加速踏板位置和节气门位置两个信号电压的相关性。当两个电压一致时，系统运行正常。当它们偏离时，将设置故障码P2135，指示系统中某处出现故障。该故障码可能会附带其他故障码，以进一步识别问题。最重要的是，如果ECU失去对节气门的控制，可能会造成危险。

P2135：节气门/加速踏板位置传感器/开关"A"/"B"的电压相关。

P2136：节气门/加速踏板位置传感器/开关"A"/"C"的电压相关。

P2137：节气门/加速踏板位置传感器/开关"B"/"C"的电压相关。

P2138：节气门/加速踏板位置传感器/开关"D"/"E"的电压相关。

P2139：节气门/加速踏板位置传感器/开关"D"/"F"的电压相关。

2. 读取节气门位置传感器相关数据流

节气门位置绝对值范围：0%~100%。

TP：xxx．x%。显示节气门位置绝对值的百分比。

其他节气门位置绝对值显示：如果使用 5.0V 的参考电压，则节气门关闭位置的信号电压为 1.0V 时，TP 在关闭时应显示（1.0/5.0）= 20% 节气门位置，2.5V 时为 50%。空转时的节气门位置通常表示大于 0%，并且节气门全开时的位置通常表示小于 100%。对于输出与输入电压成比例的系统，TP 绝对值为此时信号电压比输入参考电压的百分比。对于输出与输入电压成反比的系统，TP 绝对值是 100% 减去信号电压比输入参考电压的百分比。单个节气门最多可具有 3 个节气门位置传感器 A、B 和 C。双节气门系统最多可以有 4 个节气门位置传感器 A、B、C 和 G。

节气门位置相对（或学习）值范围：从 0% 到 100%；

TP_R：xxx．x%。显示节气门位置相对（或学习）值百分比。

其他节气门位置相对（或学习）值显示：如果使用 5.0V 的参考电压，则节气门关闭位置的信号电压 1.0V 时，TP 在关闭时应显示（1.0 − 1.0）/5.0 = 0% 节气门位置，2.5V 信号电压时为（2.5 − 1.0）/5.0 = 30%。由于节气门关闭偏移，节气门全开通常会指示大大低于 100%。对于输出与输入电压成比例的系统，TP 相对值为（信号电压 − 1.0）/输入参考电压的百分比。对于输出与输入电压成反比的系统，TP 相对值是 100% −（信号电压 − 1.0）/输入参考电压的百分比。

2.5　温度传感器

> 问题链接：
> 1. 进气温度传感器和冷却液温度传感器原理上有什么共同之处？
> 2. 如何检测冷却液温度传感器？

基于温度传感器，ECU 用于调节控制很多系统。这些系统要正常工作就需要发动机处于工作温度范围、温度传感器输送给 ECU 的信号要准确。例如，ECU 控制调节燃油喷射量，就必须知道发动机冷却液温度的准确信号。发动机用温度传感器包括冷却液温度（ECT）传感器、进气温度（IAT）传感器和废气再循环（EGR）温度传感器等（图 2-43），这些温度传感器内装负温度系数（NTC）的热敏电阻，即温度愈低则电阻愈高，反之，温度愈高则电阻愈低。由热敏电阻的电阻值变化可探测温度的变化。

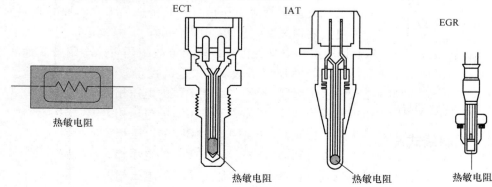

图 2-43　常见温度传感器

2.5.1 冷却液温度传感器

当出现因汽车负载过大、缺冷却液、点火时间不对、风扇不转等故障，造成冷却液温度过高时，会使发动机机体温度上升，从而使发动机不能工作。所以在仪表系统内设计了冷却液温度表，利用冷却液温度传感器检测发动机冷却液温度，让驾驶员能够直观地看出发动机冷却液在任何工况时的温度，并且及时处理。

在电控系统中也安有一个冷却液温度传感器，用于喷油量修正。冷却液温度传感器安装在发动机缸体或缸盖的水套上，与冷却液直接接触，用于测量发动机的冷却液温度，其内部装有负温度系数的热敏电阻。图 2-44 为冷却液温度传感器电路原理图，信号电压为 $V_s = 5 \times \dfrac{R_t}{R_1 + R_t}$

当发动机冷却液温度高，热敏电阻的电阻值小，信号电压低；当发动机冷却液温度低，热敏电阻值高，信号电压高。ECU 根据电阻值的这一变化便可测得发动机冷却液的温度，进行喷油量修正。

除了修正喷油量，冷却液温度传感器信号还用于修正点火正时、可变气门正时、确定换档时刻等。

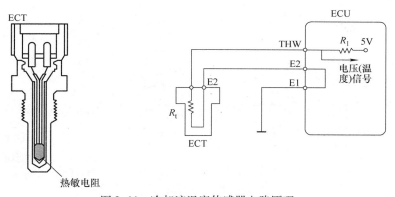

图 2-44 冷却液温度传感器电路原理

典型的冷却液温度传感器在 20℃ 时，电阻值约为 2~4kΩ，冷却液温度达到 80℃ 时，电阻值大多在 400Ω 以下，图 2-45 为冷却液温度传感器的特性曲线。冷却液温度传感器通常为一条引线或两条引线。两条引线的，其中一条为信号线，另一条为搭铁线。一条引线的则利用传感器外壳搭铁。传感器导线无极性之分。

2.5.2 双斜线式冷却液温度传感器

美国通用公司等汽车制造厂采用了双斜线式冷却液温度传感器，这种电路能提供更为精确地测量发动机温度的方法。如图 2-46 所示，当发

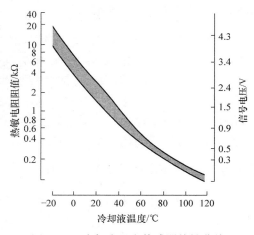

图 2-45 冷却液温度传感器特性曲线

动机温度低于50℃时，参考电压流经阻值为365kΩ和348Ω的电阻，发动机温度渐渐升高后，信号电压从5V逐渐降低；当发动机温度高于50℃时，参考电压只流经阻值为348Ω的电阻，信号电压流变成又一组从高到低变化的电压。用双斜线式温度传感器检测温度，比用一条斜线表示温度范围更为精确，特别是对于高温信号，因在43～121℃间可以产生出5000种变化等级。

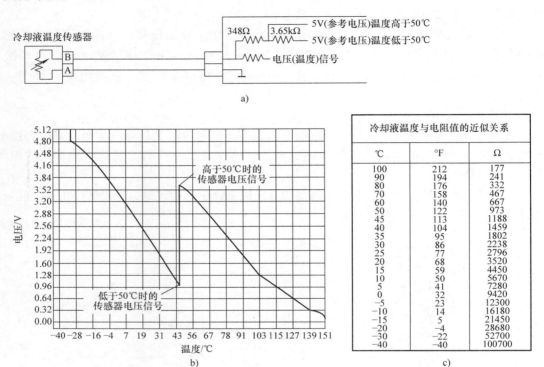

图 2-46 双斜线式冷却液温度传感器电路原理与特性曲线
a) 电路原理　b) 特性曲线　c) 近似关系

2.5.3 进气温度传感器

在装有进气歧管绝对压力（MAP）传感器的 D 型电控燃油喷射的发动机上，进气温度传感器安装在进气管上，而在装有空气流量传感器的 L 型电控燃油喷射的发动机上（图 2-47），进气温度传感器就是空气流量传感器的一部分。

进气温度传感器用于检测发动机冷起动时进气道空气温度，电控单元这时对进气温度和冷却液温度进行对比，如果两者之差在8℃内，电控单元就确定发动机处于冷起动工况。这为发动机是否进行闭环控制、燃油蒸发控制等提供了判断依据。

2.5.4 废气再循环温度传感器

废气再循环温度传感器安装在废气再循环（EGR）管道上，用于测量废气再循环气体温度，如图 2-48 所示。当废气再循环阀开启时，所测温度上升，传感器告知电控单元废气再循环系统工作。

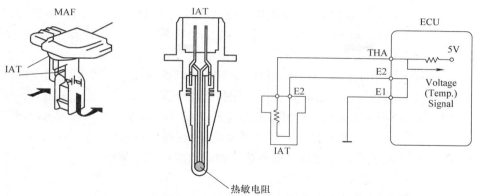

图 2-47 进气温度传感器安装位置、内部结构和电路原理

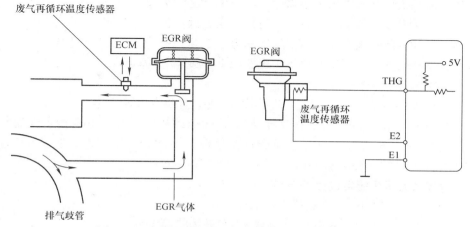

图 2-48 废气再循环温度传感器安装位置及电路原理

以上所述的三种温度传感器共同特点：传感器电阻都采用负温度系数的热敏电阻，传感器电路工作原理也相似。热敏电阻一端与一个固定电阻串联，ECU 提供 5V 电源，热敏电阻另一端通过 ECU 搭铁，ECU 检测热敏电阻两端的信号电压。环境温度升高，电阻值减少，信号电压变小；环境温度降低，电阻值增大，信号电压变大。

2.5.5 冷却液温度传感器的故障诊断与检测方法

2.5.5.1 OBD Ⅱ 系统确认冷却液温度传感器的故障条件

1）信号电压超出正常范围，温度低于 -40℃ 或高于 215℃。在 ECU 与温度传感器之间出现断路（开路）时，电阻将成为无穷大（∞），此时信号电压读数将为 5V，会导致 ECU 读出温度过低，导致燃油经济性变差，发动机过热。在 ECU 与温度传感器之间发生搭铁短路时，将使信号电压趋近于 0V，会导致 ECU 读出温度过高。在 ECU 与温度传感器搭铁端之间的电阻过大（接触不良），则信号电压值会高于正常值。冷却液温度传感器电路开路、短路和接触不良导致电阻过大等，都会出现传感器信号电压超出正常范围。OBD Ⅱ 系统只需一个检测行驶工况周期即可检测到该故障，并设置故障码 P0115，启用失效保护模式，固定以 80℃ 代替现有传感器的信号值。

2）传感器输入信号变化不正常，从而导致实现闭环控制等功能失败。OBD Ⅱ 系统需要两个检测行驶工况周期才能检测到该类故障,设置故障码 P0116。如发动机暖机过程中,冷却液温度达到正常值的时间超出逻辑范围,或发动机转速不稳,冷却液温度变化量低于3℃。

3)传感器电路间歇工作。OBDⅡ系统每隔100ms间隔检测一下冷却液温度传感器信号电压值,并在固定的间隔内累计其超出正常范围的次数,如果信号电压过高或过低的次数超出规定的范围,即认为冷却液温度传感器信号电压超出正常范围。如果信号电压偶尔超出范围,OBDⅡ系统是不会产生故障码的,即冻结帧内是没有故障码存储的。

2.5.5.2　OBDⅡ系统设置与冷却液温度传感器相关故障码和数据流

1. 与冷却液温度传感器相关故障码

P0115:发动机冷却液温度传感器1电路。
P0116:发动机冷却液温度传感器1电路范围/性能。
P0117:发动机冷却液温度传感器1电路电压过低。
P0118:发动机冷却液温度传感器1电路电压过高。
P0119:发动机冷却液温度传感器1电路间歇性故障/不稳定。

2. 与冷却液温度传感器相关数据流

ECT:xxx℃(xxx℉)。显示来自发动机缸体或缸盖的冷却液温度。

WARM_UPS:xxx,表示清除所有故障码后,OBD暖机的次数。OBD指定汽油发动机起动后冷却液温度至少升高22℃,并达到最低温度为70℃才为暖机状态。如果发生超过255次的暖机时,WARM_UPS应保持在255,并且不回零。

2.5.5.3　冷却液温度传感器的检测方法

冷却液温度传感器的检测方法见表2-13。

表2-13　冷却液温度传感器的检测方法

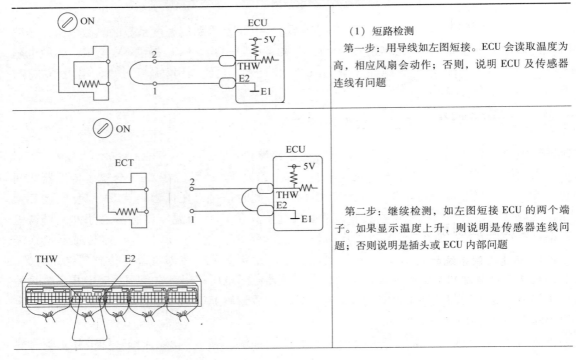

(续)

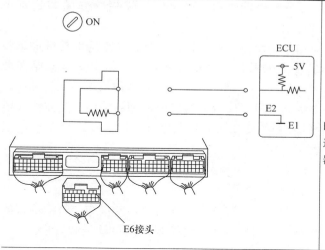

（2）开路测试

为了进一步确定前面第二步中到底是传感器连线问题还是插头或 ECU 内部问题，将传感器与 ECU 连接插头拔下。如果显示温度降低，则说明是传感器连线或插头问题；否则说明是 ECU 内部问题

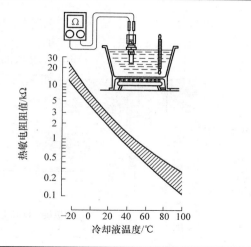

（3）电阻检测

按左图所示方法检测传感器电阻，并与曲线中与实际温度所对应的电阻值进行比较，以判断传感器的好坏

2.6 怠速控制系统的组成与工作原理

问题链接：
1. 电控发动机的怠转速是如何控制的？
2. 目前，电控发动机的怠速控制系统有哪些类型？

2.6.1 怠速控制系统的功能与组成

1. 怠速控制系统的功能

怠速是指节气门关闭，加速踏板完全松开，且保持最低转速稳定运转的工况。目前，汽油机一般都有节气门，怠速时节气门的复位弹簧促使节气门有全闭的倾向。

在汽车使用中，发动机怠速运转的时间约占 30%，怠速转速的高低直接影响燃油消耗和排放污染。怠速转速过高，燃油消耗增加，但怠速转速过低，又会增加排放污染。此外，怠速转速过低，发动机冷车运转、空调打开、电气负荷增大、自动变速器挂入档位、动力转向时，由于运行条件较差或负载增加，容易导致发动机怠速运转不稳甚至熄火。在以上有一个或几个情况出现时，需要及时调整发动机怠转速。

怠速控制的功用：一是实现发动机起动后的快速暖机过程；二是自动维持发动机怠速稳定运转，即在保证发动机排放要求且运转稳定的前提下，尽量使发动机的怠速转速保持最低，以降低怠速时的燃油消耗量。

怠速控制的实质就是控制怠速时的空气吸入量，所以也将怠速控制系统称为怠速空气控制系统（Idle Air Control system，IAC）。ECU 根据发动机工作温度和负载，自动控制怠速工况下的空气供给量，维持发动机以稳定怠速运转。

2. 怠速空气提供方式

（1）旁通空气式

采用这种方式的系统在怠速时节气门完全关闭。怠速空气通过一条跨接在节气门两端的怠速通道流入气缸。怠速通道中装有一个不同类型的怠速空气控制阀，如图 2-49a 所示。

（2）节气门直动式

采用这种方式的系统没有跨接在节气门两端的怠速通道。怠速时，加速踏板虽然完全松开，但节气门并不完全关闭，而是仍通过它提供怠速空气，如图 2-49b 所示。

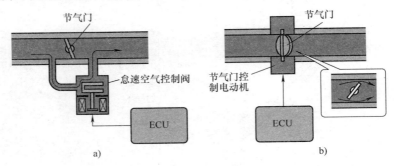

图 2-49　怠速空气提供方式
a）旁通空气式　b）节气门直动式

3. 怠速控制系统的组成

以旁通空气式怠速控制系统为例，它主要由传感器、ECU 和执行元件三部分组成，如图 2-50 所示。

传感器的功用是检测发动机的运行工况和负载设备的工作状况，ECU 则根据各种传感器的输入信号确定一个怠速运转的目标转速，并与实际转速进行比较，根据比较结果控制执行元件工作，以调节进气量，使发动机的怠速转速达到所确定的目标转速。

目标怠速是根据诸多因素决定的：

1）当发动机冷却液温度较低时，系统给出较高的目标怠速 1200r/min 以加速暖车；而对于采用机械风扇的发动机，当发动机冷却液温度过高时，系统也会施以较高的怠速 1300r/min，目的是增加散热器的冷却进风量。

2）外加负载。空调发生变化时，系统将提高怠速 150r/min。

3）近光灯开启。为补偿其电力消耗，目标怠速将提升 50r/min。

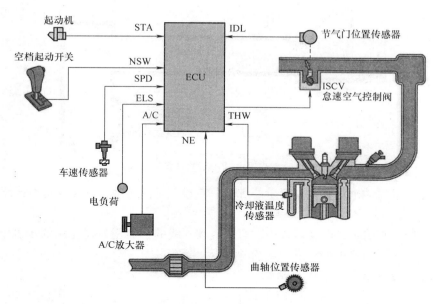

图 2-50　发动机怠速控制系统的组成

4) 系统电压补偿。当系统电压低于 12V 时，系统会自动提升目标怠速 50r/min。

5) 车速补偿。车辆在行驶时，目标怠速较停车时提高 50r/min。

6) 减速调节。减速及停车时，逐步递减至停车状态目标怠速。

4. 怠速工况的识别

在怠速以外的其他工况下，若系统对发动机实施怠速控制，会与驾驶员通过加速踏板对进气量的调节发生干涉。因此，在怠速控制系统中，ECU 需要根据节气门位置信号和车速信号确认怠速工况，只有在节气门全关、车速为零时，才进行怠速控制。

2.6.2　怠速控制执行元件的类型和工作原理、检测方法

下面也是以旁通空气式怠速控制系统为例，该种怠速控制系统目前主要有两种基本类型：

1) 步进电动机型。
2) 旋转电磁阀型。

2.6.2.1　步进电动机怠速控制阀（4 线或 6 线，不需要快怠速辅助空气阀）

这种怠速控制阀有一内置步进电动机，这个电动机顺时针或逆时针方向转动转子，使阀轴及阀移进或移出。这一动作增加或减小阀与阀座之间的间隙，以调节允许通过的空气量，见图 2-51。由于步进电动机气流量很大，因此也用于快怠速。这个阀不需要与空气阀一起使用。

步进电动机由转子（磁铁）和定子（电磁线圈）构成，丝杆机构将步进电动机转子的旋转运动转变为阀轴的直线运动，阀与阀轴制成一体。步进电动机型怠速控制阀安装在节气门体上，阀伸入到设在怠速空气道内的阀座处。ECU 通过对定子绕组通电顺序和输入脉冲数量的控制，即可改变步进电动机型怠速控制阀的位置（即节气门开度），从而控制怠速空

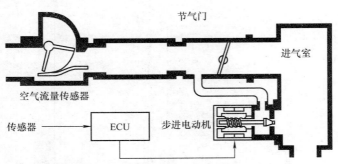

图 2-51　步进电动机型怠速控制系统

气量。由于给步进电动机每输入一定量的脉冲只转过一定的角度,其转动是不连续的,所以称为步进电动机。

怠速空气控制用的步进电动机常用的有 4 线和 6 线的,通用公司使用的步进电动机为 4 线的,丰田公司使用的步进电动机为 6 线的。

1. 通用公司怠速控制用步进电动机

(1) 通用公司步进电动机的结构和工作原理

通用公司的步进电动机结构及电路图,见图 2-52。此种控制阀的步进电动机转子是一个具有 N 极和 S 极的永久磁铁,定子则有两组相互独立的线圈,每组由两个绕组组成。在控制方式上,该种步进电动机电控单元内部控制电路最复杂。

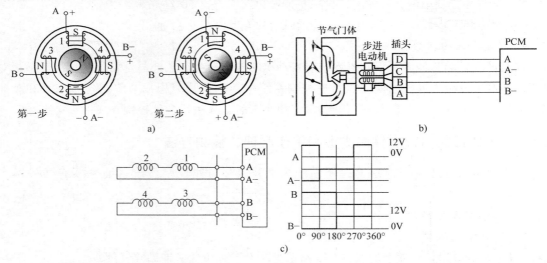

图 2-52　通用公司步进电动机型怠速控制阀
a) 步进电动机内部结构　b) 步进电动机连线情况　c) 步进电动机控制电路简图

由图 2-52c 所示的电路简图可知,步进电动机内每一组的绕组都被视为一个单独的元件,绕组的所有 4 个接线都连接到电控单元 PCM。PCM 利用内部电路,改变两组绕组的电流方向,使之产生交替变化的磁场。当转子开始转动前,电控单元 PCM 会将脉冲电压信号 (12V) 从 A 端送入绕组 1 和 2,然后从 A - 端回到 PCM 内部搭铁,使定子绕组 1 和 2 分别产生 S 极和 N 极,吸引转子顺时针旋转。与此同时,PCM 也将脉冲电压从 B 端送入定子绕组 3 和 4,使定子绕组 3 和 4 分别产 N 极和 S 极,推动转子顺时针转动 90°,成为图 2-52a

所示的情形。

（2）通用公司步进电动机的检测方法

正常情况下，A—A-端之间以及B—B-端之间的电阻值为40~80Ω。

该步进电动机4个端子的电压在0V和12V两者之间交替变化。

如图2-53所示步进电动机阀轴伸出最大长度A不能超过28mm。

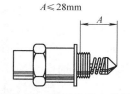

图2-53 通用步进电动机阀轴伸出长度示意图

2. 丰田公司怠速控制用步进电动机

（1）丰田公司步进电动机的结构与工作原理

丰田公司的步进电动机结构如下：与通用公司不同的是，丰田步进电动机内的定子由4组相互独立的绕组构成，见图2-54。

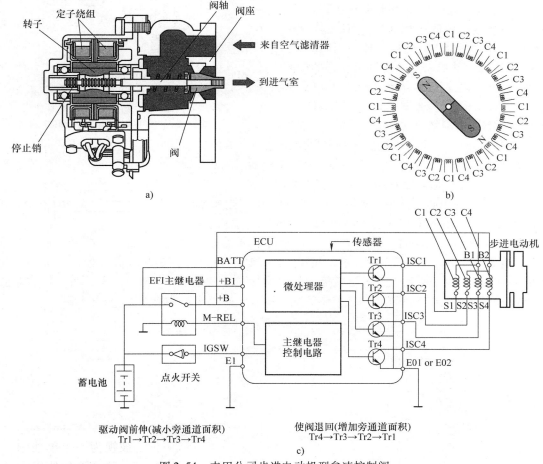

图2-54 丰田公司步进电动机型怠速控制阀

a) 步进电动机内部结构 b) 步进电动机定子与转子相互作用原理 c) 步进电动机控制电路简图

由图2-54c可知，EFI主继电器触点闭合后，蓄电池电源经主继电器到达怠速步进电动机的B1和B2端子、ECU的+B和+B1端子，B1端子向步进电动机的C1-C3相两个绕组供电，B2端子向C2-C4相两个绕组供电。4个绕组分别通过端子S1、S2、S3和S4与ECU

端子 ISC1、ISC2、ISC3 和 ISC4 相连，ECU 控制各绕组的搭铁回路，以控制怠速控制阀的工作。当 ECU 控制使步进电动机的电磁线圈 C1、C2、C3、C4 按 1—2—3—4 顺序通过晶体管依次搭铁时，定子磁场顺时针转动，由于与转子磁场间的相互作用（同性相斥，异性相吸），吸拉转子转动。同理，如果按 C4、C3、C2、C1 的顺序依次搭铁，步进电动机的线圈按相反的顺序通电，转子则随定子磁场同步反转。一台丰田的步进电动机将利用 4 组电磁线圈，使转子永久磁铁每旋转一圈产生 32 个步进动作，见图 2-54b。

（2）丰田公司步进电动机的检测方法

检修步进电动机型怠速控制阀的方法有电阻检测和动作检测。

1）步进电动机型怠速控制阀线圈电阻的检测。拆下怠速控制阀，用万用表 Ω 档测量怠速控制阀绕组的电阻值（图 2-55）。脉冲线性电磁阀式怠速控制阀只有一组绕组，其电阻值为 10～15Ω。步进电动机式怠速控制阀通常有 2～4 组绕组，各组绕组的电阻值为 10～30Ω。若绕组电阻值不在上述范围内，应更换怠速控制阀。

2）步进电动机型怠速控制阀动作的检测

① 拆开怠速控制阀线束插接器，将点火开关转至"ON"，但不起动发动机，在线束侧分别测量 B1 和 B2 端子与搭铁之间的电压，均应为蓄电池电压（9～14V），否则说明怠速控制阀电源电路有故障。

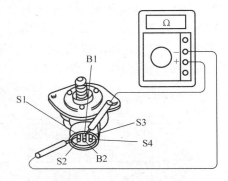

图 2-55　皇冠 3.0 轿车 2JZ–GE 发动机步进电动机型怠速控制阀的电阻检测

② 发动机起动后再熄火时，2～3s 内怠速控制阀附近应能听到内部发出的"嗡嗡"声，否则应进一步检查怠速控制阀、控制电路及 ECU。

③ 拆开怠速控制阀线束插接器，在控制阀侧分别测量端子 B1 与 S1 和 S3，B2 与 S2 和 S4 之间的电阻，电阻值均应为 10～30Ω，否则应更换怠速控制阀。

④ 拆下怠速控制阀后，如图 2-56a 所示，将蓄电池正极接至 B1 和 B2 端子，负极按顺序依次接通 S1、S2、S3、S4 端子时，随步进电动机的旋转，控制阀应向外伸出，关闭怠速旁通道；如图 2-56b 所示，蓄电池负极按相反顺序依次接通 S4、S3、S2、S1 时，则控制阀应向内缩回，开启怠速旁通道。若工作情况不符合上述要求，应更换怠速控制阀。

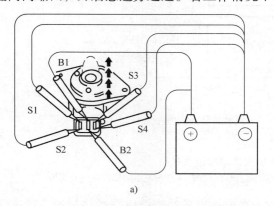
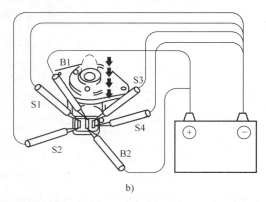

图 2-56　皇冠 3.0 轿车 2JZ–GE 发动机步进电动机型怠速控制阀的动作检测

a）检查步进电动机的关闭情况　b）检查步进电动机开启情况

3. 步进电动机型怠速控制阀的控制策略

步进电动机控制旁通空气式怠速控制系统的控制内容如下。

（1）起动初始位置的设定

为了改善发动机的起动性能，关闭点火开关使发动机熄火后，ECU 的 M-REL 端子向主继电器线圈供电约 2~3s。在这段时间内，蓄电池继续给 ECU 和步进电动机供电，ECU 使怠速控制阀回到起动初始（全开）位置。待步进电动机回到起动初始位置后，主继电器线圈断电。蓄电池停止给 ECU 和步进电动机供电，怠速控制阀保持全开不变，为下次起动作好准备。

（2）起动后控制

发动机起动时，由于怠速控制阀预先设定在全开位置，在起动期间经怠速空气道可供给最大的空气量，有利于发动机起动。但怠速控制阀如果始终保持在全开位置，发动机起动后的怠速转速就会过高，所以在起动期间 ECU 会根据冷却液温度的高低控制步进电动机，调节控制阀的开度，使之达到起动后暖机控制的最佳位置，此位置随冷却液温度的升高而减小，控制特性（步进电动机的步数与冷却液温度的关系曲线）存储在 ECU 内。

步进电动机起动初始位置的设定和起动后控制原理见图 2-57。

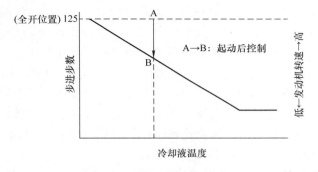

图 2-57 步进电动机起动初始位置的设定和起动后控制

（3）暖机控制

暖机控制又称快怠速控制，在暖机过程中，ECU 根据冷却液温度信号按内存的控制特性控制怠速控制阀开度，随着温度上升，怠速控制阀开度逐渐减小。当冷却液温度达到 70℃ 时，暖机控制过程结束。步进电动机暖机控制原理见图 2-58。

（4）怠速稳定控制

在怠速运转时，ECU 将接收到的转速信号与确定的目标转速进行比较，其差值超过一定值（一般为 20r/min）

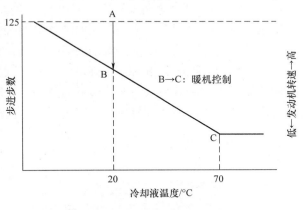

图 2-58 步进电动机暖机控制

时，ECU 将通过步进电动机控制怠速控制阀，调节怠速空气供给量，使发动机的实际转速与目标转速相同。怠速稳定控制又称反馈控制，见图 2-59。

（5）怠速预测控制

发动机在怠速运转时，如变速器档位、动力转向、空调工作状态的变化都将使发动机的转速发生可以预见的变化。为了避免发动机怠速转速波动或熄火，在发动机负荷出现变化时，不等发动机转速变化，ECU 就会根据各负载设备开关信号（A/C 开关等），通过步进电动机提前调节怠速控制阀的开度。

(6) 电器负载增多时的怠速控制

在怠速运转时，若使用的电器负载增大到一定程度，蓄电池电压就会降低。为了保证电控系统正常的供电电压，ECU 根据蓄电池电压调节怠速控制阀的开度，提高发动机的怠速转速，以提高发动机的输出功率。

(7) 学习控制

在 ECU 的存储单元中，存储着怠速控制阀的步数与发动机怠转速的对应表。但发动机在使用过程中，由于磨损等原因会导致怠速控制阀的步数与发动机怠转速的对应关系发生改变。在此情况下，ECU 利用反馈控制功能使怠速转速回归到目标值的同时，还可将对应的实际步数存储在 ROM 存储器中，以便在此后的怠速控制过程中使用。ECU 会定期更新怠速控制阀步数与发动机转速对应的数据表，以便能让怠速控制系统更快地达到目标转速。

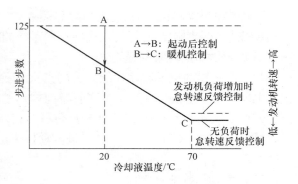

图 2-59 步进电动机怠速稳定控制

当节气门体变脏后，发动机在怠速时，IAC 阀的开度会增大。这是因为节气门体变脏后，在相同的开度下，进气量会减少，将不足以维持发动机的目标转速，IAC 阀应开大，这说明电控单元具有反馈和学习功能。清洗节气门体后，一定要让 ECU 重新进行学习，即进行基本设置，这样为达到同样的目标怠转速，怠速时 IAC 阀的开度会减少。记住：如果蓄电池断开了，ECU 也将重新进行怠速控制的学习。

2.6.2.2 旋转电磁阀型怠速控制阀（三线，有的需要快怠速辅助空气阀）

1. 双驱动型旋转电磁阀型怠速控制阀的结构与工作原理

双驱动旋转电磁阀型怠速控制阀的结构如图 2-60 所示。控制阀安装在阀轴的中部，阀轴的一端装有圆柱形永久磁铁，阀轴的另一端装有双金属片。永久磁铁对应的圆周位置上装有位置相对的两个线圈，由 ECU 控制两个线圈的通电或断电，改变两个线圈产生的磁场强度，两线圈产生的磁场与永久磁铁形成的磁场相互作用，使永久磁铁带动阀轴一起旋转，转过的角度由使永久磁铁转动的扭矩与双金属片复位扭矩相平衡的情况决定。

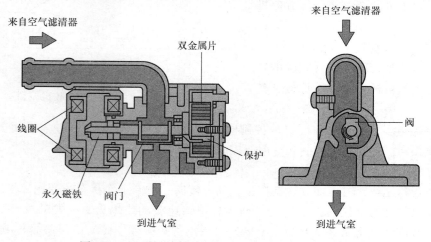

图 2-60 双驱动旋转电磁阀型怠速控制阀的剖视图

双金属片制成卷簧形,外端用固定销固定在阀体上,内端与阀轴端部的挡块相连接,阀轴只能在挡块凹槽限定的范围内摆动。流过阀体冷却液的温度变化时,双金属片变形,带动挡块转动,从而改变阀轴转动的两个极限位置,以控制怠速控制阀的最大开度和最小开度,见图2-61。此装置主要起保护作用,可防止怠速控制系统电路出现故障时,发动机转速过高或过低,只要怠速控制系统工作正常,阀轴上的限位杆不与挡块的凹槽两侧接触。

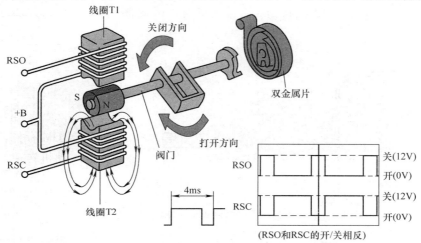

图2-61 双驱动旋转电磁阀型怠速控制阀的工作原理(一)

ECU控制旋转电磁阀型怠速控制阀工作时,控制阀的开度是通过控制两个线圈的平均通电时间(占空比)来实现的。占空比是指脉冲信号的通电时间与通电周期之比,如图2-62所示。

通电周期一般是固定的,所以占空比增大,就是延长通电时间。当占空比为50%时,两线圈的平均通电时间相等,两者产生的磁场强度相同,电磁力相互抵消,阀轴不发生偏转。当占空比大于50%,因有反相器的作用,两个线圈的平均通电时间,一个增加,而另一个减小,两者产生的磁场强度也不同,所以使阀轴偏转一定角度,控制阀开启怠速空气口,见图2-63。占空比越大,两个线圈产生的磁场强度相差越多,控制阀开度越大。因此,ECU通过控制脉冲信号的占空比即可改变控制阀开度,从而控制怠速时的空气量。控制阀从全闭位置到全开位置之间,旋转角度限定在90°以内,ECU控制的占空比调整范围约为18%~82%。

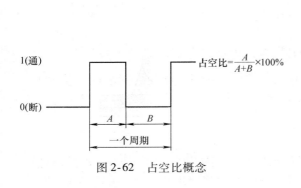

图2-62 占空比概念

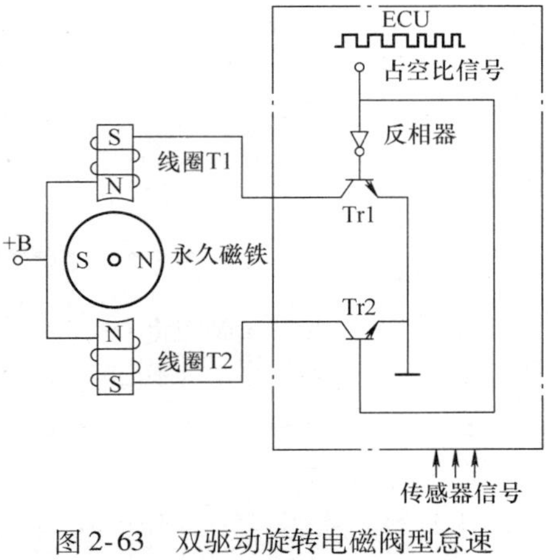

图2-63 双驱动旋转电磁阀型怠速控制阀的工作原理(二)

2. 单驱动旋转电磁阀型怠速控制阀的结构和工作原理

单驱动旋转电磁阀型怠速控制阀只包括一组电磁线圈，另有永久磁铁、阀门以及自带 IC（集成电路），见图 2-64。单驱动旋转电磁阀怠速控制阀附接在节气门体上。

自带 IC（集成电路）利用发动机 ECU 信号传出的占空比信号，控制流入电磁线圈电流的方向及大小，并使阀门转动，从而控制从节气门的旁通道流入的空气量，见图 2-65。占空比高时，IC 将阀门向打开方向转动；占空比低时，IC 将阀门向关闭的方向转动，该阀就这样打开和关闭。

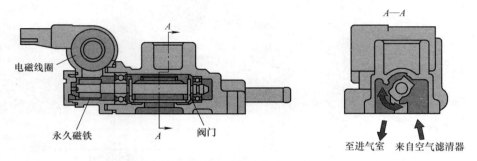

图 2-64　单驱动旋转电磁阀型怠速控制阀的剖视图

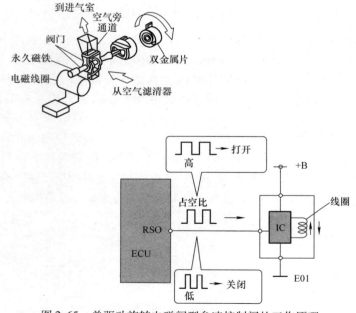

图 2-65　单驱动旋转电磁阀型怠速控制阀的工作原理

当怠速控制阀控制电路出现故障时，会在永久磁铁的作用下，将阀门固定在一定开度的位置，这时发动机的怠速转速还可以达到 1000～2000r/min。

3. 旋转电磁阀型怠速控制阀的控制内容

（1）起动控制

当发动机 ECU 接收到起动信号（STA），发动机 ECU 确定发动机将起动，打开怠速控制阀以改善起动性。依据冷却液温度和发动机转速信号来控制怠速控制阀的开启位置。

(2) 暖机（快怠速）控制

发动机起动后，发动机 ECU 按照冷却液温度打开怠速控制阀以增加怠速转速。当冷却液温度升高时，发动机 ECU 控制怠速控制阀使其趋向关闭方向，以降低怠速转速。

(3) 反馈控制

该怠速控制阀的怠速反馈控制策略与步进电动机型怠速控制阀的控制策略相似，即当发动机实际怠速转速低于目标转速时，ECU 控制怠速控制阀开度加大；反之，当发动机实际怠速转速高于目标转速时，ECU 控制怠速控制阀开度减小。

(4) 发动机负荷/转速变换估计控制

为了防止由于发动机负荷的变化而导致转速明显改变，ECU 监控来自空档起动开关（NSW）、空调开关（A/C）、前照灯、后窗除雾（ELS）的信号，若装有动力转向和机油压力开关（PS），还要监视相关信号。通过监控信号，ECU 确定出目标转速，从而调节怠速控制阀的位置。

在 ECU 进行怠速转速调整之前，先改变怠速控制阀旋转位置，以弥补发动机负荷的变化。这种控制方式有助于在发动机负荷变化过程中稳定怠速转速。

(5) 学习控制

旋转电磁阀型怠速空气控制系统利用怠速旁通道学习控制策略，ECU 记忆发动机转速和占空比之间的关系，定期更新存储数据。过段时间由于磨损和其他原因导致发动机转速和占空比之间的关系发生变化，由于怠速反馈控制作用，调整后的发动机转速和占空比之间的对应关系被记忆在 ECU 内，ECU 定期更新记忆内容，以让旋转电磁阀更快地响应发动机转速的变化。

对这些怠速转速控制内容的理解，对于帮助分析怠速控制的相关故障很有帮助。同样，如果蓄电池断开了，ECU 将重新进行怠速控制的学习。

4. 旋转电磁阀型怠速控制阀的检修

(1) 双驱动旋转电磁阀型怠速控制阀的检修

旋转电磁阀型怠速控制阀的电路（日本丰田 PREVIA 轿车）如图 2-66 所示，在维修时，一般进行如下检查：

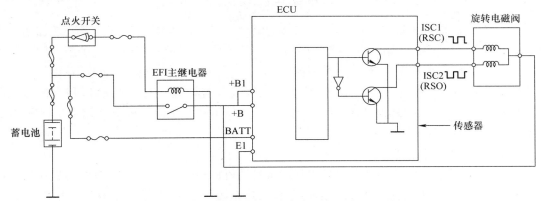

图 2-66　日本丰田 PREVIA 轿车旋转电磁阀型怠速控制阀电路图

1) 拆开怠速控制阀线束插接器，将点火开关转至"ON"，但不起动发动机，在线束侧测量电源端子（+B）与搭铁之间的电压，应为蓄电池电压（9～14V）；否则说明怠速控制阀电源电路有故障。

2）发动机达到正常工作温度、变速器处于空档位置时，使发动机维持怠速运转，用专用短接线短接故障诊断座上的 TE1 与 E1 端子，发动机转速应保持在 1000～1200r/min，5s 后转速下降约 200r/min。若不符合上述要求，应进一步检查怠速控制阀电路、ECU 和怠速控制阀。

3）拆开怠速控制阀上的三端子线束插接器，在控制阀侧分别测量中间端子（+B）与两侧端子（1SC1 和 ISC2）之间的电阻，正常应为 18.8～22.8Ω；否则应更换怠速控制阀。

（2）单驱动旋转电磁阀型怠速控制阀的检修

1）单驱动旋转电磁阀型怠速控制阀内部是自带 IC（集成电路），无法检测电阻，判断怠速控制阀内部的好坏，要用丰田手持式测试仪。根据手持式测试仪上的信息选择动态测试模式，当发动机负荷改变时（开空调、打转向或开前照灯等），观察发动机怠速转速是否根据负荷的变化而增加，依此判断怠速控制阀的好坏。

2）断开怠速控制阀线束插接器，将点火开关转至"ON"，但不起动发动机，在线束侧测量电源端子（+B）与搭铁之间的电压，应为蓄电池电压（9～14V）；否则说明怠速控制阀电源电路有故障。

3）断开发动机 ECU 线束插接器，检查发动机 ECU 插接器的端子与怠速控制阀插接器端子 RSO 之间的导通性，电阻应小于 1Ω。

4）断开发动机 ECU 线束插接器，检查发动机 ECU 插接器的端子与怠速控制阀插接器端子 EO1 之间的导通性，电阻应小于 1Ω。

2.7 电控节气门系统

问题链接：
1. 电控节气门系统与普通节气门有什么区别？
2. 电控节气门是如何工作的？

2.7.1 电控节气门（ETC）系统的结构组成及工作原理

基于转矩的 ETC 系统是一种硬件和软件的结合产物，可根据驾驶员的需求（加速踏板位置）提供发动机输出转矩（通过节气门角度）。它使用电子节气门体、电子节气门控制单元、发动机控制单元 ECU 和加速踏板来控制节气门开度和发动机转矩。ETC 系统取代了加速踏板操纵线缆、怠速空气控制（IAC）阀、三线节气门位置（TP）传感器和机械节气门体，可实现节气门开度的快速精确控制。德尔福公司开发了几种电控节气门系统，图 2-67 所示为德尔福第一代 ETC 系统。

1. ETC 系统工作原理

如图 2-68 所示，ETC 系统多数集成到现有发动机控制单元 ECU 中，由电动机在整个调节范围内来调节节气门位置。驾驶员的命令和加速踏板位置信号输送给 ECU，由 ECU 处理以调节节气门体电动机电压。ECU 基于内转矩需求（起动、催化转化器加热、怠速控制、功率限制、限速装置、空燃比控制）和外转矩需求（自动变速器换档点、牵引力控制、发动机制动控制、空调压缩机开/关、巡航控制），来调节节气门开启、火花塞点火时刻、燃油

单元2 电控汽油发动机的进气系统

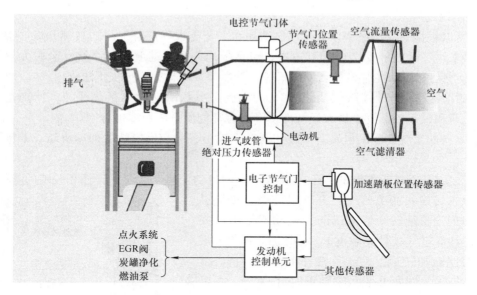

图 2-67 德尔福第一代电控节气门（ETC）系统结构

输送量，以及 EGR 阀、活性炭罐的工作。以往，为了保持发动机怠速，怠速空气控制（IAC）系统必须设置怠速旁通道，以绕过关闭的节气门。ETC 系统将 IAC 控制和节气门的调节控制集成一个单元，因此故障率降低，提高了操作的可靠性。如果由于安全或油耗方面的需要而必须调节发动机转矩，带有 ETC 功能的发动机控制单元可单独调节节气门位置（无须驾驶员踩踏加速踏板）。

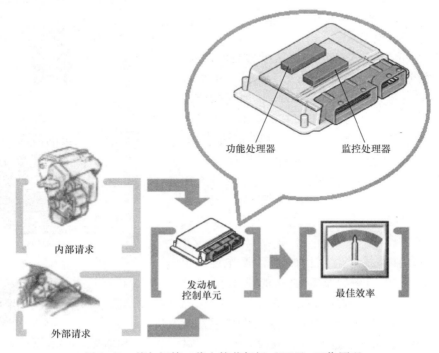

图 2-68 德尔福第二代电控节气门（ETC）工作原理

2. ETCS 的优点

1) 可以根据驾驶员愿望以及排放、油耗和安全需求确定节气门的最佳开度。参考各种功能要求来改善驾驶的安全性和舒适性,包括限速装置、巡航控制系统、牵引力控制系统(TCS)及发动机制动控制系统(EBC)等,从而使发动机控制更加理想。

2) 解决了传统节气门难以根据汽车的不同工况相应地做出精确调整,特别是在冷起动、低负荷和怠速工况下会导致经济性下降、有害物质排放量增加等问题。

3) 装备此系统的发动机具有低转速高转矩输出、起步反应快、加速灵敏,节油低耗的特点。

简言之,基于转矩控制的 ETC 可实现主动的自动变速(较早的升档和较晚的降档)。通过计算所需转矩,调节节气门开度以在换档期间获得相同的车轮驱动转矩,可以防止发动机拖滞(持续低转速和低进气歧管真空度),同时仍能提供驾驶员要求的性能和转矩。它还支持许多燃油经济性和排放改进技术,例如可变凸轮轴正时(VCT),可在过渡工况期间提供相同的转矩。

3. ETC 系统结构

如图 2-69 所示,电控节气门系统主要由以下零部件组成:

1) 带加速踏板位置传感器的加速踏板模块。
2) 发动机控制单元。
3) 节气门控制单元。
4) 电控节气门故障指示灯。

(1) 加速踏板模块

该模块通过传感器来确定加速踏板的当前位置,并将该信号发送至发动机控制单元。该模块由加速踏板、加速踏板位置传感器 1 (G79)、加速踏板位置传感器 2 (G185) 组成,如图 2-70 所示。为了尽可能保证安全,该系统配置两个加速踏板传感器。发动机控制单元利用这两个传感器的信号来判断加速踏板当前位置。这两个传感器均为滑动接触式电位计,它们位于同一根轴上。滑动接触式电位计的电阻和传输至发动机控制单元的电压,随加速踏板位置的变化而变化。

这两个滑动接触式电位计上加载有 5V 电压。出于安全考虑,每个传感器都有独立的供电线(红色)、搭铁线(棕色)和信号线(绿色)。传感器 G185 安装了一个串联电阻,因此,这两个传感器就有两条不同的特性曲线。这是执行安全功能和测试功能的先决条件。

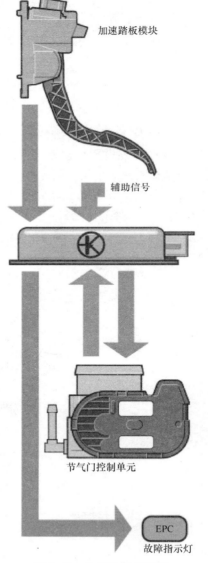

图 2-69 电控节气门系统(ETC)的组成

单元2　电控汽油发动机的进气系统

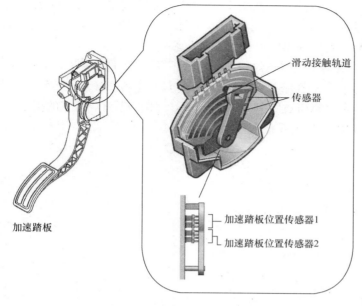
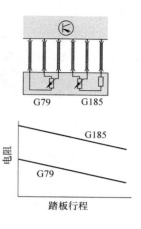

图 2-70　加速踏板模块结构

为了提高可靠性，有的车型采用第三个加速器踏板传感器来提高整体踏板位置感测的可靠性。系统需要监视 3 个踏板位置信号，见图 2-71。APP2 和 APP3 均具有负斜率（增加踏板行程，降低电压），APP1 具有正斜率（增加踏板行程，提高电压）。在正常操作期间，APP1 会被策略用为踏板位置的指示。

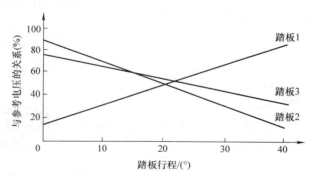

图 2-71　三个加速踏板传感器信号对比

（2）发动机控制单元

发动机控制单元根据加速踏板位置传感器提供的输入信号，计算驾驶员所需的发动机输出功率，并通过执行元件将该功率转换成所需的发动机转矩。在计算过程中，发动机控制单元会考虑到发动机管理系统的其他功能（例如，发动机转速限制、车速限制和功率限制）及其他车辆系统（例如，制动系统或自动变速器）的要求。另外，发动机控制单元还监控"电子节气门"系统，以防出现故障。

（3）节气门控制单元

节气门控制单元从电动机到节气门板轴的齿轮比为 17∶1，二级齿轮减速。复位弹簧机构能在电动机不通电时,将节气门稍微打开,见图2-72。节气门控制单元负责提供所需空气量。节气门控制单元根据发动机控制单元发出的指令来操纵节气门。节气门位置(TP)传感器将节气门位置反馈至发动机控制单元。

为了加强监控,TP传感器具有两个信号电路以实现冗余。第一个TP信号(TP1)具有负斜率(增大节气门开度、降低电压),而第二个信号(TP2)具有正斜率(增大节气门开度、提高电压)。在正常运行期间,控制策略将负斜率TP信号(TP1)用为节气门位置的指示。

如图2-73所示,节气门控制单元需要6根线:

1) 5V参考电压。
2) 信号返回(搭铁)。
3) 具有负电压斜率(5~0V)的TP1信号电压。
4) 具有正电压斜率(0~5V)的TP2信号电压。
5) 执行电动机两根电源线。

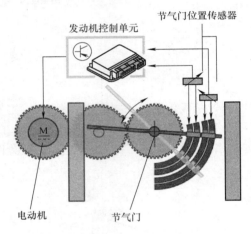

图2-72 电控节气门体结构

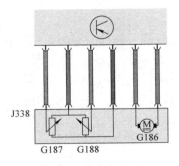

图2-73 节气门控制单元

(4) 电控节气门故障指示灯

电控节气门出现故障,影响到功率输出和动力传动,节气门故障指示灯点亮。此灯位于组合仪表上,用于提醒驾驶员动力传动出现故障,如图2-74所示。它是一个黄色指示灯,其上带有"EPC"字样(大众车系),或用节流通道图形表示(通用车系),或者使用"VSC"字样(丰田车系)。

图2-74 电控节气门故障指示灯

4. 节气门驱动电动机的工作原理及工作方式

节气门驱动电动机采用了反应灵敏度高、耗能少的直流驱动电动机。发动机ECU控制流向节气门驱动电动机电流量的大小和方向,使电动机转动并通过减速齿轮打开或关闭节气门,节气门的实际开度由节气门位置传感器检测,并反馈给发动机ECU。

节气门驱动电动机有5种工作方式。

(1) 失效模式

当没有电流流向电动机时(ECU察觉出故障或点火开关处于"OFF"时),靠节气门复位弹簧的作用使节气门开启到一个固定位置（大约7°）。但是，急速期间的节气门的开度反而要关闭到小于这个固定位置。

（2）节气门关闭

ECU控制节气门关闭，如图2-75所示，ECU内的MC搭铁晶体管和MO电源晶体管导通，电流从ECU内流出经MC端子、驱动电动机，再从MO端子流回ECU，使节气门保持关闭（约0.75°）。

（3）节气门开启

此时MC搭铁晶体管和MO电源晶体管导通，驱动电动机电流方向与节气门关闭时相反，如图2-76所示。当脉宽调制占空比增大，节气门驱动力也增大，节气门开度加大；当脉宽调制占空比减小，节气门驱动力减小，弹簧松弛，节气门开度减小。

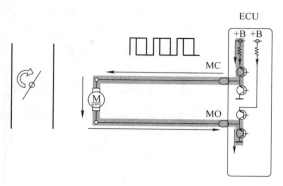

图2-75 节气门关闭时节气门驱动电动机的动作示意图

（4）节气门保持

为使节气门保持开启一定角度，脉冲电流的占空比要能满足使驱动电动机驱动节气门的开启力与弹簧弹力保持平衡。

（5）急速控制

调节节气门的开度以维持急速转速。如

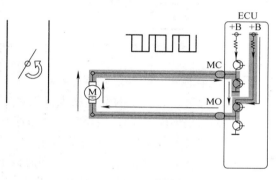

图2-76 节气门开启时节气门驱动电动机的动作示意图

果要达到的目标急速转速需要小于失效模式时的节气门开度，节气门关闭电路被激活；如果要达到的目标急速转速需要高于失效模式时的节气门开度，节气门开启电路被激活。节气门驱动电动机的脉宽调制占空比变大，节气门开大，发动机转速升高。

2.7.2 电控节气门系统的控制功能

根据加速踏板的踩下量的大小，ETC系统将控制节气门的开启角度达到最佳角度，它具备如下的控制功能。

1. 工作模式选择

驾驶员操作开关或屏幕选项来调节加速踏板的灵敏度或增益，也就是说，只需按一下按钮，即可选择驾驶模式（车辆工作模式）。车辆有3种工作模式：正常模式、动力模式和雪地模式。

在一般情况下应使用正常模式控制，节气门的开度与加速踏板的踩下量近似成正比关系。正常模式控制是一种基本的线性控制模式，用于保持平衡的操作和平稳驾驶，但是正常控制可以切换到雪地模式控制或动力模式控制。

非线性控制模式指节气门的开度与加速踏板的踩下量不成正比关系，是非线性关系。

非线性控制模式包括雪地模式控制和动力模式控制。

1）雪地模式控制。与正常模式控制相比，这种控制模式使节气门维持在一个较小的开启角度，以防止在较滑的路面上行驶时，车辆打滑，例如下雪天的路面上。

2) 动力模式控制。在这种控制模式中，节气门的开启角度要比正常模式大很多。因此，这种模式可增强节气门对加速踏板的响应，从而产生运动感。动力模式控制只限于某些车型上才配备。

以上3种控制模式的比较见图2-77，可以看出 ETCS 系统处于雪地控制模式时，驾驶员需要加大踩踏程度才能达到正常控制模式下的动力输出。

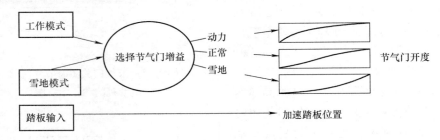

图 2-77　ETC 系统正常模式、雪地模式和动力模式3种工作模式的比较

2. 海拔补偿

穿越高山时，大气压的变化使人和发动机的"呼吸"都更加困难。人类最终适应了变化，借助德尔福 ETC 系统，内燃机也能适应这种变化。如果没有 ETC 海拔补偿，车辆性能会很差。使用德尔福 ETC 系统海拔补偿时，节气门处于比节气门全开位置小一点的位置，而且发动机 ECU 对加速踏板响应，在高海拔下不会改变节气门这个开度。此时，发动机不再节流，达到最高的发动机功率点。ETC 系统通过对节气门开度与乘数的函数作为大气压补偿，控制当前高度的节气门开度，见图2-78。

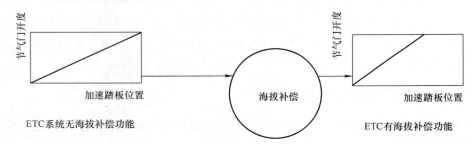

图 2-78　ETC 系统海拔补偿原理

3. 发动机转速和车辆速度控制

在高速公路上使车辆以最高速度通过弯道加速行驶时，遇到带有燃油切断限速功能的发动机，会出现令人不安的工况。由于发动机禁用或启用喷油，车辆突然减速或加速，一点警告都没有。此外，带有燃料切断限速功能的发动机，也会增加发动机本身和传动系统零件的磨损。控制过程中导致出现的稀薄混合气，会导致催化剂高温和快速老化。突然出现的转矩变化，会增加传动系统的磨损。

ETC 系统消除了由于燃油切断限速功能所引起的严重转矩波动和潜在的硬件损坏，见图2-79。在 ETC 系统调节下，喷油保持开启状态，并通过控制节气门开度以保持发动机转速和车辆速度在目标值附近。这样的过渡对驾驶员而言是平滑且透明的。

在自动变速器车辆的空档中,ETC 转速控制功能通过控制发动机处于低转速来保护变速器免受滥用。ETC 转速控制功能激活后,ETC 通过使用比例积分前向反馈控制器,将节气门开度控制在加速踏板操控值以下。

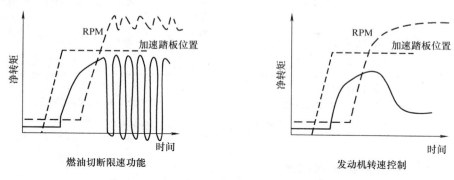

图 2-79　ETC 系统发动机转速和车辆速度控制

4. 消除手动变速器的换档颠簸

开启手动变速器的应用,从负转矩到正转矩可能会导致传动系统不良的颠簸。这是由于传动系统支架在加速和减速过程中承受相反方向的卸载和加载。德尔福 ETC 踩入式颠簸消除功能大大减少了传动系由于转矩引起的从负转矩到正转矩过渡期间的振荡。

节气门开启,TPS 颠簸消除器启用阈值 TP1,作为随转速和档位变化而变化的节气门开度值（图 2-80）。TP 值被选定为 TP1 值,对应于驱动轮的零转矩,即开始出现颠簸时希望得到的节气门开度值,意在逐步提高节气门开度,避免颠簸。

踩下加速踏板后,所期盼的未过滤 TP 值和过滤的 TP 值都在增加,直到未过滤的 TP 值已达到 TP1。TP 值被 TP1 替代,执行 TP1 值。TP 值按斜率上升到被 TP2 替代,滞后滤波器用于平滑过渡到未过滤 TP 值。未过滤的 TP 值高于阈值 TP2 时则禁用 TP 递增,让发动机处于平稳工作状态不会有节气门进一步迅速打开而发生的撞击或振动。

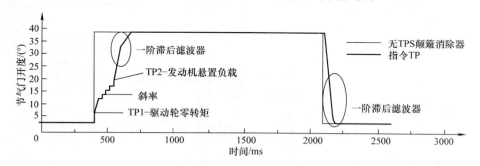

图 2-80　ETC 系统消除手动变速器换档颠簸控制

5. 补偿催化剂火花延迟熄灭控制

为了快速将催化剂提高到工作温度,已实施了火花延迟熄灭和稀薄燃烧策略。这些策略的使用在没有补偿的情况下,机械节气门车辆和 ETC 车辆都会出现动力传递改变的状况。特别地,对于给定的加速踏板位置,火花延迟熄灭或稀薄燃烧导致了功率减小。为此必须进行补偿控制,要使驾驶员无法察觉到驾驶性能的变化。补偿催化剂火花延迟熄灭控制功能,能让 ETC 节气门被打开，以补偿转矩损失并保持原始加速踏板传递功能，见图 2-81。

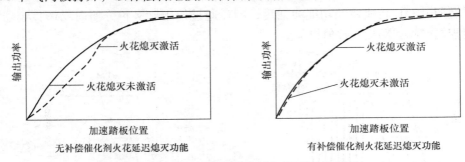

图 2-81　ETC 系统补偿催化剂火花延迟熄灭控制

2.7.3　电控节气门系统的自诊断

2.7.3.1　ETC 系统功能完整性实现策略

为了确保功能的完整性，电控节气门系统广泛使用了自诊断、冗余控制、多样性控制，测试 ETC 相关传感器输入并进行处理，以及实施发动机功率控制，见图 2-82。传感器硬件检测的完整性是通过对多个加速踏板/节气门位置传感器、制动开关的相关诊断实现的。ETC 功率控制的完整性是通过使用许多控制器自诊断、设立监控 CPU，以及计算冗余安全关键值来实现的。功率执行安全性是通过合理自诊断和功率调整策略得以实现的，以避免影响发动机功率水平。发动机功率水平是通过调节进气、燃油供给和点火时刻进行控制的。

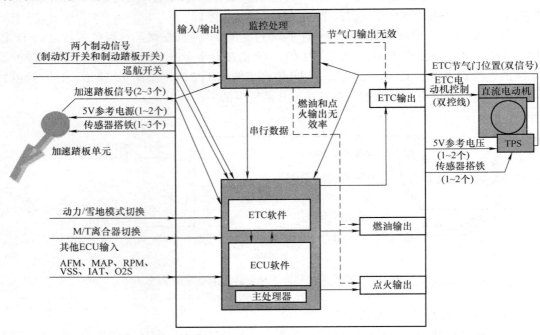

图 2-82　ETC 控制系统功能实现的完整性

2.7.3.2　ETC 系统失效模式和影响

ETC 系统故障出现时，ETC 系统将点亮组合仪表上的动力传动系统故障指示灯（EPC

灯或 VSC 灯或节流通道图形灯），问题伴随有故障码（DTC）储存时，也可能点亮与尾气排放相关的故障指示灯（MIL），也有用"CHECK ENGINE"字样表示与尾气排放相关的故障指示灯。ETC 系统失效模式和影响见表 2-14。

表 2-14　ETC 系统失效模式和影响

影响	失效模式
对驾驶性能没影响	冗余的丢失或非关键输入的丢失，可能不会影响驾驶性能，但动力传动故障指示灯点亮，节气门控制和转矩控制系统正常运行
禁用速度控制	如果检测到某些问题，则禁用速度控制。节气门控制和转矩控制继续正常工作
像踏板随动器一样，进行转速保护	在此模式下，由于丢失关键传感器信息或 ECU 重要的信息，禁用转矩控制。节气门跟随加速踏板，在随动器模式下控制。最大允许转速取决于加速踏板位置（转速保护）。如果实际转速超过此极限，则使用点火和燃油控制使转速低于此极限。动力传动故障指示灯和 MIL 指示灯在此模式下点亮，并存储故障码 P2106。EGR、VCT 和 IMRC 输出设置为默认值
强制高怠速，进入转速保护	此模式是由于传感器本身、线路或动力系统控制模块问题导致 2 个或 3 个加速踏板位置传感器输入信息丢失造成的。系统无法确定驾驶员需求，节气门被控制在固定的高怠速位置。对驱动程序输入没有响应。最大允许转速是一个固定值（转速保护）。如果实际转速超过此极限，则控制点火和燃油以使转速低于此极限。动力传动故障指示灯和 MIL 灯在此模式下点亮，并存储故障码 P2104。EGR、VCT 和 IMRC 输出设置为默认值
默认节气门位置，进入转速保护	在此模式下，由于节气门位置丢失、节气门位置控制器或其他主要电控节气门体问题，节气门控制被禁用。向 TPPC 发送默认命令。根据检测到的问题，控制节气门至默认（跛行回家）位置。最大允许转速取决于加速踏板位置（转速保护）。如果实际转速超过此极限，则控制点火和燃油使转速低于此极限。动力传动故障指示灯和 MIL 灯在此模式下点亮，并存储故障码 P2110。EGR、VCT 和 IMRC 输出设置为默认值
关闭	如果检测到明显的处理器问题，监控器将通过禁用所有喷油器来强制车辆关闭。动力传动故障指示灯和 MIL 指示灯在此模式下点亮，并存储故障码 P2105

注意：ETC 立即在信息中心点亮或显示信息；MIL 在两个行驶循环后点亮

2.7.3.3　ETC 系统故障码

1. 与电子节气门监控操作相关的故障码

相关故障码见表 2-15。

表 2-15　与电子节气门监控操作相关的故障码及含义

故障码	故障码含义
P0606，P060X，P061X	● 动力系统控制模块处理器问题 ● 动力传动故障指示灯和 MIL 指示灯在此模式下点亮 例如： P0638 气缸组 1 节气门执行器控制范围/性能 P0639 气缸组 2 节气门执行器控制范围/性能
P2104	● 节气门执行器控制系统强制怠速 ● 2 个或 3 个踏板传感器问题 ● 动力传动故障指示灯和 MIL 指示灯在此模式下点亮

（续）

故障码	故障码含义
P2105	• 节气门执行器控制系统强制关闭发动机 • ECU 检测到问题 • 动力传动故障指示灯和 MIL 指示灯在此模式下点亮
P2106	• 节气门执行器控制系统强制限制功率 • 传感器问题：MAF、一个 TP、CKP、TSS、OSS • 节气门卡住 • 节气门执行器电路问题 • 动力传动故障指示灯和 MIL 指示灯在此模式下点亮
P2110	• 节气门执行器控制系统强制限制转速 • 两个 TPS 的问题 • 节气门控制执行器输出被检测到问题 • 动力传动故障指示灯和 MIL 指示灯在此模式下点亮
U0300	内部控制模块软件不兼容（动力传动故障指示灯点亮，故障指示灯 MIL 不亮）

注意：监控的执行是连续的。监控在持续时间少于 1s 以内检测到错误，会存储该问题的故障码

2. 与加速踏板位置传感器输入相关的故障码

相关故障码见表 2-16。

表 2-16　与加速踏板位置传感器输入相关的故障码及含义

故障码	故障码含义
P2122，P2123，P2127， P2128，P2132，P2133	• 加速踏板位置传感器电路导通性测试问题 • 动力传动故障指示灯点亮，故障指示灯 MIL 不亮
P2121，P2126，P2131	• 加速踏板位置传感器电路范围/性能 • 动力传动故障指示灯点亮，故障指示灯 MIL 不亮
P2138，P2140，P2139	• 加速踏板到加速踏板位置传感器电压修正 • 动力传动故障指示灯点亮，故障指示灯 MIL 不亮

注意：监控的执行是连续的。监控在持续时间少于 1s 以内检测到错误，会存储该问题的故障码。修正、范围和性能问题，是指传感器信号与 ECU 内部处理结果的不一致

3. 与节气门位置传感器输入相关的故障码

相关故障码见表 2-17。

表 2-17　与节气门位置传感器输入相关的故障码及含义

故障码	故障码含义
P0122，P0123，P0222，P0223	• 节气门位置电路导通性测试 • 动力传动故障指示灯和 MIL 指示灯点亮
P0121，P0221	节气门位置传感器范围/性能问题（无故障码）
P2135	• 节气门位置至节气门位置传感器相关性测试 • 动力传动故障指示灯点亮，故障指示灯 MIL 不亮

注意：监控的执行是连续的。监控在持续时间少于 1s 以内检测到错误，会存储该问题的故障码。修正、范围和性能问题，是指传感器信号与 ECU 内部处理结果的不一致，或者是传感器信号与节气门执行器输出不一致

4. 与节气门执行器输出相关的故障码

节气门执行器控制的目的是将节气门位置保持在所需的节气门开度。它是嵌入在 ECU 中的一个独立芯片。主 CPU 向节气门执行器传送期望开度时，发送频率为 312.5Hz 的占空比（DC）信号。节气门执行器控制对占空比信号的解释如下：

小于 5% – 超出范围，"跛行回家"默认位置。

≥5% 但 <6% 的命令默认位置，关闭。

≥6% 但 <7% 的命令默认位置。用于钥匙打开，发动机关闭。

≥7% 但 <10% 针对硬停止关闭。用来节气门执行器激活后，学习零开度节气门。

≥10% 但 < 或等于 92% 正常工作，在 0°（硬停车）和 82°之间。10% 占空比等于 0°节气门开度，92% 占空比等于 82°节气门开度。

>92% 但 ≤96% 节气门全开，82°～86°节气门开度。

>96% 但 ≤100% 超出范围，"跛行回家"默认位置。

所需的开度是相对于硬停止角度的。在每次节气门执行器激活过程中，在主 CPU 要求节气门紧靠硬停止关闭之前，都会学习硬停止角度。与节气门执行器输出相关的故障码及含义见表 2-18。

表 2-18　与节气门执行器输出相关的故障码及含义

故障码	故障码含义
P2072	节气门体结冰
P2100	节气门执行器电路断路、对电源短路、对地短路（MIL 点亮）
P2101	节气门执行器范围/性能测试（MIL 点亮）
P2107	处理器测试（MIL 点亮）
P2111	节气门执行器系统卡在打开位置（MIL 点亮）
P2112	节气门执行器系统卡在关闭位置（MIL 点亮）

注意：监控的执行是连续的。监控在持续时间少于 1s 以内检测到错误，会存储该问题的故障码

2.7.4　电控节气门系统的检测

当电控节气门系统进入失效模式时，故障指示灯亮，此时驾驶员踩加速踏板的响应程度变慢，必须用诊断仪读取故障码，并依据原厂维修手册推荐的步骤对 ETC 系统进行检测。

1. 节气门驱动电动机的检测

检测步骤见表 2-19。

2. 加速踏板位置传感器的检测方法

加速踏板位置传感器的检测方法与传统的节气门位置传感器相同。

3. 电控节气门系统的初始化

（1）电子节气门总成初始化

电子节气门总成在下列情况下需要进行初始化：

1）更换了发动机电控单元。

2）更换或修复了电子节气门总成。

3）对发动机电控单元进行了编程或编码。

表 2-19　节气门驱动电动机的检测步骤

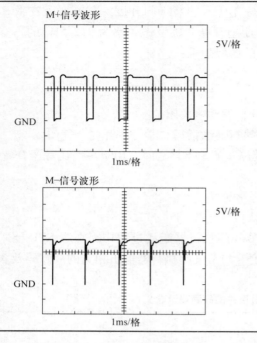

用诊断测试设备检测节气门驱动电动机的波形，将检测探头分别与电动机的 M + 和 M - 端子连接，波形应随节气门的开度变化而变化。当脉宽调制占空比增大，节气门开度加大；当宽调制占空比减小，节气门开度减小，以此验证驱动电动机电路是否正常工作

用数字万用表检测驱动电动机的电阻值，对照原厂维修手册看是否符合要求

电控节气门总成的初始化是发动机电控单元读取包括节气门的最大开度和关闭等位置信息。在未完成对电控节气门总成初始化的情况下，发动机电控单元不能很好地通过调节节气门的开度来控制发动机转矩。

以东风雪铁龙爱丽舍轿车为例，电控节气门初始化方法如下：先将点火开关置于"ON"位 30s（不踩加速踏板），然后断开点火开关 15s。注意：在这 15s 内不要接通点火开关，因为在这 15s 内电源仍向电控节气门总成供电，而发动机电控单元在记录节气门的初始参数。

如果操作不当，发动机电控单元就不能准确地控制节气门的开度，轿车将进入"跛行回家"模式。出现这种情况后，必须用专用诊断仪 PROXIA 进行自动调节装置的初始化。

（2）加速踏板位置传感器的初始化

加速踏板位置传感器的初始化，就是读取加速踏板在停止位置和最大行程位置与加速踏板位置传感器信号的关系，它是发动机电控单元执行驾驶员意图的必要条件。

加速踏板位置传感器在下列情况下需要初始化：

1）更换了发动机电控单元。
2）维修或更换了加速踏板位置传感器。
3）对发动机电控单元进行了编程或编码。

还是以东风雪铁龙爱丽舍轿车为例，加速踏板位置传感器的初始化步骤如下：

1）在不踩加速踏板条件下接通点火开关。
2）将加速踏板踩到底。
3）松开加速踏板。
4）在不踩加速踏板条件下起动发动机。

工单1　热线式空气流量（MAF）传感器的检测

车辆名称	生产时间	发动机型号	变速器型号

实验实训目标：

进行实际操作并填写工单，学员将学会使用工具和设备检测空气流量传感器及其控制电路，获取与空气流量传感器相关的信息，能解释检测所得的数据。

工具和设备： 车辆维修手册、诊断测试设备、数字万用表。

操作过程：

第一项内容

发动机ECU通过MAF传感器的信号判断进入发动机的进气率，从而用于校正喷油量和点火正时。

列出MAF传感器接线端子、颜色及功用

端子	颜色	功用

第二项内容——MAF传感器工作状况检查

1. 用手持测试仪读取发动机数据流，选取MAF传感器的数据，进行纪录。

2. 用数字万用表，一只表笔连接MAF传感器信号端子，另一只表笔搭铁。

3. 慢慢使发动机加速，随着发动机转速的逐步增加，用前面的测试仪和数字万用表分别记录下列数据。

转速/(r/min)	急速	1000	1250	1500	1750	2000	2250	2500	2750	3000
进气流/(g/s)										
电压/V										

4. 随着发动机转速的增加，从上表所列数据解释MAF传感器信号变化的趋势＿＿。

5. 测量完后，让发动机熄火。

6. 将MAF传感器从进气软管上取下，连线还在传感器上，起动发动机，观察发动机现象＿＿＿＿＿＿＿＿＿＿＿＿＿＿＿＿＿＿＿＿＿＿＿＿＿＿＿＿＿。

7. 堵住MAF传感器，观察发动机现象＿＿＿＿＿＿＿＿＿＿＿＿＿＿＿＿＿＿。

（续）

第三项内容——MAF 传感器自身检查

依据维修手册，完成对 MAF 传感器的测试

1. 判断所检测 MAF 传感器的好坏。

2. 列出与 MAF 传感器及其电路相关的故障码。

3. 调取 MAF 传感器的故障码需要一次还是两次发动机驱动循环。

4. ECU 有关于 MAF 传感器的失效保护功能吗？

	工单2　进气歧管绝对压力（MAP）传感器的检测		
车辆名称	生产时间	发动机型号	变速器型号

实验实训目标：
　　进行实际操作并填写工单，学员将学会使用工具和设备检测进气歧管绝对压力传感器及其控制电路，获取与 MAP 传感器相关的信息，能解释检测所得的数据。

工具和设备： 车辆维修手册、诊断测试设备、数字万用表、手持真空泵。

操作过程：

第一项内容
　　用数字万用表测试 MAP 传感器的信号电压，用诊断测试设备读取压力，填写下列空白。
　　1. 打开点火开关发动机不发动（KOEO），MAP 传感器的信号（PIM）电压_____。
　　2. 发动机怠速时，MAP 传感器的信号（PIM）电压_____。
　　3. 当节气门短暂全开时，MAP 传感器的信号（PIM）电压_____。
　　4. 随着节气门逐渐开启，进气歧管的压力是如何变化的？_____。

第二项内容——MAP 传感器自身检测
　　1. 用数字万用表检测 MAP 传感器的电源电压，为_____。
　　2. 打开点火开关发动机不发动（KOEO），用手持真空表给 MAP 传感器提供真空，同时测量其信号（PIM）电压的变化趋势，并填写在下表中。

真空度/mmHg	信号（PIM）电压/V	信号电压下降量（相对零真空）/V
0		
100		
200		
300		
400		
500		
600		

第三项内容——MAP 传感器自身检查
依据维修手册，完成对 MAP 传感器的测试。

1. 判断所检测 MAP 传感器的好坏。

2. 列出与 MAP 传感器及其电路相关的故障码。

3. 调取 MAP 传感器的故障码需要一次还是两次发动机驱动循环？

4. ECU 有关于 MAP 传感器的失效保护功能吗？

	工单3 节气门位置（TPS）传感器的检测		
车辆名称	生产时间	发动机型号	变速器型号

实验实训目标：

进行实际操作并填写工单，学员将学会使用工具和设备检测节气门位置（TPS）传感器及其控制电路，获取与节气门位置传感器相关的信息，能解释检测所得的数据。

工具和设备： 车辆维修手册、诊断测试设备、数字万用表、测试转换插头、温度计。

操作过程：

1. 将诊断设备与车辆诊断插头连接，将点火开关打到"ON"，逐渐踩踏加速踏板，观察诊断设备显示屏中的变化：

在怠速时，节气门开度显示为＿＿＿＿＿＿＿＿＿＿＿＿。

在节气门全开时，节气门开度显示为＿＿＿＿＿＿＿＿＿＿＿。

将显示值与维修手册进行对照，判断是否符合要求＿＿＿＿＿＿＿＿＿＿＿＿＿＿＿＿＿＿。

2. 当节气门开度变化时，将数字万用表在VTA－E2端子间测量VTA电压（点火开关接通）。

节气门开度	信号电压 VTA/V
（0/4）开度	
（1/4）开度	
（2/4）开度	
（3/4）开度	
（4/4）开度	

节气门位置（TPS）传感器的信号电压是否随着节气门的开启而增大呢＿＿＿＿＿＿＿＿＿＿＿＿。

如果VTA线短路搭铁，那么信号电压为＿＿＿＿＿＿＿＿＿＿＿。

如果VTA线断路，那么信号电压为＿＿＿＿＿＿＿＿＿＿＿。

如何区分VTA线是短路还是断路呢？＿＿＿＿＿＿＿＿＿＿＿。

如果TPS传感器的搭铁端子E2断路，那么此时信号电压VTA为＿＿＿＿＿＿＿＿＿＿＿。

也可采用检测电阻值的方法检测TPS传感器，那么VTA－E2端子间的电阻值随着节气门的开大应如何变化呢？＿＿＿＿＿＿＿＿＿＿＿＿＿＿＿＿＿。

3. 关闭点火开关，断开节气门位置传感器的插头和连线，用数字万用表测量接头中VC端子的电压，是否为+5V？＿＿＿＿＿＿＿＿＿＿＿＿＿。

如果为+5V，则说明ECU是好的，能给TPS传感器提供电压。

断开TPS传感器后的故障码为＿＿＿＿＿＿＿＿＿＿＿＿＿＿。

若检测不到VC的+5V电压，用数字万用表测量ECU端子中的VC端子的电压（ECU插头不断开），如果为+5V，则说明＿＿＿＿＿＿＿＿＿＿有问题；如果检测不到+5V，则说明ECU有问题。

单元2 电控汽油发动机的进气系统

工单4 温度传感器的检测

车辆名称	生产时间	发动机型号	变速器型号

实验实训目标：

进行实际操作并填写工单，学员将学会使用工具和设备检测温度传感器及其控制电路，获取与温度传感器相关的信息，能解释检测所得的数据。

工具和设备： 车辆维修手册、诊断测试设备、数字万用表、测试转换插头。

操作过程：

1. 将诊断测试设备与车辆诊断座连接，观察显示屏内关于进气温度传感器和冷却液温度传感器的记录，判断它们之间是否吻合_____。

这一个判断为什么很重要？_____。

2. 依据维修手册，找到进气温度传感器的位置，并确定出进气温度传感器信号端子THA和搭铁端子E2。

（1）将进气温度传感器攥在手里，点火开关打到"ON"发动机不运转，用数字万用表测量传感器信号电压THA为_____。

（2）关闭点火开关，断开进气温度传感器的连线，测量进气温度传感器的电阻值，并与维修手册进行对照，判断是否符合要求_____。将进气温度传感器攥在手里一段时间，观察传感器的电阻值变化趋势_____。

重新接好进气温度传感器。

3. 依据维修手册，找到冷却液温度传感器的位置，并确定出冷却液温度传感器信号端子THW和搭铁端子E2。

4. 用数字万用表的红表笔连接冷却液温度传感器的THW端子，黑表笔与传感器的E2端子连接。让发动机运转，测量冷却液温度传感器信号电压THW，填入表中，同时也观察诊断设备显示屏中关于冷却液温度传感器的记录。

温度/℉	80	90	100	110	120	130	140	150	160	170	180
电压/V											

回答下列问题：

（1）随着发动机逐渐暖机，冷却液温度传感器的信号电压的变化趋势_____。

（2）随着发动机逐渐暖机，冷却液温度传感器的电阻值变化趋势_____。

（3）注意当冷却液温度升高到最后，其信号电压如何变化_____。

（4）让发动机熄火，点火开关打到"ON"，此时冷却液温度传感器的信号电压为_____。

（续）

5. 冷却液温度传感器开路检查：

（1）如果冷却液温度传感器开路，故障码应为_____；此时传感器的信号电压应为_____。

（2）如下图。用跨接线短接冷却液温度传感器的两个端子，制造出传感器短路的假象，这时冷却液温度传感器的信号电压应降低（温度高）。如果信号电压能降低，则说明_____是好的；如果信号电压没变化，则说明_____是坏的。

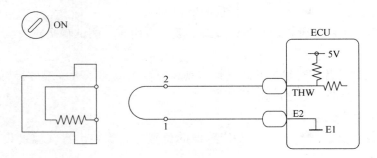

（3）接下来判断是电路问题还是 ECU 自身问题。如下图。用跨接线短接 ECU 端子 THW 和 E2，这时传感器信号电压应下降。如果能下降，则说明_____是好的；如果不能下降，则说明_____是坏的。

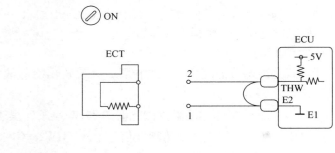

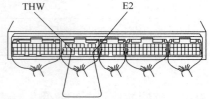

6. 冷却液温度传感器短路检查：

（1）如果冷却液温度传感器或进气温度传感器短路，故障码应为_____；此时传感器信号电压应为_____。

（2）如下图，断开冷却液温度传感器的插头，这时冷却液温度传感器的信号电压应升高（温度低）。如果信号电压能升高，则说明_____是好的；如果信号电压没变化，则说明_____是坏的。

(续)

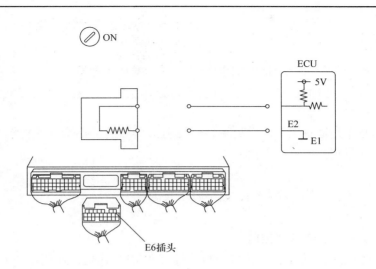

E6插头

（3）接下来判断是电路问题还是ECU自身问题。如上图，断开ECU插头E6，这时传感器信号电压应上升（温度低）。如果能上升，则说明_____是好的；如果不能上升，则说明_____是坏的。

工单 5　怠速控制系统的检测

车辆名称	生产时间	发动机型号	变速器型号

实验实训目标：

进行实际操作并填写工单，学员将学会使用工具和设备检测怠速控制阀，获得读取与怠速控制故障诊断相关信息的方法。

工具和设备：

车辆维修手册、手持式测试仪、数字万用表。

操作过程：

第一项内容——怠速转速控制

1. 起动预热控制。将手持测试仪与数据插接头 DLC 连接，使用用户数据（USER DATA）改变设置，只显示冷却液温度和发动机转速。

冷却液温度	怠速转速/(r/min)
冷态发动机	
40℃（104℉）	
60℃（140℉）	
80℃（175℉）	

2. 发动机负荷和怠速控制

当添加下列发动机负荷时，确定怠速是升高还是降低，并检查怠速转速的变化。

条件		怠速转速的变化	变化前的怠速转速/(r/min)	变化后的怠速转速/(r/min)
变速杆	N　　D	升　　降		
变速杆	D　　N	升　　降		
前照灯开关	OFF　　ON	升　　降		
空调开关	OFF　　ON	升　　降		

第二项内容——怠速控制阀工作

1. 用手持测试仪读取发动机数据流，通过操纵节气门将发动机转速提高到 2500r/min，读取此时 IAC 阀的开度百分比和电压值为_____。

2. 发动机达到正常工作温度、变速器处于空档位置时，使发动机维持怠速运转，用专用短接线短接故障诊断座上的 TE1 与 E1 端子（如果装备），发动机怠速转速应发生怎样的变化？

_____。

3. 发动机怠速，制造一个进气歧管真空泄漏的状况，发动机运转变得粗暴但不会失速。此时 IAC 阀的开度百分比为_____。

4. 用手持测试仪的主动测试，以使在开启方向或关闭方向操作怠速控制阀，检查怠速转速的变化。

（续）

当IAC阀的开度增加时，发动机的怠速转速为_____ r/min；

当IAC阀的开度减少时，发动机的怠速转速为_____ r/min。

5. 按下面两图所示的电路原理图，对拆下的旋转电磁型怠速控制阀进行动作检测。

（1）给双驱旋转电磁型怠速控制阀的+B端子提供蓄电池电压，将RSO端子搭铁，此时IAC阀将会_____。

（2）给双驱旋转电磁型怠速控制阀的+B端子提供蓄电池电压，将RSC端子搭铁，此时IAC阀将会_____。

（3）给单驱旋转电磁型怠速控制阀的+B端子提供蓄电池电压，将RSO端子搭铁，此时IAC阀将会_____。

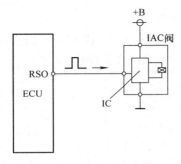
单驱动旋转电磁型怠速控制阀

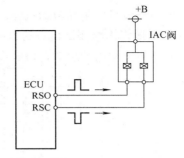
双驱动旋转电磁型怠速控制阀

	工单6　电控节气门控制系统的检测		
车辆名称	生产时间	发动机型号	变速器型号

实验实训目标：

进行实际操作并填写工单，学员将学会使用工具和设备检测电控节气门系统，获取与电控节气门系统相关的信息，能解释检测所得的数据。

工具和设备： 车辆维修手册、诊断测试设备、数字万用表、测试转换插头。

操作过程：

第一项内容——节气门驱动电动机驱动电路检测

1. 依据维修手册将诊断测试设备的检测探头与节气门驱动电动机电路连接，打开点火开关时，记录节气门驱动电动机的自检波形，打印或描画在下图中。

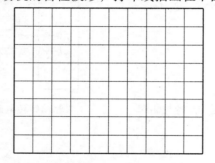

2. 所测波形是否和原厂维修手册中的波形相吻合_____。

3. 起动车辆，将发动机转速提高到1000r/min，测试的驱动电动机波形发生了什么变化，频率是如何改变的？打印或描画在下图中。

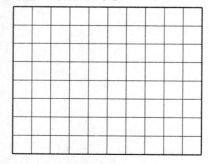

4. 提高发动机转速，观察驱动电动机波形是否会随着发动机转速的变化而变化_____。

5. 节气门电动机的控制电路电压是否随着节气门的开启而增大_____。

6. 如果节气门电动机的控制线路断路，那么节气门是否会自检_____。

（续）

7. 如果节气门电动机控制线异常，如何判断是短路还是断路呢？_____。
8. 如果节气门电动机不工作，可能原因有哪些？_____。

第二项内容——ETCS 系统参数测试

1. 无故障情况下，读取数据流。

测试参数	怠速状态	1700r/min	参数变化趋势，为什么？
加速踏板位置传感器 1			
加速踏板位置传感器 2			
节气门位置传感器 1			
节气门位置传感器 2			
节气门目标开度			
节气门开启时电动机占空比			
节气门关闭时电动机占空比			
电动机电源电压 +B			
节气门实际开度			
加速踏板实际位置			
ETCS 进入失效模式时			
节气门初始值			
加速踏板初始值			

2. 设置加速踏板位置传感器信号线断路故障，描述故障现象，读取上述数据流，并分析比对。

测试参数	怠速状态	1700r/min	参数变化趋势，为什么？
加速踏板位置传感器 1			
加速踏板位置传感器 2			
节气门位置传感器 1			
节气门位置传感器 2			
节气门目标开度			
节气门开启时电动机占空比			
节气门关闭时电动机占空比			
电动机电源电压 +B			
节气门实际开度			
加速踏板实际位置			
ETCS 进入失效模式时			
节气门初始值			
加速踏板初始值			

本单元小结

1）L 型电控发动机直接利用空气流量（MAF）传感器检测进气量；D 型电控发动机利用进气歧管绝对压力（MAP）传感器所提供的压力信号，再结合进气温度信号、发动机转速信号（RPM）间接检测进气量。

2）目前生产的 L 型电控发动机主要用热线/热膜式空气流量传感器。

3）热线式空气流量传感器都有自洁功能，热膜式空气流量传感器则无须加热清洁电路。

4）对于卡门涡旋式空气流量传感器，其信号频率随进气量的增加而增加，直观检测方法就是用示波器或能检测频率的数字万用表进行检测。

5）有些 L 型电控发动机既装有空气流量（MAF）传感器又装有进气歧管绝对压力（MAP）传感器，MAP 传感器检测发动机起动时的进气量，而发动机起动后的进气量则由 MAF 传感器检测。

6）发动机负荷增加，节气门开大时，进气歧管绝对压力增加，而进气歧管真空度下降，传感器信号电压升高。当点火开关"ON"发动机不工作时，节气门开到最大，则 MAP 传感器信号电压最大，而在减速期间随着节气门的关闭，信号电压最小。

7）大气压力传感器是计算机用来判断海拔、天气变化的。该传感器常装于 ECU 内。

8）节气门位置传感器用来判断发动机的工况、与其他传感器信号对照互检、点火正时修正等。

9）目前常用的节气门位置传感器主要是：有怠速触点的线性式、无怠速触点的线性式。用在电控节气门系统中的节气门位置传感器有线性式和霍尔元件式，都具有双输出电压信号。

10）冷却液温度传感器内装负温度系数（NTC）的热敏电阻，当发动机冷却液温度上升，冷却液温度传感器的电阻值将减小。

11）进气温度传感器用于检测发动机冷起动时进气道中的空气温度，以确定发动机是否处于冷起动工况。

12）电控发动机怠速控制的实质就是控制怠速时的空气吸入量。电控发动机怠速空气提供方式有旁通空气式或节气门直动式。

复 习 题

一、判断题

1. 线性式节气门位置传感器输出的电压信号中，节气门全关时信号电压值为4.5V。（   ）
2. 进气歧管绝对压力传感器与空气流量传感器的作用是相当的，所以大多数车上，这两种传感器只装一种。（   ）
3. 开关式节气门位置传感器既能测出发动机怠速工况和大负荷工况，又能测出发动机加速工况。（   ）
4. 进气温度传感器中的热敏电阻的电阻值随着进气温度的升高而变大。（   ）
5. "四引脚""单信号输出"的节气门位置传感器无怠速触点。（   ）

二、选择题

1. 下图所示为节气门位置传感器，按图上指针位置选择发动机的工况：（   ）。

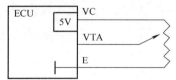

A. 怠速　　　　　　B. 节气门全开　　　　C. 发动机熄火

2. 如下图所示，在发动机暖机情况下测 ECU 端子的冷却液温度传感器的电压信号，说明：（   ）。

A. 正常的电压信号，发动机冷却液温度正常
B. 冷却液温度传感器的电阻或与之相连的电路电阻过大
C. 冷却液温度传感器短路
D. 由于不知道 ECU 中的上拉电阻的大小，无法读取正确读数

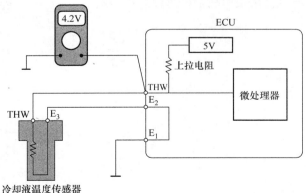

3. 在海平面，当点火开关处于"ON"不起动发动机，此时 MAP 传感器的电压信号的读数为：（   ）。

A. 0.5V　　　　　B. 1.5V　　　　　C. 2.5V　　　　　D. 3.6V

4. 电控发动机的怠速通常是由（   ）控制的。

A. 节气门　　　　B. 怠速调整螺钉　　C. 步进电动机　　　D. 继电器

5. 下列传感器中直接检测发动机负荷的是：（   ）。
   A. 冷却液温度传感器   B. 进气歧管绝对压力传感器   C. 节气门位置传感器
6. 下面哪一种功能不属于节气门位置传感器的功能范围内：（   ）。
   A. 指示加速情况   B. 指示减速情况   C. 改变点火提前角   D. 决定怠速转速
7. 当发动机负荷增加，进气歧管真空度减小，而进气歧管的绝对压力则：（   ）。
   A. 增加   B. 减小
   C. 只随大气压力的改变（因海拔和气候的变化）而变化
   D. 保持恒定值
8. _____传感器具有自洁功能。
   A. 热线式空气质量传感器   B. 热膜式空气质量传感器   C. 叶片式空气流量传感器
9. 在怠速时节气门位置传感器的信号电压为（   ）。
   A. 2.5～2.8V   B. 0.5V 或为节气门全开时信号电压的 10%
   C. 1.5～2.8V   D. 13.5～15.0V
10. 当电控发动机起动时，对燃油输送量起决定性作用的是_____传感器。
    A. 发动机冷却液温度传感器   B. 进气歧管绝对压力传感器
    C. 大气压力传感器

三、问答题
1. 当发动机从怠速到节气门全开时，MAP 传感器的信号电压如何变化？
2. 如何检测进气歧管绝对压力传感器？
3. 为什么需要使用大气压力传感器？
4. 为什么需要使用蒸气压力传感器？
5. 解释进气歧管绝对压力传感器、大气压力传感器和蒸气压力传感器三者之间的区别。
6. 如何测试发动机冷却液温度传感器？
7. 描述检测节气门位置传感器的最佳方法。
8. 解释热线式空气质量传感器的工作原理。

单元2复习题答案

一、判断题

1. 错误 2. 正确 3. 错误   4. 错误   5. 错误

二、选择题

1. B 2. B 3. D 4. C 5. C 6. D 7. A 8. A 9. B 10. B

单元 3
点燃式发动机燃油系统原理与检测

 学习目标

1. 了解燃油供给系统油路的工作流程。
2. 理解喷油正时、喷油量、燃油停供控制理论,知道燃油喷射的基本条件。
3. 了解燃油泵的工作原理及故障检测方法。
4. 了解喷油器的工作原理及故障检测方法。
5. 了解燃油压力调节器的工作原理及故障检测。
6. 学会典型车系的燃油泵及控制电路的故障检测。
7. 学会典型车系的喷油器及控制电路的故障检测。

点燃式发动机的燃油系统由燃油供给和燃油喷射两部分组成,本单元主要介绍这两部分的类型、组成、控制原理及检测方法。2012 年以后,所有新制造的车辆中,约 60% 具有燃油直接喷射功能。

3.1 电控燃油喷射系统概述

问题链接:
1. 燃油喷射有哪些功能?
2. 间接喷射和直接喷射各自的特点是什么?

现代点燃式发动机都使用电子燃油喷射系统(EFI),其喷油器靠电磁线圈操作。EFI 系统是间接加压喷射系统。

燃油喷射的作用是将雾化的燃油喷入进气系统中。在喷油过程中,混合气的量及其空燃比必须与工况相适应。

在燃油喷射系统中,借助于喷油器以及燃油泵所产生的燃油压力,将燃油以雾状喷入空气中。这样,燃油颗粒表面积增加,汽化速度更快,空气和燃油混合更充分,燃烧更完全,排气更洁净。

在间接、缸外喷射系统中,通过喷油器的布置,能将燃油喷射到进气歧管内或节气门体内。在直接、缸内喷射系统中,也是通过喷油器的布置,能将燃油喷射到燃烧室内。

在新型发动机上,通过对燃油喷射系统实现电子控制,用质调节方式实现空燃比控制,或用量调节方式实现混合气数量控制,目的是与发动机工况匹配,实现下列目标:

1) 提高发动机转矩。
2) 提高发动机功率。

3）改善发动机性能曲线。
4）降低燃油消耗。
5）降低废气排放。

本书主要介绍电控燃油喷射式发动机。电控燃油喷射系统的分类如下：

电控燃油喷射系统 { 连续喷射：多用于 K 和 K-E 系统
间歇喷射 { 同时喷射：各缸同时喷射
分组喷射 { 同组各缸同时喷射
不同组各缸顺序喷射
顺序喷射 }

1. 按喷射方式分类

（1）连续喷射

它是在发动机运行过程中连续不断地喷油，如德国博世的 K 型和 KE 型燃油喷射发动机。连续喷射不能用于直接喷射发动机。

（2）间歇喷射

发动机在一个工作循环内只在一定的曲轴转角范围内喷油。间歇喷射既可用于多点喷射，又可用于单点喷射；既可用于喷入气缸，又可用于喷在进气门前或喷在节气门上。目前生产的燃油喷射装置几乎都采用间歇喷射。

间歇喷射按各气缸喷射相位分为：

• 同时喷射　各气缸喷油器同时喷射，此时各气缸喷油相位相同，显然不能用于直接喷射，见图 3-1。

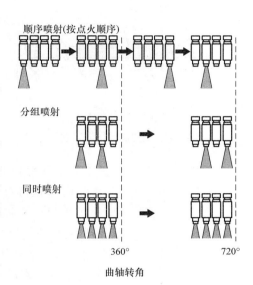

图 3-1　喷油器按喷射相位不同的分类

• 分组喷射　各气缸喷油器分成若干组，同组喷油器同时喷油。组与组之间以均匀的曲轴转角间隔喷油，见图 3-1。

• 顺序喷射　各气缸喷油器都在各自固定的曲轴相位喷油（图 3-1），效果最佳，目前盛行。

• 特定气缸喷射　这种喷射也是一种顺序喷射。ECU 能给每一个单个气缸分配特殊的喷油量。

2. 按喷射位置分类

喷射位置 { 缸内喷射：多点喷射（MPI）
进气管喷射 { 单点喷射（SPI）
多点喷射（MPI） }

（1）缸内喷射

见图 3-2，该喷射方式是将喷油器安装在气缸盖上直接向气缸内喷油，这种燃油喷射又称为直接喷射（简称 DI）。汽油直接喷射和柴油直接喷射有根本区别，这种区别主要表现在：喷油时刻不同。汽油发动机直接喷射发生在压缩行程开始前或刚开始时，而柴油发动机直接喷射发生在压缩行程将要结束时。

直接喷射的燃油喷射系统也属于多点喷射系统，燃油压力最高可达12MPa，空气和燃油在缸内行程均质或非均质混合气。

直接喷射消除了像壁面油膜和燃油分配不均这样的不利影响，但对电子控制提出了极高的要求。

（2）进气管喷射

见图3-3，该喷射方式是目前普遍采用的喷射方式。根据喷油器和安装位置的不同又可分为两种：

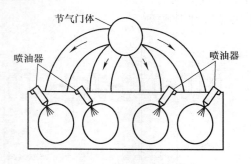

图3-2 缸内喷射（直接喷射）

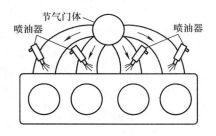

图3-3 进气管喷射

单点喷射（SPI）方式是几个气缸共用一个喷油器生成混合气，因喷油器在节气门体上喷油，所以又得名节气门体喷射（TBI），也称为中央燃油喷射（CFI），见图3-4b。单点喷射系统由于在气流的前段（节气门段）将燃油喷入气流，因此属于前段喷射。

多点喷射（MPI）方式是在每个气缸进气口处装有一个喷油器（图3-5），由电控单元（ECU）控制进行分气缸单独喷射（也称为顺序燃油喷射SFI）或分组喷射，汽油直接喷射到各气缸的进气门前方，再与空气一起进入气缸形成混合气。多点喷射又称为多单独燃油喷射（IFI）。由于多点喷射系统是直接向进气门前方喷射，因此，多点喷射属于在气流的后段将燃油喷入气流，属于后段喷射。多点喷射是目前最普遍的喷射系统。

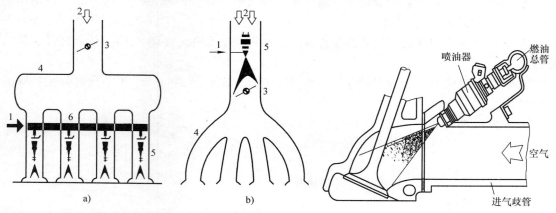

图3-4 多点喷射和单点喷射示意图
a）多点喷射 b）单点喷射
1—汽油 2—空气 3—节气门
4—进气管 5—喷油器 6—燃油总管

图3-5 多点喷射系统喷油器安装位置

3. 按对空气量的计量方式分类

按空气量的检测方式来分,电控燃油喷射系统可以分为直接式检测方式、间接式检测方式两大类。前面已经阐述。

4. 按有无反馈信号分类

电控燃油喷射系统按有无反馈信号可分为开环控制系统和闭环控制系统。

（1）开环控制系统（无氧传感器）

它是将通过试验确定的发动机各工况的最佳供油参数,预先存入电脑。在发动机工作时,电脑根据系统中各传感器的输入信号,判断自身所处的运行工况,并计算出最佳喷油量。通过对喷油器喷射时间的控制,来控制混合气的浓度,使发动机优化运行。

开环控制系统按预先设定在电脑中的控制规律工作,只受发动机运行工况参数变化的控制,简单易行。但其精度直接依赖于所设定的基准数据和喷油器调整标定的精度。喷油器及发动机的产品性能存在差异,或由于磨损等引起性能参数变化时,就不能使混合气准确地保持在预定的浓度（空燃比）上。因此,开环控制系统对发动机及控制系统各组成部分的精度要求高,抗干扰能力差,当使用工况超出预定范围时,不能实现最佳控制。

（2）闭环控制系统（有氧传感器）

在该系统中,发动机排气管上加装了氧传感器,根据排气中含氧量的变化,判断实际进入气缸的混合气空燃比,再通过电脑与设定的目标空燃比值进行比较,并根据误差修正喷油器喷油量,使空燃比保持在设定的目标值附近。

总之,开环控制 ECU 并不能获取执行器执行指令后的实际效果,而闭环控制时 ECU 通过氧传感器监测指令执行后的某一特定参数的变化,并将该参数的实测值与设定值对比,在两者不一致时调整指令使之达到一致。闭环控制系统可达到较高的空燃比控制精度,并可消除因产品差异和磨损等引起的性能变化,工作稳定性好,抗干扰能力强。但是,为了使排气净化达到最佳效果,只能运行在理论空燃比 14.7∶1 附近。对起动、暖机、加速、怠速、满负荷等特殊工况,仍需采用开环控制,使喷油器按预先设定的加浓混合气配比工作,以满足发动机特殊工况的工作要求。所以,目前普遍采用开环和闭环相结合的控制方案。

3.2 电控燃油供给系统主要元件的构造与检测

问题链接：
1. 燃油供给系统的组件有哪些？
2. 如何控制电动燃油泵的工作？
3. 目前常用的燃油泵是哪一种型式？

3.2.1 燃油供给系统的组成

燃油供给系统是由燃油箱、电动燃油泵、燃油滤清器、供油管、燃油压力调节器、脉动阻尼器（有的车辆上有）、燃油输送共轨、喷油器、冷起动喷油器（有的车辆上有）及回油管组成,如图 3-6 所示,具体安装位置如图 3-7 所示。该系统提供的燃油量总是高于实际需要量,多余的燃油从压力调节器返回燃油箱。

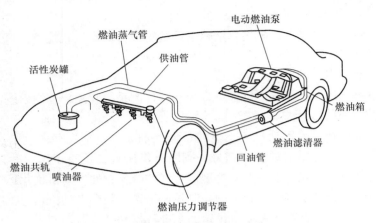

图3-6 燃油供给系统油路的组成

3.2.2 电动燃油泵

3.2.2.1 电动燃油泵的类型

不同类型的电动燃油泵主要是泵油组件不同。泵油组件按工作原理可分为**容积泵**和**流体动力泵**两大类。

容积泵靠泵腔容积的变化来吸油和压

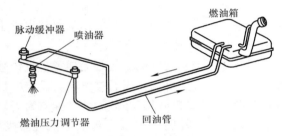

图3-7 燃油供给系统各元件的安装位置

油,因此是间歇性地输油,有较大的油压波动和振动噪声,但工作压力较高。滚柱泵、齿轮泵和叶片泵都属于容积泵。滚柱泵的工作压力约为200kPa,齿轮泵可达400kPa,叶片泵工作压力还可以更高。前两种泵用得较多。

流体动力泵是靠泵轮驱动燃油流动,流动的燃油因动量变化而产生油压,是一种连续输油的泵,压力波动小,因工作压力较低,宜用于大油量低油压的场合。轴流泵、离心泵、涡轮泵和侧槽泵均属于流体动力泵。轴流泵和侧槽泵的工作压力约为100kPa,另两种泵约为300kPa左右。涡轮泵和侧槽泵用得较多。

电动燃油泵按安装位置不同,可分为内置式和外置式两种。内置式电动燃油泵安装在燃油箱中,具有噪声小、不易产生气阻、不易泄漏、安装管路较简单等优点,应用更为广泛。外置式电动燃油泵串接在燃油箱外部的输油管路中,优点是容易布置,安装自由度大,但噪声大,且燃油泵供给系统易产生气阻,所以只有少数车型上应用。内置式电动燃油泵多采用涡轮泵和侧槽泵,外置式电动燃油泵则多采用滚柱泵和齿轮泵。

3.2.2.2 电动燃油泵的构造

1. 涡轮式电动燃油泵

电动燃油泵的具体结构虽然多种多样,但都是由**泵油组件、永磁电动机、端盖**和**外壳**等部件组成,外壳卷边将其他各部分铆接成一体。泵油组件的转子(或泵轮)与电动机转子同轴。燃油由泵油组件流经电动机和端盖而向外输出。电动机的接线头设在端盖上。端盖的出油道中装有一个单向阀(出油阀)。当发动机熄火时,单向阀关闭,燃油管路中的燃油就不会向燃油泵回流而保持一定的残余油压,这样有利于下次迅速起动。此外,还有一个超压卸压阀(安全阀)装在泵油组件的支撑件上或装在端盖上,当燃油管路阻塞使系统中的油压超过允许值时，即开启卸压阀卸压，这样可避免损坏油管或燃油泵。

如图3-8所示，涡轮式电动燃油泵主要由燃油泵电动机、涡轮泵、出油阀、卸压阀等组成。燃油箱内的燃油进入燃油泵内的进油室前，首先经过滤网初步过滤。

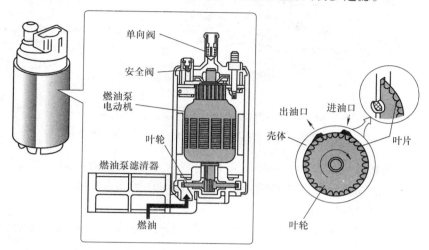

图3-8　涡轮式电动燃油泵的构造与工作原理

涡轮泵主要由叶轮、叶片、泵壳体和泵盖组成，叶轮安装在燃油泵电动机的转子轴上。燃油泵电动机通电时，燃油泵电动机驱动涡轮泵叶轮旋转，由于离心力的作用，使叶轮周围小槽内的叶片贴紧泵壳，并将燃油从进油室带往出油室。由于进油室燃油不断被带走，所以形成一定的真空度，将燃油箱内的燃油经进油口吸入；而出油室燃油不断增多，燃油压力升高，当油压达到一定值时，则顶开出油阀经出油口输出。出油阀还可在燃油泵不工作时，阻止燃油倒流回燃油箱，这样可保持油路中有一定的残余压力，便于下次起动。

燃油泵工作中，燃油流经燃油泵内腔，对燃油泵电动机起到冷却和润滑的作用。燃油泵不工作时，出油阀关闭，使油管内保持一定的残余压力，以便于发动机起动和防止气阻产生。卸压阀安装在进油室和出油室之间，当燃油泵输出油压达到0.4MPa时，卸压阀开启，使油泵内的进、出油室连通，燃油泵工作只能使燃油在其内部循环，以防止输油压力过高。

涡轮式电动燃油泵具有泵油量大、泵油压力较高（可达600kPa以上）、供油压力稳定、运转噪声小、使用寿命长等优点，所以应用最为广泛。

2. 滚柱式电动燃油泵

如图3-9a所示，滚柱式电动燃油泵主要由燃油泵电动机、滚柱式燃油泵、出油阀、卸压阀等组成。滚柱式电动燃油泵的输油压力波动较大，在出油端必须安装阻尼减振器，这使燃油泵的体积增大，所以一般都安装在燃油箱外面，属于外置式。

阻尼减振器主要由膜片和弹簧组成，它可吸收燃油压力波的能量，降低压力波动，以便提高喷油控制精度。

滚柱泵的工作原理如图3-9b所示。装有滚柱的转子呈偏心状，置于泵壳内，由直流电动机驱动，当转子旋转时，位于转子槽内的滚柱在离心力的作用下，紧压在泵体内表面上，对周围起密封作用，在相邻两个滚柱之间形成了工作腔。在燃油泵运转过程中，工作腔转过出油口后，其容积不断增大，形成一定的真空度，当转到与进油口连通时，将燃油吸入；而

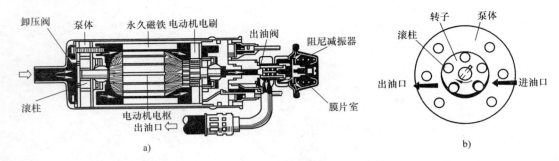

图 3-9 滚柱式电动燃油泵结构与工作原理
a) 滚柱式电动燃油泵的结构 b) 滚柱式电动燃油泵的工作原理

吸满燃油的工作腔转过进油口后,其容积又不断减小,使燃油压力提高,受压燃油流过电动机,从出油口输出。出油阀和卸压阀的作用与涡轮式电动燃油泵相同。

3.2.2.3 燃油泵控制电路

不同车型采用的燃油泵控制电路也不同,但控制方式主要如图3-10所示进行分类。

图 3-10 电动燃油泵控制方式的分类

1. 发动机 ECU + 燃油泵继电器 + 燃油泵

(1) 发动机 ECU + 燃油泵继电器 + 燃油泵——定速控制

图 3-11 为丰田卡罗拉 1NZ – FE 发动机燃油泵控制电路,发动机 ECU 通过控制开路继电器线圈搭铁回路来控制燃油泵的工作。

图 3-12 为通用别克君威汽车的燃油泵控制电路,与丰田卡罗拉燃油泵控制电路不同,是通过控制燃油泵继电器的供电来控制燃油泵的工作。当动力系统控制模块(PCM)控制燃油泵工作时,PCM 的 C2 插头第 3 端子向外输出 12V 电压,为燃油泵继电器线圈提供电源,继电器工作,内部触点闭合,燃油泵工作。

1) 发动机起动时。当发动机起动时,发动机 ECU 接收到 ST 信号,发动机 ECU 控制开路继电器的 FC 端子搭铁,则开路继电器线圈导通,蓄电池经主熔丝 EFI、EFI 主继电器触点、开路继电器触点,向燃油泵供电。

2) 发动机运转时。当点火开关置于 IG 时,发动机则接收 NE 转速信号,继续控制开路继电器端子 FC 搭铁，以保持燃油泵继续工作。

3）发动机停机。该种控制系统若过了 2s 还没有收到发动机已起动的信号（转速达 400r/min，超过了起动机拖动发动机的转速），则发动机 ECU 即断开开路继电器，切断燃油泵电源而处于等待状态，待以后收到起动信号后再接通。这样可以防止在发动机起动阶段燃油大量喷入而造成"淹缸"，"淹缸"会使发动机更难起动。

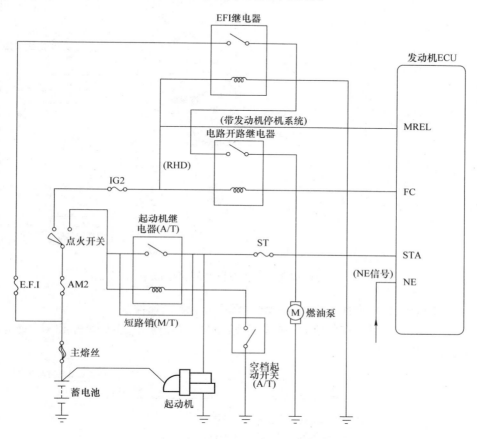

图 3-11　丰田卡罗拉发动机 ECU 间接控制的燃油泵电路

这种控制方式提高了别克车在特殊情况下的安全性。对于搭铁控制方式而言，一旦车辆发生事故，如果燃油泵继电器线圈的搭铁回路有与车体短路之处，燃油泵就会不受控制地泵油，这增加了火灾的危险性。别克车燃油泵采用供电控制，事故中只要发动机停止工作或动力系统控制模块（PCM）因事故断电或关闭点火，则无论燃油泵继电器电路是否有短路性故障，燃油泵都不会工作泵油。

对于别克车而言，当点火开关从"LOCK"转到"OFF"时，动力系统控制模块（PCM）便控制燃油泵工作 2s，而不是将点火开关要转到"ON"时才工作。这种"提前"泵油的方式可以在点火钥匙转到"START"位置时，为发动机起动时提供足够的油压，以利于迅速起动。

发动机控制单元通过燃油泵继电器间接控制燃油泵的通断，电动燃油泵始终以最高转速运行，需要燃油压力调节器调节供油管内的燃油压力。

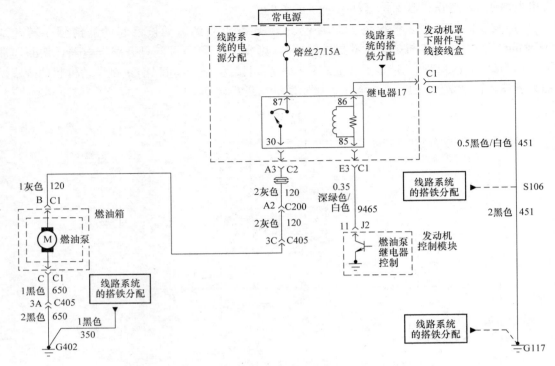

图 3-12　别克君威汽车发动机 ECU 间接控制的燃油泵电路

（2）发动机 ECU + 燃油泵继电器 + 燃油泵——电阻调速控制

图 3-13 所示为丰田雷克萨斯 LS400 轿车燃油泵控制电路，是发动机 ECU、燃油泵继电器和电阻共同控制的燃油泵电路。

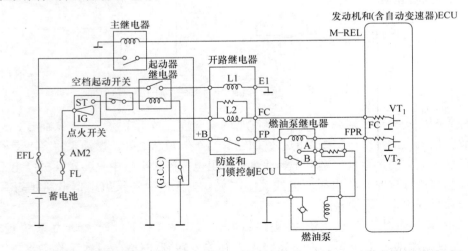

图 3-13　丰田雷克萨斯 LS400 发动机 ECU 控制燃油泵继电器的燃油泵速度控制电路

点火开关接通后即通过主继电器将开路继电器的 +B 端子与电源接通，起动时开路继电器中的 L1 线圈通电。发动机正常运转时，ECU 中的晶体管 VT_1 导通，开路继电器中的 L2

线圈通电，均使开路继电器触点闭合，燃油泵继电器 FP 端子与电源接通，燃油泵工作。发动机熄火后，ECU 中的晶体管 VT_1 截止，开路继电器内的 L1 线圈和 L2 线圈均不通电，其开关断开燃油泵电路，燃油泵停止工作。

发动机运转过程中，燃油泵速度变化控制过程见表 3-1。

表 3-1 燃油泵速度变化控制的过程

说明	电路图
发动机低速、中小负荷工作时。发动机 ECU 中的晶体管 VT_2 导通，燃油泵继电器线圈通电，使触点 A 闭合，由于将电阻串联到燃油泵电路中，所以燃油泵两端电压低于蓄电池电压，燃油泵低速运转	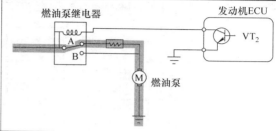
发动机高速、大负荷工作时。发动机 ECU 中的晶体管截止 VT_2，燃油泵继电器触点 B 闭合，直接给燃油泵输送蓄电池电压，燃油泵高速运转	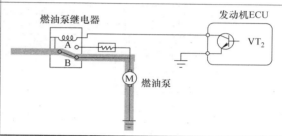

2. 发动机 ECU + 燃油泵控制单元 + 燃油泵——脉宽调制

发动机 ECU 和燃油泵 ECU 共同控制燃油泵电路，实现三速控制，其工作原理如图 3-14 所示。发动机 ECU 发出的 FPC 信号给燃油泵控制单元，控制单元发出不同脉宽信号，驱动燃油泵以不同转速运转。

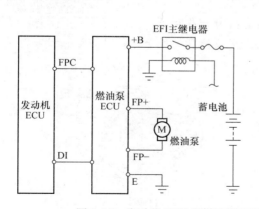

图 3-14 发动机 ECU 和燃油泵 ECU 共同控制的三速燃油泵电路

3. 发动机 ECU + CAN 总线 + 燃油泵控制单元 + 燃油泵——功率调节

数字发动机控制单元计算各时间点所需发动机燃油量，并将此信息通过 CAN 总线输送给燃油泵控制单元。燃油泵控制单元调节电动燃油泵的功率，使之能够准确地输送燃油量。

4. 发动机ECU+燃油泵控制装置+燃油泵——按需调节

此类燃油泵控制用于GDI发动机。从节能和降低排放的角度考虑，采用按需调节的低压燃油泵，可以在高压燃油系统需求非常低的时候，低压燃油泵不用再以最大转速工作，通过低压燃油泵转速调节以满足发动机工况。

如图3-15所示，发动机控制单元（ECU）采集高压油轨燃油压力传感器信号，基于闭环控制模式，发出PWM脉冲命令燃油泵控制装置，驱动三相燃油泵让其按需提供燃油量。

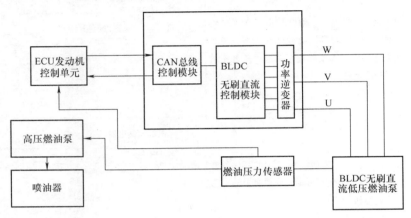

图3-15　按需调节的燃油泵控制系统

3.2.2.4　燃油泵关闭控制

有些汽车有这样的机械装置，在遇到下述情况时，燃油泵控制系统能使燃油泵停止运转，以保证车内人员安全。

（1）惯性动作开关控制　当车辆发生碰撞或翻车时，燃油泵惯性动作开关会关闭燃油泵，减少燃油泄漏。如图3-16所示，燃油泵惯性开关位于燃油泵ECU和发动机ECU之间。当发生碰撞时开关内的钢球移动，开关从触点处分开并断开，停止燃油泵的运作。当燃油泵被关闭后，需要使燃油供给系统重新工作时，把复位开关推至，顶部以重新设定燃油泵关闭系统，如图3-17所示。

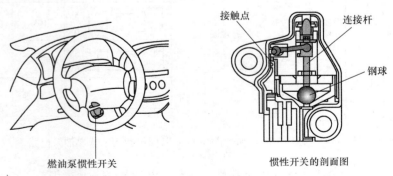

图3-16　燃油泵惯性开关的安装位置与结构

（2）安全气囊充气膨胀时　当驾驶员安全气囊、前排乘客安全气囊或座椅侧安全气囊充气膨胀时，燃油切断控制装置使燃油泵停止运转。因发动机ECU从安全气囊中央传感器

单元3 点燃式发动机燃油系统原理与检测

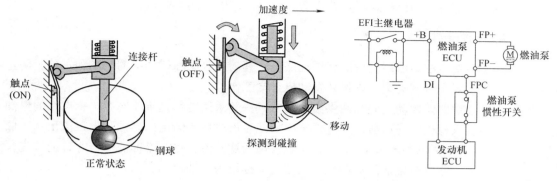

图3-17 燃油泵惯性开关工作原理

总成探测到充气信号时，发动机ECU便会断开开路继电器，使燃油泵停止运作，见图3-18。

3.2.2.5 燃油泵的就车检查

1）用专用导线将诊断座上的燃油泵测试端子跨接到12V电源上，如：丰田车系诊断座上有电源端子"+B"，将其与燃油泵测试端子"FP"跨接即可。也可以拆开电动燃油泵的线束插接器，直接用蓄电池给燃油泵通电。

2）将点火开关转至"ON"位置，但不要起动发动机。

3）旋开燃油箱盖应能听到燃油泵工作的声音，或用手捏进油软管应感觉到压力。

4）若听不到燃油泵工作声音或进油管无压力，应检修或更换燃油泵。

5）若有燃油泵不工作故障，但按上述方法检查正常，应检查燃油泵电路导线、继电器、熔丝有无断路。

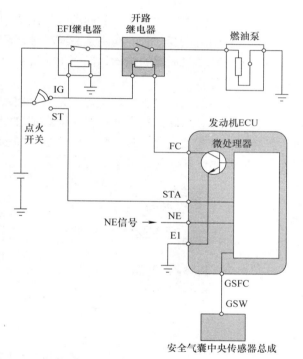

图3-18 安全气囊充气时燃油泵关闭控制

电控燃油喷射系统的电动燃油泵，通常在点火开关关闭10s以上再打开时（不起动发动机），或关闭点火开关使发动机熄火时，都会提前或延长工作2~3s。若燃油泵及其电路无故障，在此情况下，在燃油箱处仔细听，均能听到电动燃油泵工作的声音。

3.2.2.6 燃油泵的拆装与检验

多数轿车的电动燃油泵，可在打开汽车行李舱盖或翻开后座垫后，从燃油箱上直接拆出。但也有些轿车必须将油箱从车上拆下，才能拆卸燃油泵。拆卸燃油泵时应注意：释放燃油系统压力，并关闭用电设备。

拆下燃油泵后，测量燃油泵两端子之间的电阻，应为2~3Ω。用蓄电池直接给燃油泵通电，应能听到油泵电动机高速运转的声音。注意：通电时间不能过长。

3.2.3 燃油滤清器

燃油滤清器安装在燃油泵之后的高压油路中，其功用是滤除燃油中的杂质和水分，防止燃油系统堵塞，减小机械磨损，以保证发动机正常工作。

在电控燃油喷射式发动机的燃油供给系统中，一般采用的都是纸质滤芯、一次性的燃油滤清器。燃油从入口进入滤清器，经过壳体内的滤芯过滤后，清洁的燃油从出口流出。一般汽车每行驶 20000~40000km 或 1~2 年，应更换燃油滤清器。更换燃油滤清器时，应首先释放燃油系统压力，并注意燃油滤清器壳体上的箭头标记为燃油流动方向。

3.2.4 脉动阻尼器

部分电控燃油喷射式发动机的燃油供给系统中，在输油管的上游端装有或在电动燃油泵上直接装有脉动阻尼器，它的功用是衰减喷油器喷油时引起的燃油压力脉动，使燃油系统压力保持稳定。脉动阻尼器的结构如图 3-19a 所示，它主要由膜片和膜片弹簧等组成，分成气室和油室两部分。

脉动阻尼器的气室是密封的，等于是一个空气弹簧，而且全部输油量通过阻尼器流向油轨。当燃油压力升高时，气室容积变小而燃油容积扩大，使油压升高峰值减小，如图 3-19b 所示，外壳会鼓起。反之，油压降低时气室容积变大而燃油容积减小，又使油压降幅减小，如图 3-19c 所示，外壳瘪进去了。

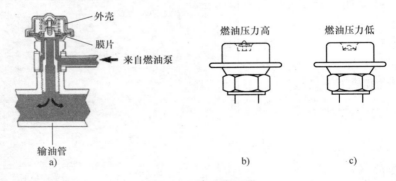

图 3-19 脉动阻尼器

3.2.5 燃油压力调节器

3.2.5.1 燃油压力调节器的作用

喷油器喷出的燃油量取决于：喷油器喷孔的截面、喷油器电磁线圈的通电时间（喷油脉宽）t 和喷油器喷孔的内外压力差 ΔP，因喷孔面积基本不变，即喷油量取决于 t 和 ΔP。要想让 ECU 只改变喷油脉宽来唯一地控制喷油量，必须保持喷孔内外压差 ΔP 为定值。喷孔外的压力是进气管内的气体的绝对压力，因发动机工况而异，喷孔内的压力是燃油油轨中燃油压力。装在油轨下游的燃油压力调节器的作用是通过调节燃油回油量的多少，使油轨中的油压力随进气压力变化而相应地变化，从而保持 ΔP 不变。ΔP 一般在 250~400kPa。

3.2.5.2 燃油压力调节器的类型及工作原理

燃油压力调节器有两种控制燃油压力的方式。

1. 第一种方法：通过燃油压力调节器将燃油压力控制在一个恒定的压力值

采用该种燃油压力调节器的燃油系统属于单管路、无回油管路燃油系统，且燃油压力调节器位于燃油箱内，如图3-20、图3-21所示。因为没有热的燃油返回油箱，该燃油系统燃油蒸发量相对少些。

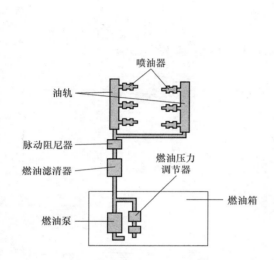

图3-20 第一种燃油压力调节器的安装位置

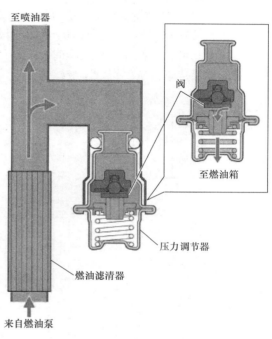

图3-21 第一种燃油压力调节器的内部结构

第一种燃油压力调节器，保证燃油系统压力恒定。为保证喷油器适当喷油，发动机ECU根据进气歧管压力的变化，计算每次喷射时间内燃油喷射量。这种无回油管的燃油供给系统的燃油压力为303～345kPa，相比第二种燃油压力调节系统的油压高。

该种燃油系统的燃油压力与燃油压力调节器内的弹簧弹力平衡。当燃油压力超过压力调节器内的弹簧压力时，压力调节器的阀门开启，使燃油流回到燃油箱。

2. 第二种方法：保证燃油压力与进气歧管内绝对压力之差为恒定值

该种燃油压力调节器通常安装在输油管的一端，其安装位置如图3-22所示。

第二种燃油压力调节器，保证燃油压力与进气歧管绝对压力的差值恒定，即喷油压差恒定。该种燃油

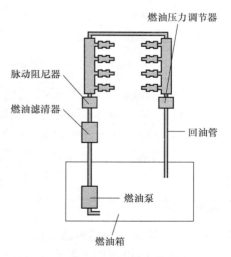

图3-22 第二种燃油压力调节器安装位置

压力调节器主要由膜片、弹簧和回油阀等组成。膜片将调节器壳体内部分成两个室,即弹簧室和燃油室;膜片上方的弹簧室通过软管与进气管相通,膜片与回油阀相连,回油阀控制回油量,见图3-23。

发动机工作时,燃油压力调节器膜片上方承受的压力为弹簧的弹力和进气管内气体的压力之和,膜片下方承受的压力为燃油压力,当膜片上、下承受的压力相等时,膜片处于平衡位置不动。当进气管内气体压力下降(真空度增大)时,膜片向上移动,回油阀开度增大,回油量增多,使输油管内燃油压力也下降;反之,当进气管内的气体压力升高(真空度减小)时,则膜片带动回油阀向下移动,回油阀开度减小,回油量减少,使输油管内燃油压力也升高。由此可见,在发动机工作时,燃油压力调节器通过控制回油量来调节输油管内燃油压力,从而保持喷油压差恒定不变。

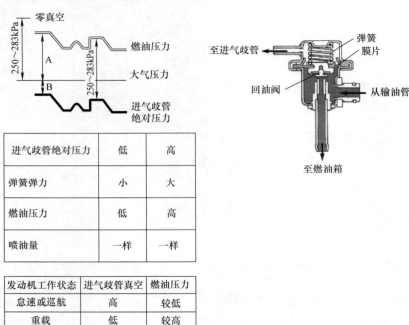

进气歧管绝对压力	低	高
弹簧弹力	小	大
燃油压力	低	高
喷油量	一样	一样

发动机工作状态	进气歧管真空	燃油压力
怠速或巡航	高	较低
重载	低	较高

图3-23 第二种燃油压力调节器的工作原理

发动机工作时,由于燃油泵的供油量远大于发动机消耗的燃油量,所以回油阀始终保持开启,使多余燃油经过回油管流回燃油箱。发动机停止工作(燃油泵停转)时,随输油管内燃油压力下降,回油阀在弹簧作用下逐渐关闭,以保持燃油系统内有一定的残余压力。

燃油压力调节器不能维修,若工作不良时,应进行更换。拆卸时注意释放燃油系统压力。

3.2.6 燃油箱

3.2.6.1 鞍座式燃油箱内部结构

商用车燃油箱通常使用钢板结构,并在燃油箱内、外表面涂有防腐层。在燃油箱容量大但只部分充满的情况下,汽车转弯时燃油会突然出现晃动和转移的现象。通过优化燃油箱结构,单室燃油箱变鞍座式燃油箱,并采用带孔的隔板,将燃油箱分割成若干小空间的方法,就能克服这个问题，见图 3-24。乘用车燃油箱主要由聚乙烯塑料制成，这种燃油箱在高温时存在塑性变形问题，另外还存在着严重的燃油蒸气渗透的问题。乘用车燃油箱也越来越多地使用钢板材料，能大大降低燃油蒸气的排放。

图 3-24　单一燃油箱和鞍座式燃油箱

十多年来，汽车制造商已在多种车型上安装了鞍座式燃油箱。这种油箱使用两个燃油箱，分布在驱动轴或排气系统的两侧，可优化行李舱容量和碰撞安全性。在大多数应用中，将有一个燃油箱作为初级侧，该侧有燃油泵为油轨输送燃油，如图 3-25 所示，即右侧燃油箱，也是加油的一侧。燃油泵通过串行数据总线连接至车辆的燃油泵控制模块。左侧副燃油箱装有一个喷射泵，利用由回油产生的文丘里效应将燃油吸入初级侧燃油箱的收集罐内。

两侧燃油箱都包含油位传感器，用于确定燃油箱中的燃油液位，以进行燃油分配，组合仪表读数和 EVAP 测试。收集罐用于确保将足够的燃油提供给燃油泵，并能够确保在燃油耗尽时，燃油箱所有分割的小空间内的燃油都被放空。

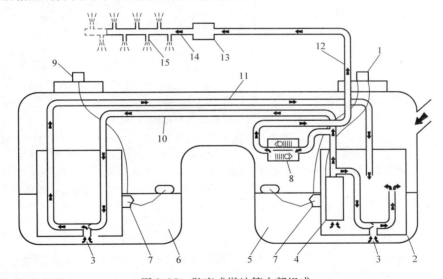

图 3-25　鞍座式燃油箱内部组成

1—液位传感器、插接器　2—收集罐　3—喷射泵　4—燃油泵　5—右侧燃油箱
6—左侧燃油箱　7—液位传感器　8—减压阀　9—液位传感器、插接器　10—高压循环管
11—低压循环管　12—燃油输送管　13—燃油滤清器　14—油轨　15—喷油器

3.2.6.2　鞍座式燃油箱内部运行模式

在大多数现代系统上，策略是在初级燃油箱中保留尽可能多的燃油，以使燃油泵被燃油浸没以有利于冷却。当燃油燃烧时，系统会将燃油从副燃油箱抽至初级燃油箱。当副燃油箱侧为空时，收集罐仅从燃油箱的初级侧抽取燃油。在某些车辆上，系统将平衡燃油箱之间的燃料以优化重量分配，直到燃料达到特定水平为止。

3.2.6.3 油位计算与故障设置

1. 燃油液位传感器信号传输过程

燃油液位传感器的燃油液位发送单元，如图 3-26 所示，经仪表板单元 IC 采集到油位信号，并进行 A/D 转换后，通过车身总线将燃油液位向车身控制模块 BCM、网关模块 CGW 发送。发动机控制模块 ECU 通过动力传动 CAN 总线可以从网关读取到燃油液位的信号，从 ABS 单元读取到车速信号。燃油液位表是组合仪表的组成部分。驾驶员可以借助它监控车辆行驶时的燃油水平。通常，ECU 接收燃油液位传感器信号，计算燃油里程并监控燃油箱压力，决策燃油输送策略。

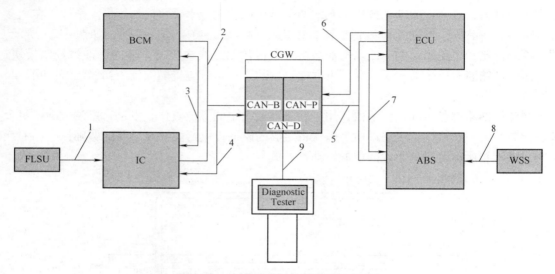

图 3-26 燃油液位传感器信号传输过程

1—燃油液位发送单元与仪表板线束连接，经过 A/D 转换 2—车身 CAN 总线 3—IC 发送燃油液位数据给 BCM
4—IC 发送燃油液位数据给 CGW 5—动力传动 CAN 总线 6—ECU 传送机轮速数据给 CGW
7—ABS 经动力传动总线发送轮速数据给 ECU 8—轮速传感器与 ABS 连接 9—诊断 CAN 总线 ABS—防抱死制动控制单元
BCM—车身控制单元 CAN-B—车身 CAN 总线 CAN-P—动力 CAN 总线 CAN-D—诊断 CAN 总线 CGW—网关
ECU—发动机控制单元 FLSU—燃油液位发送单元 IC—组合仪表 WSS—轮速传感器

2. 燃油计量规则

这两个燃油液位传感器对于鞍座式燃油箱能够正常工作至关重要。发送给组合仪表单元的燃油量反映了两个传感器的输入。燃油泵控制模块和发动机 ECU 也使用这两个传感器来确定系统是否正常运行。具体燃油计量设置规则如下：

1）副燃油箱侧液位传感器仍发出有燃油信号，但初级燃油箱液位已开始下降时，信息矛盾，故设置故障码。在某些情况下，副燃油箱侧的故障将导致燃油表默认为是初级侧传感器发送的读数，并显示最大半罐的读数。该读数将保持不变，直到副燃油箱侧的燃油液位为空，并且初级侧的燃油开始下降。如果是初级侧燃油箱液位传感器发生故障，仪表读数将为空。

大多数燃油泵控制模块都能够根据燃油液位传感器的行为来识别喷射泵的问题。模块依据来自液位传感器发送的读数设置这些故障码。当 ECU 检测到燃油箱的副油箱侧仍存储有燃油并且初级侧燃油液位开始下降时，将设置该故障码。

2）无燃油压力，但燃油液位仍会在四分之一以上。某些情况下，在没有燃油压力的情况下，燃油液位仍会显示四分之一燃油箱或更多。这明显是主燃油泵问题，但燃油泵的电路完好无损。更换燃油泵，情况将恢复正常。

3）搭铁连接和线束问题是鞍座式燃油箱的常见问题。如果液位传感器信号电压下降过大或燃油液位读数不一致，请检查车身和底盘搭铁处的连接是否有过大的电阻。燃油箱的顶部通常会积聚道路盐粒和除冰盐水，这可能会导致与搭铁短路。

3. 燃油液位相关故障码和数据流

（1）相关故障码

P0460：燃油液位传感器"A"电路。

P0461：燃油液位传感器"A"电路范围/性能。

P0462：燃油液位传感器"A"电路电压过低。

P0463：燃油液位传感器"A"电路电压过高。

P0464：燃油液位传感器"A"电路间歇性故障。

P0656：燃油液位输出。表示ECU或其他相关控制器之一已检测到燃油液位输出电路中的差异。

P25B0：燃油液位传感器"A"卡滞。

（2）相关数据流

燃油液位输入这个数据是以额定燃油箱注油量的百分比表述的。可以直接从传感器获取，也可以通过车辆串行数据通信总线间接获取，或者可以通过控制策略使用其他传感器输入来推断。

FLI：xxx.x%——表示燃油液位输入，最小值0%（没有燃油输入），最大值100%（最大容量）。

3.2.7 燃油供给系统的检测

燃油供给系统技术状态的好坏直接影响发动机的动力性、经济性和可靠性，它在使用中有较高的故障率。因此，燃油供给系统往往是检测与诊断的重点内容。

3.2.7.1 燃油压力的测试

电控燃油系统因其关键作用，需经常进行清洁、测试，通过测试发动机运转时燃油管路内的油压，可以判断电动燃油泵或燃油压力调节器有无故障、燃油滤清器是否堵塞等。大多数进气口燃油喷射系统工作时的低压约为69kPa，高压约在241~310kPa之间。

燃油泵的油压测试内容有：

1）供油压力：发动机怠速运转中燃油供给系统的实际工作压力。

2）调节压力：发动机怠速运转中将燃油压力调节器真空管拆开后燃油系统升高时的油压减去供油压力的差值，应在28~69kPa之间。

3）最大油压：发动机怠速运转中，将回油管夹住时，燃油系统的油压应为供油压力的2~3倍。

4）系统残压：发动机熄火后，等待5min后，燃油系统油压应保持在137kPa以上（单点喷射系统没有残压）。

5）供油量：发动机怠速运转中，读取燃油系统油压，然后急加速到3000r/min以上，此时立刻读取油压,应不得低于供油压力减21kPa。

1. 燃油系统的压力释放

1) 起动发动机,维持怠速运转。
2) 在发动机运转时,拔下燃油泵继电器或电动燃油泵电源接线,使发动机自行熄火。
3) 再使发动机起动2~3次,即可完全释放燃油系统压力。
4) 关闭点火开关,装上燃油泵继电器或电动燃油泵电源接线。

2. 燃油压力表的连接

1) 断开蓄电池的负极接线。
2) 在适当处断开连接油管。
3) 在断开油管处接上燃油压力表,以丰田Celica和凯美瑞的3S–FE发动机为例,如图3-27~图3-29所示。

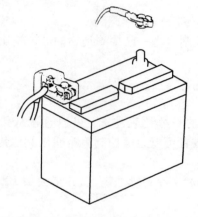

图3-27 断开蓄电池的负极接线

图3-28 断开连接油管

4) 重新接好蓄电池负极接线。

3. 燃油系统静态燃油压力的测试

1) 用故障诊断仪指令燃油泵接通,或用一根导线短接电动燃油泵的两个检测插孔FP和+B,如图3-30所示,或用跨接线直接运转燃油泵。

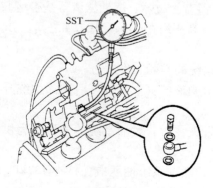

图3-29 在断开油管处接上燃油压力表

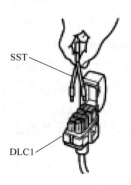

图3-30 短接诊断座中的端子

2）打开点火开关（不起动发动机），使电动燃油泵运转。

3）测量燃油系统的压力。系统正常油压应为未经调节的燃油压力（具体数值参见原厂维修手册）。若油压过高，应检查燃油压力调节器。若油压过低，应检查电动燃油泵、燃油滤清器和燃油压力调节器。

4）拔下诊断座插孔的短接线，关闭点火开关。

5）燃油系统保持压力的测试静态油压测量5min之后，再观察油压表指示的系统残压。其值应不低于137kPa。否则应检查电动燃油泵和燃油压力调节器的保持压力及喷油器的泄漏情况。

4. 发动机运转时燃油压力的测试

1）起动发动机。

2）分别测量急速和拔下燃油压力调节器上的真空软管时的燃油压力，即读取两种工况的差值，即为调节压力，应在28～69kPa之间。拔除真空软管后的燃油压力应和节气门全开时的燃油压力基本相等。若拔除真空软管后的燃油压力不升高，则应检查燃油压力调节器或真空软管。

3）发动机急速运转中，将回油管夹住时，燃油系统的最大压力应为急速供油压力的2～3倍。若压力没有升高2～3倍，则应检查燃油泵。

4）提高发动机转速，急加速到3000r/min以上，此时立刻读取油压，应不得低于供油压力减21kPa。

5. 输油管路状况测试

如果燃油管路或器件堵塞或输油量不足，将会有下列现象发生：

1）发动机转速较高时，输出功率下降，车辆达不到相应的行驶速度。

2）发动机加速时会熄火，尤其是当爬坡或重载加速时。

3）发动机起动困难。

4）急速不稳、失速。

5）发动机易熄火，而导致自动变速器挂档不稳。

如图3-31所示，分别在供油管路和回油管路中连接上开关阀门，用于分别断开供油路或回油路，观察燃油压力表上的压力变化情况，以分段验证油路的工作情况。注意：每次测

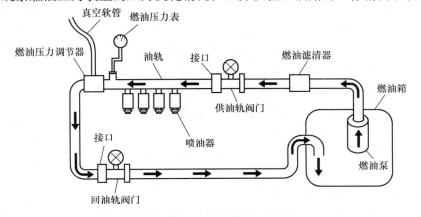

图3-31 燃油供给系统输油管路测试

试前,先将燃油管路中的燃油压力释放掉。另外,燃油压力表应有压力释放软管接到燃油箱或容器中。

6. 油压表的拆卸

释放燃油系统压力后,拆下蓄电池负极线和油压表,再重新装好油管接头和蓄电池负极线。预设燃油系统的油压并检查油管各处有无漏油。

3.2.7.2 燃油泵控制电路检测

燃油泵控制电路中线束不良插头、线束绝缘损坏或线束内部断裂等,将导致间歇性故障。燃油泵继电器不良或损坏,将导致燃油泵不工作。关于燃油泵控制电路的检测内容主要有以下几项。

1. 继电器的检测

如图 3-32 所示,继电器的 STA 端子与 E1 端子之间,其电阻一般为 17~25Ω,B 端子与 Fc 端子则应为 88~132Ω。

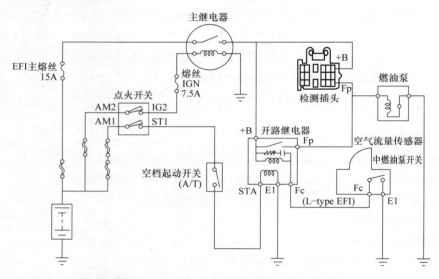

图 3-32 丰田 3S-FE 发动机燃油泵控制电路

继电器导通测试:

1)连接蓄电池到 STA 端子与 E1 端子。

2)使用万用表,检查 B 端子与 Fp 端子必须导通。

3)如不合规格,则更换继电器。

4)连接蓄电池到 B 端子与 Fc 端子。

5)使用万用表检查 B 端子与 Fp 端子之间,必须导通。

6)如不合规格,则更换继电器。

2. 电动燃油泵的检测

电动燃油泵的检测要点:

1)电动燃油泵内部绕组电阻应在 2~4Ω。

2)电动燃油泵耗用电流:最大输出阻力负荷时应在 10A 以下。

3.2.7.3 燃油系统数据流读取

OBD Ⅱ对燃油系统的监测属于连续监测。发动机控制单元ECU内燃油系统监控器评估燃油控制系统，以调节可燃混合气，尝试在变化的发动机转速和负载范围内实现燃烧室中最佳的空燃比。如果不存在故障码，且EVAP系统未将燃油蒸气排入发动机，则监控器会在正常的发动机运行和驾驶条件下连续执行监控。

燃油控制系统使用存储在发动机ECU中的燃油调整表，来计算和补偿由于正常磨损和老化而在燃油系统组件中发生的变化。燃油调整表基于发动机转速和发动机负载。在闭环燃油控制期间，燃油调整策略会学习对浓燃油系统或稀燃油系统进行校正所需的调整。校正值存储在燃油调整表中。燃油调整表有上限和下限，用于修改在闭环运行期间维持14.7∶1的空燃比所需的燃油喷射基本脉冲宽度。

如果一个或多个氧传感器指示发动机运行在过浓状态，则ECU将通过减小燃油喷射脉冲宽度来纠正过浓状态。以类似的方式，如果氧传感器指示发动机混合气过稀，则ECU将通过增加燃油喷射脉冲宽度来校正过稀状况。基本脉冲宽度可以修改的程度受到限制，ECU计算时，将需要在调整的上限或下限之外修改脉冲宽度，以实现14.7∶1的空燃比，此时会存储故障码（DTC）。如果在接下来的3个预热周期中再次出现过稀或过浓状态，则ECU将存储DTC并点亮检查发动机故障灯。

第一类数据流：燃油系统监控数据流。

FUEL_SUP：NO or YES——表示燃油系统监控，支持或不支持。

FUEL_ENA：NO，YES or N/A——表示燃油系统监控使能，不能、能或不支持。

FUEL_RDY：YES or NO——表示燃油系统监控状态，已完成或未完成。

FUELCMPL：YES，NO or N/A——表示燃油系统监控状态完成情况，已完成、未完成或不支持。

遇到所有必要条件以检测燃油系统故障，燃油系统监视器完成状态计数显示。

FUELCOMP：××××× cnts——表示燃油监控器完成状况计数。

第二类数据流：燃油系统状态

FUEL_SYS1：OL——表示燃油系统状态：开环，表明进入闭环控制的条件还没达到。

FUEL_SYS1：CL——表示燃油系统状态：闭环，用氧传感器为燃油系统控制提供反馈信号。

FUEL_SYS1：OL Drive——表示燃油系统开环驱动状态，是由于行驶条件（例如功率增大、减速增大）而导致的开环。

FUEL_SYS1：OL Fault——表示燃油系统开环错误状态，是由于开环时检测到系统故障。

FUEL_SYS1：CL Fault——表示燃油系统闭环错误状态，是由于至少有一个氧传感器存在故障。

注意：此时的燃油系统1和2通常不指喷油器组。燃油系统1和2旨在代表完全不同的燃油系统，它们可以独立进入和退出闭环燃油。V型发动机上的喷油器组通常不是独立的，它们共享相同的闭环启用标准。如果发动机关闭且点火开关打开，则燃油系统状态应显示"OL"状态。

车辆在指定的燃油系统监控条件下运行的次数，燃油系统监控器遇到的状况计数显示。FUELCOND：××××× cnts——表示燃油监控器遇到的计数。

第三类数据流：燃油系统压力相关数据流

FP：××× kPa（××.× psi）——表示燃油系统压力（表）为××× kPa或××× psi。燃油压力范围最小为0kPa，最大为765kPa。这个读数是参考大气压力的。

FP：××× kPa（××.× psi）——表示燃油系统相对压力为××× kPa或××× psi。相对压力范围最小为0kPa，最大为5177.27kPa。这个读数是参考进气歧管真空度的。

FRP：×××××× kPa（×××××.× psi）——表示油轨压力为××× kPa或××× psi。燃油压力范围最小为0kPa，最大为655350kPa。这个读数是参考大气压力的，是针对燃油直喷发动机的参数。

3.3 燃油喷射控制

> 问题链接：
> 1. 喷油顺序是如何确定的？
> 2. 哪一种喷油顺序最经济呢？
> 3. 喷油量是如何确定的？

电控燃油喷射系统的功能是对喷油顺序、喷油量、燃油停供进行控制。

3.3.1 喷油器顺序的控制

3.3.1.1 连续喷射（KE-Jecronic控制）

喷油器在燃油压力的作用下开启，并在整个发动机工作期间一直保持开启状态。喷油器连续不停地喷油。通过改变系统压力来改变喷油量。

3.3.1.2 间歇喷射

在电磁力的作用下，喷油器只开启很短的时间，一旦喷完计算出的喷油量，喷油器就关闭。通过改变喷油器的开启时间来改变喷油量。

根据ECU控制喷油器的方式不同，间歇喷射有四种类型：同时喷射、分组喷射、顺序喷射、特定气缸喷射。

（1）同时喷射

发动机的所有喷油器都同时动作。对各个气缸来说，燃油蒸发时间不同。因此，为了获得尽可能成分均匀的混合气和实现充分燃烧，曲轴每转一圈，喷射燃烧所需油量的一半，如图3-33所示。

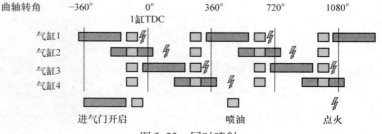

图3-33 同时喷射

（2）分组喷射

每个做功循环，1、3气缸喷油器或2、4气缸喷油器各喷油一次。在每种情况下，整个喷油量都被喷在关闭的进气门之前，这些燃油的蒸发时间不同，如图3-34所示。

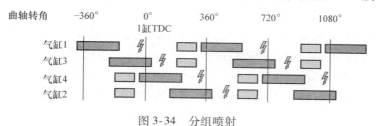

图3-34　分组喷射

（3）顺序喷射

就是在进气行程之前，各气缸喷油器按照点火顺序一个接一个地将相同数量的总喷油量喷入进气歧管。这就促进了最佳混合气的形成，并改善了发动机内的冷却效果，如图3-35所示。

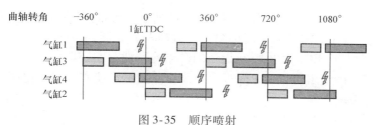

图3-35　顺序喷射

（4）特定气缸喷射（CSI）

这种喷射也是一种顺序喷射。由于传感器技术的进步，控制复杂程度的提升，ECU能够给每一个气缸单独分配特殊的喷油量，如图3-36所示。

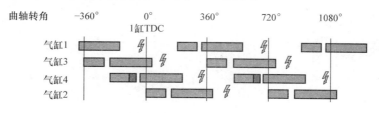

图3-36　特定气缸喷射

上述同时喷射、分组喷射和顺序喷射的喷油顺序都与曲轴转角相位有一定的对应关系，称为"**同步喷射**"。有些EFI系统在开始冷机起动时给出一个初始喷油脉冲，该脉冲与曲轴转角相位无一定联系，称为"**异步喷射**"，特定喷射就是异步喷射。有些系统则在急加速时增加几次异步喷射，以更快地增加喷油量。还有一种使用异步喷射的情况，就是当喷油器在发动机一个工作循环期间喷油次数多，以至于怠速工况每次喷油量小于该喷油器的许用最小喷油量时，EFI系统就只能改变怠速时的每循环喷油次数，或者改用每秒喷几次油的异步喷射方式。

3.3.2 喷油量（喷油脉宽）控制

EFI 系统通过控制喷油器电磁阀的通电持续时间（喷油触发脉冲宽度）来控制喷油量，通常可以实现以下的控制内容。

喷油量控制可分为同步喷油量控制和异步喷油量控制。同步控制又分为发动机起动时的喷油量控制和发动机起动后的喷油量控制。

3.3.2.1 起动时的喷油量控制

在发动机起动时，其转速很低（50r/min 左右）且波动较大，无论是 D 型电控燃油喷射系统中的进气歧管绝对压力传感器，还是 L 型电控燃油喷射系统中的空气流量传感器，都不能精确地确定进气量，也就无法确定合适的基本喷油时间。起动控制采用开环控制，喷油量的控制过程为：当点火开关接通起动档位时，ECU 的 STA 端便接收到一个高电平信号，此时 ECU 再根据曲轴位置传感器信号和节气门位置传感器信号判定是否处于起动状态，以便决定是否按起动程序控制喷油。

起动控制程序：发动机起动时 ECU 根据冷却液的温度信号 THW，由内存的冷却液温度—喷油时间曲线来确定基本喷油时间，如图 3-37 所示。再根据进气温度信号 THA 和蓄电池电压 +B 信号进行修正，得到起动时的喷油持续时间，如图 3-38 所示。电压修正是因为喷油器的实际喷油时刻比 ECU 发出喷油指令的时刻晚，即存在一段滞后时间，使喷油器喷油的实际时间比 ECU 确定出的喷油时间短，导致喷油量不足使实际空燃比高于发动机要求的

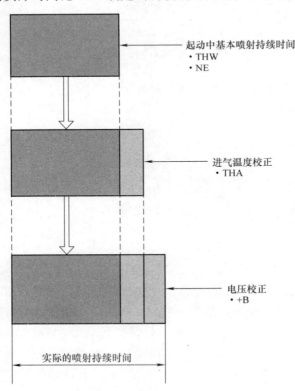

图 3-37 起动时喷油控制

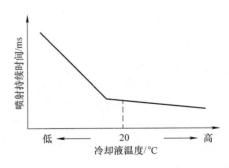

图 3-38 起动时冷却液温度修正曲线

空燃比。蓄电池电压越低,滞后时间越长,因此ECU需根据蓄电池电压适当延长喷油时间,以提高喷油量控制的精度。

如果曲轴位置传感器信号表明发动机转速低于300r/min,且节气门位置传感器信号表明节气门处于关闭状态,则判定发动机处于起动状态并控制运行起动程序。在燃油喷射系统具有"清除溢流"功能的汽车上,当发动机转速低于300r/min时,如果节气门开度大于80%,那么ECU将判定为"清除溢流"控制,喷油器将停止喷油。

3.3.2.2 发动机起动后的喷油量控制

发动机起动后转速超过预定值时,ECU确定的喷油持续时间为:

喷油持续时间 = 基本喷油持续时间 + 喷油修正值 + 电压修正值

式中喷油修正值是各种修正值的总和。

在D型电控燃油喷射系统中,ECU根据发动机转速信号(Ne)和进气歧管绝对压力信号(PIM)、进气温度信号(THA)及内存的基本喷油时间三维图确定基本喷油时间。

L型电控燃油喷射系统中,ECU则根据发动机转速信号(Ne)和空气流量传感器信号(V_S信号)确定基本喷油时间。这个基本喷油时间是实现预定空燃比(理论空燃比14.7:1)的喷射时间。

发动机起动后的各工况下,ECU在确定基本喷油时间的同时,还必须根据各种传感器输送来的发动机运行工况信息对基本喷油时间进行修正。

1. 起动后加浓修正

发动机完成起动后,点火开关由"STA"(起动)位置转到"ON"(点火)位置,或发动机转速已达到或超过预定值,ECU额外增加喷油量,使发动机保持稳定运转。喷油量的初始修正值在起动后这一瞬间最高,根据冷却液温度的变化,然后以一个固定速度下降,逐步达到正常,如图3-39所示。

2. 暖机加浓修正

发动机温度较低时燃油蒸发性差,为使发动机迅速进入最佳工作状态,必须供给较浓的混合气。

发动机起动后,在达到正常工作温度(50~80℃)之前,ECU根据冷却液温度信号(THW信号)对喷油时间进行修正,修正系数的确定如图3-39所示。

暖机加速还受怠速信号(IDL信号)控制,当节气门位置传感器中的怠速触点接通或断开时,根据发动机转速不同,ECU使喷油时间有少量变化。

发动机ECU处于失效保护模式,如故障码为P0115时,ECU提供设定的冷却液温度信号,通常为80℃。

3. 进气温度修正

发动机进气温度影响进气密度,ECU根据进气温度传感器提供的进气温度信号(THA信号),对喷油时间进行修正。通常以20℃为进气温度信息的标准温度,低于20℃时,空气密度大,ECU适当增加喷油时间,使混合气不至于过稀;进气温度高于20℃时,空气密度减小,适当减少喷油时间,以防混合气偏浓。进气温度修正系数的确定如图3-40所示,增加或减少的最大修正量约为10%。

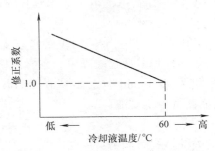
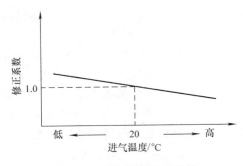

图 3-39 起动后加浓和暖机冷却液温度修正曲线　　图 3-40 进气温度修正曲线

发动机 ECU 处于失效保护模式，如故障码为 P0110 时，ECU 提供设定的进气温度信号，通常为 20℃。

4. 稳定工况喷油量修正

稳定工况（含热机怠速工况和部分负荷工况）都实行空燃比反馈闭环控制，使空燃比保持在理论空燃比附近的一个很窄的范围内。

（1）怠速稳定闭环控制

能够定量输出功率，以确保维持怠速工况的稳定。转速降低时增加输出功率，而在转速升高时降低功率输出。系统在识别到一些影响因素，如空调压缩机起动或自动变速器换档的时候，将会相应地增加功率输出。在低温情况下，由于要克服摩擦损失或维持更高的怠速转速，输出转矩必须增大。怠速闭环控制详见第 2 单元。

（2）部分负荷工况 λ 闭环控制

详见本书第 6 单元。

5. 大负荷工况喷油量修正

发动机在大负荷工况下运转时，要求使用较浓的混合气以获得大功率。ECU 根据发动机负荷修正喷油时间。

ECU 可根据进气歧管绝对压力传感器信号（PIM 信号）或空气流量传感器信号（V_S、K_S、V_G 信号）以及节气门位置传感器输送的全负荷信号（PSW 信号）或节气门开度信号（VTA 信号），判断发动机负荷状况，大负荷时适当增加喷油时间。大负荷的加油量约为正常喷油量的 10%～30%，有些发动机大负荷加浓量还与冷却液温度信号相关。

6. 加速喷油量修正

发动机加速初始运行时，会出现燃油供应滞后于进入气缸内的空气快速变化量，空燃比变小，为获得良好的动力性、经济性和响应性，需要适当延长喷油时间。根据进入的空气量而增加喷油量以防止可燃混合气偏稀。加速加浓的大小取决于节气门开启角度的变化速度。

加速时在稳定工况基本喷油脉宽的基础上进行加浓修正，修正量与冷却液温度、节气门开度变化率等有关，并随时间减少，如图 3-41 所示。

7. 断油控制

所谓断油控制就是发动机 ECU 在某些特殊情况下，暂时中断燃油喷射，以满足发动机运行的特殊要求。断油控制包括发动机超速断油控制、减速断油控制、清除溢流控制和减转矩断油控制等几个方面。

(1) 超速断油控制

发动机在运行中，ECU 随时都将曲轴位置传感器测得的发动机实际转速与存储器中存储的极限转速进行对比。当实际转速达到极限转速或超过极限转速 80~100r/min 时，ECU 就会发出停止喷油的指令，控制喷油器停止喷油。当发动机转速下降至低于极限转速 80~100r/min 时，ECU 将控制喷油器恢复喷油，如图 3-42 所示。

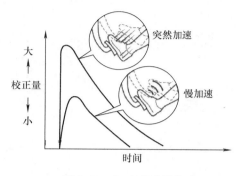

图 3-41　加速喷油量修正

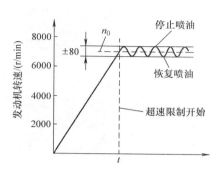

图 3-42　超速断油控制曲线

(2) 减速断油控制

当汽车在高速行驶中突然松开加速踏板减速时，发动机将在惯性力的作用下高速旋转。由于此时节气门已经关闭，进入气缸的空气量很少，若不停止供油，混合气将会很浓而导致燃烧不完全，排气中的有害气体成分将急剧增加。ECU 将根据节气门关闭、发动机转速高于某一转速、冷却液温度正常信息，判断减速断油。当发动机转速降低到燃油重新复供转速后，ECU 立即发出指令，控制喷油器恢复供油，如图 3-43 所示。

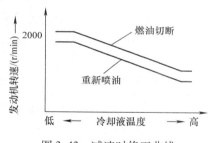

图 3-43　减速时修正曲线

(3) 清除溢流控制

发动机起动时，喷油系统将向发动机供给很浓的混合气。如果多次起动未能成功，那么残留在气缸内的未燃燃油就会浸湿火花塞，造成"淹缸"现象。清除溢流控制就是将发动机加速踏板踩到底，接通点火开关起动发动机，ECU 自动控制喷油器中断喷油，以便排出气缸内的燃油蒸气。可见起动电控发动机时，不必踩下加速踏板，直接接通起动开关即可，否则电控系统可能处于清除溢流控制状态而使发动机无法起动。

(4) 减转矩断油控制

在配装电控自动变速器的汽车上，当行驶中变速器自动升档时，变速器 ECU 会向发动机 ECU 发出一个减转矩信号。发动机 ECU 会暂时中断个别气缸的喷油，从而降低发动机转速，以便换档。待换档结束后，再恢复正常供油。

8. 电压校正

电压校正同起动时的控制一样。

9. 废气再循环修正

发动机 ECU 需要确定废气再循环到进气歧管中的废气量，以准确测量进入气缸的空气总量。各种车辆都设计有用于此计算的参数，包括以下一项或多项。

1）EGR 阀枢轴位置。

2）EGR 通道温度传感器。

3）EGR 通道中的压差。

图 3-44 是将发动机起动后喷油控制过程的汇总。

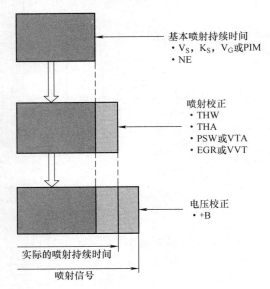

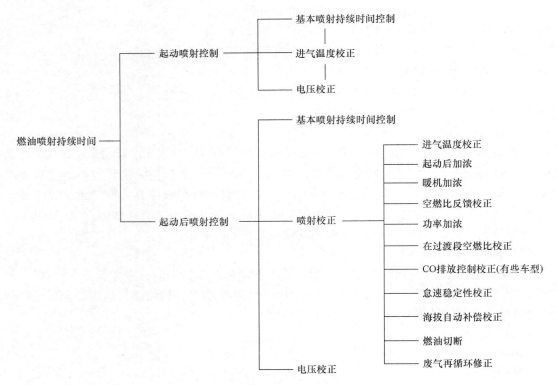

图 3-44　发动机起动后喷射控制过程的汇总

3.3.2.3 异步喷油量控制

发动机起动或加速时的异步喷油量一般是固定的,即各气缸喷油器以一个固定的喷油持续时间同时向各气缸增加一次喷油。

3.4 喷油器

> 问题链接:
> 1. 喷油器是如何工作的?
> 2. 如何检查喷油器?

3.4.1 喷油器的构造与工作原理

电控燃油喷射系统的执行元件是喷油器。喷油器的功用是根据 ECU 的指令,控制燃油喷射量。电控燃油喷射系统全部采用电磁式喷油器,单点喷射系统的喷油器安装在节气门体空气入口处,多点喷射系统的喷油器安装在各缸进气歧管或气缸盖上的各气缸进气道处。

1. 喷油器的构造与工作原理

(1) 喷油器的结构及类型

喷油器主要由滤网、线束插接器、电磁线圈、复位弹簧、衔铁和针阀等组成,针阀与衔铁制成一体,见图 3-45。

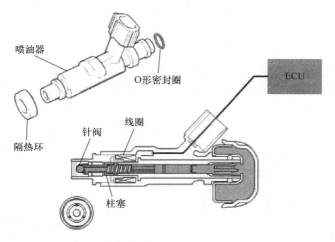

图 3-45 喷油器的结构

按喷油口的结构不同,喷油器可分为轴针式、孔式两种,如图 3-46 所示。轴针式喷油器的针阀下部有轴针伸入喷口,与阀体形成一个环形孔隙,燃油以锥形油束喷出,锥角为 10°~30°,燃油喷射雾化好。孔式喷油器有单孔、多孔喷油器。孔式喷油器内没有轴针,代之以一块很薄的喷孔板,喷孔板上有经过校准的小孔。单孔喷出的油束呈线状,多孔喷出的油束与轴针式喷油器差不多,但雾化质量中等。

孔式喷油器在现代车中应用比较多,可减少喷油器内的沉积物。

喷油器按燃油进入部位的不同分成**上部给油、底部给油**两种方式。上部给油喷油器从顶部进油,顶部借助 O 形密封圈插入燃油分配管,喷油器其余部分突出在燃油分配管外部,

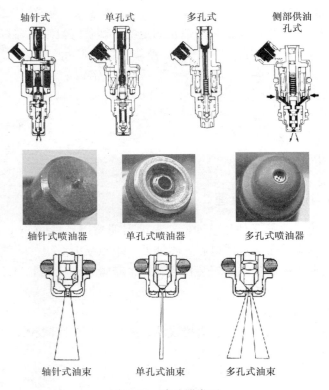

图 3-46 喷油器类型

燃油分配管并不直接与进气歧管连接，用于多点间歇喷射，如图 3-47 所示。

底部给油喷油器从侧面进油，整个喷油器插入燃油分配管，浸没在流动的燃油中，如图 3-48 所示的日产 SR20DET 喷油器。燃油分配管本身直接安装在进气歧管上。喷油器或者用锁夹，或者用燃油分配管上盖罩固定在燃油分配管上。两个密封圈阻止了燃油泄漏。这种结构使喷油器的冷却效果好，且安装高度较低。

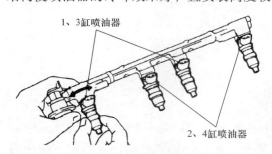

图 3-47 上部给油式喷油器的燃油分配管　　图 3-48 底部给油式喷油器的燃油分配管

各车型装用的喷油器，按其线圈的电阻值可分为**高电阻**（电阻为 13～16Ω）和**低电阻**（电阻为 2～3Ω）两种类型。

（2）喷油器的工作原理

喷油器不喷油时，复位弹簧通过衔铁使针阀紧压在阀座上，防止滴油。当电磁线圈通电时,产生电磁吸力,将衔铁吸起并带动针阀离开阀座,同时复位弹簧被压缩,燃油经过针阀并由轴针与喷口的环隙或喷孔中喷出。当电磁线圈断电时,电磁吸力消失,复位弹簧迅速使针阀关闭,喷油器停止喷油。

在喷油器的结构和喷油压力一定时,**喷油器的喷油量取决于针阀的开启时间,即电磁线圈的通电时间**。复位弹簧弹力对针阀密封性和喷油器断油的干脆程度会产生影响。

2. 喷油器的驱动方式

喷油器的驱动方式可分为电流驱动和电压驱动两种方式,如图3-49所示。电流驱动方式只适用于低电阻值喷油器,一般应用在单点喷射(节气门体喷射)系统中。电压驱动方式对高电阻值和低电阻值喷油器均可使用,一般应用在多点喷射系统中。

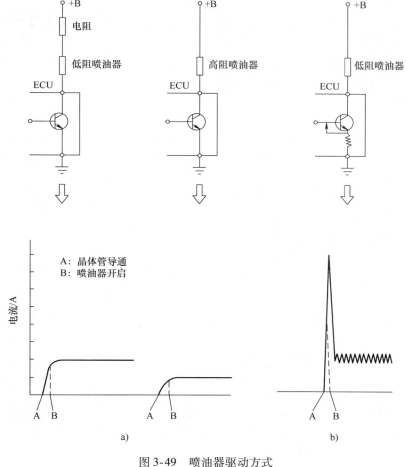

图3-49 喷油器驱动方式
a)电压驱动方式 b)电流驱动方式

(1)电流驱动方式

在采用电流驱动方式的喷油器控制电路中,不需附加电阻,低电阻喷油器直接与蓄电池连接,通过ECU中的晶体管对流过喷油器线圈的电流进行控制。

如图3-50所示,当ECU中的控制信号X为高电平作用在功率晶体管基极B上时,功率晶体管导通,蓄电池电压直接加在喷油器线圈上,流过喷油器线圈的峰值电流为8A,喷油器针阀达到最大升程。此时发射极电阻 R1 上产生电压降，电压降的大小与通过喷油器的电流大小成正比，R1 上的电压降由 ECU 内的模拟电路监测，当电压达到设定值时，模拟电路将降低功率晶体管的基极电压，使喷油器的导通电流降为 2A，喷油器保持导通。由于喷油器导通过程中有两次电流变化，其通电线圈内会出现两次感应电动势，产生了两个尖峰，见图 3-51 中的 Y 波形，这就是电流驱动型喷油器的电压波形。

在喷油器电流驱动回路中，由于无附加电阻，回路的阻抗小，ECU 向喷油器发出指令时，流过喷油器线圈的电流增加迅速，电磁线圈产生的磁力使针阀开启快，喷油器喷油迟滞时间缩短，响应性更好。喷油器针阀的开启时刻总是比 ECU 向喷油器发出指令的时刻晚，此时间称为喷油器喷油迟滞时间（或无效喷油时间）。此外，采用电流驱动方式，保持针阀开启使喷油器喷油时的电流较小，喷油器线圈不易发热，也可减少功率损耗。

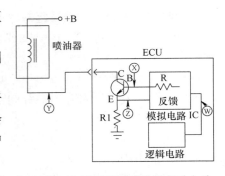

图 3-50　电流驱动型喷油器驱动电路

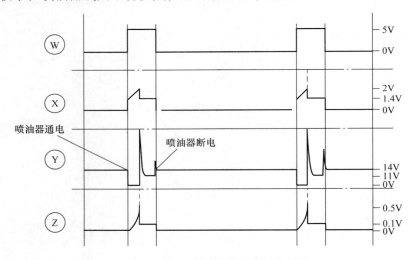

图 3-51　电流驱动型喷油器电压波形

（2）电压驱动方式

低电阻喷油器采用电压驱动方式时，必须加入附加电阻。因为低电阻喷油器线圈的匝数较少，加入附加电阻，可减小工作时流过线圈的电流，以防止线圈发热而损坏。附加电阻与喷油器的连接方式有三种，如图 3-52 所示。

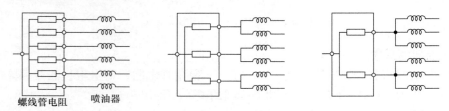

图 3-52　附加电阻与喷油器的连接方式

如图 3-53 所示，在电压驱动方式的喷油器驱动电路中，由蓄电池直接供电，ECU 控制

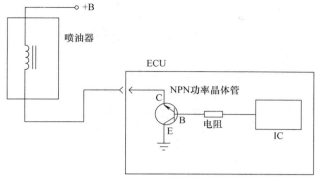

图 3-53　电压驱动型喷油器驱动电路

喷油器的搭铁回路。当 ECU 中的喷油器驱动电路 IC 使功率晶体管导通时，喷油器搭铁电路导通，喷油器电磁线圈内的电磁场发生突变，这个突变使线圈产生感应电动势，喷油器波形出现尖峰，如图 3-54 所示。

电压驱动方式中的喷油器驱动电路较简单，但因其回路中的阻抗大，喷油器的喷油滞后时间长。其中，电压驱动高电阻喷油器的喷油滞后时间最长，电压驱动低电阻喷油器次之，电流驱动的喷油器最短。

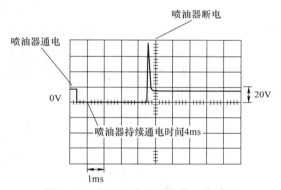

图 3-54　电压驱动型喷油器工作波形

3.4.2　喷油器的检测

3.4.2.1　喷油器的检测

（1）简单检查方法

在发动机工作时，用手触试或用听诊器检查喷油器针阀开闭时的振动声响，如果感觉无振动或听不到声响，说明喷油器或其电路有故障。

（2）喷油器电阻检查

拆开喷油器线束插接器，用万用表测量喷油器两端子之间的电阻，低电阻值喷油器应为 2~3Ω，高电阻值喷油器应为 13~16Ω，否则应更换喷油器。

> 注意：
> 低电阻喷油器不能直接与蓄电池连接，必须串联一个 8~10Ω 的附加电阻。若为低电阻喷油器（图 3-49），还应检测串接电阻是否正常。

3.4.2.2　喷油器控制电路

各车型喷油器控制电路基本相同，一般都是通过点火开关和主继电器（或熔丝）给喷油器供电，ECU 控制喷油器搭铁。只是不同的发动机，喷油器数量、喷射方式、分组方式不同，ECU 控制端子的数量不同，前面讲过。

若使用中喷油器不工作，拆开喷油器线束插接器，将点火开关转至"ON"位置，但不

起动发动机,用万用表测量其电源端子与搭铁间电压,应为12V蓄电池电压。否则应检查供电线路、点火开关、主继电器或熔丝是否有故障。若电压正常,则说明喷油器、喷油器线路(与ECU连接线路,即喷油器控制电路)或ECU有故障。

1. 喷油器控制电路故障分析

执行喷油器开关动作的控制电路,是晶体管控制喷油器线圈的搭铁回路,晶体管的集电极(C)连接喷油器,发射极(E)搭铁。如果C极和E极短路,就会出现打开点火开关后,喷油器始终喷油的故障;如果C极断路,就会使喷油器无法完成搭铁回路,导致喷油器不喷油。另外,与晶体管C极并联的保护二极管如果短路,也会出现喷油器一直喷油的现象。

2. 喷油器电路控制电路检测方法

可以使用数字万用表、示波器或LED试灯等工具,严禁带电插拔线束插头,或使用指针式万用表或大功率测试灯,以免引起瞬间大电流造成发动机ECU内部晶体管损坏。将LED测试灯连接在喷油器插头两个插孔中,打开点火开关。如果LED灯一直点亮,表示晶体管C极和E极短路;如果LED灯不亮,起动发动机,如果LED灯仍不亮,表示晶体管C极和E极断路。起动发动机时,LED灯会闪亮,说明传感器和ECU无问题。

LED试灯制作方法,将两只发光二极管并联,将一只的正极接另一只的负极,再与1只510Ω/0.25W的电阻串联,见图3-55,然后在两只二极管之间及电阻的另一端连接检测线就做成了一只简单的LED试灯。

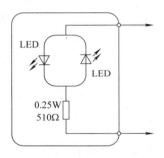

图3-55 LED试灯制作方法

3.4.2.3 喷油器加压后的检查与清洗

1. 仪器

深圳元征CNC-602A喷油器清洗检测仪。

2. 技术指标

1)模拟检测转速范围:10~9990r/min,步长10r/min。

2)计时范围:1~9999s。

3)脉宽范围:0.5~25ms,步长0.1ms。

3. 检测内容

1)在使用仪器之前,请仔细阅读注意事项,以便正确操作。

2)超声波清洗:可同时对多个喷油器进行超声波清洗,能彻底清除喷油器上的积炭。

3)喷油量检测功能:可以检测喷油器在15s常喷情况下的喷油量。

4)均匀性/雾化性检测功能:检测各个喷油器喷油量的均匀性,同时可利用背景灯全面仔细地观察喷油器的喷射雾化情况,还能对喷油器进行反向冲洗,见图3-56。

5)密封性测试功能:可检测喷油器在系统压力下的密封性和滴漏情况。若检查时,在1min内喷油器油滴超过1滴,应更换喷油器,见图3-57。

6)自动清洗检测功能:在特定的工况参数下,真实模拟喷油器在各种工况下的测试。

7)免拆清洗功能:带有多种免拆清洗插头,可进行多种车型免拆清洗维护。

8)最小开启脉宽检测。

详细操作内容见所使用的喷油器清洗检测仪说明书。

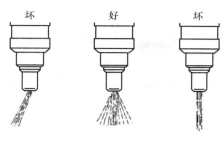

图 3-56 喷油器雾化情况

图 3-57 喷油器滴漏检查

4. 注意事项

1) 喷油器滴漏可在专用设备上进行检查，也可将喷油器和燃油总管拆下，再与燃油系统连接好，用专用导线将诊断座上的燃油泵测试端子跨接到 12V 电源上，然后打开点火开关，或直接用蓄电池给燃油泵通电。燃油泵工作后，观察喷油器有无滴漏现象，见图 3-58 和图 3-59。

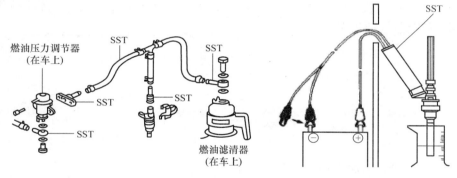

图 3-58 喷油器及燃油总管的拆卸　　　　图 3-59 喷油器加压测试

2) 喷油器的喷油量检查：喷油器的喷油量可在专用设备上进行检查，也可按滴漏检查。做好准备工作，燃油泵工作后，用蓄电池和导线直接给喷油器通电，并用量杯检查喷油器的喷油量。每个喷油器应重复检查 2～3 次，各气缸喷油器的喷油量和均匀度应符合标准，否则应清洗或更换喷油器。各车型喷油器的喷油量和均匀度标准不同，一般喷油量为 50～70mL/15s，各气缸喷油器的喷油量相差不超过 10%。

3.4.3　喷油正时数据流

燃油喷射正时显示了主燃油喷射相对于上止点（TDC）的开始时刻。正度数表示 TDC 前，负度数表示 TDC 后。

FUEL_TIMING：xxx.xx——表示燃油喷射正时，最小值 -210.0，最大值 301.992。

工单1　燃油供给系统的检测

车辆名称	生产时间	发动机型号	变速器型号

实验实训目标：
1. 能进行燃油压力检测、燃油泵不工作故障诊断。
2. 学会使用数字万用表、燃油压力表。
3. 了解线路短路、断路、开路的检测方法；继电器的检测方法。

工具和设备： 车辆维修手册、诊断测试设备、数字万用表、一个量程为1MPa左右的油压表及专用油管接头。

操作过程：

第一项内容——了解电动燃油泵控制电路

1. 在下面画出维修手册中的燃油泵控制电路图，并将图中燃油泵的电源线路和搭铁线路分别用不同颜色标记出来。

2. 判断电动燃油泵属于哪一种控制方式？

3. 若有燃油泵继电器，判断燃油泵继电器是控制燃油泵的电源线路还是搭铁线路？

4. 在车上找出燃油泵继电器、熔丝等部件的安装位置。

第二项内容——测试准备

1. 依据维修的要求，利用诊断测试设备指令燃油泵的动作，并读取燃油系统压力数据流。

2. 若没有诊断设备，如何让燃油泵单独工作？

3. 进行燃油系统压力测试前，如何释放掉油压？

(续)

第三项内容——对燃油泵三速控制电路的理解

对于三速电动燃油泵，ECU是用哪一个信号调节速度的，当电动燃油泵速度分别为高、中、低变换，控制信号应如何变化？

第四项内容——进行检测

依据维修手册的规定进行检测，并回答下列问题。

1. 拔掉燃油压力调节器上的真空软管，燃油系统的压力将_____？
2. 如果检测中发现燃油系统没有残压，请列出三个可能原因。

    _____。

    _____。

    _____。

3. 如果燃油系统压力过高，列出两个可能的原因。

    _____。

    _____。

4. 列出四个造成燃油压力低的原因。

    _____。

    _____。

    _____。

    _____。

5. 列出五个由于燃油压力低造成的故障现象。

    _____。

    _____。

    _____。

    _____。

    _____。

工单 2　喷油器的检测

车辆名称	生产时间	发动机型号	变速器型号

实验实训目标：

通过填写工单，学员将学会使用诊断测试设备和工具检测喷油器，并从中获得有关喷油器的维修信息，能解释检测所得数据。

工具和设备： 车辆维修手册、诊断测试设备（或 LED 试灯）、数字万用表。

操作过程：

第一项内容——通过读取发动机数据判断故障原因

1. 将诊断测试设备与车辆连接，读取有关喷油器脉宽、进气歧管绝对压力传感器（MAP）或空气流量传感器（MAF）的数据流，填入下表。

诊断测试设备	急速	2000r/min	在急速时实施制动	在1500r/min时实施制动
喷油脉宽				
MAF/MAP 输出信号				

2. 将喷油脉宽与 MAP/MAF 数据进行比较，得出_____。

第二项内容——喷油器波形检测

1. 根据维修手册，用诊断测试设备测试喷油器波形。
2. 观察喷油器波形，看是否与维修手册相符。
3. 打印或画出喷油器波形。

　　急速时　　　　　　　　　　　　发动机转速1500r/min，实施制动

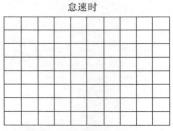　　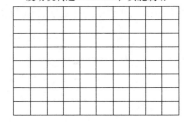

4. 观察喷油器的导通时间（喷油脉宽）
_____。
_____。

第三项内容——用 LED 试灯检测喷油器驱动电路

1. 若没有专用检测仪检测喷油器喷油控制脉冲电压时，可用自制的 LED 试灯进行检测。检测时分别拔下喷油器线束插头，在该插头的两个端子之间串接自制的 LED 试灯。
2. 起动发动机时，发光二极管应当_____。
3. 拔下曲轴位置传感器线束插头，起动发动机，发光二极管应当_____。

（续）

4. 测量喷油电阻，为_____，是否符合要求_____。
5. 若喷油器内部断路，ECU 会置出故障码_____。

第四项内容

列出由喷油器故障导致的五个故障现象。

_____。
_____。
_____。
_____。
_____。

本单元小结

1）间歇喷射包括同时喷射、分组喷射和顺序喷射,多点顺序喷射效果最佳,目前最盛行。

2）对起动、暖机、加速、怠速、满负荷等特殊工况,仍需采用开环控制。在热机怠速工况和部分负荷工况实行空燃比反馈闭环控制。

3）燃油供给系统主要由燃油箱、电动燃油泵、燃油滤清器、供油管、燃油压力调节器、油轨、喷油器及回油管组成。有的燃油供给系统还装有脉动阻尼器、冷起动喷油器。

4）当发动机停机时,电动燃油泵的单向阀关闭,保持残余油压,便于下次迅速起动。电动燃油泵的卸压阀在油压超过允许值时开启卸压,以免损坏油管或燃油泵。

5）通过燃油压力调节器的作用,喷油器的喷油量只取决于喷油脉宽,即喷油器电磁阀的通电持续时间。

6）起动时的喷油量由冷却液的温度 THW 信号确定基本喷油时间,再根据进气温度 THA 和蓄电池电压 +B 信号进行修正,得到起动时的喷油持续时间。

7）D 型电控发动机,起动后,由转速信号（Ne）和进气歧管绝对压力信号（PIM）、进气温度信号（THA）确定基本喷油时间。L 型电控发动机,由发动机转速信号（Ne）和空气流量传感器信号确定基本喷油时间。

8）不同类型的喷油器有不同式样的波形,这取决于 ECU 是如何控制喷油器通断的。

9）用特制 LED 测试灯代替喷油器,检测喷油器的电路。

单元3 点燃式发动机燃油系统原理与检测

复 习 题

一、判断题

1. 当电动燃油泵停止运转时，燃油泵的单向阀关闭，以保持燃油管路的残余油压。
 （　）
2. 燃油压力调节器使燃油压力持续高于进气歧管压力。（　）
3. 校正喷油时间由加速踏板开启角度和发动机转速决定。（　）
4. 发动机冷起动时，燃油难以雾化，预热加浓，喷油时间增加。（　）
5. 轿车中大部分采用外置式电动燃油泵。（　）

二、选择题

1. 以下陈述与加速加浓有关，选择正确的叙述。（　）
  A. 加速状态由车速传感器探测
  B. 由于加速时混合气加浓，开始加速时，燃油喷油量增加，随后逐渐减少，直至加速停止
  C. 加速越快，喷油量增加越慢
  D. 加速状态由曲轴位置传感器和凸轮轴位置传感器探测

2. 下图为燃油泵控制电路示意图，关于其运转的错误的论述为（　）。
  A. 当点火开关位于 IG 位置时，发动机 ECU 控制开路继电器导通，燃油泵开始运转
  B. 当点火开关位于 ST 位置，STA 信号被输入进发动机 ECU，燃油泵开始运转
  C. 发动机运转时，NE 信号被输入发动机 ECU，燃油泵持续运转
  D. 若发动机熄火，即使点火开关位于 IG 位置，燃油泵也会停止运转，因为 NE 信号没有被输入发动机

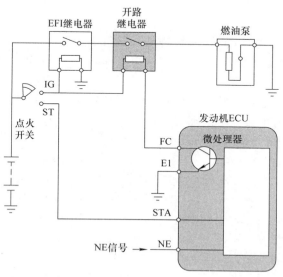

3. 在检测喷油器时测得其线圈电阻为 2Ω，并外串电阻，该喷油器的驱动方式为：（　）。
  A. 电压驱动　　　　B. 电流驱动

4. 对于电控燃油喷射系统，燃油压力在急速时过高，下列哪个原因最可能引起燃油压

力过高？（ ）

   A. 低的进气歧管真空度　　　B. 燃油泵卸压阀泄漏　　　C. 高的进气歧管真空度

5. 电子控制式燃油喷射系统，欲释放燃油系统压力，正确方法是执行哪一个动作？（ ）

   A. 拆开燃油滤清器上的进油管接头

   B. 拆开燃油压力调节器上的回油管接头

   C. 拆下电动燃油泵熔丝或继电器，再起动发动机直至熄火

   D. 打开燃油箱盖，等候约几分钟即可释放压力

6. 在电控燃油喷射系统中，以下哪项是不正确的？（ ）

   A. ECU 通过控制燃油压力提供合适的空燃比

   B. ECU 通过控制喷油器脉冲宽度提供合适的空燃比

   C. 燃油压力调节器调节喷油泵的燃油压力

   D. 燃油泵的止回阀保持油管的一定余压

7. 关于喷油器均匀性检测，以下哪项不正确？（ ）

   A. 通过瞬时把 12V 电压加到喷油器接线柱上来驱动喷油器

   B. 检查各气缸的喷油器的喷油量

   C. 各气缸喷油器的驱动时间都是一样的

8. 当检测电控发动机的燃油供给系统时，发现油压偏低，下面哪项不会导致这个问题？（ ）

   A. 燃油泵电压低　　　　　　　　　　　　B. 燃油滤清器堵塞

   C. 燃油压力调节器真空管路漏气　　　　　D. 燃油泵搭铁不良

9. 进气口燃油喷射系统的供油压力应为：（ ）

   A. 21～35kPa　　　　　　　　　　　　　B. 62～90kPa

   C. 240～310kPa　　　　　　　　　　　　D. 380～450kPa

10. 当发动机熄火后，燃油压力迅速下降，说明：（ ）

   A. 一个或多个喷油器有滴漏　　　　　　　B. 燃油泵的出油阀损坏引起的

   C. 上述两个情况都可能　　　　　　　　　D. 上述两个情况都不可能

11. 技术人员 A 说，进气道喷油器使用来自 ECU 的 5V 电压工作。技师 B 说顺序喷油器上的导线颜色都不同。哪个技师是正确的？（ ）

   A. 只有技术员 A 说的正确　　　　　　　B. 只有技术员 B 说的正确

   C. 技术员 A 和 B 说的都正确　　　　　　D. 技术员 A 和 B 说的都不正确

12. 带有真空接管的燃油压力调节器位于进气道燃油喷射系统的何处？（ ）

   A. 燃油箱中　　　　　　　　　　　　　　B. 油轨进口

   C. 油轨出口　　　　　　　　　　　　　　D. 燃油滤清器附近或之上

三、问答题

1. 如何检测电动燃油泵？
2. 如何检测喷油器？
3. 说出燃油供给系统哪个部件出现故障会引起油压升高？
4. ECU 如何确定起动工况，起动时如何控制喷油量？
5. ECU 如何确定暖机燃油喷射量？

单元3复习题答案

一、判断题
1. 正确　2. 正确　3. 错误　4. 正确　5. 错误

二、选题题
1. B　2. A　3. A　4. A　5. C　6. A　7. A　8. C　9. C　10. B　11. B　12. C

单元4
电控汽油机缸内直喷系统

 学习目标

1. 理解缸内直喷式汽油机的优缺点。
2. 理解缸内直喷式汽油机混合气工作模式和燃烧过程。
3. 了解缸内直喷式汽油机燃油供给系统的工作原理。
4. 了解直喷式汽油机废气再处理系统的类型和工作原理。

汽油发动机通过改进向进气道喷油的方法来提高发动机性能，这种传统的方法已经使发动机的性能达到了顶峰。为了再进一步提高发动机的燃油经济性及环保性能，人们开发了汽油机缸内直喷技术（GDI）。柴油发动机采用的就是直喷技术，很省油。在缸内直喷汽油发动机上，所需要的燃油是按精确需求量在指定时刻到达指定位置的。

4.1 电控汽油机缸内直喷系统概述

问题链接：
1. 为什么汽油机要采用缸内直喷技术？
2. 缸内直喷汽油机混合气是如何形成的？

4.1.1 缸内直喷汽油机的优缺点

现代汽油机的"进气道喷射"系统（图4-1）仍没有从根本上完全摆脱传统的混合气外部形成方式，依然存在冷起动时和暖机期间HC排放高的问题。这种进气道喷射汽油机在300~500kPa的压力下将汽油以较大的油滴（直径=150~300μm）喷向进气门的背部和进气口附近的壁面上，只有少量的汽油能够在油滴到达壁面形成油膜之前直接在空气中蒸发。汽油的蒸发和与空气的混合主要依靠进气门和进气道壁面的高温，以及进气门打开时灼热的废气倒流和冲击。这种混合气形成方式在发动机稳定工况下尚可满足要求，但在变工况（如车辆加速时）和发动机冷起动时汽油的蒸发和油气混合严重不足，不得不过量喷油，然而这将造成大量未燃HC经排气门进入三元催化转化器。特别是在冷起动时，三元催化转化器正处于低温状态而尚未达到起燃温度，这样就会造成很高的有害物排放，成为车辆达到废气排放标准限值的主要障碍之一。尤其是从国Ⅲ排放标准开始，取消了最初的40s暖机阶段，而是从冷机起动就开始进行排放测试，那么冷起动的排放问题将变得更为突出。

汽油机缸内直接喷射（图4-2）从油气混合机理上可以解决上述变工况（如车辆加速时）和冷起动时油气混合不足的问题。现代缸内直喷式汽油机应用的汽油泵，它的供油压力已达到 0.5~1.2MPa，又采用带旋流的喷油器，雾化性能得以提高，喷雾的油滴直径约为 20μm，喷雾锥角可达 50°~100°，常压下的贯穿度约为 100mm，此时一滴 20μm 的油滴在上述同样情况下仅需 3.4ms 或 31°CA（曲轴转角）就能完全蒸发，因而汽油的蒸发和与空气的混合主要依靠喷雾来实现，再加上缸内空气运动的辅助，变工况（如车辆加速时）和冷起动时不再需要过量喷油，冷起动喷油量得以大大减少，有害物排放也将大为降低。同时，由于汽油直接喷入气缸内，消除了进气道喷射时形成壁面油膜的弊病，特别是在发动机尚未暖机的状态下，因而能改善变工况时对空燃比的控制，不但能改善车辆的加速响应性，而且还能降低此时的有害物排放。

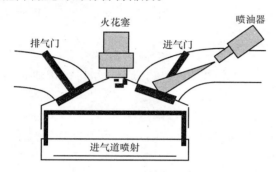

图 4-1　进气道喷射示意图

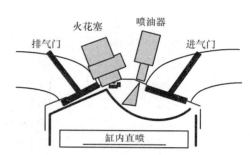

图 4-2　缸内直喷

此外，缸内直接喷射还可带来很多其他好处。汽油在缸内直接喷射时油滴主要依靠从缸内空气中吸热而非从壁面吸热，因而能使混合气的温度降低和体积减小，从而有利于提高充气效率，降低爆燃倾向和提高压缩比。与进气道喷射汽油机相比，缸内直喷式汽油机的充气效率提高了 10%，同时爆燃倾向也大为降低，表现在受爆燃限制的点火时刻可提前若干曲轴转角，因而压缩比可提高 1.5~2，有利于提高汽油机的热效率，降低燃油消耗（约 2%）。特别有利于汽油机采用增压，并应用较高的压缩比，同时提高了增压汽油机在 2500r/min 以下低转速范围内的增压压力，1200r/min 时的转矩能够提高 25%，大大改善汽油机的低速转矩特性和车辆的行驶性能。

由于汽油直接喷入气缸内，可实现稀薄混合气分层燃烧，使得低负荷工况时的空燃比可提高到 40 以上，从而无须关小节气门来限制进气量，可采用像柴油机那样的**质调节方式**，基本上避免了发动机在换气过程中的泵气损失，有利于降低汽油消耗。

汽油机缸内直接喷射蕴藏着最大的节油（即降低 CO_2 排放量）潜力。这种效果一方面是由于发动机的无节流运行降低了换气损失，另一方面由于采用分层进气模式运行，燃烧在燃烧室中央进行，周围有隔热的空气层而减少了壁面热损失，同时全负荷时的爆燃倾向降低，因而发动机能够以较高的压缩比运行。这些措施在发动机整个特性曲线范围内对降低汽油消耗都起到了有利的作用。

综上所述，直喷汽油发动机相比进气道燃油喷射发动机，有如下优点：

1）提高了容积效率。直接汽油喷射发生在进气行程期间，对进气的喷雾进行冷却，进气量增加（高达 8%），由此增加的性能可以转化为汽油经济性提高 1%~2%。

2）提高了压缩比。因为汽油是被直接喷入燃烧室，汽油蒸发仅仅发生在燃烧室内，吸收了燃烧室内热量，因而能使混合气的温度降低和体积减小，降低爆燃倾向和提高压缩比，适配增压机构，减少了发动机的功率消耗。

3）减少了节流损失。采用 GDI 技术，因改变了油气混合机理，采用分层充气技术及采用无节流或小节流的质调方式，避免了节气门的节流损失，部分负荷时燃烧室内压力也可达到较高水平，发动机功率输出增加，燃烧效率提高。冷起动时不再需要过量供油，改善了冷起动和节气门响应，可有效降低 HC 等有害物的排放。

4）稀混合气燃烧。当空气-汽油混合气有更高的比热容时，仅使用较少的汽油能量来提高有用的能量。通过在燃烧室内分层汽油-空气混合气，发动机可以以非常大（大于40:1）的空燃比运行，燃油经济性可提高 25%。

5）减少了热损失。通过将可燃混合气在燃烧室的中心进行分层燃烧，让高温区远离缸壁，可以减少热损失。

6）不需要额外的汽油进行加速。

7）允许使用更大百分比的 EGR 以减少废气污染物排放，废气污染物排放值降低 12%～15%。

直喷汽油发动机相比于进气道燃油喷射发动机，也有一些缺点：

1）发动机成本高。直喷发动机在结构设计和控制机理实现上花费巨大，高压汽油泵和喷油器导致成本更高。

2）发动机部件多。与进气道燃油喷射发动机相比，部件更多。

3）需更新排放处理装置。因为使用了稀混合气分层进气工作模式，增加了 NO_x 排放量。传统的三元催化转化器在稀燃富氧条件下不能有效去除 NO_x。由此就需要发展能降低 NO_x 的催化还原系统，为配合 NO_x 吸附催化转化剂的再生过程，要开发一套适用于稀燃汽油机的电控节气门系统。

4）排放问题。直喷汽油发动机高转速、轻负荷时的碳氢化合物排放，高转速、中负荷时的氮氧化物排放，高负荷时的颗粒物排放等问题已变得越来越明显。

5）根据发动机负载和转速，最多使用六种运行模式，这需要动力总成控制模块（PCM）进行更多计算。

目前，直喷增压发动机已成主流，有些整车厂甚至将此技术应用于所有车型，如大众、奥迪、保时捷公司；宝马、奔驰、荣威、奇瑞等。

2018 年，美国权威汽车杂志 *Wards Auto World* 发布了 2018 年度十佳发动机评选结果，可以看出，一半的获胜者是涡轮增压直喷发动机，其他还有燃料电池、纯电力推进以及混合动力发动机。

4.1.2　缸内直喷汽油机的工作模式

缸内直喷汽油机的混合气工作模式主要有 6 种，分别是分层进气模式、均质进气模式、均质稀混合气模式、均质分层模式、均质防爆模式、分层-催化-加热模式。这些工作模式相互配合，以保障在每种工况下形成最优的混合气和提供最佳燃烧状态。发动机控制系统必须能确保各种工况转换的平稳，而不会出现跳跃。

1. 分层进气模式

在低转矩和转速低于 3000r/min 范围内，节气门开启角度很大，发动机以分层进气模式运行，采取质调节控制。在这种工作模式下，汽油是在压缩行程末了火花塞点火之前的短时间内喷入燃烧室的。由于喷油时刻距离点火时刻的时间间隔很短，空气汽油混合气还不能混合均匀。通过燃烧室内的回旋气流和向上运动的活塞使得喷入的汽油围绕着火花塞形成一团云雾，云雾内的混合气过量空气系数 λ 接近 0.95，云雾外的混合气很稀（$\lambda \geqslant 1.9 \sim 2.2$），如图 4-3 所示。云雾内混合气被点燃，剩余的混合气不参加燃烧过程，起到隔热膜的作用。由于稀混合气造成 NO_x 排放很高，必须提高废气再循环量以解决这个问题。

如果在这种工作模式下所需转矩过高，喷油脉宽增加会引起颗粒物的形成。过高的转速造成燃烧室内的湍流，混合气云雾被破坏，将不再保持 $\lambda = 1$，结果燃烧恶化甚至失火。

2. 均质进气模式

转矩或发动机转速要求较高时，发动机以均质进气模式运行，混合气过量空气系数维持在 $\lambda = 1$，或者达到最大功率输出时的 $\lambda < 1$，如图 4-4 所示。为实现上述目标，要在进气行程中喷射汽油，使得火花塞点火之前有足够的时间在燃烧室内形成均匀的混合气。均质进气模式采用的是量调节控制，用节气门调节吸入的空气量，混合气形成基本上与进气道燃油喷射模式相同。

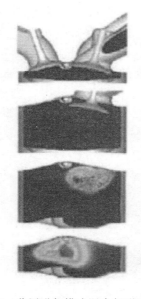   

图 4-3　分层进气模式混合气形成过程　　图 4-4　均质进气模式混合气形成过程

3. 均质稀混合气模式

在分层进气和均质进气运行模式之间的过渡区域可通过均质稀混合气模式（$1 < \lambda < 1.2$）驱动发动机运行。相比采用均质进气模式（$\lambda = 1$），汽油消耗降低。

4. 均质分层模式

在均质分层模式下，75% 的汽油在进气行程中被提前喷入燃烧室，形成均质稀混合气。第二次汽油喷射发生在压缩行程，围绕着火花塞形成较浓混合气区域。这样确保混合气易燃和充分燃烧。这种工作模式能让输出转矩从均质进气模式到分层进气模式实施平稳转换。

5. 均质防爆模式

由于采用了全负荷时的二次喷射，可以免除因防止爆燃而推迟点火时刻。均质防爆模式防止了发动机爆燃的危险。

6. 分层-催化-加热模式

另一个二次喷油工作模式就是**分层-催化-加热模式**,它可以使三元催化转化器快速加热。在这种工作模式中,稀混合气的形成与分层进气工作模式中的一样。在汽油被点燃后,又在做功行程第二次喷入汽油,这次喷入的汽油燃烧晚,使排气系统受到强烈地加热。

综上所述,在部分负荷时汽油于压缩行程后期喷入,实现混合气分层燃烧,汽油云雾外过量空气系数≥1.9~2.2,并采用质调节,以避免节气门的节流损失,力求达到与柴油机相当的燃油经济性;而在中等直至高负荷时,汽油在进气行程中喷入,根据运行工况的需要,实现均质稀混合气燃烧($1<\lambda<1.2$),或均质燃烧($\lambda=1.0$),或均质加浓混合气燃烧($\lambda<1.0$),以保持汽油机升功率高的优点。同时,由于喷入气缸内的汽油蒸发时吸收热量所起的冷却作用,提高了抗爆性能,可以实现较高的压缩比($\varepsilon=12~14$),从而有助于提高循环的热效率,降低油耗。

在大众 1.6L 81kW FSI 发动机中有三种混合气工作模式,即分层进气模式、均质稀混合气模式、均质进气模式,如图 4-5 所示。在发动机中间负荷和转速的范围下,发动机工作在分层进气模式中,通过燃烧室的混合气分层,λ 为 1.6~3 之间,在燃烧室中心的火花塞周围有极易点燃的混合气,这些混合气被一层由新鲜空气和再循环废气良好组合的外层包围。在分层进气模式和均质进气模式的转换区域中,发动机以均质稀混合气模式运转,稀薄的混合气均匀地分布在整个燃烧室,λ 大约为 1.55。在较高的发动机负荷和转速情况下,发动机以均质进气模式运行,此时 $\lambda=1$。发动机控制单元根据转矩、功率、废气和安全要求,选择相应的操作模式。

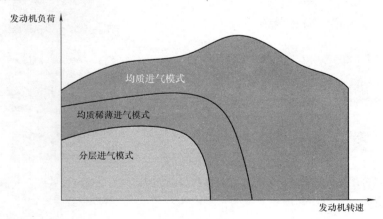

图 4-5 均质进气模式混合气形成过程

4.1.3 缸内直喷汽油机的燃烧过程

缸内直喷发动机的汽油和空气是如何在燃烧室内混合在一起的呢?一般有两种不同的过程:喷束引导燃烧过程、壁面引导燃烧过程(旋流、滚流)。

1. 喷束引导燃烧过程(图 4-6)

汽油被喷油器直接喷入火花塞附近并在此蒸发。由于喷油器和火花塞布置得非常紧凑,混合气向火花塞的输送实际上仅依靠喷射油束的能量。在不同的发动机负荷即不同的喷油量时,获取形成的混合气是通过调节喷射油束的物理参数——贯穿深度来实现的,而充量运动和燃烧室的几何形状的影响较小。同时，由于火花塞与喷油器的间距较小，混合气形成的时间非常短，使得只有非常少的混合气能够可靠地点燃，因而其分层燃烧的能力极为有限，而且混合气的点燃是在一个过量空气系数具有很大梯度的范围内实现的，因而对于局部过量空气系数的波动（例如，因喷射油束的差异）反应极其敏感，其燃烧过程强烈地依赖于喷射油束的形状及其特性的误差。另一方面，喷射油束对火花塞的直接撞击，不仅会导致采用普通

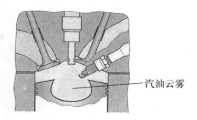

图 4-6　喷束引导燃烧过程

电极材料的火花塞寿命缩短，而且还出现了难以解决的火花塞易于积炭等方面的问题。

2. 壁面引导燃烧过程

喷油器与火花塞彼此之间的间距较大，此时燃烧室壁面（由燃烧室凹坑的几何形状来调整）将喷射的汽油导向火花塞，同时进气道和燃烧室凹坑几何形状所产生的充量运动（旋流或滚流）起到了辅助作用。

这个燃烧过程利用了空气流动特殊的形式，形成空间分隔的汽油云雾围绕着火花塞，并且满足过量空气系数 $\lambda = 1$。燃烧室内的空气流动有两种形成方式。

（1）旋流

空气经螺旋进气道进入气缸，并在燃烧室内绕垂直轴线旋转。进气歧管采用双通道设计，在以分层进气模式工作期间，节气门开度大，进气歧管翻板封住下进气道，于是空气运动就加速了，如图 4-7 所示；在均质进气模式工作期间，进气歧管翻板都是开启的，以求达到最大的进气量，输出最大的功率，如图 4-8 所示。

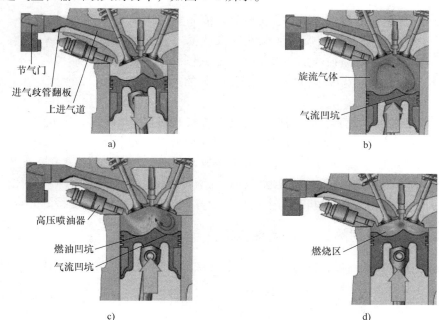

图 4-7　分层进气模式期间进气旋流的形成
a) 进气歧管翻板关闭下进气道　b) 吸入的空气呈旋转状进入气缸
c) 汽油被喷射到燃油凹坑内　d) 只有混合好的气雾被点火燃烧

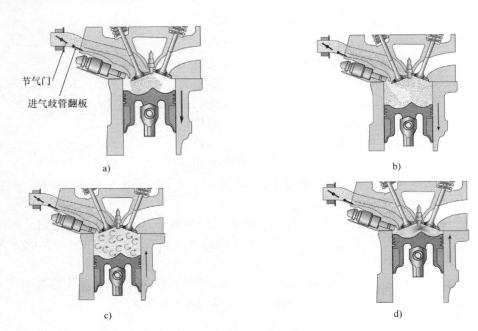

图 4-8 均质进气模式期间进气旋流的形成

a）上、下进气道都开启　b）汽油提早喷入燃烧室
c）可用时间较长均质混合　d）燃烧发生在整个燃烧室内

（2）滚流

这种燃烧过程是在气缸内产生空气滚流，依靠空气滚流运动将汽油中已蒸发的气态部分从喷射油束送往火花塞（如图 4-9 所示），并且还必须确保在喷射油束和充量运动的共同作用下，在发动机负荷/转速特性场的宽广范围内，获得足够多的充量分层和混合气均质化。

虽然可以根据混合气形成的机理，按上述方式来分类。但是实际上存在着各种方式相互交叉的情况，其中各种因素并存且相辅相成，需应用这些机理的组合效应，来确保发动机稳定可靠地运行。例如，燃烧室凹坑的几何形状形成的壁面引导机理，与旋流和滚流机理往往是无法分离而独立存在的，只是以一种机理为主而另一种机理为辅，起到相互支持的效果。

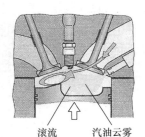

图 4-9 燃烧室内滚流的形成

4.1.4　国内市场选用的缸内直喷汽油机特点

基于缸内直喷式汽油机在部分负荷时采取分层混合气模式，而在大负荷和全负荷时实施均质混合气模式，在这两种运行方式过渡区间进行瞬态转换，要求转换响应快、平顺，让驾驶员无明显感觉，因此对喷油系统、混合气形成与燃烧过程的稳定性，以及发动机电子控制系统提出了很高的要求，而且还需专门配置吸附式降 NO_x 的催化转化器以及使用低硫汽油。为此，目前制造商从缸内直喷式汽油机的性价比和使用条件考虑，已开始采用在所有运行工况下全部以均质混合气模式工作，这样对发动机的电控系统要求就简单得多，也无须采用吸附式降 NO_x 的催化转化器以及使用低硫汽油，而是与进气道喷射的机型通用这类部件，发动

机整机成本降低,但是燃油经济性要略低于使用分层混合气模式的机型,但仍要比进气道喷射式汽油机低 5% ~ 9%。

因为我国市场目前暂时无法提供低硫汽油以及缺乏维修经验的实际情况,制造商将原来的分层混合气模式改为均质混合气模式。均质混合气模式与可变气门正时装置结合起来,发动机燃油消耗可与分层混合气模式相当。

4.1.5 TSI、TFSI 和 FSI 的含义

大众车系和奥迪车系上经常出现 TSI、TFSI 和 FSI 字样的英文缩略语。一般奥迪系列车型会出现 FSI 和 TFSI 的字样,FSI(Fuel Stratified Injection)直译为燃油分层喷射,TFSI 就是带涡轮增压(T)的 FSI 发动机。大众车系上直喷且带增压的发动机简称为 TSI,原意指 Twincharger Fuel Stratified Injection——双增压+分层燃烧+喷射的意思。TSI 发动机是在 FSI 技术的基础上,安装了一个涡轮增压器和一个机械增压器,鉴于涡轮增压和机械增压的特性,机械增压可以从怠速开始就能为发动机提供增压效果,弥补了涡轮增压系统的延时缺点,所以 TSI 是一种效率极高的发动机结构,是动力性与燃油经济性的完美统一。不过,大众公司在我国国内生产的 1.4T 发动机则取消了机械增压和分层燃烧,仅保留了涡轮增压和缸内直喷。

4.1.6 进气口喷射和缸内直接喷射－双喷油系统

在某些发动机中,即使用了缸内直接喷射系统,也还保留着常规的进气道燃油喷射系统。如图 4-10 所示,在进气门附近的进气歧管中有进气道喷油器。两个喷射系统共同工作,以供应发动机所需的汽油。

这两个喷油系统在发动机运行的各个阶段如何使用,如图 4-11 所示。在中低负荷和转速条件下(换句话说,在正常驾驶过程中)两个喷油器会同时喷射,这会增加进油的密度而不增加压力,并清除进气门上的积炭。在高负荷和高转速的情况下,由于极有可能发生爆燃而需要最大限度的燃烧室冷却,缸内直接喷射负责所有汽油的输送。

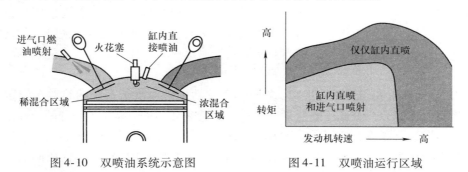

图 4-10 双喷油系统示意图　　图 4-11 双喷油运行区域

4.2 缸内直喷汽油机的燃油供给系统

问题链接:
1. 缸内直喷汽油机与进气道喷射汽油机相比,燃油供给系统有什么区别?
2. 缸内直喷汽油机燃油供给系统最高燃油压力达到多大?

汽油机缸内直喷方式对燃油系统的要求要高于进气道喷射方式，因为缸内直喷发动机不仅要实现在高负荷时的进气行程期间的喷射，还要满足部分负荷时在压缩行程后期的喷射，喷油压力要明显高于进气道喷射方式，达到 5～12MPa。目前，缸内直喷式汽油机普遍采用高压共轨式燃油系统，其工作原理与柴油机高压共轨燃油系统相似。这种共轨式燃油系统将燃油的高压产生与油量计量两大基本功能分离，将燃油的压力产生过程与计量喷射过程完全脱钩，使其能自由选择喷油时刻和可变的喷油压力，能在任意一个时刻通过电控喷油器将存储在共轨中，达到运行工况所需压力的燃油精确计量直接喷入燃烧室。

图 4-12 示出了这种缸内直喷式汽油机燃油系统的基本组成，它主要由低压油路和高压油路两部分组成。

4.2.1 缸内直喷汽油机燃油供给系统油路

1. 低压油路

首先，由燃油箱内的低压电动容积式燃油泵输送 0.3～0.5MPa 的初级输油压力，按需向由发动机直接驱动的高压燃油泵输送。集成的切断阀用于确保在热起动期间低压油路压力快速增加到 0.5MPa。

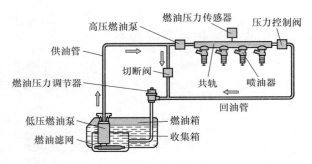

图 4-12　缸内直喷式汽油机燃油供给系统的基本组成

大众公司自生产 1.6L/85kW FSI 发动机以来，均采用按需调节式燃油系统，用发动机控制单元监控低压燃油泵的工作，取消了低压燃油压力传感器、低压油路的燃油压力调节器，它的优点是低压燃油泵仅需按发动机当前所需油量输送燃油，从而降低了电能、功率和燃油的消耗。

图 4-13 是大众 1.8L EA888 GEN2 增压 TFSI 发动机燃油供给系统的组成示意图，它由一个燃油供给低压管、一个低压燃油泵、一个高压燃油泵、一个高压燃油分配管和四个喷油器组成。低压燃油管既没有低压燃油压力传感器，也没有限压阀或回流阀，发动机控制单元计算所需的燃油压力，控制单元通过一个 PWM 信号控制燃油箱中安装的低压燃油泵控制单元 J538，以在低压回路内形成所需的 0.4～0.8MPa 压力。燃油压力调节器则安装在高压燃油泵上，其作用将在后面详细阐述。

2. 高压油路

在高压油路中，高压燃油泵可将油压提高到 5～20MPa，共轨上的燃油压力由高压燃油压力传感器采集，电控单元 ECU 操纵燃油压力调节器，根据负荷状况控制共轨通往回油管路的通道面积，以调节回油量，以使燃油压力调节器将共轨压力调节到喷油脉谱图所规定的

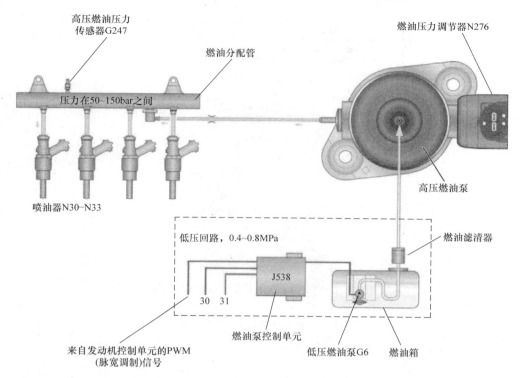

图 4-13　大众 1.8L EA888 GEN2 直喷式汽油机燃油供给系统的基本组成

压力值。多余的燃油量并不是返回到燃油箱，而是直接返回到高压燃油泵的进油口，这样尽可能减少高压燃油泵的能量消耗，有利于降低燃油消耗，并能减少对燃油箱中燃油的加热，以避免加重燃油箱通风系统的负担。

喷油器直接连接在燃油共轨上，由 ECU 发出的控制信号来确定喷油始点和喷油量。车辆行驶时若高压燃油系统不能保持规定的压力，系统将调节低压电控燃油泵的输油量。此时，发动机控制单元对控制低压燃油泵的 PWM 信号（脉宽调制信号）与存储在发动机控制单元中的 PWM 信号进行比较，如果存在偏差，则在发动机控制单元里对信号进行调整。

大众 EA888 GEN2 发动机高压回路取消了压力控制阀，由一个集成在高压燃油泵上的燃油压力调节器 N276 替代，这个调节器在压力大于 20MPa 时打开，使燃油流回低压油路，由此避免了由于压力过大导致部件损坏，特别是在发动机暖机后的滑行阶段和运行阶段。

根据发动机的负荷，高压回路内的压力在 0.5～15 MPa 之间，见图 4-14，发动机控制单元随时通过高压燃油压力传感器 G247 识别分配管内的压力，调节器 N276 可以调节这个压力，使其与高压回路内的系统压力相匹配。压力传感器的最大设计压力为 20MPa。

3. 双喷射燃油供给系统油路

迈腾 B8L 2.0L 缸内直喷式汽油机有双喷射系统，就是有两组形成燃油混合气的方法。一组安装在进气道（MPI）中，另一组安装在气缸内（FSI），以在需要时提供额外的高效动力。最大增压升至 130kPa。通过安装带有新的电子废气旁通阀的新涡轮增压器（IHI IS20）可以调节增压压力。第一种方式是气缸内高压直喷，第二种方式是传统进气歧管喷射。传统进气道喷射能减少积炭的形成，发动机可以更好地进行自我清洁。三种喷油方式对比，见表 4-1。

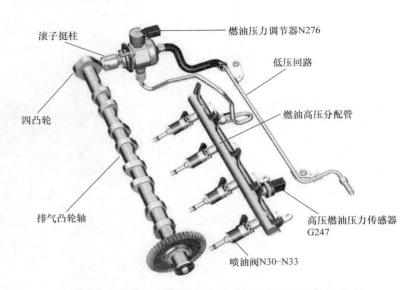

图 4-14 大众 EA888 GEN2 直喷式汽油机高压回路的组成

表 4-1 三种喷油方式发动机性能对比

传统进气道燃油喷射	缸内直喷单喷射系统	新型双喷射系统
1）喷油器安装在进气歧管里 2）气门的清洁度高 3）燃油燃烧会更充分 4）积炭少	1）喷油器安装在发动机气缸内 2）喷油量控制精准 3）汽油雾化效果好 4）燃烧效率高 5）动力相对更强	1）将高压燃油系统的压力增至 15～20MPa 2）达到欧Ⅵ排放标准中有关微粒质量和微粒数量的限制 3）减少 CO_2 废气排放量 4）减少部分负荷范围下的油耗 5）具有进气歧管燃油喷射功能 6）改善发动机运行噪声

双喷射燃油系统包括低压组件和高压组件，如图 4-15 所示。低压组件包括：①燃油泵；②燃油滤清器。高压组件包括：①高压油泵（含燃油压力调节阀）；②高压燃油泵的控制单元；③燃油压力传感器；④喷油器。燃油系统结构如图 4-16 所示。

4. 双喷射燃油供给系统工作模式

发动机到底是用进气道喷射（PFI）模式工作还是用直接喷射（GDI）模式来工作，是通过特性曲线内的计算来决定的。为了使得炭烟排放最少、机油稀释很轻以及爆燃趋势很小，喷射（PFI 或者 GDI）的数量和种类均经过优化。这就改变了混合气形成的状态。为此，就需要针对喷油时刻和喷油持续时间长度进行适配。一般的适配规律如下。

1）发动机起动：三次直喷入压缩行程。

2）预热/催化转化器加热：这时是采用双次直喷，分别喷入进气行程和压缩行程。与此同时，点火时刻点向"延迟"方向移动了。进气歧管翻板关闭了。

3）发动机暖机（冷却液温度＞45℃）状态时的部分负荷：这时切换到 PFI 工作模式。进气歧管翻板在部分负荷区也是关闭的，但不是与 PFI 工作模式完全相适应（取决于特性曲线上的参数）。

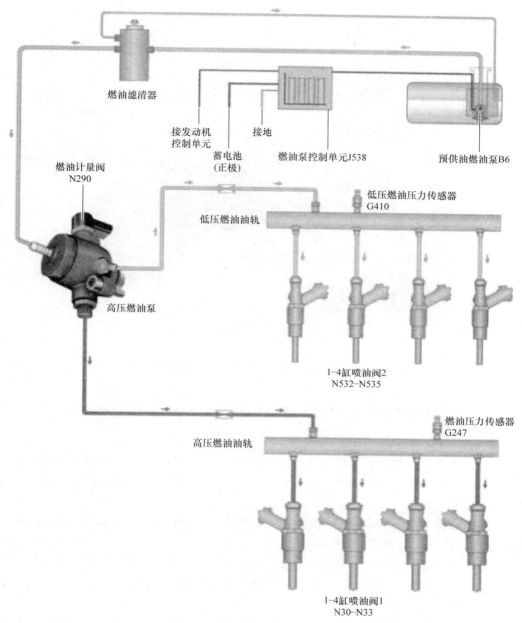

图 4-15 大众迈腾 B8L 2.0L EA888 GEN3 发动机双喷射燃油系统

4）降低油耗：在发动机已是热机时，通过预先配置混合气的方式来优化混合气的均匀程度，这就使得燃烧更快、效率更高了。而且，不必驱动高压燃油泵来工作（以免消耗功率）。

5）较高负荷：这时是双次直喷，分别喷入进气行程和压缩行程。

6）应急运行功能：如果这两个系统中的一个出现故障了，那么另一个系统就会执行应急运行功能。这样就能保证车辆仍能行驶了。

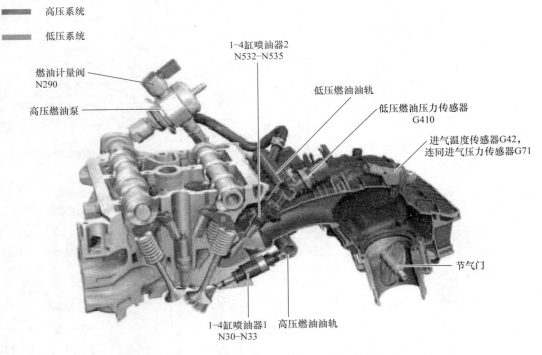

图 4-16 大众迈腾 B8L 2.0L EA888 GEN3 发动机双喷射燃油系统结构

4.2.2 缸内直喷汽油机燃油供给系统主要部件

1. 高压燃油泵

现代缸内直喷式汽油机高压燃油泵的任务是将燃油压力由 0.3~0.5MPa 的初级输油压力提高到 12MPa，甚至高达 20MPa，并要求泵油量变化小，以减小共轨中的压力波动，还应避免燃油与机油混合。

高压燃油泵主要有轴向柱塞泵、径向柱塞泵和直立式柱塞泵三种，见表 4-2。高压燃油泵可由发动机进、排气凸轮轴驱动或链条驱动。从各方面比较，径向柱塞泵性能最好，由于其中 3 个柱塞径向均匀布置，对驱动轴的径向作用力可部分抵消，而且结构长度较短，可由发动机凸轮轴直接驱动，因此使用寿命和工作效率方面均具有优势，因此它也是现代直喷式汽油机上应用最广的一种高压燃油泵。

径向柱塞泵的供油量波动性主要取决于柱塞的数量，为了获得较小的供油波动，至少需要 3 个柱塞交替泵油，小排量的发动机一般采用单柱塞泵。此外，电动机驱动与发动机凸轮轴直接驱动相比，后者在装配、效率和成本方面占优势。3 柱塞径向高压燃油泵内部结构如图 4-17 所示。

3 柱塞径向燃油泵的工作过程如图 4-18 所示，高压燃油泵的输入轴是由发动机内部的凸轮轴驱动，凸轮轴上的偏心凸轮带动升降驱动环转动，柱塞得以交替升降。当柱塞下行时，其上部产生真空，进油阀开启，燃油经中空的柱塞完成吸油；当柱塞上行时，其上部压力提升，进油阀关闭，当压力高于共轨内油压后，出油阀开启，完成压油。

单元4 电控汽油机缸内直喷系统

表4-2 比较三种高压燃油泵

评价标准	工作原理	轴向式柱塞泵 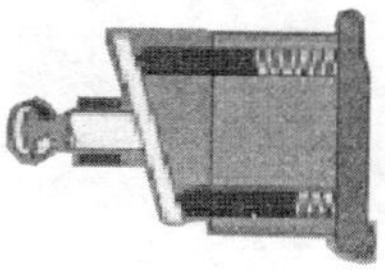	径向式柱塞泵 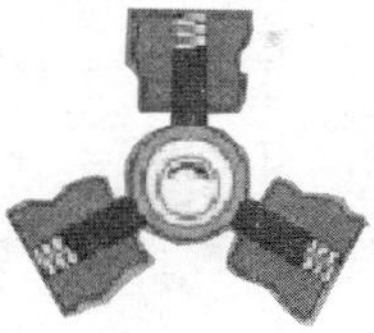	直列式柱塞泵 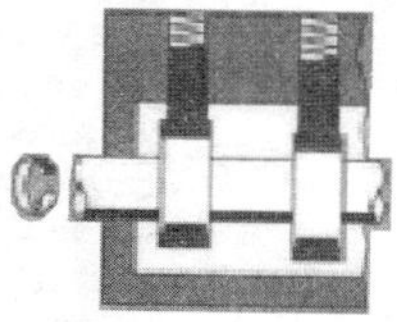
使用寿命		●	+	●
工作效率		●	+	●
总成装配		●	+	−
制造成本		+	+	●

+ 优　● 良　− 差

与3柱塞径向高压燃油泵相比，大众轿车新的1.4L、1.8L、2.0L TSI 直喷汽油机都采用了博世公司开发的可按需调节供油量的单柱塞高压燃油泵（图4-19）。博世高压燃油泵通过排气凸轮轴端部的一个四凸轮驱动。凸轮轴通过一个滚子挺柱驱动泵活塞，降低了摩擦力和链条传递的力，从而减小了发动机磨损，提高了运行的平稳性，降低噪声和燃油消耗。凸轮轴每转动一圈都会完成4个活塞行程，同时曲轴转动2圈，并进行4次喷油。

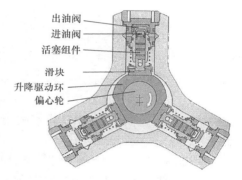

图4-17 3柱塞径向高压燃油泵内部结构

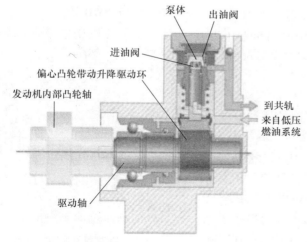

图4-18 3柱塞径向高压燃油泵内部结构

图4-19 单柱塞高压燃油泵外观

下面介绍大众 EA888 发动机单柱塞高压燃油泵的工作过程，如图4-20所示。

图4-20a 泵活塞处于吸入行程，燃油从低压管路流至泵内室。N276 不通电，进入阀（EiV）打开，因为弹簧力小于燃油泵 G6 的流动力（小于0.6MPa）。通过真空调节泵内室的

149

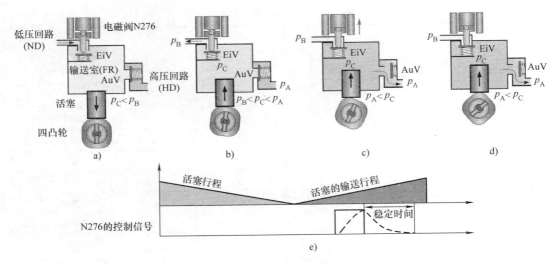

图 4-20 高压燃油泵的工作过程

压力,排出阀(AuV)关闭,泵内压力 p_C 小于低压回路压力 p_B。

图 4-20b 泵活塞处于输送行程,N276 不通电。进入阀趋于关闭,因为泵内室中的压力 p_C 升高,超过低压回路中的压力 p_B。N276 略微打开,以便有少量燃油流至低压回路。尽管活塞使内室中的压力升高,但是内室中的压力还没超过分配管中的压力 p_A,从而保证了排出阀保持关闭。

图 4-20c 泵活塞处于输送行程,发动机控制单元向 N276 发送了短时电流脉冲。N276 的针阀下降,进入阀关闭。活塞的上升立刻使泵内室中的压力升高,一旦泵内室中的压力 p_C 超过了高压管路内的压力 p_A,排出阀打开,从而使分配管中的压力升高。

图 4-20d 泵活塞处于输送行程,燃油流至分配管,至活塞的吸入行程开始。N276 不通电,进入阀保持关闭,直到在吸入行程中泵内室的压力 p_C 小于 N276 的弹簧力。排出阀保持打开,直到在吸入行程中泵内室的压力小于分配管内的压力,然后进行燃油喷射。

图 4-20e 为燃油泵的活塞行程。

2. 燃油压力调节器

燃油压力调节器安装在进气歧管下部的燃油分配管和回油管之间,高压燃油泵上,见图 4-21。燃油压力调节器的任务是调节燃油分配管中的高压燃油压力,有的车型多余燃油返回燃油箱,有的车型多余燃油返回高压燃油泵入口。大众 EA888 发动机燃油压力调节器外形见图 4-22,如果燃油压力传感器检测到的实际燃油压力与设定燃油压力之间存在差异,由发动机控制单元发出的脉冲宽度调制信号就会驱动燃油压力调节器。低压回路内的燃油压力冲击会通过泵内的衰减膜片降低。

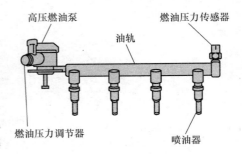

图 4-21 带有燃油压力调节器的汽油直喷(GDI)油轨和高压燃油泵组件

燃油压力调节器通过三根导线连接到发动机 ECU:

① 5V 参考电压。

② 搭铁。

③ 信号。

燃油压力调节器信号向发动机 ECU 提供一个模拟信号，该模拟信号的电压会随着油轨压力的变化而变化。油轨压力低则信号电压低，油轨压力高则信号压力高。

发动机 ECU 使用内部驱动器来控制燃油压力调节器电磁阀的电源和搭铁。当 ECU 内两个驱动器均停用时，电磁阀在弹簧压力的作用下保持打开状态。这导致高压燃油泵默认为低压模式。高压燃油泵的实际工作压力可以从急速时的 3.4MPa 到重负载工作时的超过 13.8MPa。

在 EA888 发动机高压燃油泵内的活塞输送行程中，发动机控制单元可以随时控制燃油压力调节器 N276（图 4-23），控制时间短（<10ms），这样减少了耗电量，发动机控制单元依据空气质量传感器的空气质量流量信号控制调节器。控制得越早，有效输送行程就越大，分配管中的压力也就越高。

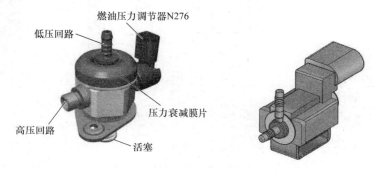

图 4-22　燃油压力调节器

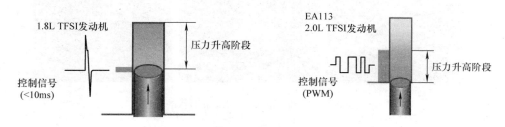

图 4-23　对燃油压力调节器实施的控制信号

燃油压力调节器失灵时，高压分配管中的压力与低压回路内的压力相等。这会导致混合气较稀和发动机运转故障。如果控制信号对负极短路，或者燃油压力调节器通入一个恒定的电流超过 1s 会导致调节器产生无法修复的损伤。

3. 喷油器

应用于电控缸内直喷汽油机上的喷油器应具有良好的雾化性，且不易积炭，并能够实现倾斜于喷油器轴线的油束喷射。必须根据缸内直喷式汽油机的燃烧过程要求，来选择合适的喷油器。

按喷油器喷油嘴的形式分，喷油器分为多孔型、A 型和 I 型（旋流雾化）。喷油器喷油嘴针阀开启方式对油束形状产生重大影响。多孔喷油嘴与直喷式柴油机使用的相似，其特点是通过每一个喷孔喷射出界限分明的单个油束，雾化品质不如旋流喷油嘴，但可通过有针对性地设计各个喷孔的长度与孔径比，调整油束在燃烧室中的位置和单个油束的贯穿度，以灵活地适应燃烧室的几何形状。A 型喷油嘴的针阀向外开启，具有较好的抗积炭能力，但喷射油束形状是一个透明的空心圆锥体，其雾化品质略差，适合用于喷射油束引导的分层燃烧过程。I 型旋流雾化喷油嘴的针阀向内开启，并在密封座面上方产生燃油的横向旋流，可形成良好的雾化品质，并能产生倾斜于喷油器轴线的喷射油束，便于喷油器在气缸盖上的布置，特别适合于壁面引导型的滚流分层燃烧过程，不易积炭。表 4-3 和图 4-24 比较了三种类型喷油嘴的结构及其喷射油束形状等功能特点。

表 4-3 三种喷油嘴的比较

评价标准	多孔喷油嘴	A 型喷油嘴	I 型喷油嘴（旋流雾化）
油束形状的灵活性	++	+	+
油束倾斜的可能性	+	-	++
燃油雾化品质（在系统压力 10MPa 下）	-	0	++
抗积炭性	-	++	+

注：+ 代表好；- 代表差。

图 4-24 三种喷油嘴喷射油束形状的比较

按针阀控制的方式可分为电磁控制式喷油器和压电控制式喷油器。常见喷油器，如图 4-25 所示。

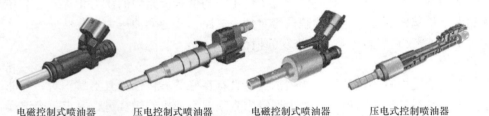

电磁控制式喷油器　压电控制式喷油器　电磁控制式喷油器　压电式控制喷油器
（缸外喷射）　　　（缸内喷射）　　　（缸内喷射）　　　（缸外喷射）

图 4-25 常见喷油器

(1) 电磁控制式喷油器

缸内直喷式汽油机一般采用电磁控制式喷油器,当喷油器通电时,关闭出油口,控制室油压升高,油压施加到控制活塞环形表面下方,针阀被抬起,开始喷油,见图4-26b。

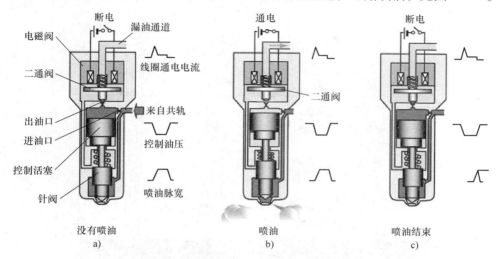

图4-26 电磁控制式喷油器工作过程

当没有电流供给电磁线圈时,电磁阀关闭出油口,弹簧力施加给控制活塞的作用力比控制室内油液压力大,控制活塞下行,这将关闭喷油嘴针阀,不喷油。

由于与缸内直接喷射相关的一些完全不同的因素和条件,对高压喷油器提出了更高的要求,喷油压力高达12~20MPa,以及将燃油直接喷入气缸,都要求喷油器更坚固、更耐热。由于可用的喷油时间显著缩短,所以,在怠速时,喷油过程必须在0.4ms内完成,在满负荷时,最多在5ms内完成。因此,喷油器延迟开启所引起的故障比进气道燃油喷射要严重得多。为了快速打开喷油器,通过发动机ECU中的升压电容器输出50~90V(通常为60~70V)电压来控制每个喷油器开启,然后喷油器以12V电压保持开启。

为了适用于升功率高达95kW/L的涡轮增压汽油机,喷油器电磁线圈的驱动方式必须满足最小和最大喷油量之间的大跨度变化。喷油器电磁阀驱动电路要在衔铁吸合时,对电磁阀线圈以尽可能快的速率注入峰值电流I_{boost},使其快速吸合;吸合后,磁路气隙减小,磁阻降低,仅以较小的维持电流I_{hold}维持吸合;在释放时,为了减少电磁阀的释放延时,应快速抑制驱动电流,释放电磁阀内的电势能。从驱动电路的优化匹配方面考虑要求驱动电路便于对峰值电流速率、保持电流和抑制电流速率进行调整,为此在发动机电控单元中集成了一个控制喷油器的可变驱动器。图4-27、图4-28为喷油器驱动电压波形详解。

(2) 压电控制式喷油器

1880年,皮埃尔·居里发现了压电效应。压电控制式喷油器是利用压电材料的逆压电效应设计的。受压的晶体通电后膨胀,电流提供给受压的晶体,让其恢复到原来的尺寸大小。压电晶体是极小的,经140V电压通电后,0.005cm厚度的压电晶体通电后膨胀量仅仅有0.00002cm。由于压电晶体通电后膨胀量很小,所以汽车上使用的喷油器为一个压电堆,是几百个压电陶瓷薄片(铅-锆-钛)堆栈组成的,高度可达喷油器长度的一半以上,在电路上实现并联,这样通电后的整体膨胀量可达到0.1mm,足以开启喷油器让燃油喷射出

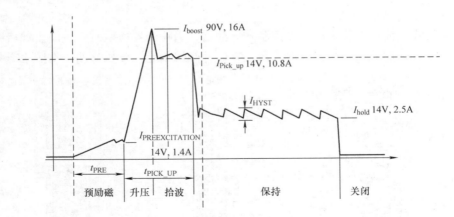

图 4-27 喷油器驱动电压波形

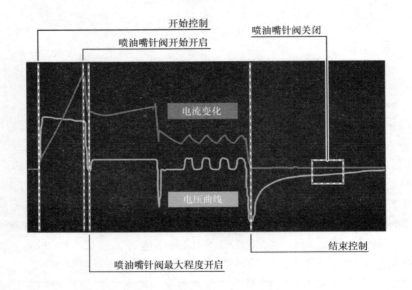

图 4-28 用喷油器驱动电压波形描述喷油工作过程

去,见图 4-29。压电控制式喷油器主要用于缸内直喷汽油机和共轨柴油机。

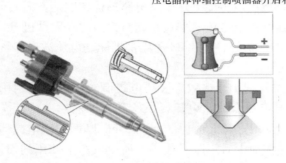

图 4-29 压电控制式喷油器工作原理

压电控制式喷油器因其开关更迅速、精确的燃油计量和较小的喷油量，被广泛用在中高档乘用车缸内直喷汽油机中。这种喷油器的重要特点是压电执行器以及由其直接操纵的向外开启的针阀和机油阻尼热补偿器等，使其具有高的抗积炭能力和非常短的开关时间（200μs），并能实现多次喷射以及喷油嘴针阀的全升程和部分升程，其最短的喷油时间可达0.1ms，同时具有高的静态流量值（在20MPa喷油压力下最多可达约30g/s），大大拓展了喷油器的动态流量范围，为现代缸内直喷式汽油机满足越来越严格的废气排放限值提供了必要的前提条件。

电磁控制式和压电控制式喷油器都需要接近120V的电压驱动，十分危险。要参照制造商提供的参考资料执行维修操作。喷油器还具有延伸的尖端，以允许被气缸盖中的水套冷却。

4. 燃油压力传感器

燃油压力传感器安装位置：见图4-14，燃油压力传感器（G247）被安装在进气歧管的下部并拧紧在燃油分配器上，它的内部结构见图4-30，传感器的测量误差小于2%。

燃油压力传感器的作用是为发动机控制单元提供高压燃油系统压力信号，让其按照特性曲线图中储存的数据，对高压燃油系统中的燃油压力进行调节。

燃油压力传感器的工作原理见图4-31，从燃油分配管中流出的燃油流入燃油压力传感器中，当高压燃油压力较低时，钢质膜片仅稍稍变形，结果应力测量显示的电阻值变大而信号电压变低；当燃油压力很高时，钢质膜片严重变形，结果应力测量显示的电阻值变小而信号电压变高。电子装置对该信号电压进行放大，并传送至发动机控制单元，燃油压力由燃油压力调节器进行调节。

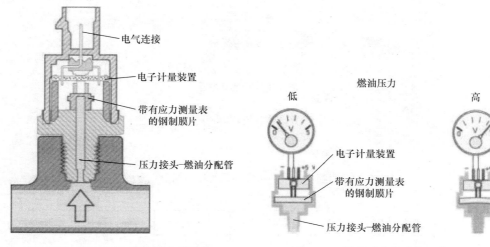

图4-30　燃油压力传感器内部结构　　图4-31　燃油压力传感器工作原理

燃油高压分配管内压力检测：当燃油压力传感器电路上出现断路、开路故障时，则燃油压力值会高达20MPa或低至0.6MPa不变，同时发动机运转一个循环后，故障灯点亮。发动机进入失效保护模式，转速限制在2800r/min。

4.3 缸内直喷汽油机的燃油供给系统检测与维护

问题链接：
1. 缸内直喷汽油机与进气道喷射汽油机相比，燃油供给系统有什么区别？
2. 缸内直喷汽油机燃油供给系统最高燃油压力达到多大？

4.3.1 GDI 燃油供给系统检测

道路上的汽油直喷（GDI）车辆数量每年都在增加。据最新估计，到 2021 年中国销售的汽油车中约有 65% 装备 GDI 技术。在中国许多整车厂从 2010 年开始发布 GDI 车型，这意味着这些汽车的使用年限为 6~10 年，超过了大多数制造商的保修期，普及这类发动机维修技术，了解相关的服务问题是十分必要的。

用诊断仪检测燃油系统压力：以图 4-32 所示的燃油供给系统为例，说明燃油压力检测过程。低压系统燃油压力范围在各种发动机负荷下如图 4-33 所示，它由低压侧燃油压力传感器检测。高压系统燃油压力范围从 4~20MPa，它由高压侧燃油压力传感器检测，为发动

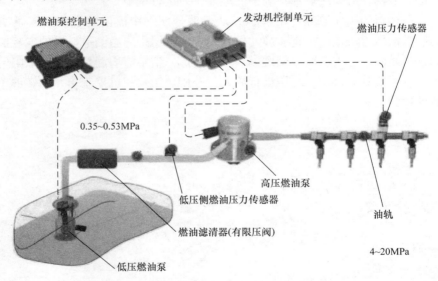

图 4-32 直喷汽油发动机燃油系统压力概况示意图

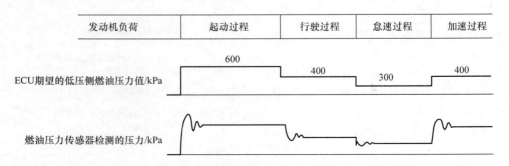

图 4-33 汽油直喷发动机低压侧燃油压力随发动机负荷变化趋势

单元4 电控汽油机缸内直喷系统

机 ECU 提供实际高压侧压力值。发动机 ECU 将实际压力值与预期值比较,从而控制高压燃油泵上的电磁阀来调节高压侧燃油压力。

第一步是验证燃油系统低压侧和高压侧燃油压力状况。初始检查相当简单,可以使用增强型故障诊断仪读取两个数据参数——所需油轨压力和实际油轨压力。必须检查所有工况内的压力,以完全验证燃油系统。问题通常会首先在较高的发动机负荷下出现,并随着时间的推移逐渐恶化。

1)点火开关打开,发动机关闭,测量来自低压侧的燃油压力。发动机控制模块所需的燃油压力为 379kPa,实际压力为 379kPa。此数值显示静态时发动机未使用任何燃油。

2)怠速时,测量来自高压侧的燃油压力。发动机控制模块所需的燃油压力为 4MPa,实际压力为 3.8MPa。如果期望值和实际值之间的差异超过 ±10%,发动机控制模块将决定偏差是太低还是太高,并设置相应的故障码,典型故障码为"P0087 燃油压力过低"或"P0088 燃油压力过高"。执行此测试时,让燃油系统稳定 20~30s 再测试。

3)轻载时,测量来自高压侧的燃油压力。发动机所需压力为 12.4MPa,实际压力为 10MPa,低 20%,但仍不足以设置故障码。但可以清楚地看到问题越来越严重,怠速时燃油压力期望值与实际检测值之间有 8% 的差异,现在轻载时有 20% 的差异。

4)重载时,测量来自高压侧的燃油压力。发动机所需期望压力为 14.5MPa,实际是 10.3MPa,现在相差 28%。所以在重载情况下终于设置了故障码 P0087,证实了需要进行完整的道路测试,才能发现燃油压力问题。

接下来进一步检测相关数据流验证故障问题,见表 4-4。Fuel VCV% 指高压燃油泵上的燃油压力调节器电磁阀占空比。发动机 ECU 使用该阀控制低压油路进入到高压燃油泵的燃油量。Fuel Pump% 指低压燃油泵占空比,用于控制低压燃油泵转速,反映出能提供给高压燃油泵的燃油量。

表 4-4 发动机各工况下燃油供给系统数据流

点火开关 ON/发动机熄火			发动机轻载		
发动机转速	0	r/min	发动机转速	1800	r/min
车速	0	km/h	车速	48	km/h
低压侧油压实测值	0.38	MPa	高压侧油压实测值	10	MPa
低压侧油压期望值	0.38	MPa	高压侧油压期望值	12.4	MPa
Fuel VCV%	0	%	Fuel VCV%	45	%
Fuel Pump%	23	%	Fuel Pump%	29	%
发动机怠速			发动机重载		
发动机转速	700	r/min	发动机转速	4000	r/min
车速	0	km/h	车速	96	km/h
高压侧油压实测值	3.8	MPa	高压侧油压实测值	10.3	MPa
高压侧油压期望值	4	MPa	高压侧油压期望值	14.5	MPa
Fuel VCV%	15	%	Fuel VCV%	50	%
Fuel Pump%	24	%	Fuel Pump%	40	%

已知该车怠速时正常时 Fuel VCV 的数值为 8%,Fuel Pump 数值为 23%。怠速测量显示

的实测值 Fuel VCV 的数值为 15%，Fule Pump 数值为 24%。说明 ECU 看到实际燃油压力有点低。

轻载测量显示 Fuel VCV 大幅增长到 45%，而低压燃油泵 Fuel Pump 的占空比又增加到 29%。这意味着 ECU 要求通过提高低压燃油泵占空比来增加供油量，以便高压油轨压力达到要求值 12.4MPa。虽然燃油压力增加，意味着 Fuel VCV% 正在工作，但无法达到期望压力。期望值与实际值之间的差异仍然存在，不足以设置故障码。

重载测量显示 Fuel VCV 为 50%，泵的占空比为 40%，这两个测试数据达到最大值，达到设置故障码的限值，加油压力差超过预定的最小值，ECU 决定可以进行故障码设置。

4.3.2 双喷射燃料供给系统检测

目前，一些汽车制造商已经在为自己的发动机安装进气道燃油喷射和缸内直接喷射双喷射系统。丰田在十多年前就在其 V6 发动机上引入了这项技术，称为 D-4S 喷射，斯巴鲁在其 2.0L 四缸机、3.5L V6、5L V8 发动机上也使用了双喷射系统。奥迪在其 3.0L V6 和 5.2L V10 发动机上也安装了双喷射燃料供给系统。

通过车载诊断（OBD）连接器，以一定速率或大约 20Hz 从控制器局域网（CAN）获取双喷射燃油供给系统检测数据，见表 4-5。其中"Injection Mode"（喷射模式）是标志，为 0 时指示进气道喷射（PFI），为 2 时指示直接喷射（GDI），为 1 时指示两者其一。

Fuel Flow 燃油流量通过"Injection Volume Cylinder #1"指示 PFI 系统数据，通过"High Pressure Fuel Pump Discharge Rate"指示 GDI 系统数据。

表 4-5 双喷射燃油供给系统检测数据

数据	单位
气缸喷油器#1—Injector Cylinder #1（Port）	μs
气缸喷射容积#1—Injection Volume Cylinder #1	mL
低压燃油压力传感器—Low Fuel Pressure Sensor	kPa
高压燃油压力传感器—High Fuel Pressure Sensor	MPa
高压燃油泵排放率—High Pressure Fuel Pump Discharge Rate	mL
喷射模式—Injection Mode	—

4.3.3 GDI 系统保养与维修

1. GDI 发动机噪声和积炭问题

（1）GDI 发动机噪声

汽油直喷系统在高压下，在发动机运转时经常可以听到喷油器工作噪声，类似于阀门的敲击声，这可能是一个问题。如果客户反映噪声问题，请检查以下各项：

1）检查类似车辆，以确定声音是否比正常情况更大或更明显。

2）检查发动机罩下有没有东西接触到油轨。如果另一根管路或软管与燃油管路接触，则喷油器的"咔嗒"声可能会在整个发动机中传播，从而使声音更加明显。

3）检查是否有任何技术服务公告（TSB），其中可能包括采用新的夹子或隔声材料，以帮助降低噪声。

（2）GDI 发动机积炭

积炭问题在配备汽油直喷系统的发动机中是一个常见问题，一般会在两个地方产生积炭，从而影响发动机的运行：

1）在喷油器本身上。由于喷油器尖的一端在燃烧室内，燃油残留物会积聚在喷油器上，从而降低了其提供适当喷雾和燃油量的能力。一些喷油器的设计比其他喷油器的设计更容易受到积炭的影响。例如，喷油器使用小孔，比使用单个狭缝开口的喷油器更容易堵塞。狭缝开口的喷油器，喷出的燃油会吹走积炭。

2）在进气门的背面。这也是配备汽油直喷的发动机上常见的燃油残留物和炭积聚的位置。进气门上积炭会变得非常严重，以至于发动机起动并怠速运转时缺乏动力来使车辆加速。积炭会限制进入气缸的气流，足以降低发动机功率。

> **注意：**
> 同时使用进气道燃油喷射和汽油直接喷射的发动机几乎不出现进气门积炭，可以认为，从进气道喷射到进气门上的燃油有助于保持进气门清洁。

2. 积炭预防

实现积炭预防，大多数专家建议使用 Techron 燃油系统分散剂，以帮助防止积炭。事实证明，每六个月或每 10000km 使用一次分散剂，有助于防止喷油器和进气门沉积。如果发现动力不足，并且没有存储故障码，则可能是进气门上有过多积炭，传统的积炭清洁程序可帮助恢复动力。

3. 维修注意事项

由于涉及高压力，在 GDI 系统上工作时必须遵守安全注意事项，请检查服务信息以了解要遵循的确切工作流程，其中包括：

1）不要重复使用高压管路，拧紧时球头会变形，如果重复使用则不会密封，见图 4-34。

2）拧紧燃油管路接头时，务必使用扭力扳手。

3）发动机运转时，不要松开任何燃油接头。

4）更换或重新安装 GDI 喷油器时，务必更换特氟龙密封件，见图 4-35。

图 4-34　高压燃油管路球窝端

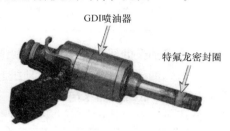

图 4-35　更换 GDI 喷油器及密封圈

工单1　燃油供给系统高压油路与低压油路检测

车辆名称	生产时间	发动机型号	变速器型号

实验实训目标：
　　1. 能进行燃油压力检测，学会利用燃油压力进行高压油路与低压油路工作异常的诊断方法。
　　2. 学会使用数字万用表、诊断测试设备（包含示波器）。
　　3. 了解线路断路、短路、虚接的检测方法。

工具和设备： 车辆维修手册、诊断测试设备、汽车专用数字万用表、示波器。

操作过程：

第一项内容——了解该车燃油供给系统部件组成
1. 画出车辆维修手册中的燃油系统组成部件，标明燃油压力传感器位置。

2. 判断高压、低压燃油泵控制方式。

3. 依照车辆维修手册找到部件在车上位置。

第二项内容——高压燃油压力值检测
1. 利用诊断测试设备读取高压燃油压力值，分别测量发动机各工况下压力值。

发动机工况	发动机静止时	起动时	怠速和减速时	部分负荷和全负荷时
压力值				

2. 拔下高压燃油泵的线束插头，发动机起动后高压燃油压力值_____。
3. 拔下低压燃油泵的线束插头，发动机起动后高压燃油压力值_____。

第三项内容——低压燃油泵电路检测
1. 测量低压燃油泵模块的供电、搭铁线电压值：

电路名称	30	15	31
电压值/V			

2. 测量低压燃油泵模块的控制器信号输入：

（续）

3. 测量低压燃油泵模块的控制信号输出：

第四项内容——燃油压力值处于低压值检测

1. 测量燃油压力调节器

　　　　　1#　　　　　　　　　　　　　　　　　2#

2. 观察燃油压力调节器控制信号占空比。

_____

3. 断开燃油压力调节器线束插头会出故障码：_____。

第五项内容——高压燃油压力分析

1. 如果燃油压力低于低压油压，请列举三个可能原因。

　_____。

　_____。

　_____。

2. 如果燃油压力在任何工况下都处于低压油压范围，请列举三个可能原因。

　_____。

　_____。

　_____。

工单 2　燃油供给系统喷油器检测

车辆名称	生产时间	发动机型号	变速器型号

实验实训目标：

　　通过填写工单，学会使用诊断测试设备和工具检测喷油器，并从中获得有关喷油器的维修信息，能解释检测所得数据。

工具和设备： 车辆维修手册、诊断测试设备、示波器、汽油缸内直喷测试台。

操作过程：

第一项内容——了解该车喷油器的电路组成

根据车辆维修手册，画出该车喷油器的电路组成。

第二项内容——高压喷油器波形检测

1. 使用示波器测量高压喷油器波形。

　　　　1#　　　　　　　　　　　　　　　2#

2. 理想的喷油器驱动电流要求分为 3 个阶段：上升阶段、拾波阶段、保持阶段。

　　　　1#　　　　　　　　　　　　　　　2#

(续)

第三项内容——汽油缸内直喷测试检测

1. 将油压调整 12MPa，观察喷油器是否滴油：_____。
2. 在汽油缸内直喷测试台上完成以下表格。

雾化状况　　气　缸 工况	1 缸	2 缸	3 缸	4 缸
起动				
急速				
中速				
高速				

第四项内容——喷油器检测

如果单个喷油器不喷油，请列举三个可能原因。

　　_____。
　　_____。
　　_____。

本单元小结

1）缸内直接喷射系统将燃油直接喷射到燃烧室中，而不是喷射在进气道进气门附近的进气歧管中。进气道燃油喷射系统和缸内直接喷射系统的比较如下：

参数名称	进气道燃油喷射	缸内直接喷射
燃油压力	241~414kPa	低压燃油泵 345~414kPa 高压燃油泵 3.4~20MPa
怠速时喷油脉宽	1.5~3.5ms	大约 0.4ms
喷油器电阻	12~16Ω	1~3Ω
喷油器驱动电压	低电阻喷油器为6V 多数喷油器为12V	50~90V
每个循环喷射次数	1次	1~3次
气缸压缩比	8:1~11:1	11:1~13:1

2）使用汽油直接喷射代替进气口燃油喷射的优点包括：①提高燃油经济性；②减少废气排放；③更高的发动机功率等。

3）与进气道燃油喷射系统相比，缸内直接喷射系统的一些缺点包括：①更高的成本；②在某些应用中需要 NO_x 存储式催化器；③更多的组件。

4）GDI 系统可以在许多模式下运行，但有最常用的两种基本模式：①分层模式；②均质模式。

5）缸内直喷式汽油机燃油系统主要由低压油路和高压油路两部分组成。以大众车系为例，目前低压油路主要由燃油箱、低压燃油泵、燃油滤清器组成，高压油路主要由高压燃油泵、燃油分配管、燃油压力传感器、燃油压力调节器、喷油器组成。

6）高压燃油分配管上的燃油压力由燃油压力传感器采集，电控单元 ECU 操纵燃油压力调节器，根据负荷状况控制共轨通往回油管路的通道面积，以调节回油量，以使燃油压力调节器将共轨压力调节到喷油脉谱图所规定的压力值。多余的燃油量要么是返回到燃油箱，要么是直接返回到高压燃油泵的进油口。

7）高压燃油泵主要有轴向柱塞泵、径向柱塞泵和直立式柱塞泵三种。从各方面比较，径向柱塞泵性能最好，现代直喷式汽油机广泛采用单柱塞高压燃油泵。高压燃油泵通过排气凸轮轴端部的一个四凸轮驱动，凸轮轴每转动一圈都会完成4个活塞行程，并进行4次喷油。

8）燃油压力传感器安装在进气歧管的下部，并拧紧在高压燃油分配管上，当高压燃油压力较低时，信号电压变低；当燃油压力很高时，信号电压变高。

9）GDI 起动发动机时，无须使用用于怠速停止功能的起动机，适合起动停止系统的使用。

10）GDI 的确会比进气口燃油喷射产生更大的咯吱声。

11）配备汽油直喷系统的发动机普遍存在喷油器和进气门后侧积炭的问题。

复习题

一、判断题

1. 根据发动机制造商的不同，低压燃油泵由链条传动或进排气凸轮轴驱动。（ ）
2. 燃油压力调节器的任务是调节燃油分配管中的高压燃油供给，与喷油量和泵的输油量相关。（ ）
3. 为了快速打开喷油器，通过发动机 ECU 中的升压电容器输出 50～90V（通常为 60～70V）电压来控制每个喷油器开启，然后喷油器以 24V 保持开启。（ ）
4. 验证燃油系统低压侧和高压侧燃油压力状况，只需要检测怠速和全负荷两种工况内的压力。（ ）

二、选择题（单选或多选）

1. 以下关于混合气装置的说法哪些是正确的（　　）。
   A. 通过各个气缸的喷射装置，喷射直接在气缸内进行
   B. 带压电式喷油器的高压喷射装置允许精确计量混合气以及高压缩比
   C. 燃油雾化越细，就蒸发得越快，与空气混合得越好
   D. 向外敞开的压电式喷油器可以将燃油以圆锥形特别均匀地分布在燃烧室中
   E. 电磁阀喷油器是一个向内敞开的阀门，在油束角度和油束形状上具有很高的可变性

2. 以下关于混合气装置的说法哪些是正确的（　　）。
   A. 在更换喷油器时，必须进行完全的喷油器喷油量匹配
   B. 压电式喷油器是一个向外敞开的阀门
   C. 油轨与喷油器之间始终通过高压管路相连
   D. 压电式喷油器的油束锥可能在运行中扩张
   E. 根据型号的不同，高压燃油泵由链条传动或进气、排气凸轮轴驱动

3. 配备汽油直喷的汽车燃油箱内的燃油泵产生多少燃油压力？（　　）
   A. 34.5～69.0kPa
   B. 69.0～138kPa
   C. 138～276kPa
   D. 345～414kPa

4. 缸内直喷燃油系统中使用的高压燃油泵由_____驱动。
   A. 电力（直流电动机）
   B. 电力（交流电动机）
   C. 凸轮轴
   D. 曲轴

5. 使用_____调节高压燃油泵压力。
   A. 电动压力控制阀
   B. 真空偏压调节器
   C. 油轨入口处的机械调节器
   D. 非真空偏置调节器

三、问答题

1. 举出两个缸内直喷与进气道燃油喷射相比的优点?
2. 举出两个缸内直喷与进气道燃油喷射相比的缺点?
3. 说出缸内直喷燃油系统与进气道燃油喷射系统有何不同?
4. 从高压 GDI 燃油系统上拆下部件时,应更换什么?
5. 说出目前国内流行的直喷汽油发动机燃油混合气的工作模式。

单元4复习题答案

一、判断题

1. 错误 2. 错误 3. 错误 4. 错误

二、选择题

1. BCDE 2. C 3. D 4. C 5. A

单元 5
汽油机电控点火系统

 学习目标

1. 了解电控点火系统的基本控制原理及功能。
2. 掌握电控点火系统工作原理及检测方法。
3. 了解曲轴位置传感器、凸轮轴位置传感器的工作原理，并掌握其检测方法。
4. 掌握典型电控点火系统故障检测方法。

5.1 点火系统的功能

> 问题链接：
> 1. 什么是点火提前角？
> 2. 电控点火系统如何控制点火提前角？
> 3. 爆燃与点火提前角有什么关系？

汽油机电控点火系统的功能主要包括**点火提前角、通电时间**及**爆燃控制**三个方面。

5.1.1 点火提前角控制

汽油机电子控制点火系统的核心功能是点火提前角（ESA）的电子控制。点火提前角对发动机动力性、经济性和排放有十分重要的影响，是继燃油喷射量控制之后的第二个必不可少的控制参数，应根据发动机负荷和转速加以优化。

通常将无触点点火系统统称为"电子点火"，早期流行的电子点火不过是用霍尔传感器、磁感应传感器代替传统分电器中的断电器触点触发点火，但是触发点火的时刻仍是用机械的真空提前和离心提前装置控制的，实质上还是以机械方式控制点火提前。下面所阐述的点火提前角电子控制系统，用负荷和转速传感器代替了真空提前和离心提前装置，以获取负荷和转速的信息，从而控制点火提前角。这也告诉我们不要将点火提前角（点火正时）电子控制与"电子点火"混为一谈。

5.1.1.1 点火提前角对发动机性能的影响

点火提前角是从火花塞发出电火花，到该缸活塞运行至压缩上止点时曲轴转过的角度，见图 5-1。

对应于发动机每一工况都存在一个"最佳"的点火提前角，对于现代汽车而言，最佳的点火提前角不仅应保证发动机的动力性和燃油经济性都达到最佳值，还必须保证排放污染物最少。

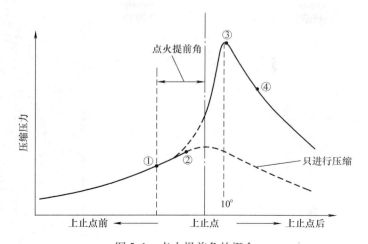

图 5-1 点火提前角的概念

①—点火 ②—开始燃烧（火焰开始传播） ③—最大燃烧压力 ④—燃烧结束

点火提前角过大（点火过早），则大部分混合气在压缩行程中燃烧，活塞所消耗的压缩功增加，且缸内最高压力升高，末端混合气自燃所需的时间缩短，爆燃倾向增大。

点火提前角过小（点火过迟），则燃烧延长到膨胀行程，燃烧最高压力和温度下降，传热损失增多，排气温度升高，功率、热效率降低，但爆燃倾向减小，NO_x 排放量降低。试验证明，最佳的点火提前角，应使发动机气缸内的最高压力出现在上止点后 10°～15°。适当的点火提前角，可使发动机每循环所做的机械功最多（C 曲线下阴影部分），如图 5-2 所示。

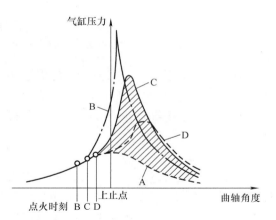

图 5-2 点火提前角对发动机性能的影响

A—不点火 B—点火过早 C—点火适当 D—点火过迟

5.1.1.2 最佳点火提前角的确定依据

最佳点火提前角的数值必须视燃油性质、转速、负荷、混合气浓度等很多因素而定。

1. 发动机转速

如图 5-3 所示，点火提前角应随发动机转速升高而增大。因为随着发动机转速的提高，燃烧过程所占用的绝对时间缩短，但燃烧过程所占用的曲轴转角增大，为保证发动机气缸内的最高压力出现在上止点后 10°～15° 的最佳位置，就必须适当提前点火（即增大点火提前角）。

与采用机械式离心提前器的传统点火系统相比，采用 ESA 点火系统时，可以使发动机的实际点火提前角接近于理想的点火提前角。

2. 负荷

汽油发动机的负荷调节是通过节气门进行的量调节，随负荷减小，进气管真空度增大，进气量减少，气缸内的温度和压力均降低，燃烧速度变慢，燃烧过程所占用的曲轴转角增大，应适当增大点火提前角，如图 5-4 所示。

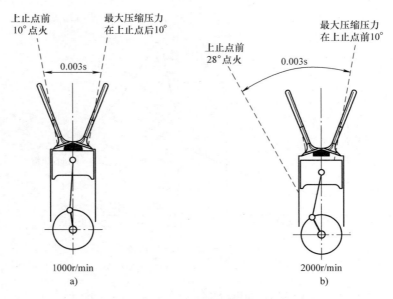

图 5-3 转速变化时点火提前角的变化趋势
a）转速低，点火提前角小 b）转速高，点火提前角大

与采用真空提前器的传统点火系统相比，采用 ESA 点火系统时，可以使发动机的实际点火提前角接近于理想的点火提前角。

3. 燃油的性质

汽油的辛烷值越高，抗爆性越好，点火提前角可适当增大，以提高发动机的性能；辛烷值较低的汽油，抗爆性差，点火提前角则应减小。在有些发动机的 ECU 中存储了两张点火正时图，实际使用中，可根据使用的燃油不同进行选择，在出厂时一般开关设定在无铅优质汽油的位置。

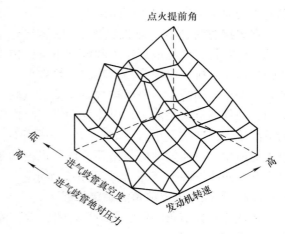

图 5-4 负荷与转速对点火提前角的影响

4. 其他因素

最佳点火提前角除应根据发动机的转速、负荷和燃油性质确定之外，还应考虑发动机燃烧室形状、燃烧室内温度、空燃比、大气压力、冷却液温度等因素。空燃比增大、缸内燃烧温度下降、大气压力下降及冷却液温度降低等，点火提前角应增大。在传统点火中，当上述因素变化时，系统无法对点火提前角进行调整。当采用 ESA 系统时，发动机在各种工况和运行条件下，ECU 都可保证理想的点火提前角，因此发动机的动力性、经济性和排放性都可以达到最佳。

5.1.1.3 控制点火提前角的基本方法

点火提前角控制可分为起动时点火提前角控制和起动后点火提前角控制。

1. 发动机起动时初始点火提前角控制

在发动机起动过程中，发动机转速变化大，且由于转速较低（一般低于500r/min），进气歧管绝对压力传感器或空气流量传感器信号不稳定，ECU无法正确计算点火提前角，一般将点火时刻固定在设定的初始点火提前角。此时的控制信号主要是发动机转速信号（NE信号）和起动开关信号（STA信号）。

曲轴位置传感器的安装位置确定了初始点火提前角，它不受点火控制系统控制。发动机起动时的初始点火提前角的设定值随发动机而异，对一定的发动机而言，起动时的初始点火提前角是固定的，一般为5°~10°。如图5-5所示，当发动机ECU接收到紧随G信号（图形左边的A点）后的第一个NE信号（图形左边的B点）时，确定曲轴已达到一缸上止点前的5°、7°或10°（不同的机型角度也不同），并指令开始点火，此时的角度称为初始点火提前角。

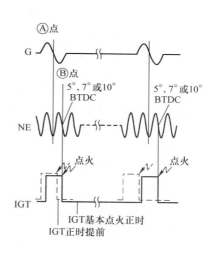

图5-5 初始点火提前角的判断

初始点火提前角的数值存储在发动机ECU中，它在点火正时检查调整时输出，与其他参数无关。检查时，应短接数据插接器（DLC）中的T和E1端子，用点火正时灯观察，如图5-6所示。

2. 发动机起动后基本点火提前角的控制

发动机正常运转时（起动后），节气门位置急速触点（IDL）断开，发动机ECU根据发动机的转速（NE）和负荷信号（进气歧管绝对压力信号PIM，或进气量信号V_S、V_{KS}、V_G），确定基本点火提前角（图5-7），并根据其他有关信号（汽油品种选择开关或插头R–P、爆燃信号KNK等）进行修正，最后确定实际的点火提前角，并向电子点火控制器输出点火指令信号，以控制点火系统的工作。

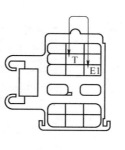

图5-6 初始点火提前角的检查方法

在怠速工况下运行时,节气门位置传感器的怠速触点闭合,此时,ECU 根据发动机转速(NE)和空调开关(A/C)是否接通等确定基本的点火提前角,见图 5-8。

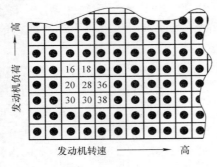

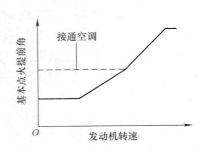

图 5-7 发动机起动后基本点火提前角的确定　　图 5-8 怠速控制工况基本点火提前角

发动机起动后在正常工况下运转时,实际的点火提前角的控制方法各车型有所不同,如在日本丰田车系 TCCS 系统中,实际的点火提前角等于初始点火提前角、基本点火提前角和修正点火提前角之和(图 5-9),即:

实际的点火提前角＝初始点火提前角＋基本点火提前角＋修正点火提前角

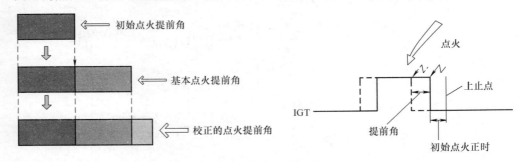

图 5-9 起动后点火提前角的确定

3. 发动机起动后点火提前角的修正

(1) 温度修正

发动机冷却液温度(THW)和进气温度(THA)对点火提前角的优化有重要影响。一方面,随着发动机冷却液温度和进气温度的升高,在其他条件不变的情况下,火焰传播速度提高,点火提前角应减小。例如,与冷起动相比,发动机热起动时在比较小的点火提前角下就会出现逆向转矩。另一方面,发动机冷却液温度和进气温度的升高会引起爆燃倾向加剧,也必须减小点火提前角。

(2) 起动后和暖机修正

起动结束后,ECU 便从基本点火提前角特性场调出数据并作修正。起动后阶段在加浓混合气的同时,也要提前一些点火,以便使发动机平稳地运转。增加点火提前角可以减少一些混合气加浓的程度,可降低油耗。发动机温度越低,起动后阶段点火提前角增大的程度越大。而且经过一段短暂的时间后就恢复到正常的点火提前角,所以是根据时间界定的。

暖机阶段可跨越怠速、倒拖、部分负荷和全负荷各工况,是根据发动机温度界定的。当发动机温度处于暖机温度范围时，点火提前角必须根据发动机温度进行修正，但这种修正的数学模型分别依照怠速、倒拖、部分负荷和全负荷各工况而定。

（3）倒拖修正

进入倒拖工况便要切断喷油。如果突然停止喷油，发动机转矩突然降至零，会对汽车产生相当于突然制动一下的效果，影响驱动性。为了使转矩逐步降低，要在进入倒拖后先逐步减小点火提前角，最后才切断喷油。当转速下降到一定程度必须退出倒拖工况时，根据同样的道理，恢复喷油后先要采用较小的点火提前角，然后逐步将点火提前角增大到正常值，以便使转矩逐步增加。

（4）过渡工况修正

当负荷变动量超过一定值时，就会有一个附加的点火提前角调整量，ECU 借此阻止在采用正常的点火提前角调整量时，本来会在某些发动机的若干个循环内发生的强烈的加速爆燃，同时减少加速时本来会在废气中出现的 NO_x。

在某些情况下，点火提前角的阶跃式改变会产生使汽车突然制动或突然急冲一下的效果。在这些情况下，点火提前角的改变应当慢慢地进行。

在另一些情况下，例如从部分负荷过渡到全负荷时，要求点火提前角急速减小以避免爆燃。此时，ECU 允许点火提前角急速改变。

（5）根据工况点修正

根据工况点是落在部分负荷范围或全负荷范围而进行相应的修正。

1）部分负荷范围。部分负荷范围数据匹配的主要目标是经济性，兼顾排放和爆燃性能。在采用略稀的混合气的同时，要尽量增大点火提前角以求得尽可能高的动力性，当然这都要在排放达到标准，并且不发生爆燃的前提下进行。所以，部分负荷范围的点火提前角与基本点火提前角一致，不必加以专门的修正。

2）全负荷范围。全负荷范围内，发动机应发出最大功率，经济性则退居次要地位。所以，全负荷范围内在混合气加浓的同时，应在不发生爆燃的前提下将点火提前角调整到最大转矩点。如果说在一个点火提前角机械控制的系统中，无法在全部转速范围内都按这一原则调整点火提前角的话，那么在点火提前角的电子控制系统中便有可能完全自由地选择点火提前角，而且最大转矩的实现不受发动机零部件磨损的影响。

如前所述，全负荷范围内潜伏着较大的爆燃危险。爆燃极限与发动机温度和进气温度有关。在点火提前角电子控制的系统中，ECU 可在有爆燃危险的负荷范围内根据温度修正点火提前角，并通过爆燃闭环控制缩短爆燃安全距离，从而提高功率，降低油耗。

（6）怠速控制时的修正

怠速工况数据匹配的目标是在保证发动机运转稳定的前提下，尽量降低怠速转速，以便降低油耗和排放。怠速时增大点火提前角可提高转矩，使发动机运转趋于稳定，这就为降低怠速转速提供了可能性；或者，在相同的怠速转速下可减少喷油量。

在传统的点火提前角机械控制系统中，点火提前角由真空提前和离心提前装置决定，怠速时节气门是全闭的，与起动时相同，进气歧管的真空度与起动时相近；怠速时转速虽然比起动时高一些，但差别不大。所以，怠速时的点火提前角只比起动时略大一点。而如前所述，起动时的点火提前角必须保持较低的水平，这就牵制了怠速时点火提前角的增大。这种系统中怠速混合气必须加浓，保持 $\lambda < 1$，才能保证发动机稳定地运转在规定的怠速转速。

在点火提前角电子控制的系统中，怠速时的点火提前角完全与起动时的点火提前角脱钩，怠速时的点火提前角可以大幅度地增大，因而怠速混合气可保持 λ=1，不仅节省了燃油，为采用闭环控制、提高三元催化转化器的转化效率创造了条件。

（7）调整传动比时的修正

在电子控制的变速器调整传动比时，以电子方式减小点火提前角，借此使发动机转矩减小。

全负荷工况对调整传动比特别不利，因为发动机转矩太大，调整传动比的操作不平稳。减小点火提前角后，全负荷时调整传动比就跟部分负荷时一样。调整传动比完成后，点火提前角便恢复正常的数值。

（8）点火提前角限值

点火提前角不得超出规定的最大值和最小值。点火提前角太大，即点火太早，会产生逆向转矩；点火提前角太小，即点火太迟，甚至在上止点后若干度才点火，则点火时已进入膨胀行程。两种情况都会使发动机的经济性和动力性大幅度下降。

上述发动机起动后点火提前角修正控制方法可归纳如下：

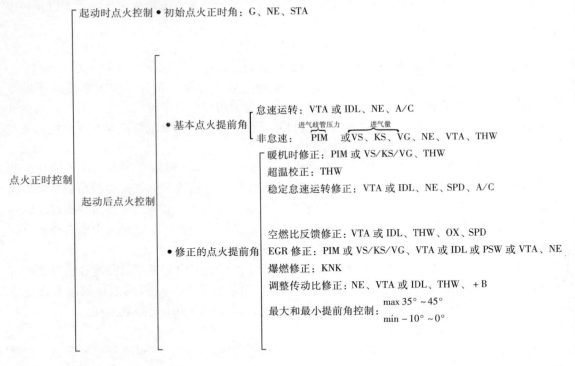

5.1.2 通电时间控制

1. 通电时间的概念

通电时间的定义：点火线圈初级绕组与点火功率输出级形成通路这一段时间内转过的曲轴转角，也被称为闭合角。

对于电感储能式电控点火系统，为了使火花塞能够提供尽可能大的点火能量，**必须保证点火线圈的初级电路有足够的通电时间**，即应使闭合角足够大，以致它所对应的时间超过点火线圈充磁所需的时间,也就是让初级电流在点火之前达到限定的最大值。在发动机转速下降和蓄电池电压较高时,在相同的通电时间里初级电流所达到的值将会减小,因此,还必须根据蓄电池电压对通电时间进行修正。

2. 通电时间的控制方法

现代电控点火系统中,用灵敏可靠的传感器(凸轮轴/曲轴位置传感器)和晶体管开关,取代了传统点火系统中的断电器和分电器中的凸轮。对于无分电器点火系统,点火线圈初级电路的通电时间由 ECU 控制,其控制模型如图 5-10 所示。通电时间(闭合角)控制模型存储在 ECU 内。发动机工作时,ECU 根据发动机转速信号(NE 信号)

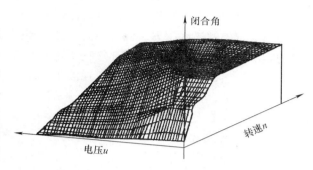

图 5-10　通电时间(闭合角)控制模型

和电源电压信号确定最佳的通电时间(闭合角),**并向点火模块输出指令信号(IGt 信号)**,以控制点火模块中晶体管的导通时间。**随着发动机转速的提高和电源电压的下降,通电时间(闭合角)增长**。

3. 点火线圈的恒流控制

现代高能点火线圈的初级绕组电流直流电阻不足 1Ω,初级电流最高可达 30A 以上,充磁极快,初级电流达到最大、充磁结束之后,初级电流的能量全部消耗在初级绕组的直流电阻上并转变成热能,既浪费了能量,又使点火线圈升温,甚至烧毁。

为了防止初级电流过大烧坏点火线圈,在部分电控点火系统的点火控制电路中增加了恒流控制电路,保证在任何转速下初级电流均为规定值(7A),既改善了点火性能,又能防止初级电流过大而烧坏点火线圈。恒流控制电路如图 5-11 所示,恒流控制的基本方法是:在点火模块功率晶体管的输出回路中增设一个电流检测电阻,用电流在该电阻上形成的电压降反馈控制晶体管的基极电流,只要这种反馈为负反馈,就可使晶体管的集电极电流稳定,从而实现恒流控制。

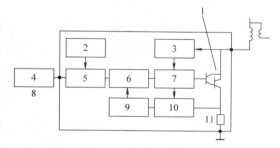

图 5-11　恒流控制电路
1—功率晶体管　2—偏流回路　3—过电压保护回路
4—传感器　5—波形整形电路　6—通电率发生电路
7—放大回路　8—点火模块　9—通电率控制回路
10—恒流控制电路　11—电流检测电阻

5.1.3　爆燃控制

1. 爆燃概述

在前面,根据经济性和动力性对点火提前角进行控制修正的同时,不允许发生爆燃。爆燃是汽油机工作时的一种不正常燃烧现象,轻微的爆燃,可使发动机功率上升,油耗下降,但爆燃严重时,气缸内发出特别尖锐的金属敲击声,且会导致冷却液、机油过热,功率下降,耗油率上升,成为汽油机运行中最有害的一种故障现象。

2. 爆燃产生的原因及危害

在正常火焰传播的过程中，处在最后燃烧位置上的那部分未燃混合气（常称末端混合气），进一步受到压缩和热辐射的作用，加速了先期反应。如果在火焰前锋尚未到达之前，末端混合气已经自燃，则这部分混合气燃烧速度极快，火焰速度可达每秒百米甚至数百米以上，使燃烧室内的局部压力、温度很高，并伴随有冲击波。压力冲击波反复撞击缸壁，发出尖锐的敲缸声，严重时破坏附着在气缸壁表面的油膜，使传热增加，气缸盖和活塞顶温度升高，冷却液过热，汽油机功率下降，耗油率增加，甚至造成活塞、气门烧坏，轴瓦破裂，火花塞绝缘体破坏，机油氧化生成胶质，活塞环卡死在环槽内等故障。因此，汽油机工作时，应对爆燃加以控制。

3. 爆燃的控制方法

点火提前角是影响爆燃的主要因素之一，推迟点火（即减小点火提前角）是消除爆燃的最有效措施。在无爆燃控制的传统点火系统中，为防止爆燃的产生，其点火时刻的设定必须远离爆燃边缘，必然会导致发动机的动力性、经济性不能发挥到最佳。在电控点火系统中，ECU 根据爆燃传感器信号，判定有无发生爆燃及爆燃的强度，并根据其判定结果对点火提前角进行反馈控制，使发动机处于爆燃的边缘工作，既能防止爆燃发生，又能有效地提高发动机动力性和经济性。

爆燃控制过程如图 5-12 所示。

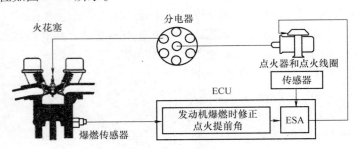

图 5-12 爆燃控制过程

爆燃传感器安装在气缸体上，其功用是利用压电晶体的压电效应，把爆燃时传到气缸体上的机械振动转换成电压信号输送给 ECU。ECU 把爆燃传感器输入的信号进行滤波处理，并判断有无发生爆燃及爆燃的强度。有爆燃时，则逐渐减小点火提前角（推迟点火），直到爆燃消失为止。无爆燃时，则逐渐增大点火提前角（提前点火），当再次出现爆燃时，ECU 又开始逐渐减小点火提前角，爆燃控制过程就是对点火提前角进行的闭环反馈控制过程。

爆燃时点火提前角的闭环反馈控制如图 5-13 所示。爆燃传感器向 ECU 输入爆燃信号时，电控点火系统采用闭环控制模式，并以固定的角度使点火提前角减小，若仍有爆燃存在，则再以固定的角度减小点火提前角，直到爆燃消失为止。爆燃消失后的一段时间内，系统使发动机维持在当前的点火提前角下工作，此时间内若无爆燃发生，则以一个固定的角度逐渐增大点火提前角，直到爆燃再次发生，然后又重复上述过程。

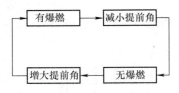

图 5-13 爆燃时点火提前角闭环反馈控制

发动机负荷很小时，发生爆燃的可能性为零，所以电控点火系统在此负荷范围内采用开环控制模式。而当发动机的负荷超过一定值时，电控点火系统自动转入闭环控制模式。发动机工作时，ECU 根据节气门位置传感器信号判断发动机负荷大小，从而决定点火系统采用闭环控制或开环控制。

5.2 电控点火系统的组成及工作原理

问题链接：
1. 电控点火系统是由哪些元件组成的？
2. 电控点火系统有哪些类型？之间有什么区别？

任何点火系统都必须具备下列功能：能量转换；点火触发；正时调节（点火提前角的控制）；高压分电。对于电感储能式电控点火系统，将蓄电池的电能转换成磁能储存在线圈内，在恰当的时刻又突然将磁能转换成电能，并通过火花塞释放出来形成火花点燃混合气。能量的转换过程必须借助于点火线圈和火花塞，所以这类点火系统都少不了点火线圈和火花塞。但是，不同点火系统的点火触发和正时调节方式是不同的。

电控点火系统可分为有分电器和无分电器两种类型。高压分电功能通常由高压分电器完成，以解决由一个点火线圈向不同气缸提供点火能量的问题。现在已开始采用多个点火线圈实施点火的方式，此时便不存在高压分电的问题，就不需要高压分电器了，这就是无分电器点火。

电控点火系统基本由电源、传感器、ECU、点火模块、点火线圈、（分电器）、火花塞等组成。

5.2.1 有分电器点火系统

有分电器点火系统如图 5-14 所示，图示为丰田 4A-GE 发动机 TCCS 点火系统。发动机起动时，ECU 根据曲轴位置传感器（NE 信号）、凸轮轴位置传感器（G 信号）的输入，确定初始点火时间，将点火正时信号 IGt 送至点火器，当 IGt 信号变为低电平时，点火器

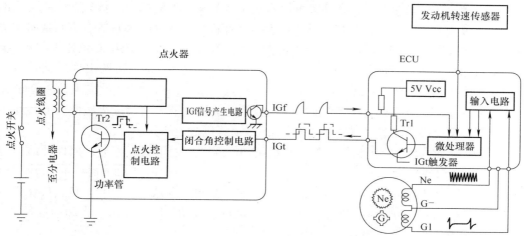

图 5-14　有分电器点火系统电路

（点火模块）中的 Tr2 中断，点火线圈初级电路被切断，次级绕组中感应出高压电，再由分电器送至相应的气缸，火花塞点火。发动机正常运转后 ECU 根据发动机转速、负荷、节气门位置、冷却液温度、爆燃信号等确定点火正时。

为了产生稳定的电压和保证点火系统的可靠工作，在点火器（点火模块）中设有闭合角控制电路和点火确认信号（IGf）安全保护电路。IGf 信号是点火器（点火模块）从点火线圈初级绕组断开时产生的自感电动势（约为 400V）中提取的，若 ECU 接收到该信号后，即认为点火线圈正常工作。当 ECU 向点火器（点火模块）发出 8～11 个点火正时信号（IGt）后，ECU 还没有接收到 IGf 信号，则 ECU 将会进入失效—安全模式，切断喷油，以防止催化转化器过热。

5.2.2 无分电器点火系统

无分电器电控点火（DLI）系统又称直接点火或全电子化点火系统。它的主要特点是：利用电子分火控制技术将点火线圈产生的高压电直接送给火花塞点火，点火线圈的数量比有分电器电控点火系统多。

根据点火线圈的数量和高压电分配方式的不同，无分电器电控点火系统又可分为独立点火方式、同时点火方式两种类型。

1. 独立点火方式

无分电器独立点火方式（图 5-15）是每缸一个点火线圈，点火线圈的数量与气缸数相等，无需分电器就能将高压电适时地分配给各个火花塞。该点火系统的优点是：由于每缸都有各自独立的点火线圈（COP），即使发动机转速很高，点火线圈也有较长的通电时间（大闭合角），可提供足够高的点火能量；由于去除了高压分电器中的电火花，要求的点火电压会降低一些，单位时间内通过点火线圈初级电路的电流要小得多，点火线圈不易发热，且点火线圈的体积又可以非常小，点火线圈可直接装在火花塞上面；由于该种点火系统有的已不需要分高压线了，避免了对计算机信号的电磁干扰，消除了干扰源；发动机 ECU 可一缸接一缸地改变点火正时，对爆燃传感器发出的信号能及时做出响应。

无分电器独立点火方式有两种类型：第一种是点火线圈共用一个点火模块；第二种是每个点火线圈都有一个单独的点火模块，并且点火模块和点火线圈集成一体。第一种独立点火方式，点火线圈有两根电线，包括点火电压和由计算机控制的脉冲搭铁。点火控制模块负责所有点火正时和点火反馈。第二种独立点火方式，点火线圈（集成点火模块）有三根电线，包括点火电压、点火正时和点火反馈。

图 5-15a 为丰田 1994 款 1MZ-FE 发动机独立点火系统，六个点火线圈共用一个点火模块。当 IGt 信号处于高电平（导通）时，IGf 信号处于低电平。六个点火线圈共有六个 IGC 控制信号。该点火模块内部电路结构如图 5-16 所示，包括 7 部分。

1) 闭合角控制电路：控制功率管（即控制初级线圈）通电时间长短，以保证适当的次级电压。

2) IGf 信号产生电路：用于产生 IGf 信号，向 ECU 输送电或确认信号。点火确认信号发生电路是在点火线圈初级电流切断，初级绕组产生自感电动势时，输出点火确认信号 IGf 给 ECU，以监视点火控制电路是否正常工作。

3) 防锁定电路：如果初级线圈电流持续通过超过预定的时间，这个电路就迫使其关断,以保护功率管和点火线圈。

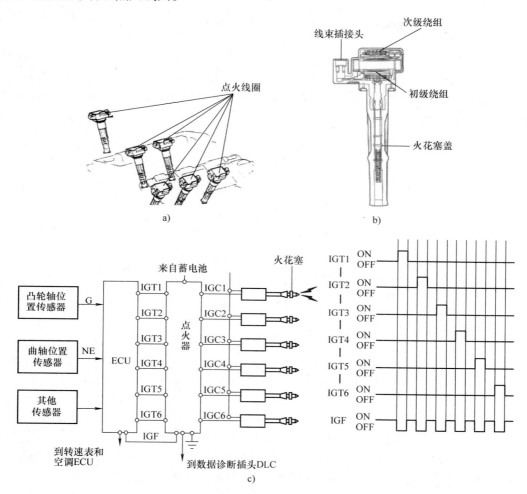

图 5-15 丰田 1MZ-FE 电控独立点火系统
a) 独立点火系统的外形　b) 集成式点火线圈(内装火花塞盖)　c) 独立点火控制方式

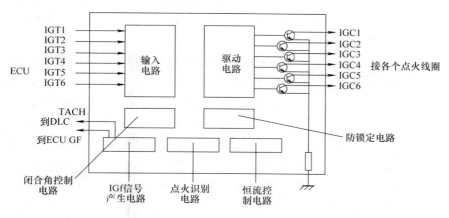

图 5-16 丰田 1MZ-FE 独立点火系统中点火模块内部电路结构

图 5-17 为丰田 V6 1MZ – FE 发动机，其独立式点火系统中的点火线圈各自有一个点火模块。由于是 V 形发动机，需要用两个凸轮轴位置传感器，以判别每列气缸中第一个点火气缸的活塞上止点位置，见图 5-17a 中的两个凸轮轴位置信号。

大多数新发动机使用第二种独立点火方式，每个点火线圈由 ECU 控制，ECU 可以根据从爆燃传感器接收到的信号，分别改变每个气缸的点火正时。例如，如果爆燃传感器检测到 3 号气缸发生了点火爆燃，则 ECU 将继续监测 3 号气缸，并在必要时仅延迟这个气缸的点火正时，以防止发生损坏性的爆燃。

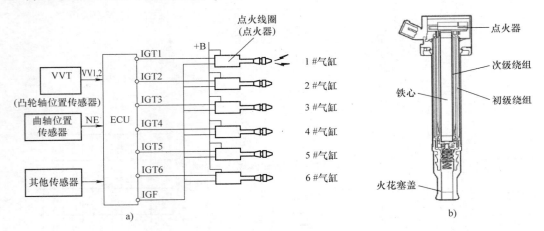

图 5-17 丰田 V6 1MZ – FE 独立点火系统
a) 独立点火系统控制方式　b) 集成式点火线圈（内有点火模块、火花塞盖）

2. 同时点火方式

无分电器同时点火方式电控点火系统如图 5-18 所示。它的特点是用一个点火线圈给两个火花塞提供电压，点火线圈的数量等于气缸数的一半。每个点火线圈有两个高压输出端，通过将两个火花塞搭铁串联成一个闭合回路。这种同时点火系统的特点如下：

1）两个串联的火花塞同时点火，且两个火花塞的极性相反，一个火花塞从正极向负极放电点火（正极性火花塞），另一个火花塞是从负极向正极放电点火（负极性火花塞）。传统火花塞是负极性火花塞，中心电极接负极，搭铁电极接正极。同时点火的两个火花塞，一个点火工作时，另一个用作搭铁构成回路的途径，若有一个火花塞或其导线损坏了，则两个气缸的工作都会受到影响。

2）串联于同一个点火线圈的两个火花塞必须分别安装在两个点火间隔为 360°曲轴转角的两个气缸内，这两个气缸内的活塞同时到达上止点位置（一个为压缩行程的上止点，另一个为排气行程的上止点）。若同时点火的两个火花塞的间隙相同，则点火电压只与气缸压力有关，处于压缩行程的火花塞点火电压比较高（电压为 10～12kV），处于排气行程的火花塞无效点火电压低（电压仅为 2～3kV）。这样点火线圈的能量被分成有效点火和无效点火两部分能量，但是由于采用无分电器消除了分电器上的火花，点火线圈的能量得到一些抵消，能满足点火要求。同步点火系统进行跳火测试时，次级电压需要 25000V 以上。

3）为防止点火线圈初级电路导通瞬间所产生的二次反极性电压（约 1000～2000V），在高压回路中串联有二极管，如图 5-19 所示。

图 5-18 所示为丰田 7M – GTE 发动机的同时点火系统,其中 IGd 为判缸信号,存储在 ECU 中,实际就是点火顺序信息。ECU 根据 G 信号和 NE 信号选择 IGd 信号状态,以确定点火顺序。在采用同时点火方式的无分电器电控点火系统中,又把 IGd 信号分为 IGdA 信号和 IGdB 信号。IGdA 和 IGdB 信号状态如图 5-18 中的表所示,以此来决定各气缸点火顺序。

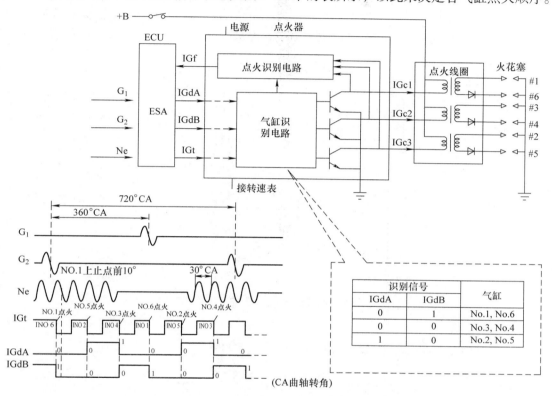

图 5-18　丰田 7M – GTE 发动机同时点火系统

5.2.3　离子感应点火

离子感应点火应用在离子感应点火系统中,火花塞本身就是一个传感器。离子感应点火采用线圈式火花塞(COP)设计,点火控制模块(ICM)在点火时通电,使用电容器在火花塞间隙施加直流电压(100 ~ 400V),气缸内燃烧后产生的电离气体(称为等离子体)导电,形成低电压信号。ECU接收该电压信号,通过判断电压信号强度来确定燃烧过程是否正确发生。离子感应点火被用于萨博四缸和六缸发动机上,见图 5-20。

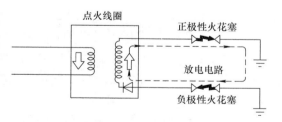

图 5-19　同时点火高压线路中串接二极管的作用

次级绕组放电电压(10 ~ 15kV)与离子感应电路电气隔离。燃烧火焰是电离的,会传导一些电,可以在火花塞间隙处精确测量。该电路的用途包括:

1) 失火检测(OBD Ⅱ 法规要求)。

2）爆燃检测（无须爆燃传感器）。

3）点火正时控制（实现最大功率和最低废气排放的最佳点火正时）。

4）废气再循环（EGR）控制。

5）减少传感器数量。基于单个气缸的空燃比控制离子感应点火系统的功能，点火系统仍与线圈式火花塞设计相同，但发动机不需要配备用于失火检测的凸轮轴位置传感器或爆燃传感器，因为可以通过点火控制电路内的电子元件来实现监测。

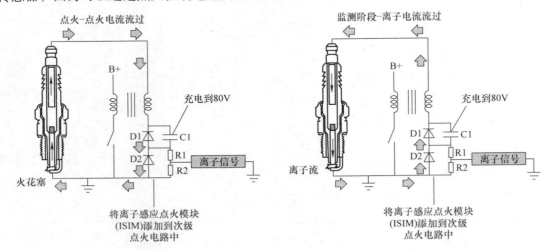

图5-20　离子感应点火控制的作用

5.3　电控点火系统主要元件的原理与检测

问题链接：
1. 曲轴位置传感器起什么作用？
2. 凸轮轴位置传感器起什么作用？
3. 发生爆燃时，点火提前角应如何改变？

5.3.1　凸轮轴/曲轴位置传感器

凸轮轴位置（CMP）传感器给ECU提供第一缸压缩上止点信号，作为喷油和点火控制的主要信号，该传感器信号也称为G信号、判缸信号。曲轴位置（CKP）传感器，用于检测曲轴转角位置，给ECU提供发动机转速和曲轴转角信号，也是喷油和点火控制的主要信号，该传感器有时称为发动机转速传感器，其信号也被称为NE信号。

ECU通过比较G信号和NE信号，来识别气缸是否处于压缩行程。这对于计算曲轴转角（初始点火提前角），识别轮到哪一个线圈点火（独立点火系统）、哪个喷油器工作（顺序喷射）来说十分重要。所以一般的规律是：同时点火、分组或同时喷射的直列发动机只安装一个曲轴位置传感器，但此曲轴位置传感器可产生判缸信号（同步信号）；独立点火、顺序喷射的直列发动机既要安装曲轴位置传感器，又要安装凸轮轴位置传感器；V型发动机无论同时点火还是独立点火，也无论是分组喷射还是独立喷射，都需要安装曲轴位置传感器和凸轮轴位置传感器。若曲轴位置传感器与凸轮轴位置传感器装在一起，且是无分电器点火系统，则一定将二者合一的曲轴/凸轮轴位置传感器装在曲轴附近。当凸轮轴位置传感器损坏时，点火模块将任意选择一个或两个点火线圈工作，可通过反复几次起动，直到点火模块选择到恰当的点火线圈，此时的点火提前角和点火时间控制按曲轴位置传感器信号确定，并且是固定的。

曲轴位置传感器和凸轮轴位置传感器之间的联系：在着车时，电控单元接收到曲轴位置传感器信号后，还不能控制点火线圈工作，电控单元还要接收凸轮轴位置传感器的参考信号，并按顺序控制点火。参与点火控制的凸轮轴位置传感器若在发动机运转中途被拔掉，发动机照常运转，但若重新着车则无法起动了，需重复起动几次。因无法识别一缸上止点位置信号，即无法判别正确的点火顺序。凸轮轴位置传感器用于判缸识别信号，用于决定喷油顺序和喷油脉宽，凸轮轴位置传感器损坏不会造成发动机不能起动，断开凸轮轴位置传感器的连接，会造成喷油时刻错乱，甚至在进气门关闭之后喷油。凸轮轴位置传感器在汽车行驶中出现问题，驾驶员是察觉不出来的，因汽车的驱动性能是不会受到影响的。

例如：在通用公司3800发动机C3I快速起动系统中，采用双曲轴位置传感器和单独的凸轮轴位置传感器，这种发动机在凸轮轴位置传感器损坏的情况下，可启用"跛行回家"保护模式，发动机可照常起动和运转。有些3.0L的发动机在凸轮轴传感器损坏时，若重复起动也可着车，有些3.8L涡轮增压的发动机，若凸轮轴位置传感器损坏，发动机电控单元会控制喷油器由顺序喷油变为同时喷油。

当发动机出现失速、加速迟缓、停机、转速不变等故障时，必须考虑是否是曲轴位置传感器损坏了。

5.3.1.1　凸轮轴/曲轴位置传感器的安装方式

凸轮轴/曲轴位置传感器的结构和工作原理基本相同，通常安装位置有三种类型：

1) 凸轮轴/曲轴位置传感器共同安装在分电器内，如图5-21所示。

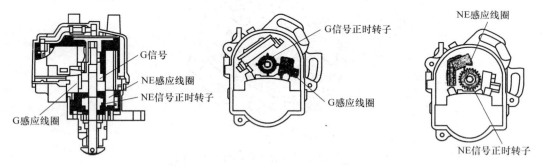

图5-21　凸轮轴/曲轴位置传感器共同安装分电器内

2) 凸轮轴/曲轴位置传感器共同安装在类分电器中（无分电器功能），如图5-22所示。

3) 凸轮轴/曲轴位置传感器分开独立安装，但必须安装在与曲轴有精确传动关系的位置处，如曲轴、凸轮轴、飞轮等处，如图5-23所示。

5.3.1.2 凸轮轴/曲轴位置传感器的结构、工作原理及检测方法

凸轮轴/曲轴位置传感器按照工作原理可分为：磁感应式、霍尔效应式、磁控电阻式、韦根德效应式、各向异性磁阻式、巨磁阻式。目前比较常见的是磁感应式、霍尔效应式、磁控电阻式三种。

1. 磁感应式

这种传感器会产生磁脉冲信号，该传感器是由信号转子的旋转运动使磁通量发生变化，进而在感应线圈中产生信号的。磁感应式传感器的优点是价格低、尺寸小、自发交流信号无须外电源、具有良好的温度稳定性；缺点是信号转子在零转速时无信号输出，信号变化的幅度取决于信号转子的转速，需要另外的信号处理电路。磁感应式传感器内空气间隙要求小于2mm。

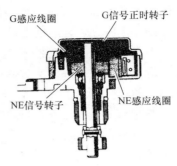

图 5-22　凸轮轴/曲轴位置传感器共同安装在类分电器中

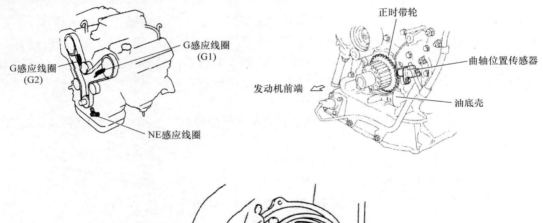

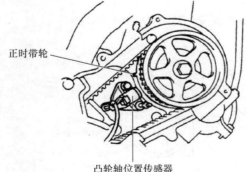

图 5-23　分开独立安装的凸轮轴/曲轴位置传感器

（1）磁感应式凸轮轴/曲轴位置传感器的结构与工作原理

如图 5-24 所示，磁感应式凸轮轴/曲轴位置传感器由信号转子（低磁阻金属制成）、永久磁铁、感应线圈等组成，利用电磁感应原理产生感应电压，感应电压满足式（5.1）：

$$e = n\mathrm{d}\phi/\mathrm{d}t \tag{5.1}$$

式中　n——线圈的匝数；

$\mathrm{d}\phi/\mathrm{d}t$——磁通变化率。

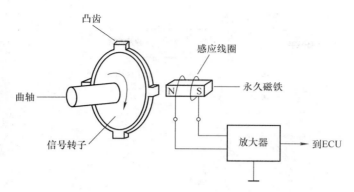

图 5-24 磁感应式凸轮轴/曲轴位置传感器结构组成

当曲轴带动信号转子旋转时,由于转子凸齿相对感应线圈位置的变化,使线圈内的磁通发生变化,从而在线圈内产生感应电压。图 5-25 说明了凸齿转动与感应电压的关系。当凸齿 A 点开始要接近磁场时,感应线圈中的磁通逐渐增大,当凸齿转过 22.5°时,磁回路的磁通达到最大,感应线圈感应出最大正电压,凸齿继续转动,磁通增加量变化不大,电压亦随着下降。等到凸齿 A 点与永久磁铁尖端对正时,磁通基本不变,感应电压为 0V。信号转子继续转动,凸齿逐渐离开感应线圈,磁通变化由小而大,使感应线圈感应出负电压。当凸齿 A 点再转 22.5°时,磁通变化率最大,感应出最大负电压。待凸齿转完 90°回到图 5-25e 的位置时,磁场中断,无磁回路,感应电压为 0V。当信号转子持续不断地旋转时,便感应出交变的脉冲信号。随着转速的加快,传感器信号电压的幅值和频率会增加,反之则变小。

实例 1:图 5-26 所示为丰田公司使用的装在分电器内的凸轮轴/曲轴位置传感器,NE 信号转子有 24 个齿,凸轮轴带动分电器轴转动一圈便可产生 24 个 NE 信号电压波形,见图 5-26b,对分电器轴而言,每一电压波形间隔 15°。因为分电器每转 1 圈,曲轴必须转 2 圈,故分电器轴的 15°即代表曲轴转角的 30°。ECU 通过计算单位时间内的电压脉冲数来判断发动机曲轴的转速。G 信号转子有 4 个齿,分电器轴转一圈(360°)代表曲轴转了 2 圈(720°),共产生 4 个电压脉冲,见图 5-26c,每一次的脉冲表示曲轴转了 180°。装在分电器内的凸轮轴/曲轴位置传感器共有三个端子:G₊、G₋ 和 NE,见图 5-26a。

实例 2:图 5-27 所示为丰田 2NZ - FE 发动机上独立安装的磁感应式凸轮轴/曲轴位置传感器。NE 信号转子装在曲轴上,有 34 个齿,并有两个缺齿(用于判断上止点位置),则曲轴转动一圈便可产生 34 个 NE 信号电压波形,每一电压波形间隔 10°。G 信号转盘安装在凸轮轴上,是通过在转盘上钻孔让磁力线通过的方法感应出信号电压的,转盘上共有 3 个孔,凸轮轴转一圈可产生 3 个脉冲信号。

(2)磁感应式凸轮轴/曲轴位置传感器的检测

以皇冠 3.0 轿车 2JZ - GE 型发动机电子控制系统中使用的磁脉冲式曲轴位置传感器为例说明其检测方法,曲轴位置传感器电路如图 5-26a 所示。

凸轮轴/曲轴位置传感器电阻值的测量:点火开关 OFF,拔开凸轮轴/曲轴位置传感器的导线插接器,用万用表的电阻档测量传感器上各端子间的电阻值(表 5-1)。若电阻值不在规定的范围内,必须更换传感器。

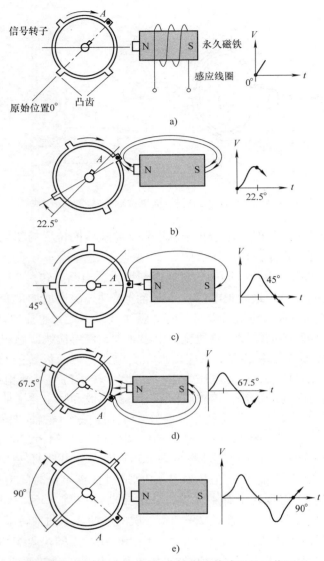

图 5-25 磁感应式凸轮轴/曲轴位置传感器的工作原理

a）曲轴转角原始位置 0°　b）曲轴转角 22.5°　c）曲轴转角 45°　d）曲轴转角 67.5°　e）曲轴转角 90°

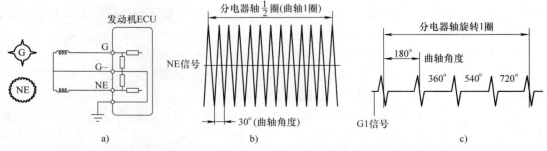

图 5-26 装在分电器内的磁感应式凸轮轴/曲轴位置传感器电路连接及信号特征

a）磁感应凸轮轴/曲轴位置传感器的电路连接　b）NE 信号特征　c）G 信号特征

单元5　汽油机电控点火系统

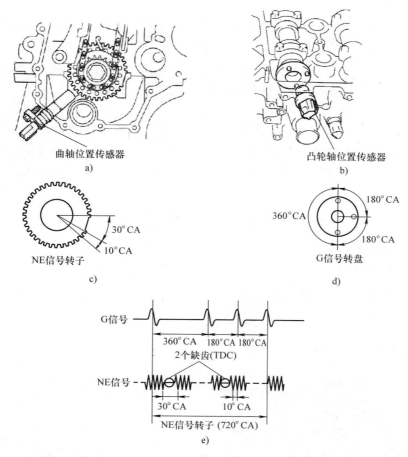

图 5-27　独立安装的凸轮轴/曲轴位置传感器信号结构及信号特征
a) 曲轴位置传感器　b) 凸轮轴位置传感器　c) NE 信号转子　d) G 信号转盘　e) NE 信号、G 信号波形

表 5-1　曲轴位置传感器的电阻值

端子	条件	电阻值/Ω
$G_1 - G_-$	冷态	125~200
	热态	160~235
$G_2 - G_-$	冷态	125~200
	热态	160~235
$NE - G_-$	冷态	155~250
	热态	190~290

　　凸轮轴/曲轴位置传感器输出信号的检测：拔下曲轴位置传感器的导线插接器，当发动机转动时，用万用表的电压档检测曲轴位置传感器上 $G_1 - G_-$、$G_2 - G_-$、$NE - G_-$ 端子间是否有脉冲电压信号输出。若没有脉冲电压信号输出，则必须更换曲轴位置传感器。

　　感应线圈与正时转子的间隙检查：用塞尺测量正时转子与感应线圈凸出部分的空气间隙（图 5-28），空气间隙应为 0.2~0.4mm。若间隙不合要求，则必须更换分电器壳体总成。

2. 霍尔效应式

霍尔效应式传感器产生的电压信号，是由信号转子的旋转运动使磁通量发生改变产生的。信号转子通过霍尔元件和永久磁铁，磁通的变化与可变磁阻式传感器相似，但与可变磁阻式不同的是霍尔元件探测的是磁感应强度（φ）大小而非磁通变化率。霍尔元件是半导体材料制成的，需要偏置激励电流。该传感器输出方波数字信号。

（1）霍尔效应原理

如图 5-29 所示，当电流 I 通过放在磁场中的半导体基片（称霍尔元件）且电流方向与磁场方向垂直时，电荷在洛仑兹力作用下向一侧偏移，在垂直于电流与磁通的霍尔元件的横向侧面上即产生一个与电流和磁场强度成正比的电压，称为霍尔电压 U_H，用式（5.2）表示：

$$U_H = \frac{R_H}{d} IB \tag{5.2}$$

式中　R_H——霍尔系数；
　　　d——基片厚度；
　　　I——电流；
　　　B——磁场强度。

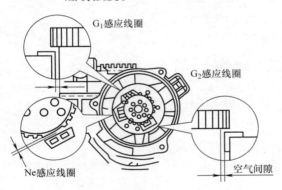

图 5-28　感应线圈与正时转子的空气间隙

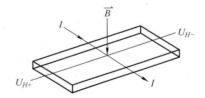

图 5-29　霍尔效应原理

从式（5.2）中可以看出，霍尔元件产生的电压与通电电流 I 和磁场强度 B 成正比。因霍尔元件所产生的电压非常小，所以此电压信号必须予以加强（放大）才能使用。

（2）霍尔效应式传感器电路原理

如图 5-30 所示，霍尔效应式传感器的内部电路由稳压器、霍尔元件、差分放大器，触发器和输出级组成。稳压器提供给霍尔元件、放大器及触发器电源。霍尔元件将旋转运动感应转换成电压输出信号。放大器将微小的霍尔电压信号放大。触发器不会受噪声干扰，负责控制晶体管的导通。晶体管输出级决定 ECU 的信号接收。

当晶体管导通时，ECU 内电压源呈搭铁短路状态，M 点电压为 0V；当晶体管断开时，由于 ECU 内限流电阻比监控电阻小得多，M 点电压几乎为 5V。霍尔效应式凸轮轴/曲轴位置传感器的信号电压即为（5V/0V）的数字方波信号，见图 5-31，波形频率应与发动机转速相对应，即随转速的升高而增加。由于 ECU 内的供电电压不变，因此所有波峰的高度（幅值）均应相等。霍尔效应式传感器的优点是：价格低、尺寸小、可测量零转速、有良好的线性特点；缺点是：适应的最高温度为175℃，传感器的空气间隙小于2.5mm，并对外部压力非常敏感。现代轿车中如上海桑塔纳、奥迪、别克、奔驰等车系都装有霍尔效应式凸轮轴/曲轴位置传感器。

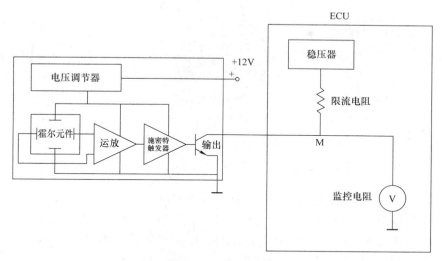

图5-30　霍尔效应式传感器的电路原理

实例1：图5-32所示为装在类分电器中的霍尔效应式凸轮轴位置传感器，当转子转动过程中，遮磁板转入永久磁铁和霍尔元件之间时，磁场被屏蔽，晶体管截止，霍尔电压最高。当遮磁板转离永久磁铁和霍尔元件之后，霍尔元件感受的磁感应强度最大，晶体管导通，霍尔电压为0V。

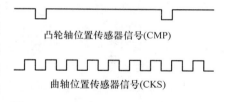

图5-31　CMP与CKS电压波形（6缸）

实例2：在通用公司3.0L V6非增压发动机上的 C_3I 点火系统中，采用霍尔效应式传感器确定曲轴和凸轮轴的位置，如图5-33所示。判缸信号（同步信号）由凸轮轴传感器确定，曲轴每转两圈发出一个信号（图5-33）。凸轮轴

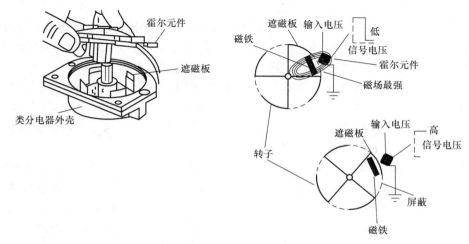

图5-32　装在类分电器中的霍尔效应式凸轮轴位置传感器

的信号只与曲轴开关的一个反偏信号同步。点火模块能够识别哪一个曲轴参考信号应被送到正确的点火线圈,以保证点火顺序。

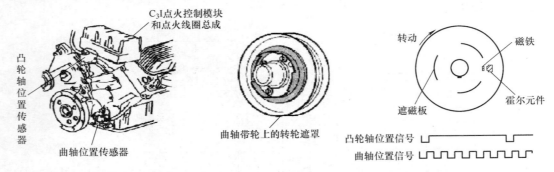

图 5-33　C_3I 点火系统中 CMP 和 CKS 传感器的安装位置及工作原理

(3) 霍尔效应式凸轮轴/曲轴位置传感器的检测方法

信号电压的检测:以 C_3I 点火系统为例,测量霍尔效应式传感器的输出电压。关闭点火开关,将分高压线搭铁,用数字万用表的两表笔接在传感器信号输出端子和搭铁端子上,然后按发动机转动方向转动发动机,电压表置于直流量程,观察电压表上的读数,其值一般在 0~5V 之间变化。当遮磁板转到磁铁和霍尔元件之间时,其值为 2~5V;当遮磁板转离磁铁和霍尔元件时,其电压值为 0.3~0.4V。若电压值不在 0~5V 之间变化,则应更换霍尔效应传感器。检测时电压表显示的数值,由于生产年代不同,内部电路参数不同,电压值也有所不同。测试值应符合原厂手册标准。

信号波形检测:

连接波形测试设备,起动发动机,怠速运转,而后加速或按照行驶性能发生故障的需要驾驶等,以获得波形。

波形分析:①波形频率应与发动机转速相对应。②由于传感器供电电压不变,因此所有波峰的高度(幅值)均应相等。

3. 光电式曲轴位置传感器

(1) 光电式曲轴位置传感器的工作原理

光电式曲轴位置传感器主要由发光二极管、遮光转盘、光电晶体管和放大电路四部分组成。遮光转盘上制有一定数量的透光孔,利用发光二极管作为信号源,随遮光转盘的转动,交替地阻断从发光二极管射向光电晶体管的光线,使光电晶体管导通或截止,由此产生脉冲信号。转盘内、外两圈的透光孔数量不等,分别用以产生 G 信号和 NE 信号。

实例 1:图 5-34 所示为日产公司的安装在分电器内的光电式曲轴位置传感器。分电器轴上装有遮光转盘(图 5-35),盘上开有透光孔,在分电器底板上固定着由两对发光二极管和光电晶体管组成的传感器元件。当透光孔与发光二极管对正时,光线照射到光电晶体管上产生电压信号,经放大电路放大后输送给 ECU。遮光转盘外圈透光孔数为 360 个,与它对应的一对发光二极管和光电晶体管产生 1°转速信号(NE 信号)。转盘内圈分布着 6 个(间隔 60°)透光孔,产生 120°信号(G 信号),其中有一个较宽的光孔是产生对应第 1 缸上止点的 120°信号。宽光孔只有一个(图 5-35),与它对应的发光二极管和光电晶体管产生第一缸活塞到达上止点的基准信号(G 信号)。

单元5 汽油机电控点火系统

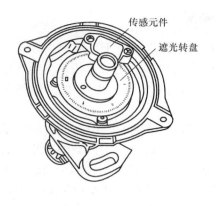

图5-34 光电式曲轴位置传感器

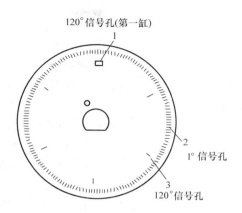

图5-35 遮光转盘的结构

实例2：现代索纳塔汽车光电式曲轴位置传感器的工作原理，与日产公司光电式曲轴位置传感器相似，只是其信号盘的结构稍有不同，如图5-36所示。对于带有分电器的汽车，传感器总成装于分电器壳内；对于无分电器的汽车，传感器总成安装在凸轮轴左端部（从车前向后看）。信号盘外圈有4个孔，用来感测曲轴转角，并将其转化为电压脉冲信号，电控单元根据该信号计算发动机转速，并控制汽油喷射正时和点火正时。信号盘内圈有一个孔，用来感测第1缸压缩上止点（在有些索纳塔车上，设有两个孔，用来感测第1、4缸的压缩上止点，目的是为了提高控制精度），并将它转换成电压脉冲信号输入电控单元，电控单元根据此信号计算出汽油喷射顺序。传感器的输出信号波形如图5-37所示。

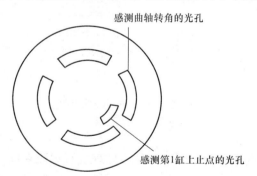

图5-36 现代索纳塔汽车光电式曲轴位置传感器信号盘

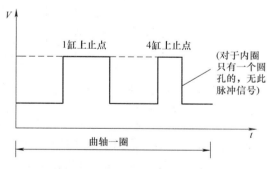

图5-37 现代索纳塔汽车光电式曲轴位置传感器的信号波形

（2）光电式曲轴位置传感器的检测

光电式与霍尔效应式曲轴/凸轮轴位置传感器虽然原理不同，但一般都是包括一根电源线、一根信号线和一根搭铁线，信号都是数字方波信号，所以检测方法基本相同，但由于光电式传感器的遮光转盘缝隙很密，发动机转速又很快，只有用示波器才能准确地检测有用信息。另外光电式传感器若发生污染、有灰尘，就不能正常工作了。应彻底观察光电式传感器是否漏油，确保遮光转盘安装完好、密封盖不漏光。

4. 磁控电阻式

（1）磁阻效应原理

即材料电阻随外加磁场的大小而成比例变化。如图 5-38 所示，电阻是窄形条，沉积在薄层的高载子传输半导体（锑化铟 InSb 或砷化铟 InAs）上，且垂直于电流流入方向。半导体磁敏材料受到与电流方向相垂直方向的磁场作用时，由于洛仑兹力的作用，电子流动的方向发生改变，路径加长，从而材料电阻值增大，也就是说磁控电阻（MR）值随施加在其上的磁力线的方向而改变。

图 5-39 所示为用四个磁控电阻制成的惠斯通电桥带有一个供电电压 V_t，致使电流通过电阻。施加一个偏磁场，使在所有电阻中的磁场强度和电流间有一个约 45°的夹角。如果电阻是同一种结构，则所有四个电阻的阻值都是相同的，正交施加磁场，使两个正向放置的电阻磁化而转向电流，使电阻 R 有一个增量 ΔR。在剩下的两个反向放置的电阻中，由于磁化而转向电流，导致电阻 R 减少 ΔR。电桥输出为 $\Delta V_{out} = (\Delta R/R)V_t$。作为施加磁场函数的电桥输出 ΔV_{out} 被称为传感器的传递函数。在线性区内，输出信号电压与施加的磁场成正比，见图 5-38，再经施密特触发器，最终输出数字方波信号。

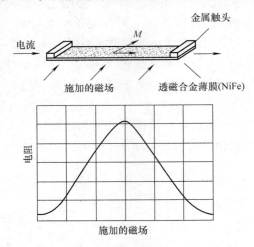

图 5-38 磁控电阻传感器的工作原理及典型的 MR 响应曲线

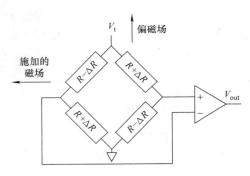

图 5-39 惠斯通电桥和磁控电阻传感器的工作原理

磁控电阻式传感器采用微电子信号集成处理技术，传感元件和信号处理装置集成在同一块芯片上。该传感器的优点是：可传感零转速，传感器空气间隙最大可达 3mm，具有良好的温度稳定性（最高工作温度可达 200℃），使得磁控电阻式得到广泛应用。它是可检测零转速的旋转运动检测用传感器，它的一个重要应用就是在巡航系统中检测车速。该传感器的缺点是：尺寸中等、价格中等、需要外接 12V 电源。

（2）磁控电阻式凸轮轴/曲轴位置传感器的工作原理

为了检测转速，一种方式是将嵌齿轮装在凸轮轴或曲轴上，由其驱动旋转，将永久磁铁和磁控电阻安装在嵌齿轮附近，如图 5-40 所示；另一种方式是将永久磁铁做成磁环装在转轴上，将磁控电阻偏置在磁环附近，如图 5-41 所示。两种结构都满足磁阻效应，都能产生转速信号。

单元5 汽油机电控点火系统

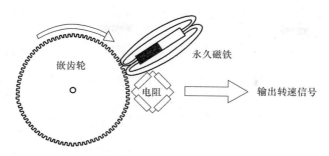

图 5-40　磁控电阻传感方式一

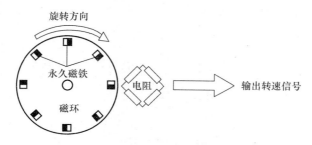

图 5-41　磁控电阻传感方式二

实例：在通用公司的一些货车上装有 L35 发动机，其 HVS 点火系统中采用磁控电阻式凸轮轴/曲轴位置传感器，如图 5-42 所示。凸轮轴/曲轴位置传感器的工作原理为磁控电阻传感方式一，永久磁铁安装在传感器内，MR1 和 MR2 信号经差动放大后输出 MR 差动信号，这个差动模拟信号驱动施密特触发器通断，见图 5-43。最终该种类型传感器像霍尔效应式传感器一样输出数字信号波形，见图 5-44。

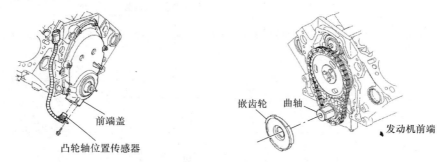

图 5-42　通用公司 L35 发动机磁控电阻式凸轮轴/曲轴位置传感器

（3）磁阻效应与霍尔效应的比较

下面比较硅片中的霍尔效应与透磁合金薄膜中的磁阻效应，如图 5-45 所示。两种技术都可用于集成电路的制造，也可以用于制造全集成的单片传感器。两种效应都会在非时变磁场中发生，并可用来制造可传感零转速的传感器，但是 MR 的敏感性约是硅片中霍尔效应的 100 倍，而且通过选择薄膜厚度和线宽还可对其敏感度进行调节。在用环形磁铁计算转速的应用中用 MR 效应代替霍尔效应的传感器还有另一个优点，是由于 MR 传感器的全向极性（使用 N 极或 S 极工作）而使分辨率翻倍。尽管霍尔效应所具有的优点是它对极强的磁场具有高线性响应而无饱和效应,霍尔效应薄膜会对传感器的法向磁场做出响应而不对切向磁场做出响应。

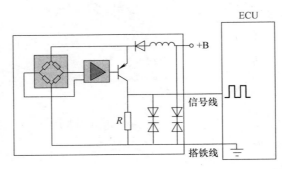

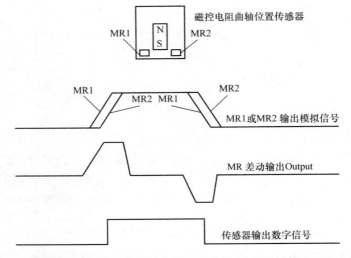

图 5-43 通用公司 L35 发动机磁控电阻式凸轮轴/曲轴位置传感器的工作原理

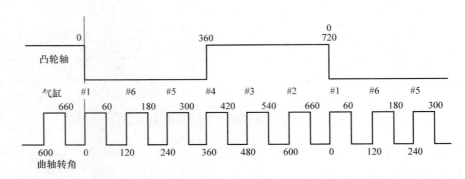

图 5-44 通用公司 L35 发动机磁控电阻式凸轮轴/曲轴位置传感器的信号波形

磁控电阻式传感器采用上拉电路,即传感差动放大信号驱动电源与信号线的导通,输出数字信号的幅值为电源电压值。霍尔效应式传感器采用下拉电路,即传感差动放大信号驱动ECU 内的限流电阻是否搭铁,所以输出数字信号的幅值不会超过 ECU 内部供电电压,即输

单元5 汽油机电控点火系统

出数字信号的幅值一定会小于电源电压。

(4) 磁控电阻式凸轮轴/曲轴位置传感器的检测

磁控电阻式与霍尔效应式、光电式传感器一样都是包括一根电源线、一根信号线和一根搭铁线，信号都是数字方波信号，只是幅值比光电式和霍尔效应式高。检测方法也基本相同，既可采用电压检测法又可采用波形检测法。

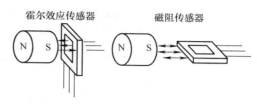

图 5-45 霍尔效应式和磁控电阻式传感器的比较

5.3.2 车速传感器

车速传感器（VSS）检测汽车的行驶速度，给ECU提供车速信号（SPD），用于怠速、巡航控制和限速控制。在汽车集中控制系统中，它也是自动变速器的主控制信号。

安装位置：安装在组合仪表内、变速器输出轴上。

类型：磁控电阻式、光电式、磁感应式。目前的车速传感器已很少使用软轴驱动里程表了，而是将车速传感器的信号经处理为数字信号后，输送给电子里程表（或速率计）和ECU。

5.3.2.1 磁控电阻式

1. 安装位置及内部结构

安装位置及内部结构见图 5-46。

 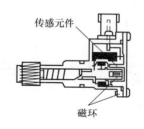

图 5-46 磁控电阻式车速传感器的安装位置及内部结构

2. 工作原理

工作原理见图 5-47。

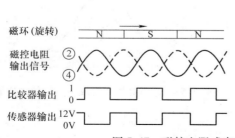 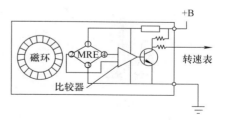

图 5-47 磁控电阻式车速传感器的工作原理

195

5.3.2.2 光电式

目前许多汽车厂已将光电式车速传感器应用于车速计算,如福特、丰田、通用等公司。车速传感器所送出的信号经一个集成电路(IC)计算后便可以数字方式显示出速度。图 5-48 所示为光电式车速传感器。

5.3.3 爆燃传感器

当发动机温度过高或使用辛烷值低的汽油时,发动机出现有爆燃倾向,ECU 会根据爆燃(KNK)传感器的信号对点火提前角实行反馈控制(具体工作过程见本单元 5.1 节的相关内容),以避免爆燃。

爆燃传感器一般安装在发动机缸体上,如图 5-49 所示。

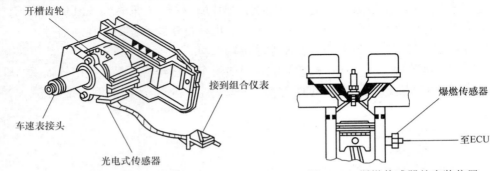

图 5-48 光电式车速传感器　　图 5-49 爆燃传感器的安装位置

爆燃传感器的类型:一般采用检测发动机振动的方法来判断有无爆燃及爆燃的强度。爆燃传感器有电感式和压电式。压电式又有共振型、非共振型和火花塞型三种。

5.3.3.1 压电共振式爆燃传感器的结构

压电共振式爆燃传感器主要由压电元件、振子、基座、外壳等组成,如图 5-50 所示。压电元件紧贴在振子上,振子则固定在基座上。压电式利用压电效应,压电元件检测振子的振动压力,并转换成电信号输送给 ECU。

由于共振型爆燃传感器振子的固有频率与发动机爆燃时的振动频率一致,该频率范围为 5~10kHz,具体取决于发动机设计,所以必须与发动机配套使用,通用性差。但当爆燃发生时,振子与发动机共振,压电元件输出的信号电压有明显增大,易于测量,见图 5-51。

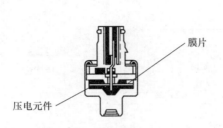 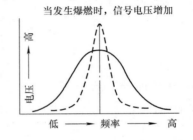

图 5-50 压电共振式爆燃传感器内部结构　　图 5-51 压电共振式爆燃传感器信号特征

5.3.3.2 压电共振式爆燃传感器的爆燃识别

发动机工作时,由于其他因素导致气缸体产生机械振动是不可避免的,为防止爆燃传感器误检测导致系统工作不正常,提高控制系统的可靠性,所以并非任何时间爆燃控制系统都对点火提前角进行反馈控制。ECU 内设有爆燃信号识别电路(图 5-53),用以确定发动机是否发生爆燃。只有在能够识别发动机点火后爆燃可能发生的一段工况范围内,控制系统才允许对爆燃信号进行识别。

安装在气缸体上的爆燃传感器可检测到发动机不同频率范围内的机械振动,发生爆燃时,传感器产生的电压信号有较大的振幅,如图 5-52 所示。爆燃传感器向 ECU 输送的信号,先经过滤波电路进行过滤,只允许特定频率范围

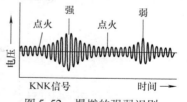

图 5-52 爆燃的强弱识别

的爆燃信号通过滤波电路,如图 5-53 所示。再将滤波后的信号峰值电压与爆燃强度基准值进行比较,若其值大于爆燃强度基准值,控制系统可由此判断有爆燃,并以某一固定值逐渐减小点火提前角。若滤波后的信号峰值低于爆燃强度基准值,控制系统则由此判断无爆燃,并以某一固定值逐渐增大点火提前角。

ECU 根据爆燃信号超过基准值的次数来判定爆燃强度,其次数越多,爆燃强度越大;次数越少,则爆燃强度越小。

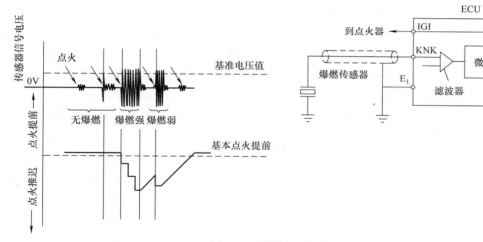

图 5-53 爆燃识别原理

5.3.3.3 压电共振式爆燃传感器的检测

如果存在爆燃传感器的故障码(DTC),请按照原厂维修手册中指定的测试步骤进行操作。可用诊断仪按以下步骤检查爆燃传感器的工作情况。

步骤 1:起动发动机并连接故障诊断仪以监测点火正时和/或爆燃传感器的信号。

步骤 2:用软面锤敲击发动机缸体或气缸盖,以模拟发动机振动。

步骤 3:观察故障诊断仪的显示。爆燃传感器应将敲击产生的振动解释为爆燃,从而产生爆燃传感器信号并降低点火提前角。

爆燃传感器也可以使用数字示波器进行测试(图 5-54)。

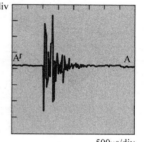

选择 AC 50V 探针上升沿触发

图 5-54 用数字示波器检测爆燃传感器

注意：某些发动机 ECU 设计时忽略在怠速时采集爆燃传感器信号，以避免附件（诸如传动带）产生的噪声被误解释为发动机爆燃。所以要始终遵循车辆制造商给出的测试程序。

5.4 点火系统故障诊断

5.4.1 电控发动机的点火系统检测注意事项

问题链接：
1. 如何用示波器检测点火波形？
2. 如何解读示波器显示的点火波形？
3. 检测独立和同步点火波形时如何连接示波器？

1）点火系统次级能产生高达 40000V 或更高的电压，发动机运转时必须避免身体直接接触到点火系统次级部件。

2）曲轴位置传感器是点火系统的重要部件，如果该传感器损坏了，发动机将无法起动。

3）曲轴位置传感器的间隙大小非常重要，传感器元件任何时候都不能碰到转盘。

4）无分电器点火系统初始点火正时是不可调的，在曲轴减振器或正时链壳上无正时标记，即无需检查初始点火正时。

5）注意：在检测点火系统时不要损坏次级高压线和火花塞的极靴，拆卸火花塞或高压线采用旋出方法以避免损坏。进行跳火测试时，将高压导线插入一只备用火花塞，然后通过火花塞外壳搭铁，从火花塞电极间隙观察是否跳火。进行发动机性能测试时（例如检测气缸压力），应将点火线圈的高压线直接搭铁，不允许断开，应确保点火线圈产生的能量安全地释放掉，以避免损坏点火线圈。

5.4.2 点火系统的常规检测

发动机无法起动的情况下，对点火系统进行的第一步检测就是点火线圈或火花塞有无次级电压。

点火系统的故障可分为：发动机缺火和点火正时不准确。

点火系统的电路检测主要包括五项内容：供电电压、搭铁情况、触发信号（曲轴位置传感器信号）、点火正时（火花产生的时刻）、转速信号。

5.4.2.1 发动机缺火检测

所谓"缺火"，是指因为没有火花、燃油计量不准、压缩压力不足或其他因素，而使气缸内没有发生燃烧的一种故障现象。

1. 发动机缺火（火花间歇出现应视为缺火）的原因
1）点火线圈连接不牢。
2）点火线圈初级（正极端）侧无电压或电压过低。
3）点火线路电阻过高或中央高压线、分高线断路。
4）点火线圈初级绕组负极侧搭铁回路没有收到点火模块的脉冲控制。

5）曲轴位置传感器损坏。
6）点火模块或 ECU 损坏。
7）主继电器损坏。

2. 发动机缺火检测步骤

（1）用视觉观察点火系统

诊断故障的第一步，就是进行视觉观察。检查所有与点火相关的导线和器件是否绝缘、是否完好无损、是否连接良好、有无油污和灰尘或其他可见问题，如果需要可更换。

最后确定一下供电电压是否正常，否则点火能量不够，也会造成缺火现象。

（2）用诊断设备读取故障码

先用诊断测试设备读取故障码，解释故障码的含义，依据故障不当的提示判断故障原因，并依次排除。特别要注意关于点火模块、曲轴/凸轮轴位置传感器的故障码。

（3）试火判断

当故障提示为点火线圈问题，若没有点火线圈可替换试验，可用试火方法检测点火线圈。

1）有分电器的点火系统试火方法。发动机只有一个点火线圈，拔掉分电器盖上与点火线圈相连的中央高压线，装上火花塞（或专用点火测试器，见图 5-55），通过火花塞搭铁，起动发动机，观察火花塞搭铁后是否释放出蓝色火花，如有说明点火线圈是好的。

在进行点火线圈试火之前的注意事项：

① 火花塞搭铁距离不能过小或过大，过小时次级电压很低也能点火，过大时点火线圈会过热。

② 先将燃油泵的熔丝取下，不让喷油器喷油。再起动发动机转几圈让燃油管路中的残余油压释放掉。

2）无分电器的点火系统试火方法。若发动机有多个点火线圈，分别断开与火花塞相连的分高压线，给分高压线装上火花塞（或专用点火测试器），起动发动机，如图 5-56 所示，观察火花塞释放火花的情况。

图 5-55　点火测试器

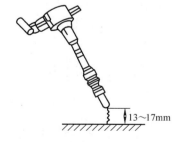

图 5-56　日产骐达 HR16DE 发动机点火次级电压的试火方法

注意： 当标准火花塞脱离气缸压力环境时，点燃它所需的电压约为 3000V 或更低。电子点火测试器至少需要 25000V 电压才能跳过 19mm 的间隙。因此，不要因为点火系统让火花塞跳火就认为点火系统正常，务必使用点火测试器。请记住，点火测试器上的间歇性火花应解释为无火花状态。

(4) 点火线圈供电电路检测

打开点火开关（发动机不运转），用电压表或试灯检查点火线圈正极侧的电压是否为蓄电池电压。如果电压不符合要求，检查点火开关或其连接线路是否断路（包括点火熔丝）。注意：有些发动机是只有在发动机起动，并且发动机ECU已感知到曲轴位置传感器信号后，才会给点火线圈提供电压（如克莱斯勒公司车型）。

(5) 点火线圈的检测

如果怀疑点火线圈有故障，简单的办法就是用万用表检测初级绕组和次级绕组的电阻值。为了获得准确的电阻测量值，测试前应拆下连接到线圈的导线。

要测试初级绕组电阻，请执行以下步骤（图5-57a）：

步骤1：将数字万用表设置为低电阻档。

步骤2：测量点火线圈正极端子和负极端子之间的电阻。大多数线圈的读数在 1~3Ω 之间。请查看汽车制造商的技术规格以了解准确的电阻值。

要测试次级绕组电阻，请执行以下步骤（图5-57b）：

步骤1：将数字万用表设置为 kΩ 档。

步骤2：测量初级绕组和次级绕组之间，或每个次级绕组之间的电阻。大多数线圈的正常电阻在 6~30kΩ 之间。查看汽车制造商的技术规格，了解准确的电阻值。

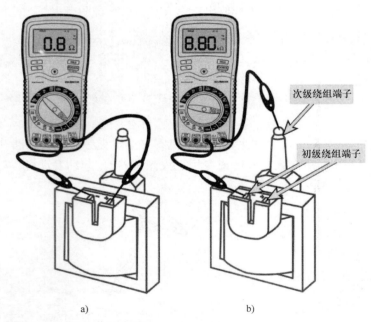

图5-57 检测点火线圈电阻
a) 检测初级绕组电阻 b) 检测次级绕组电阻

(6) 初级点火电路的检测

将电压表或试灯连到点火线圈的负极端，起动发动机，如果电压表指针摆动，或试灯闪烁，则说明初级电路完好。若没有摆动或闪烁，则说明曲轴位置传感器、点火模块或初级电路有故障。

(7) 曲轴/凸轮轴位置传感器的检测

曲轴/凸轮轴位置传感器产生模拟交流（或数字电压信号）输送给点火模块（或 ECU），再触发点火线圈的通断。曲轴/凸轮轴位置传感器的检测见前面内容。第二步是检测曲轴/凸轮轴位置传感器与点火模块之间的电压信号。

(8) 点火信号和点火反馈信号的检测

检测点火模块的信号，一个是 ECU 发给点火模块的点火信号（IGT），一个是点火模块反馈给 ECU 的点火反馈信号（IGF），如图 5-58 所示。发动机运转时用示波器进行检测

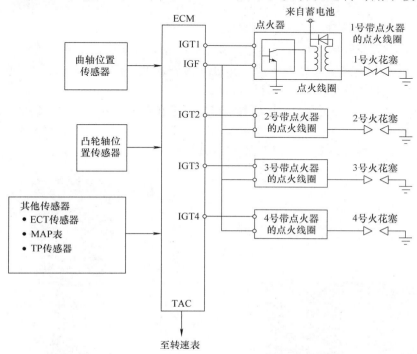

图 5-58　丰田花冠 1ZZ-FE 发动机点火系统电路原理

（具体操作见维修手册），波形如图 5-59 所示。少数生产厂家的点火系统，当起动点火之后几秒钟内，电控单元接收不到点火确认信号，就会自动切断初级电路。这样在点火开关接通（非起动模式），出现点火控制电路或驱动电路失效的情况下，有效地保护了点火线圈。例如，克莱斯勒制造的发动机，在发动机起动时电控单元接收不到曲轴位置传感器的脉冲信号，就会切断通往初级绕组的正极电源。

点火模块的搭铁方式很重要，模块不应直接搭铁，应和发动机电控单元 ECU 一起搭铁，这样避免了由于单独搭铁增加了阻抗而造成点火电压降低。在更换点火模块之前，必须确认点火模块的搭铁电路、电源电路良好。

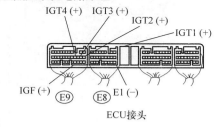

ECU 接头

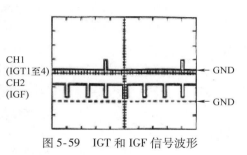

图 5-59　IGT 和 IGF 信号波形

(9) 火花塞导线检测

目视检查火花塞导线是否有破损或绝缘不良。火花塞导线绝缘不良可能导致在下雨或潮湿的天气条件下起动困难或不能起动。

注意：拆卸火花塞导线时，在从火花塞上拔下之前，务必在插头处旋转导线护套。这有助于防止损坏导线。因为许多导线老化并箍在火花塞上，通常很难拆下。

目视检查应包括以下项目：

1) 检查所有火花塞导线的布线是否正确。所有插头正常分布于分电器内，且不得有任何可能绝缘损坏和导致对地短路的金属物体。

2) 检查所有火花塞导线是否牢固地连接到火花塞和分电器盖或点火线圈上。

3) 检查所有火花塞导线是否清洁，无过多污垢或油。检查点火线圈和/或分电器盖上的所有保护盖和/或软盖是否就位，且没有损坏。

4) 仔细检查分电器盖和分电器转子是否存在故障，以及点火线圈的次级端子（图 5-60）。

5) 目视检查导线和护套是否损坏（图 5-61）。

图 5-60 同步点火线圈的上端子腐蚀会导致置出失火故障码

图 5-61 顶置凸轮轴发动机上的火花塞极棒防尘罩破损在气门室盖上形成电弧，导致缺火

6) 用万用表检查所有火花塞导线的电阻是否正确。好的火花塞导线每 0.3m 长度的测量值应小于 10000Ω（图 5-62）。

5.4.2.2 点火正时检测

点火正时是指相对于曲轴转角位置的火花塞点火时间。气缸中的火焰传播需要一定的时间，通常为 30ms。为了保持最有效的燃烧，点火时间必须随着发动机转速的增加而提前进行。为了从燃烧室内膨胀的气体中获得最大的效率，可燃混合气的燃烧应在上止点后 10° 左右结束。

点火正时应按制造商规定的程序进行检查和调整，使发动机获得最佳的燃油经济性和最低的污染物排放。

1. 点火正时不准引起的问题

点火正时过于提前（点火提前角过大），将有下列现象发生：

1）听到发动机发出砰砰声或敲击声，在爬坡或加速期间更明显。

2）着车变慢，或着车时猝然一动，在发动机暖机着车时更明显。

3）点火过于提前，发动机会过热。

点火正时过迟（点火提前角过小），将有下列现象发生：

图 5-62　测量火花塞导线的电阻。读数 16.03kΩ 是正常的，因为导线约 5cm，最大允许电阻为 20kΩ

1）发动机动力不足。

2）在起动之前，需要很长一段时间着车。

3）燃油经济性变差。

4）点火过于滞后，发动机也会过热。

2. 点火正时的检测

如果发动机配有分电器，则可以调整分电器底座或初始正时。点火正时随以下部件的机械磨损而变化：

1）正时链条。

2）分电器齿轮。

3）凸轮轴驱动齿轮。

目前，在大多数车辆上，点火正时提前由 ECU 确定和控制，不需要检测。

5.4.3　用发动机综合分析仪诊断点火系统

衡量汽油机点火系统技术状况好坏的参数主要有：发动机转速、点火提前角、闭合角、重叠角、点火波形等。通过发动机综合分析仪测得点火系统的参数和波形，与标准参数和波形进行对比，可以判断点火系统的技术状况。

5.4.3.1　读数据流诊断点火系统

1. 读取点火电压

点火电压实际上就是击穿电压，即克服火花塞间隙所需的电压，也就是次级点火波形中发火线的高度（电压值）。在点火系统初级电压正常的情况下，次级点火电压的高低，反映了火花塞电极间隙大小、高压线、分火头，点火线圈等的状况。

2. 读取点火提前角

点火提前角是影响发动机动力性、经济性、排放性等指标的重要参数：若点火过迟，则发动机不易起动，提速慢，感觉"发闷"，还会出现排气管放炮，发动机过热的现象；若点火过早，加速时会出现爆燃，发出"嘎啦，嘎啦"清脆的类似金属敲击声，爆燃除了会让发动机功率下降外还会有损发动机的寿命。

3. 读取闭合角

闭合时间指从晶体管导通到晶体管截止，让点火线圈充电的时间，这个时间以曲轴转过的角度来表示就被称为闭合角。在闭合时间结束时即开始了下一个点火过程,这个时刻被称为晶体管截止时刻,它表明初级电路断开了,次级电路感应出高压电。

闭合角不能过小,如果闭合角过小,闭合时间过短,初级电流增长不到需要的数值,会造成点火能量不足;若闭合角太大,初级电流增长到最大值以后继续通电,会使点火线圈发热。闭合角相同,转速高所占的时间短,转速低所占时间长。在无分电器点火系统中,闭合时间是由发动机电控单元或点火模块自动控制,闭合角会随发动机转速的变化而改变。

由于汽车制造公司的不同,闭合角的控制方式也不同,主要趋势有三种:
1) 当发动机转速增加时,闭合时间保持恒定(电流恒定)。
2) 当发动机转速增加时,闭合时间减少。
3) 当发动机转速增加时,闭合时间增加。

4. 读取重叠角

重叠角是将各缸波形之首对齐,波形长度之差所占的凸轮转角。它反映了分电器凸轮磨损后不均匀的程度和分电器轴松旷等因素,决定各缸点火时间间隔的均匀性。重叠角应控制在3°以内,若大于5°必须进行修理。

5.4.3.2 观察点火波形诊断点火系统

所有点火系统的点火线圈都必须进行充电和放电,用示波器显示出点火系统的波形图,根据互感原理,次级波形是初级波形的放大。当发动机运转时,示波器中的波形线高于零线的部分说明点火线圈正在放电,低于零线的部分说明点火线圈正在充电。波形高度表明电压的大小,波形从左到右的长度说明时间的长短。

1. 示波器连接有分电器的点火系统

用发动机分析仪测试点火波形,需要连接的电路如图5-63所示。

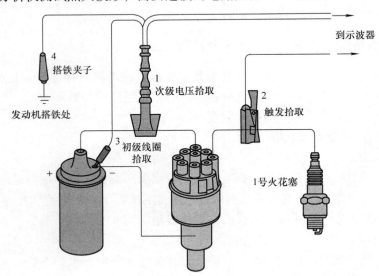

图5-63 典型发动机分析仪感应夹接线图

1) 如果是整体式点火线圈,则连接分电器盖顶部的线圈。
2) 连接1号火花塞高压线。
3) 连接点火线圈的负极侧。

4）连接搭铁处（蓄电池的负极）。

多数点火系统在用示波器测试点火波形时，需要需用感应夹夹住第一缸分高压线，感知点火触发信号，但原有的示波器无法感应无分电器独立点火系统的初级电路，需要配置改进的感应夹。

2. 示波器连接独立点火系统

无分电器独立点火方式有两种类型：第一种是点火线圈共用一个点火模块；第二种是每个点火线圈都有一个单独的点火模块，并且点火模块和点火线圈集成一体。第一种独立点火方式，点火线圈有两根电线，包括点火电压和由计算机控制的脉冲搭铁。点火控制模块负责所有点火正时和点火反馈。第二种独立点火方式，点火线圈（集成点火模块）有三根线，包括点火电压、点火正时和点火反馈。

第一种独立点火系统，点火线圈共用一个点火模块，示波器连接步骤（图5-64）：

1）使用制造商数据确定点火系统功能。
2）将示波器通道A连接到线圈电源电路。
3）在连接到同一线圈供电电路之前，将低电流钳连接到示波器通道B，选择20A量程并将夹钳归零。
4）起动发动机并使其怠速运转。
5）最小化示波器页面，可以看到已显示了一个示例波形，并已预置以捕获波形。
6）启动示波器以查看实时数据。
7）当波形出现在屏幕上时，停止示波器。
8）停止发动机并关闭点火开关。
9）使用波形缓冲、缩放和测量工具来检查波形。

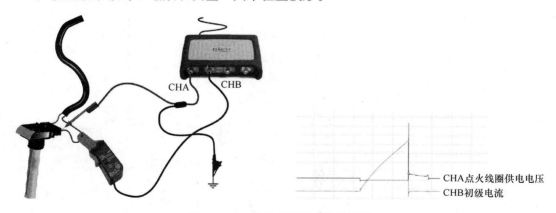

图5-64　二线点火线圈的波形检测

第二种独立点火系统，点火线圈集成点火模块、三线，示波器连接步骤（图5-65）：

1）使用制造商数据确定点火系统功能。
2）将示波器通道A连接至点火触发（点火正时），拾取初级点火波形。
3）将COP探针连接至示波器通道B和发动机搭铁。
4）将电流钳连接到示波器通道C，选择20A量程并将夹钳归零，拾取初级电流。
5）将电流钳连接到线圈电源电路。

6）起动发动机并使其怠速运转。
7）最小化示波器页面，可以看到示波器已显示了一个示例波形，并已预置以捕获波形。
8）启动示波器以查看实时数据。
9）将COP探针垂直放置在要测试的COP单元的顶部，拾取次级波形。
10）当波形出现在屏幕上时，停止示波器。
11）停止发动机并关闭点火开关。
12）使用波形缓冲、缩放和测量工具来检查波形。

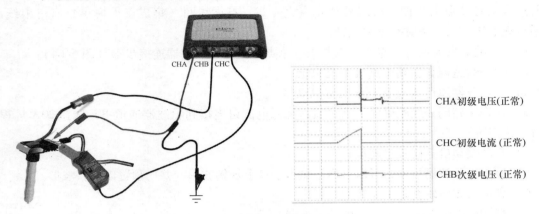

图5-65 三线点火线圈的波形检测

3. 次级点火波形的说明

（1）点火波形（击穿电压）

如图5-66所示波形，最左边的垂直向上的波形为点火波形。波形的高度被称为点火电压（击穿电压），一般应在5~15kV之间，各气缸点火电压差值不应超过3kV。点火电压代表火花塞点火所需的电压点火电压高说明使气缸中的空气电离导电需要的电压高。

如果个别气缸所测点火电压高于正常值，可能原因包括：火花塞间隙过大；可燃混合气过稀；火花塞有缺陷。

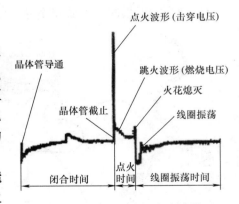

图5-66 典型的次级点火波形

如果所有气缸的点火波形线都比正常值高，可能的原因包括：分电器盖或分火头磨损（如果配置该种类型的点火系统）；所有火花塞过度磨损；中央高压线破损（高压电会跨过破损处，仍能让火花塞点火）。

快速加速发动机（档位处于P位或N位，拉紧驻车制动），正常情况是所有气缸点火波形应均匀上升（不超过最大线圈输出的75%），以便火花塞正常工作。如果一个或多个气缸上的点火线不能上升，则表明火花塞被污染。

（2）跳火波形（燃烧电压）

跳火波形是与点火波形相连的一小段水平线。跳火波形的高度代表火花塞点火后维持火花的电压，被称为跳火电压（或燃烧电压）。跳火电压应为点火电压的四分之一，在1.5~2.5kV之间。跳火波形从左到右的长度代表火花持续时间，火花持续时间通常为1.0~2.0s。火花在跳火波形线的端部熄灭。

以下是火花持续时间指南：
1) 0.8ms，则太短。
2) 1.5ms，属平均。
3) 2.2ms：则太长。

如果跳火波形持续时间太短，则可能是下列原因引起的：火花塞间隙太大、分火头末端与分电器盖内的电极之间的间隙太大（如果配置）、分高压线的电阻过高、可燃混合气太稀（真空泄漏、气门弹簧断裂气门关闭不严）。

如果跳火持续时间太短，则可能是下列原因引起的：分高压线缠绕在一起、火花塞间隙过小、分高压线或火花塞太短。

注意观察跳火波形的末端，在火花结束时波形应有小的突跃，表明点火剩余能量在消散，如图5-67所示。

点火波形和跳火波形的关联：点火波形的高度和跳火波形的长度之间的关系可以用绳子来说明，如图5-68所示。因为能量不能被破坏，所以不管发动机的工作条件如何，点火线圈中储存的能量必须完全消散。

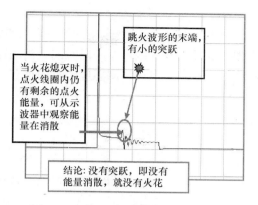

图5-67 火花熄灭时跳火波形的突跃

图5-68 点火波形和跳火波形的关联

（3）线圈振荡

火花熄灭后，点火线圈中仍有剩余的能量，剩余能量在点火线圈和整个次级电路中消散，这个过程被称为线圈振荡。线圈振荡波形应有3个或更多个振荡波。因为当火花熄灭时，在初级点火电路中产生大约250V的电压，并且每振荡一次电压下降75V。初级电路的附加电阻会降低振荡波的个数。

如果振荡波的个数少于3个，则可能是以下原因造成的：
1) 点火线圈短路。
2) 初级电路连接处有松动的地方。
3) 初级电路电阻过高。

(4) 晶体管导通点

如图 5-69 所示，经过中间振荡后，点火线圈中没能量了（还没充电时），从示波器中可以看到波形在零线停留一段时间。当晶体管导通，点火线圈通电。注意：点火线圈充电过程很慢，是由于点火线圈感应阻抗的存在。

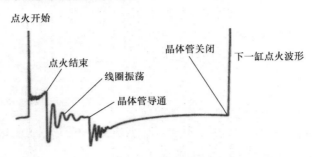

图 5-69　点火波形与电气元件的工作关系

(5) 闭合时间

闭合时间指从晶体管导通到晶体管截止，点火线圈充电时间。在闭合部分结束时即开始了下一个点火过程，这个时刻被称为晶体管截止，并表明初级电路断开了，次级电路感应出高压电。对于无分电器独立点火系统，每个缸有各自的点火线圈和点火控制，可通过比较彼此闭合时间内波形的区别，判断各缸点火的差异。

不同的 ECU 系统有不同的闭合时间设计，一般有三种类型：

1）闭合时间随着发动机转速的增加而保持不变。
2）闭合时间随着发动机转速的增加而减少。
3）闭合时间随着发动机转速的增加而增加。

许多电子点火系统在闭合时间内也出现波峰（图 5-70），这反映出点火控制模块中有电流限制功能。由于具体采用的点火模块不同，因此不同点火系统在电流限制下形成的波峰形状有略微不同之处。

4. 初级线圈电流和充电时间

通过使用数字存储示波器和低电流探针，可以检查点火系统的点火模块电流限值和充电时间（图 5-71）。点火是从点火控制模块控制初级绕组完成充电那刻开始，点火模块允许初级绕组充电电流在充电时间内向上爬升至预设极限。一旦斜坡到预设极限，初级绕组将在设定的时间段（初级饱和）保持接通，称为停留期。然后断开初级电流，在次级绕组中产生高电压来点火。

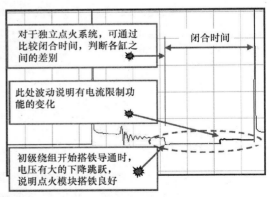

图 5-70　闭合时间内波形变化的意义

使用数字存储示波器和低电流探针，可以快速检查点火电路的两个最重要参数：模块限制电流和充电上升时间。

注意： 测量初级绕组电流时，要执行以下步骤。

步骤 1：每个点火系统都有一个至点火线圈的供电电路，找到这个供电电路，将低电流

单元5　汽油机电控点火系统

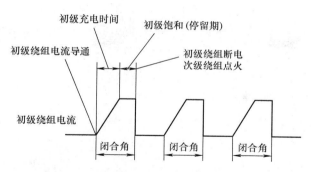

图5-71　用示波器检测初级绕组电流和充电时间

探针夹在这根线上测试。以同步点火系统为例，适用于所有类型的点火系统，如图5-72所示。

步骤2：设置示波器，纵、横坐标设置为100mV/div，2ms/div。这可以调整以适应波形，但会给出一个初始参考点。良好的电流斜坡波形如图5-73a所示，上升时间和坡度的波形形状规则。充电时间和停留时间会随着点火模块调整而改变。停留时间通常随着发动机转速的增加而增加。

电流波形可以检测到的一些故障示例如图5-73b和图5-73c所示。初级绕组断路，将通过电流波形中存在的缺失脉冲进行识别。

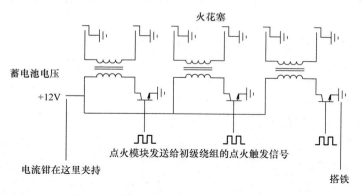

图5-72　低压电流钳夹持进行检测的位置

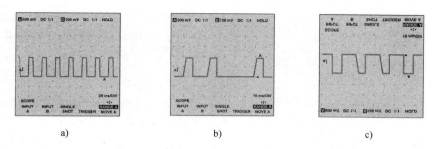

图5-73　正常时和有故障时的初级绕组电流波形
a）正常电流波形　b）初级绕组断路　c）初级绕组电阻过低，具有方形的电流斜坡

5. 波形选择

整个点火波形在示波器中是看不到的,点火示波器有三个方式来显示,使显示出的波形接近基本情况,这三种方式具体如下。

(1) 重叠波形

波形重叠位置可用于判断各气缸之间除了点火阶段外的不同点,点火波形没有显示出来,见图 5-74。

(2) 阵列波形

1#气缸波形在示波器阵列波形的最底部。选择阵列位置可用来比较各缸跳火时间长短和晶体管导通点。阵列波形显示了除点火阶段波形外的所有波形,见图 5-75。

(3) 行列波形

行列波形显示是唯一能让点火波形可见的方式。1#气缸的点火波形线在屏幕的最右侧,而剩余的其他气缸波形在左侧。点火电压只能在采用行列波形方式显示才是可见的,见图 5-76。起动发动机,使发动机转速接近 1000r/min,确保波形平滑、准确,点火电压应在 5~15kV 之间,各缸之间最高点火电压与最低点火电压不超过 3kV。如果一个或多个气缸的点火线很高,则可能表明火花塞导线有缺陷(开路)、火花塞间隙过大或可燃混合气过稀,只影响这些气缸。

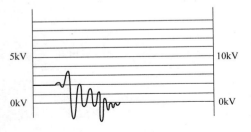

图 5-74 以重叠方式显示次级点火波形

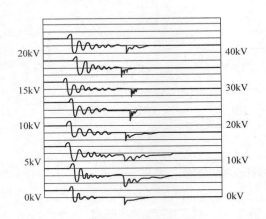

图 5-75 以阵列方式显示各缸次级波形

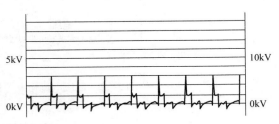

图 5-76 以行列方式显示各缸次级波形

单元5 汽油机电控点火系统

工单1　凸轮轴/曲轴位置传感器的检测

车辆名称	生产时间	发动机型号	变速器型号

实验实训目标：
　　通过填写工单，学员将学会使用诊断测试设备和工具检测凸轮轴/曲轴位置传感器，并从中获得有关凸轮轴/曲轴位置传感器的维修信息，能解释检测所得数据。

工具和设备： 车辆维修手册、诊断测试设备、数字万用表、转换插头。

操作过程：

　　第一项内容——凸轮轴位置传感器的检测

　　1. 依据维修手册找到凸轮轴位置传感器，并将诊断测试设备连接到车辆诊断座上，数字万用表与传感器电路连接好。

　　2. 开启诊断测试设备的示波器功能、数字万用表的 AC 量程或频率测试功能。

　　3. 起动发动机，打印出或画出怠速时凸轮轴位置传感器的波形。

　　　读出频率_____ Hz。

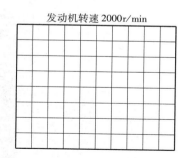

怠速　　　　　　　　　　　　　发动机转速 2000r/min

　　4. 波形是否与维修手册内波形匹配？

　　5. 将发动机转速升高到 2000r/min，观察波形发生了什么变化。

　　　波形的幅值_____。
　　　波形的频率_____。

　　第二项内容——曲轴位置传感器的检测

　　1. 依据维修手册找到曲轴位置传感器，并将诊断测试设备连接到车辆诊断座上，数字万用表与传感器电路连接好。

　　2. 开启诊断测试设备的示波器功能、数字万用表的 AC 量程或频率测试功能。

　　3. 起动发动机，打印出或画出怠速时曲轴位置传感器的波形。

　　　读出频率_____ Hz。

（续）

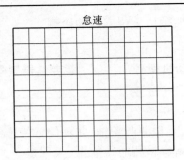
怠速

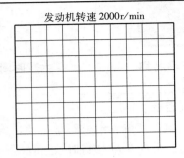
发动机转速 2000r/min

4. 波形是否与维修手册内波形匹配？

5. 将发动机转速升高到 2000r/min，观察波形发生了什么变化。

波形的幅值_____。

波形的频率_____。

6. 凸轮轴和曲轴位置传感器的电阻值为_____，是否与维修手册规定值相吻合。

单元5 汽油机电控点火系统

	工单2　爆燃传感器的检测		
车辆名称	生产时间	发动机型号	变速器型号

实验实训目标：

通过填写工单，学员将学会使用诊断测试设备和工具检测爆燃传感器，并从中获得有关爆燃传感器的维修信息，能解释检测所得数据。

工具和设备： 车辆维修手册、诊断测试设备、数字万用表、转换插头。

操作过程：

1. 依据维修手册找到爆燃传感器，并将诊断测试设备连接到车辆诊断座上，数字万用表与传感器电路连接好。

2. 开启诊断测试设备的示波器功能、数字万用表的 AC 量程或频率测试功能。

3. 按维修手册要求，将发动机转速升到出现爆燃的范围，打印或画出此时爆燃传感器的波形。

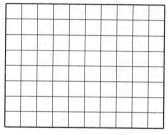

4. 波形是否与维修手册内波形匹配？

5. 出现爆燃时频率为＿＿＿＿＿＿＿＿ Hz。

6. 列出爆燃传感器的其他检测方法。

＿＿＿＿＿＿＿＿＿＿＿＿＿＿＿＿＿＿＿＿＿＿＿＿＿＿＿＿＿＿＿＿＿＿＿＿＿。

7. 列出产生故障码 P0325 的条件。

＿＿＿＿＿＿＿＿＿＿＿＿＿＿＿＿＿＿＿＿＿＿＿＿＿＿＿＿＿＿＿＿＿＿＿＿＿。

＿＿＿＿＿＿＿＿＿＿＿＿＿＿＿＿＿＿＿＿＿＿＿＿＿＿＿＿＿＿＿＿＿＿＿＿＿。

＿＿＿＿＿＿＿＿＿＿＿＿＿＿＿＿＿＿＿＿＿＿＿＿＿＿＿＿＿＿＿＿＿＿＿＿＿。

8. 置出该故障码需要几个发动机工作循环？＿＿＿＿＿＿＿＿＿＿＿＿＿＿＿＿＿。

工单3 点火系统故障诊断

车辆名称	生产时间	发动机型号	变速器型号

实验实训目标：
　　进行实际操作填写工单，学员将学会使用工具和设备检测点火系统电源和搭铁电路、点火模块、次级电路、点火正时，获得读取与点火系统故障诊断相关信息的方法。

工具和设备：
　　车辆维修手册、手持式测试仪、数字万用表。

操作过程：

第一项内容

1. 发动机的点火顺序是什么？
2. 依据维修手册确认各缸的点火线圈及点火信号线，具体情况填入下表。

气缸	点火线圈	点火信号（颜色）	点火反馈信号（颜色）	点火线圈的电源线（颜色）	点火线圈的搭铁线（颜色）

3. 列出点火系统的熔丝和继电器的位置_____。

第二项内容

根据维修手册完成点火正时的检查，检查结果_____。
如何调整点火正时？

第三项内容

1. 如果点火线圈能放出火花，但还是有故障码 P1300，这时需要检测点火系统的哪一部分？_____。
2. 若所有点火线圈都不能释放出火花，请列出四个与此相关的元器件：
　_____。
　_____。
　_____。
　_____。
3. 如果怀疑点火线圈有问题，应如何进行检测？

(续)

4. 对于配有 OBD Ⅱ 系统的车辆，断开任意一缸喷油器的插接线，起动发动机，使用诊断测试设备检测发动机缺火故障，此时诊断测试设备显示的内容是什么？

第四项内容

1. 点火和点火确认信号检测。

用诊断测试设备的示波器，在怠速和转速为 1500r/min 时，检测点火信号（IGT）和点火确认信号（IGF），将比较清楚的波形打印出来或画在下面。

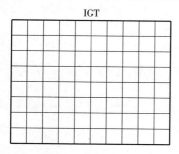
IGT

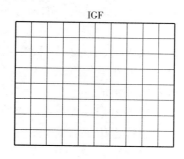
IGF

2. IGT 和 IGF 波形与维修手册相吻合吗？

3. 用数字万用表检测 IGF 信号，信号电压是_____。

本单元小结

1）最佳的点火提前角不仅保证发动机的动力性和燃油经济性都达到最佳值,还必须保证污染物排放最少。点火提前角应随发动机转速的升高而增大。负荷减小时,应适当增大点火提前角。

2）起动时点火提前角固定在设定的初始点火提前角,此时的控制信号主要是发动机转速信号和起动开关信号。

3）起动后实际的点火提前角等于初始点火提前角、基本点火提前角和修正点火提前角之和。

4）推迟点火/减小点火提前角是消除爆燃的最有效措施。

5）电感储能式电控点火系统基本由电源、传感器、ECU、点火模块、点火线圈、(分电器)、火花塞等组成。

6）无分电器电控点火系统目前常用的有独立点火方式、同时点火方式两种类型。

7）凸轮轴位置传感器给 ECU 提供第一缸压缩上止点信号,作为喷油和点火控制的主要信号,也称为 G 信号、判缸信号。曲轴位置传感器给 ECU 提供发动机转速和曲轴转角信号,也是喷油和点火控制的主要信号,也被称为 NE 信号。

8）凸轮轴位置传感器损坏不会造成发动机不能起动,但会造成喷油时刻错乱,曲轴位置传感器出现问题,发动机将无法起动。

9）点火系统的电路检测主要包括五项内容:供电电压、搭铁情况、触发信号、点火正时、转速信号。

10）测量点火线圈的电阻,初级绕组的电阻大约为 1Ω,次级绕组的电阻约为 $6000\sim30000\Omega$。

11）用示波器显示的次级点火波形包括:点火波形线、跳火波形线、线圈振荡、晶体管导通和闭合时间。

12）点火电路的两个最重要参数是点火模块电流限值和充电时间。使用数字存储示波器和低电流探针,可以快速检查这两个参数。

复 习 题

一、判断题

1. 点火提前角太小会引起发动机过热。（　）
2. 初级电路中出现故障可能会使次级点火电压高于正常值。（　）
3. 调整点火正时会影响发动机的转速，因此，在调整点火正时后应检查发动机的转速。（　）
4. 最佳点火提前角，随发动机的转速和负荷的变化而变化。（　）
5. 点火线圈的闭合时间指从晶体管导通到晶体管截止，点火线圈放电时间。（　）
6. 无分电器点火系统的初始点火正时是不可调的。（　）

二、选择题

1. 点火系统的初级电路必须正常工作，以保证点火线圈产生点火高压。初级点火电路不包括下列哪个元件？（　）
   A. 分高压线　　B. 点火模块　　C. 火器　　D. 点火开关
2. 无分电器同步点火系统能被下列_____触发？（　）
   A. 霍尔效应传感器　B. 磁感应式传感器　C. 电位计式传感器　D. 上述 A 和 B
3. 关于磁感应式曲轴/凸轮轴位置传感器的检测方法，下面哪一种正确？（　）
   A. 可用万用表检测　B. 不能用万用表检测　C. 可用示波器检测　D. 上述 A 和 C
4. 一般情况下初级绕组的电阻范围为：（　）
   A. $100 \sim 450 \Omega$　B. $500 \sim 1500 \Omega$　C. $1 \sim 3 \Omega$　D. $6000 \sim 30000 \Omega$
5. 一般情况下次级绕组的电阻范围为：（　）
   A. $100 \sim 450 \Omega$　B. $500 \sim 1500 \Omega$　C. $1 \sim 3 \Omega$　D. $6000 \sim 30000 \Omega$
6. 凸轮轴位置传感器用于：（　）
   A. 检测发动机转速
   B. 检测曲轴位置，进行喷油正时和点火正时控制
   C. 告知 ECU 已经点火了
   D. 选择 A 和 B 都对
7. 对于电控燃油喷射式发动机，如果没有转速信号，会怎样？（　）
   A. 系统进入备用模式
   B. 发动机能起动，但混合气过浓
   C. 发动机能运转，但运转不稳
   D. 发动机不能运转
8. 有关影响火花塞高压跳火的说法，下列哪个正确？（　）
   A. 高压线跳火间隙过大，则火花塞跳火电压提高
   B. 混合气过稀，则火花塞跳火电压降低
9. 关于霍尔式传感器，以下哪项是错误的？（　）
   A. 输出的电压信号不随转速的变化而变化，可以适应低转速情况
   B. 传感器频率响应高，可以适应高转速情况
   C. 抗电磁波干扰能力强

D. 通过 A/D 转换器向 ECU 输送转速信息

10. 在讨论无分电器双缸同时点火系统时，以下哪项错误？（　　）

A. 当 1 对火花塞跳火时，气缸中的 1 个缸处于排气行程，另 1 个缸处于压缩行程

B. 每对火花塞串联跳火

C. 同时跳火的火花塞跳火方向相反

D. 由于火花塞的间隙相同，同时跳火的两缸所消耗的跳火能量是相同的

11. 发动机出现爆燃时，应将：（　　）。

A. 点火提前　　　　　　B. 点火推迟

12. 在一个无分电器式点火系统的故障里，曲轴/凸轮轴位置传感器测试为正常，而对每缸进行试火时火花塞却不点火，最不可能的是以下哪项？（　　）

A. 各缸点火线圈问题　　B. 电脑的搭铁线不良　　C. 电脑本身的故障

13. 分析某缸的次级点火样式，发现点火波形线比正常时矮些，跳火波形线比正常时长些。下面哪种说法正确？（　　）

A. 该缸的分高压线损坏了　　　　　　B. 该缸的分高压线缠绕

C. 两种说法都对　　　　　　　　　　D. 两种说法都不对

14. 在发动机点火直列波形图上，发现第三缸点火电压 16kV，其余各缸为 12kV，可能的原因是（　　）。

A. 第三缸喷油器漏油　　　　　　　　B. 第三缸火花塞积炭严重

C. 第三缸活塞环漏气严重　　　　　　D. 第三缸火花塞间隙过大

15. 在示波器图形上点火波形线全部低于正常值，以下哪种情况不会导致这种现象？（　　）

A. 可能是点火线圈输出的点火电压太低　　B. 可能是可燃混合气太稀

C. 点火时间太早　　　　　　　　　　　　D. 分火头漏电

三、问答题

1. 任何点火系统必须具备哪些功能？

2. 无分电器点火系统有哪些优点？

3. 说明独立点火和同时点火的区别。

4. 说明磁感应式、霍尔效应式、磁控电阻式检测旋转运动的传感器的区别。

5. 电控发动机对点火系主要有哪些控制？

6. 为什么闭合角过大、过小都不好？对于无分电器点火系统，闭合角的最佳值取决于哪些参数？

单元5 汽油机电控点火系统

单元5 复习题答案

一、判断题

1. 正确 2. 错误 3. 正确 4. 正确 5. 错误 6. 正确

二、选择题

1. A 2. D 3. D 4. C 5. D 6. B 7. D 8. A 9. D 10. D 11. B 12. A 13. D 14. D 15. A

单元6

学习目标

1. 依据发动机数据流和发动机故障征兆，判断催化转化器的工作状态。
2. 能解释依据氧传感器信号判断混合气浓稀的原理。
3. 氧传感器、空燃比传感器的主要区别是什么？
4. 依据发动机数据流和发动机故障征兆判断氧传感器、空燃比传感器及其加热装置的工作情况。
5. 比较短期和长期燃油修正，说明燃油调整如何帮助诊断。
6. 依据发动机数据流和检测的 EVAP 系统压力测试结果，判断出 EVAP 系统的工作状态。
7. 依据发动机数据流和检测的 SAI 系统真空压力测试结果，判断出 SAI 系统的工作状态。
8. 采用合适的诊断流程，寻找出 EVAP 系统、EGR 系统、SAI 系统出现问题的原因。

6.1 三元催化转化器与闭环控制系统

6.1.1 三元催化转化器的功能

问题链接：
1. 三元催化转化器中的"三元"指什么？
2. 什么是发动机的闭环控制？

为了达到排放法规的要求，国外汽车企业 1996 年以后生产的车辆必须配置 OBD Ⅱ 系统，也就必须安装三元催化转化器（Three-Way Catalytic converter，TWC）。所谓"三元"，是指能同时处理 CO、HC 和 NO_x 三种有害气体。而早期的二元式，仅能针对 CO 和 HC 进行催化转化。三元催化转化器安装在排气管中部，其功能是利用转化器中的三元催化剂，将发动机排出废气中的有害气体 HC、CO 和 NO_x 转化为无害气体 H_2O、CO_2 和 N_2。

采用 OBD Ⅱ 系统的车辆相对 OBD Ⅰ 来说，采用双氧传感器以监测三元催化转化器的转化效率及其他与排放相关元件的工作情况，如图 6-1 所示。

单元6 电控汽油机的排放控制

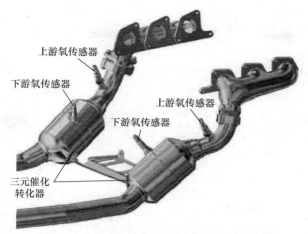

图 6-1　奔驰车系三元催化转化器的安装情况

6.1.2　TWC 的构造

根据催化剂载体的结构特点，TWC 可分为颗粒式和整体式两种类型。颗粒式载体将催化剂沉积在颗粒状氧化铝载体表面，主要用于美国和日本生产的汽车上，目前应用正在减少。欧洲的汽车生产厂商实际上从未采用这类载体。整体式载体分成陶瓷（铝－镁－硅）的和金属的两种，将催化剂沉积在蜂巢状表面，可增大催化剂与废气的实际接触面积。

以整体式三元催化转化器为例，它主要由四部分组成：载体、涂在载体上的催化活性层、承纳载体的钢板壳体和钢板壳体之间的隔离层或缓冲层，如图6-2所示。

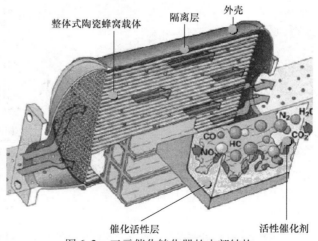

图 6-2　三元催化转化器的内部结构

6.1.3　TWC 与闭环控制的工作原理

6.1.3.1　TWC 的工作原理

TWC 先利用内含的贵重金属铑（Rd）做催化剂，将 NO_x 还原成无害的氮气（N_2）和二氧化碳（CO_2）。还原过程中所生成的 O_2，再加上 TWC 内由二次空气导管（有些车型备

221

有）所导入的新鲜空气中的 O_2，以铂（Pt）或钯（Pd）做催化剂一起对 CO、HC 进行催化氧化反应，使其转变成无害的 CO_2 和 H_2O，这种还原—氧化的过程又称为二段式转化，见图 6-3。

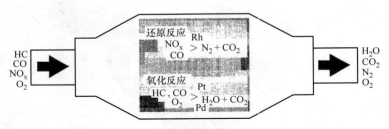

图 6-3　三元催化转化器内部的化学反应过程

TWC 将有害气体转变成无害气体的效率受诸多因素的影响。其中影响最大的是混合气的浓度和排气温度。三元催化转化器最佳工作温度范围为 400～800℃，只有温度超过 300℃，催化转化的效率才能大于 50%（此温度称为"起燃"温度）。发动机的排气温度过高（815℃以上）时，TWC 的转换效率将明显下降，催化活性层会出现热老化，如果催化转化器内温度超过 1000℃，会造成热损坏。有些三元催化转化装置中装有排气温度报警装置，当报警装置发出报警信号时，应停机熄火，查明排气温度过高的原因，予以排除。

在使用中，燃气温度过高一般是由于发动机长时间在大负荷下工作或因故障而燃烧不完全所致，因为未燃碳氢化合物进入催化转化器，与残余氧发生燃烧反应。

6.1.3.2　闭环控制的工作原理

三元催化转化器的转化效率与发动机的空燃比（过量空气系数 λ）也有关系（图 6-4）。根据实验发现，当空燃比维持在 14.7∶1（λ=1）上下 0.5%（λ=±0.005）时，才能使 NO_x 还原释放出氧，加上二次空气喷射的氧，完全用于氧化 HC 和 CO。如图 6-4 所示，混合气浓（λ<0.995）时，HC、CO 含量将增多，使转化的效率降低；但若混合气稀（λ>1.005），会导致氮氧化合物含量增加，如此亦将使转化的效率下降。

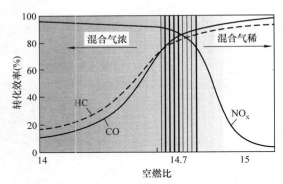

图 6-4　TWC 的转化效率与空燃比的关系

直接喷射汽油发动机工作在 λ 远超过 1 的特定工作范围，需要三元催化转化器能够暂时存储 NO_x。

空燃比由发动机的计算机控制，即控制喷油量，喷油量的大小取决于氧传感器（位于催化转化器前面）送给计算机的信号。发动机计算机根据氧传感器的信号调节喷油量。如果废气中的残余氧含量低（混合气浓），ECU 就缩短喷油时间，减少喷油量；如果废气中氧含量高（混合气稀），ECU 就增加喷油时间，增加喷油量。这就是发动机**闭环控制的基本原理**。计算机将发动机空燃比尽可能地控制在理想值（14.7）附近，此时发动机燃烧完全，工作效率最高，催化转化装置转化效率也最高，即发动机工作时最省油，动力性最佳，污染物排放量最少。

安装在三元催化转化器后面的第二只氧传感器用于监控催化剂的工作情况。

6.1.3.3 闭环控制的条件

在装有氧传感器的电控燃油喷射发动机上，电控燃油喷射（EFI）系统并不是在所有工况下都进行闭环控制，在发动机起动、怠速、暖机、加速、全负荷、减速断油等工况下，发动机不可能以理论空燃比工作，仍采用开环控制方式。

闭环控制的条件：
- 传感器检测到废气温度高于300℃。
- 发动机处于怠速或部分负荷工况。
- 发动机温度高于40℃。

此外，氧传感器温度在400℃以下、氧传感器或其电路发生故障时，也只能采用开环控制。电控燃油喷射系统进行开环控制还是进行闭环控制，由ECU根据相关输入信号确定。

6.1.4 短期/长期燃油修正

6.1.4.1 短期/长期燃油修正的概念

短期/长期燃油修正通过ECU改变喷油器脉冲宽度以保持发动机的空燃比尽量地接近理想空燃比14.7:1。无论是短期燃油修正（Short Term Fuel Trim，STFT）还是长期燃油修正（Long Term Fuel Trim，LTFT）的数据，都可以通过汽车诊断仪进行检测。短期燃油调整和长期燃油调整之间重要的差别是前者表示短时期的小变化，而后者表示长时期的较大变化。STFT被称为易失性值，通常在点火开关关闭时清除。在发动机起动和运行时，重新启动STFT值。LTFT是一个记忆值，存储在动力传动系统控制模块（PCM）保持存储器（KAM）中，除非电源中断或使用诊断仪重置LTFT值。

燃油调整是一个关键的诊断参数，从该参数可以了解ECU如何控制燃油供给以及自适应策略如何工作。

1. 短期燃油修正方法

当发动机处于闭环状态时，短期燃油修正将对空燃比进行小的、临时的调整，短期燃油修正连续不断地监测来自氧传感器的输出电压，并以0.45V为参考点。当发动机处于闭环状态时，氧传感器的信号电压应在0.1~0.9V的恒定范围内变化。当ECU监测到的氧传感器电压在参考点0.45V附近稳定地来回变化时，ECU就连续地调整供油量，以保证发动机的空燃比尽量接近14.7:1。短期燃油修正的数值用-100%~+100%之间的百分比表示（或用0~255个修正步表示），中间点为0%（或为128步）。如果短期燃油修正的数值为0%，则表示空燃比为理想值14.7:1，混合气既不太浓，也不太稀（图6-5）。如果短期燃油修正显示高于0%的正值，则表示混合气较稀，ECU在对供油系统进行增加喷油量的调整。如果短期燃油修正显示低于0%的负值，则表示混合气较浓，ECU在对供油系统进行减少喷油量的调整。如果混合气过稀或过浓的程度超过了短期燃油调整的范围，这时就要进行长期燃油调整。

2. 长期燃油修正方法

长期燃油修正值是由短期燃油修正值得到，并代表了燃油偏差的长期调整值。长期燃油修正表示方式与短期燃油修正表示方式一致，如果长期燃油修正显示0%表示为了保持ECU所控制的空燃比，供油量正合适；如果长期燃油修正显示的是低于0%的负值，则表明混合

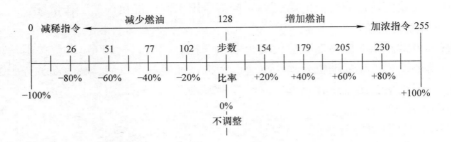

图 6-5 短期燃油修正转换示意图

气过浓，喷油量正在减少（喷油脉宽减小）；如果长期燃油显示的是高于 0% 的正值，则表明混合气过稀，ECU 正在通过增加供油量（喷油脉宽增大）进行补偿。长期燃油修正的数值可以表示动力控制模块已经补偿了多少。尽管短期燃油修正可以更频繁地对燃油供给量进行范围较广的小量调整，但长期燃油修正可以表示出短期燃油修正向稀薄或浓稠方向调整的趋势。长期燃油修正可以在较长时间后将朝所要求的方向明显地改变供油量。若短期燃油修正远远偏离 128 步，则长期燃油修正将改变其修正值，使短期燃油向 6% 或 128 的方向修正，如图 6-6 所示。

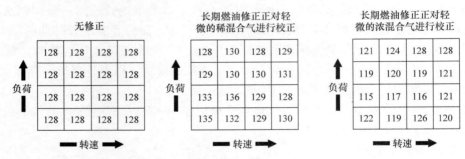

图 6-6 长期燃油修正例子

短期燃油修正和长期燃油修正的数值，可以帮助维修人员判断混合气过浓或过稀是由燃油喷射系统内部故障引起的，还是由相关传感器故障造成的。ECU 控制长期燃油修正微调的最大值在 −25% ~ +20% 范围内，短期燃油微调的权限在 −27% ~ +27% 之间，如果 STFT 或 LTFT 超过 +25%，低于 −25%，则 MIL 指示灯点亮并设置故障码。

举例说明短期和长期燃油修正对诊断的应用。

例 1：STFT = +5%，LTFT = 20%。

短期和长期燃油修正表示发动机 ECU 正在响应，计算机正在响应偏差的状态。LTFT 表示，必须将燃料量增加 20%，才能使可燃混合气达到适当的水平，也就是 STFT 正向浓混合气"切换"，以实现最大的催化转化器效率。暗示出混合气稀，要寻找真空泄漏或燃油压力低的原因。

例 2：STFT = +5%，LTFT = 0。

说明这些读数是完美的。STFT 加或减最多 10% 以达到适当的可燃混合气是正常的。

例 3：STFT = −10%，LTFT = −30%。

说明混合气很浓,因为 LTFT 必须除去预期量的 30% 的燃油才能实现适当的可燃混合气。查找有故障的喷油器(打开)、有故障的燃油压力调节器或进气通道是否受限。

3. 燃油修正过高或过低原因

短期燃油修正值和长期燃油修正值趋于 0% 调整是正常的。若 STFT 和 LTFT 增加到明显超过 0% 则说明 ECU 检测到更多氧气,需要增加喷油脉宽;若 STFT 和 LTFT 减少到明显低于 0% 则说明 ECU 检测到更少氧气,需要减小喷油脉宽。

导致 STFT 和 LTFT 明显增加的可能原因如下:

1)未经检测的空气通过真空泄漏处进入发动机。泄漏对怠速工况影响大,对高转速工况影响小。怠速时燃油修正值趋向正百分比,但是高转速时燃油修正趋势变化不大。

2)MAF 脏污,传感器信息不正确,检测到的进气量减少。

3)喷油器脏污或堵塞,喷油量少。

导致 STFT 和 LTFT 明显减少的可能原因如下:

1)空气流动受限制,排气管阻滞或催化转化器阻滞。

2)喷油器泄漏。

3)传感器信息不正确。

4. 用燃油修正值诊断故障需监测的工况

1)冷机/暖机。

2)怠速、低速和高速。

3)无载荷、重载荷(驾驶时加速过大)。

6.1.4.2 短期/长期燃油修正的特点

长(短)期燃油修正的特点总结如下:

1)在闭环工况下起作用。

2)ECU 通过对喷油量进行微调来控制空燃比。

3)短期燃油修正是 ECU 依据氧传感器的电压信号进行喷油量的修正。

4)长期燃油修正是 ECU 通过对短期燃油修正(长时间修正的趋势)的计算得来的,其目的是尽可能地让短期燃油修正的数值接近 0%,如果长期燃油调整的数值超过 5%,则表示发动机系统有故障,应该进行检查。

5)OBD Ⅱ 系统需经过两个发动机驱动循化才能设置有关燃油修正的故障码。短期燃油修正值是临时存储的,在关闭点火开关后自动消失。长期燃油修正值被存储在内存中,并被用于确定基本喷油量,对开环和闭环中喷油器的喷射量控制都有影响。

6)千万记住燃油修正的方向与故障码是相反的。如可燃混合气实际上太稀,而故障码 P0171 意味着 ECU 正向浓的方向修正可燃混合气,见图 6-7。

6.1.5 OBD Ⅱ 系统对 TWC 转化效率的监控

6.1.5.1 监控方法

大部分的三元催化转化器(TWC)内都含有铈(Ce)作为底部金属,铈具有储存与释放氧气的能力。当混合比有一段长时间稀状态时,催化转化器内的含氧量将达到最大值;反之,当混合比出现浓的状态时,氧气便减少,此时,催化转化器无法转化有害废气。ECU 利用下游氧传感器来监测并控制催化转化器储存与释放氧气的能力。一个良好的催化转化器

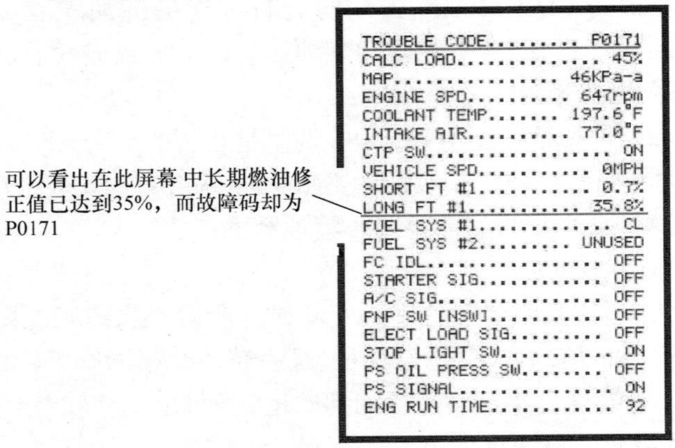

TROUBLE CODE......... P0171
CALC LOAD.............. 45%
MAP................ 46KPa-a
ENGINE SPD.......... 647rpm
COOLANT TEMP........ 197.6°F
INTAKE AIR.......... 77.0°F
CTP SW................ ON
VEHICLE SPD........... 0MPH
SHORT FT #1........... 0.7%
LONG FT #1........... 35.8%
FUEL SYS #1............ CL
FUEL SYS #2......... UNUSED
FC IDL................ OFF
STARTER SIG........... OFF
A/C SIG............... OFF
PNP SW [NSW].......... OFF
ELECT LOAD SIG........ OFF
STOP LIGHT SW.......... ON
PS OIL PRESS SW....... OFF
PS SIGNAL.............. ON
ENG RUN TIME........... 92
可以看出在此屏幕中长期燃油修正值已达到35%，而故障码却为P0171

图 6-7　燃油修正方向与故障码相反的实例

应该要有 90% 以上的碳氢转化效率。在发动机稀薄燃烧期间，催化转化器储存氧气，而在浓燃烧时释放这些储存的氧气，以烧掉过多的碳氢化合物。催化转化器转化效率的测量是通过闭环控制期间对转化器内储氧量做监控而完成。下游氧传感器的输出电压波形应是相当地平直，如图 6-8a 所示。拥有高储氧量表示催化转化器良好；低储氧能力则代表催化转化器已劣化了。一个失效的催化转化器会出现与上游氧传感器相符的电压尖峰波形，在下游氧传感器上所出现的尖峰波表示催化转化器已失去储存氧气的能力了，如图 6-8b 所示。一般催化转化器的有效使用里程约为 8 万 km。

催化转化
OK
催化转化
NO
U
t
前氧传感器
后氧传感器

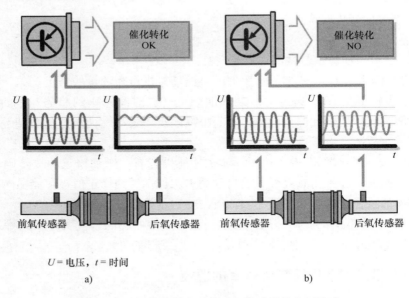

U = 电压，t = 时间

a)　　　　　　b)

图 6-8　三元催化转化器前后氧传感器的电压波形

6.1.5.2　催化转化器转化效率监测

在 OBD Ⅱ 模式$06 下，怠速时测试催化转化器的效率，结果如下：

TID ＄0C CID ＄06

最大值 = 33，234

测量值 = 17，708

最小值 = －－－－－

结果 = 已通过

通过读数和最大极限清楚地表明催化转化器效率测试通过。这是检查催化转化器效率的有效测试。

6.1.6 影响 TWC 的转化效率的原因

如果出现有关三元催化转化器（TWC）的故障码，就需要判断 TWC 是否失效。三元催化转化器主要故障是催化剂失效，导致性能退化，原因有几个方面：

1）发动性能方面：如高转速时功率损失大、难于起动、加速性能差或燃油经济性差等。

2）催化转化器过热：由于混合气过浓或发动机熄火导致未燃的燃油排放太多，造成在催化转化器内燃烧，而导致过热。

3）过多的燃油和机油消耗。有关催化转化器的故障码也可能是与使用旧零件或排放系统泄漏等有关。

6.1.7 基于 STFT 和 LTFT 进行故障诊断案例

基于燃油修正数据进行故障诊断四个步骤：

1）连接 SCANTOOL 类型的诊断仪，最好是带有记忆功能的。

2）在四个工作范围内监测和记录燃油修正值：怠速、轻载荷（32~48km/h）、中等载荷（64~80km/h）和重载荷（97~113km/h）。

3）分析读取到的数据流。

4）提取到信息准备下一步维修。

故障案例：

仪表故障指示灯（MIL）点亮，故障码为 P0171（Bank1 System Lean，气缸组 1 混合气稀）、P0174（Bank2 System Lean，气缸组 2 混合气稀）。读取到的燃油修正数据流见表 6-1。

表 6-1　发动机在四种工况下都向正百分比修正的数据流

怠速		中等载荷	
车速（VSS）	0km/h	车速（VSS）	72km/h
发动机负荷（Engine Load）	7%	发动机负荷（Engine Load）	55%
短期燃油修正 STFT1	25%	短期燃油修正 STFT1	20%
长期燃油修正 LTFT1	10%	长期燃油修正 LTFT1	10%
短期燃油修正 STFT2	25%	短期燃油修正 STFT2	19%
长期燃油修正 LTFT2	10%	长期燃油修正 LTFT2	10%

（续）

	轻载荷		重载荷	
车速（VSS）	40km/h		车速（VSS）	100km/h
发动机负荷（Engine Load）	29%		发动机负荷（Engine Load）	100%
短期燃油修正 STFT1	15%		短期燃油修正 STFT1	21%
长期燃油修正 LTFT1	10%		长期燃油修正 LTFT1	10%
短期燃油修正 STFT2	15%		短期燃油修正 STFT2	19%
长期燃油修正 LTFT2	10%		长期燃油修正 LTFT2	10%

故障解析：

（1）分析读取的故障码和数据流，可以获取什么样的信息呢

发动机有两个催化转化器，也就是有两个排气管。在四个工况下，短期和长期燃油修正都是正百分数，一直表明混合气稀，ECU 在命令喷油器增加喷油量，修正混合气稀的问题。

（2）到底什么原因造成混合气稀呢

混合气稀的可能原因：

1）燃油滤清器堵塞、燃油泵损坏或磨损、喷油器泄漏或脏污、燃油压力低。

2）燃油蒸发净化电磁阀泄漏、废气再循环系统 EGR 问题和曲轴箱强制通风 PCV 出现真空泄漏。

3）空气流量传感器（MAF）损坏等。

（3）排除管路原因

真空泄漏排除：从理论上分析，如果是真空泄漏，空气流量传感器检测不到实际吸入的空气量，造成 ECU 认为空气没那么多，喷油就少，则催化转化器前氧传感器检测到氧含量高，说明混合气稀，ECU 得到这个信息就会命令加油，所以燃油向正百分比方向修正。但实际上出现真空泄漏时，发动机在怠速时燃油修正是正百分比，但在重载荷高转速时，节气门开度增大后，燃油修正恢复正常，趋近于 0%，而且真空泄漏也不会设置故障码 P0171 和 P0174，因为燃油修正值不是一直为高的正百分比，不足以达到设置故障码的条件，见表 6-2。

表 6-2　发动机在四种工况下仅怠速时向正百分比修正的数据流

	怠速		中等载荷	
车速（VSS）	0km/h		车速（VSS）	74km/h
发动机负荷（Engine Load）	7%		发动机负荷（Engine Load）	55%
短期燃油修正 STFT1	25%		短期燃油修正 STFT1	1%
长期燃油修正 LTFT1	10%		长期燃油修正 LTFT1	0%
短期燃油修正 STFT2	25%		短期燃油修正 STFT2	3%
长期燃油修正 LTFT2	10%		长期燃油修正 LTFT2	0%

单元6　电控汽油机的排放控制

（续）

轻载荷		重载荷	
车速（VSS）	43km/h	车速（VSS）	101km/h
发动机负荷（Engine Load）	29%	发动机负荷（Engine Load）	100%
短期燃油修正 STFT1	3%	短期燃油修正 STFT1	-2%
长期燃油修正 LTFT1	0%	长期燃油修正 LTFT1	0%
短期燃油修正 STFT2	-1%	短期燃油修正 STFT2	1%
长期燃油修正 LTFT2	0%	长期燃油修正 LTFT2	0%

（4）哪几个部件会在这四个工况下导致相同燃油修正趋势呢

MAF 传感器、低压燃油泵（GDI 直喷发动机）、高压燃油泵（GDI）这三个部件问题导致在四个工况下有相同的燃油修正趋势。

进一步缩小范围，排除可能原因。

喷油器泄漏或脏污可以排除。喷油泄漏或脏污会导致混合气过浓，燃油修正值应该向负百分比调整，产生的故障码为 P0173 和 P0175。喷油器堵塞应该检查，但应该排除上述原因之后再进行。

燃油滤清器堵塞、燃油泵磨损或燃油压力低可以排除。理论上讲，这三个原因会导致设置故障码 P0171 和 P0174。但是对于 GDI 发动机，这三个原因会造成 GDI 高压泵燃油的燃油量供给不足。此时 ECU 会确定所需燃油压力不在规定范围内，对于 GDI 发动机会设置 P0087（油轨系统压力过低），而不是 P0171 和 P0174。如果是进气道喷射发动机，低压低，怠速时要求用的燃油容积小，较高载荷下则需要大容积的燃油，燃油修正会一直朝着正百分比修正，达到足以设置故障码 P0171 和 P0174，并且发动机此时性能不会很好。

净化电磁阀可以排除。燃油蒸发系统的净化电磁阀在怠速时开启，活性炭罐气体压力接近大气压力，净化电磁阀输出侧压力是进气歧管真空。在压差作用下，将活性炭罐中积攒的燃油蒸气送到进气歧管，混合气变浓。如果净化电磁阀卡滞在开启位置，燃油修正可能会正向也可能会负向，取决于活性炭罐内燃油蒸气量的多少。积攒得多，送到进气歧管的燃油蒸气多，燃油修正向负百分比调整，积攒得少，进入进气歧管的燃油蒸气少，燃油修正向正百分比调整。净化电磁阀卡滞对于重载荷和高转速工作范围的影响很小，所以可以排除。

（5）最终锁定 MAF 故障

检测 MAF 信号。

6.2　氧传感器和空燃比传感器

> 问题链接：
> 1. 氧传感器在燃油喷射闭环控制系统中起什么作用？
> 2. 氧传感器和空燃比传感器有什么区别？

氧传感器最初的功用是在闭环控制中用于喷油脉宽的修正，现今还用于检测催化转化器的转化效率以及二次空气喷射系统监控。

为最大限度地发挥装有三元催化转化器（TWC）发动机的排气净化性能，必须将空燃比保持在理论空燃比附近很窄的范围内。发动机 ECU 根据氧传感器输出的信号判断混合气是浓还是稀,去增加或减少燃油喷射量,使空燃比保持在理论空燃比附近。发动机排气管上安装有两种类型的传感器:一种是窄型氧传感器,即老式的氧传感器,简单地称为氧传感器;另一种是宽型氧传感器,即新型的氧传感器,被称为空燃比(A/F)传感器。

6.2.1 氧传感器

氧传感器的类型:

1) 按材质分类,氧传感器分为氧化锆(ZrO_2)式和氧化钛(TiO_2)式两种类型。

2) 按作用分类,氧传感器分为非加热型的和加热型的。

3) 按在排气管中的安装数量分类,氧传感器分为单氧传感器和双氧传感器。双氧传感器用在采用 OBD Ⅱ 系统的车辆上,一个氧传感器安装在催化转化器前面的排气管上(上游氧传感器),另一个安装在催化转化器后面的排气管上(下游氧传感器)。上游氧传感器被 ECU 用于空燃比调节,下游氧传感器被 ECU 用于判断三元催化转化器的转化效率。

氧传感器的安装位置: 如图 6-9 所示为氧传感器的安装方式。

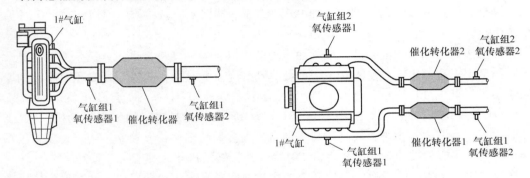

图 6-9 常见氧传感器安装方式

6.2.1.1 氧化锆氧传感器

1. 氧化锆氧传感器的结构

氧化锆氧传感器的构造及其输出电压特性如图 6-10、图 6-11 所示。该传感器主要由氧化锆管、铂电极和保护套组成。氧化锆管固定在带有安装螺纹的固定套中,锆管的内、外表面均覆盖着一层多孔性铂膜作为电极,锆管内侧通大气,外侧直接与排气管中的废气接触。在氧化锆管外表面的铂膜层上,还覆盖着一层多孔的陶瓷涂层,并加有带槽口的保护套,用来防止废气对铂电极产生腐蚀;在传感器的线束插接器端有金属护套,上面开有小孔,以便使氧化锆管内侧通大气。

2. 氧化锆氧传感器的工作原理

氧化锆氧传感器实质是一个化学电池,又称氧浓差电池。在 400℃ 以上的高温时,氧气发生电离,若氧化锆管内、外表面接触的气体中存在氧的浓度差别,则在固体电解质(二氧化锆元件)内部氧离子从大气一侧向排气一侧扩散,形成微电池,氧化锆管内、外表面的两个铂电极之间将会产生电压。发动机工作时,由于氧化锆管内表面接触的大气中氧浓度是固定的,而与锆管外表面接触的废气中氧浓度是随空燃比变化的,所以将氧化锆管内、外表面两个电极间产生的电压输送给 ECU,作为判断实际空燃比的依据。如图 6-11 所示,当混合气过稀时，排出的废气中氧含量高，锆管内、外侧氧浓度差小，产生的电压很低（接近0V）；当混合气过浓时，排出的废气中氧含量低，锆管内、外侧氧浓度差大，两电极间产生的电压高（接近1V）。

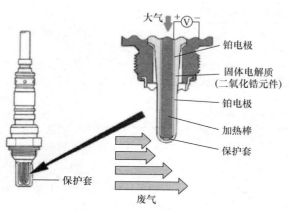

图6-10 氧化锆氧传感器

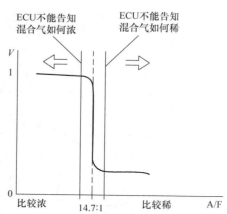

图6-11 氧化锆氧传感器输出电压特性

因为氧传感器的工作特性与温度密切相关，温度强烈地影响着氧化锆管对氧离子的导通能力。氧化锆只能在400℃以上的高温时才能正常工作，低于350℃时几乎没有信号。另外，它的输出信号电压随混合气空燃比变化的响应时间也与温度有关。为保证发动机在进气量少、排气温度低时也能正常工作，有的氧传感器内装有加热器，加热器也由发动机ECU控制。如图6-12所示，加热型的锆管内有加热元件，通电30s便达到工作温度。加热元件

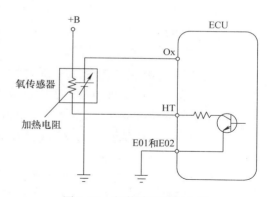

图6-12 氧传感器控制电路

为正温度系数（PTC）电阻，温度较低时电阻很小，加热电流、功率大，加热很快。加热后电阻升高，功率不大。

目前氧化锆氧传感器有下列几种形式：

1）单引线。氧传感器只有一根信号线，以外壳做搭铁回路。该种氧传感器依靠排气管散发的热量才能正常工作，当发动机怠速工作达不到正常工作温度时，ECU会以一固定值代替氧传感器信号值。

2）两线式。一条为信号线，另一条则为搭铁线。

3）三线式。使用在加热型的氧传感器上，其中两条引线同上述，第三条线为来自继电器（或点火开关）的12V加热电源线。

4）四线式。信号线与加热线各自有搭铁回路，即有两条搭铁线。

3. 氧化锆氧传感器的信号电压特征

当发动机在浓混合气状态运行时，其输出信号电压应在大于0.45V，并在0.8~1V之

间；当发动机在稀混合气状态下运行时，其输出电压应小于0.45V，并在0~0.2V之间（根据制造型号不同，这些参数会存在轻微的差异）。氧传感器信号电压变化情况见表6-3，氧传感器的电压波形见表6-4。

表6-3 氧传感器信号电压变化情况

废气中氧的含量	氧传感器输出信号电压	判断混合气状况
低	≥0.45V	浓
高	≤0.45V	稀

表6-4 氧传感器电压波形

正常	异常	异常	异常

6.2.1.2 氧化钛氧传感器

1. 氧化钛氧传感器的结构

氧化钛氧传感器因其结构简单、价格较低、体积小、不需要参比气体电极而得到了广泛应用。氧化钛氧传感器的结构如图6-13所示，主要由二氧化钛元件、导线、金属外壳和接线端子等组成。

2. 氧化钛氧传感器的工作原理

氧化钛氧传感器是利用电阻的变化来判别含氧量的。对氧气敏感、易于还原的半导体材料氧化钛与氧气接触时发生氧化还原反应，使晶格结构发生变化，从而导致电阻值变化。它是一种电阻型气敏传感器，就像冷却液温度传感器一样，

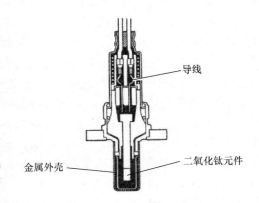

图6-13 氧化钛氧传感器

有着电阻高低的变化，这时只要供给一参考电压，即可由电压得知当时混合比的状况。近年来的车型为了使氧化钛氧传感器有着与氧化锆氧传感器相同的变化特性，即将参考电压改成1V，所以其信号电压也在0~1V的范围内。如图6-14和图6-15所示，混合气稀，尾气中氧的含量高，则氧化钛氧传感器呈现高电阻的状态，此时1V电源电压经氧传感器电阻降压，返回ECU的输出信号OX电压低于0.45V；混合气浓，尾气中氧的含量少，则氧化钛氧传感器因缺氧而形成低电阻的氧化半导体，此时1V电源电压经氧传感器电阻降压，返回ECU的OX信号电压高于0.45V。

为了使氧化钛氧传感器能迅速达到它的工作温度（300℃），在氧传感器内部有热敏电阻加热元件进行加热，所以目前的氧化钛氧传感器都为四线的。氧化钛氧传感器应用范围很小，其数量为车上氧传感器使用数量的1%。下列车型采用了加热型氧化钛氧传感器：1986—1993款日产3.0L货车，1991—1994款日产3.0L Maxima、2.0L Sentra，1987—1990

款 Jeep CHEROKEE、Wrangler 和 Eagle Summit。

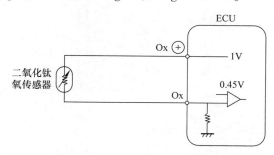

图 6-14 氧化钛氧传感器电路

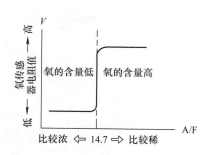

图 6-15 氧化钛氧传感器的电压特性

氧化钛氧传感器的安装螺纹直径为 14mm，而氧化锆氧传感器的安装螺纹直径为 18mm，两者不能互换。

6.2.2 空燃比传感器

氧传感器在理论空燃比的附近，其输出电压常会急剧变化，如图 6-11 所示，一旦超出此范围，其反应性能降低，信号电压变化微弱，不能准确检测可燃混合气空燃比。废气排放标准越来越严格，如由低汽车排放（NLEV）标准、超低汽车排放（ULEV）标准向超超低汽车排放（SULEV）标准发展，需要比传统氧传感器更精确地监测排放。

和氧传感器相同，空燃比（A/F）传感器也探测排气中的氧浓度，相比而言，空燃比传感器能检测的空燃比范围大，从 10:1~23:1。它的另一个优点是能在 10s 内进行冷起动监测。空燃比传感器也被称为宽型或宽比氧传感器。用空燃比传感器参与闭环控制，则喷油脉宽修正将更加精确。在采用双氧传感器的排放系统中，上游氧传感器采用空燃比传感器，下游氧传感器采用加热型的氧化锆氧传感器。

6.2.2.1 双电池空燃比传感器的结构

1998 年博世公司推出了一种平面设计的空燃比传感器，它扁平而薄（1.5mm），不是先前构造的套管形状。现在有几家制造商也生产类似平面设计的空燃比传感器。这种薄型设计使得它比老式的氧传感器更容易加热，因此可以在不到 10s 内实现闭环控制。这种快速加热，称为起燃时间（LOT），有助于提高燃油经济性和减少冷起动废气排放。

传统的氧传感器也可以采用平面设计而不是套管式设计，将包括氧化锆电解质和两个电极以及加热器在内的元件以平板设计堆叠在一起。如图 6-16 所示，向两个铂电极施加偏置电压或参考电压，然后氧离子可以从环境参考空气侧被强制泵送到排气侧。如果极性颠倒，氧离子就会被迫向相反的方向移动。

双电池平面型空燃比传感器与传统的平面氧传感器类似。如图 6-17 所示，在氧浓差电池上方是另一层氧化锆层和两个电极，称为泵电池。这两个单元有一个共同点，称为参考点。它有两个内部室：①空气参考室暴露于环境空气中；②扩散室暴露于废气中。铂电极位于氧化锆电解质的两侧，将空气参考室和排气暴露扩散室隔开。

6.2.2.2 双电池空燃比传感器的工作原理

空燃比传感器的基本工作原理是使用正电压或负电压信号来保持两个传感器之间的平衡。氧传感器不能测量排气中的游离氧含量。相反，氧传感器产生的电压是基于传感器铂电

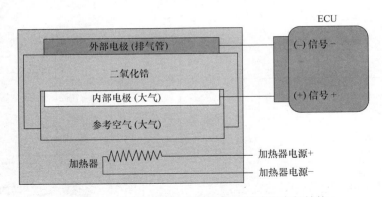

图 6-16　平面设计的传统氧化锆氧传感器内部结构

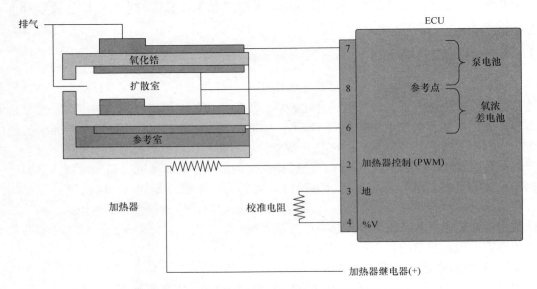

图 6-17　平面设计的双电池空燃比传感器内部结构

极之间的离子流来维持化学计量平衡的。例如：

1）如果可燃混合气稀（稀排气），则排气中含氧气多，则从空气参考侧到排气侧的离子流较少。

2）如果可燃混合气浓（浓排气），则排气中含氧少，增加离子流，以帮助保持传感器空气参考侧和排气侧之间的平衡。

ECU 可向泵电池施加小电流，使氧离子通过氧化锆泵入和泵出扩散室，使电压恢复到 0.45V。空燃比传感器的工作过程就是监测浓排气、稀排气、理想排气，如图 6-18 所示。当浓排气时，浓差电池电压高于 0.45V，ECU 向泵电池电极施加以毫安为单位的负电流，使电路恢复平衡。当稀排气时，浓差电池电压低于 0.45V，ECU 向泵电池电极施加以毫安为单位的正电流，使电路恢复平衡。

3）当为理想排气（理论空燃比 14.7∶1）时，浓差电池的电压为 450mV（0.45V）。扩散室和空气参考室之间的电压围绕 0.45V 变化：

1）浓排气时，该电压较高。

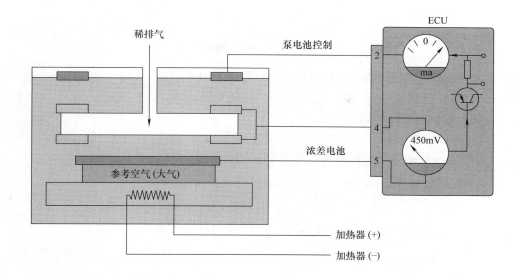

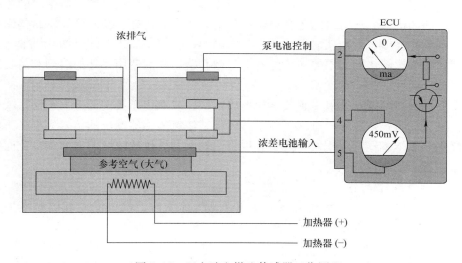

图 6-18 双电池空燃比传感器工作原理

2) 稀排气时，该电压较低。

参考点电压保持恒定，通常为 2.5V，但可能因制造年份、品牌、车辆型号和传感器类型而异，也可以是 2.2V、2.5V、2.7V、3.3V 或 3.6V。

6.2.2.3 单电池空燃比传感器的结构与工作原理

单电池空燃比传感器看起来类似于传统的四线氧化锆氧传感器，具有以下结构特点：

1) 采用杯形或平面设计。
2) 氧气被泵入扩散层，类似于双电池空燃比传感器的操作，如图 6-19 所示。
3) 电流正向反向转换。
4) 有两根电池线和两根加热器线（电源线和搭铁线，通过传感器的两根导线施加到传感器上的电压为 0.4V（3.3V－2.9V＝0.4V）。

5）加热器通常需要 6A，搭铁侧为脉冲宽度调制。单电池宽带氧传感器有四根导线，两根用于加热器，两根用于传感器本身。

6.2.2.4 空燃比传感器与氧传感器的区别

1）空燃比氧传感器最佳工作温度为 700～800℃，比氧传感器的工作温度 400℃高得多。

2）空燃比氧传感器的泵送电流与废气中氧的含量成正比，且泵送电流的方向也随空燃比而变化，当空燃比小于 14.7∶1 时，泵送电流方向为负向，当空燃比大于 14.7∶1 时，泵送电流的方向为正向。

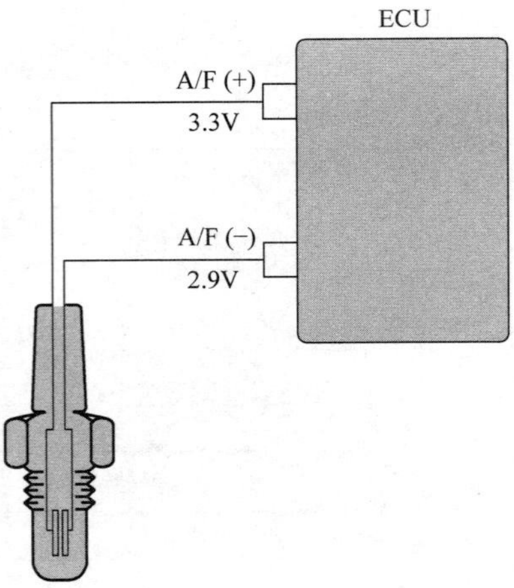

6.2.3 氧传感器的常见故障及检测方法

6.2.3.1 氧传感器的常见故障

（1）氧传感器中毒

图 6-19 单电池空燃比传感器工作原理

这是经常出现且较难防治的一种故障。使用含铅汽油，是导致氧传感器中毒的主要原因之一。现今汽油和机油中含有的硅化合物燃烧后生成的二氧化硅，及硅橡胶密封垫圈使用不当散发出的有机硅气体，也会使氧传感器失效。因而，要使用品质好的燃油和机油。修理时要正确选用和安装橡胶垫圈，不要在传感器上涂敷制造厂规定使用以外的溶剂和防粘剂等。

（2）积炭

由于发动机燃烧不好，在氧传感器表面形成积炭，或氧传感器内部进入了油污或尘埃等沉积物，会阻碍或阻塞外部空气进入氧传感器内部，使氧传感器输出的信号失准，不能及时地修正空燃比。氧传感器产生积炭，主要表现为油耗上升，排放浓度明显增加。此时，若将沉积物清除，就会恢复正常工作。

（3）氧传感器陶瓷碎裂

氧传感器的陶瓷硬而脆，用硬物敲击或用强烈气流吹洗，都可能使其碎裂而失效。因此，处理时要特别小心，发现问题及时更换。

（4）加热器电阻丝烧断

对于加热型氧传感器，如果加热器电阻丝烧断，就会使传感器无法达到正常的工作温度而失去作用。

（5）氧传感器线路问题

氧传感器线路出现异常将会造成输送给 ECU 的信号不准确。如氧传感器的信号线断路或搭铁短路，输入给 ECU 的信号会变成零；如果信号线接线不良，将使线路的电阻增大，这会使 ECU 所接收到的电压信号比氧传感器所发出的低。

6.2.3.2 氧传感器的检测方法

1. 氧传感器加热器电阻的检查

拔下氧传感器线束插头，用万用表电阻档测量氧传感器接线端中加热器接柱与搭铁接柱之间的电阻，电阻值应为 4～40Ω（参考具体车型说明书）。若不符合标准，应更换氧传感器。

单元6 电控汽油机的排放控制

2. 氧传感器反馈电压的测量

用数字高阻抗万用表检测氧传感器是否正常工作,发动机熄火,万用表的红表笔与氧传感器的信号线连接,见图6-20。起动发动机,并使发动机运转到闭环控制状态。

若让发动机的计算机进行闭环控制,发动机必须满足三个标准:

1）发动机冷却液温度高于38℃。

2）氧传感器必须产生变化的、可用的电压信号。

3）发动机从可以进入闭环控制到实际进入闭环控制,需经过一段时间。由于车辆类型和发动机温度的不同,这段时间从几秒到几分不等。

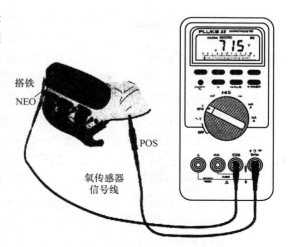

图6-20 氧传感器信号电压的检测

检测结果说明如下:

数字万用表置于直流电压"DC"量程,在发动机运转期间,用万用表测试氧传感器的信号电压,读取最小一最大值。好的氧传感器应该能被检测到小于0.3V、高于0.8V的信号电压。

1）如果氧传感器失去反应能力,输出信号电压停留在0.45V,说明氧传感器已损坏,需要更换了。在更换氧传感器以前,请查阅原厂维修手册推荐的程序。

2）如果氧传感器的信号电压一直很高（高于0.55V）,说明燃油系统供油过多,混合气浓,或氧传感器遭到污染。

3）如果氧传感器信号电压一直很低（低于0.35V）,说明燃油系统供油量少,混合气稀。检查进气歧管有没有泄漏,个别喷油器有没有堵塞。在更换氧传感器以前,请查阅原厂维修手册推荐的程序。

在正常情况下,随着反馈控制的进行,氧传感器的反馈电压将在0.45V上下不断变化,1s内反馈电压的变化次数应不少于8次,见图6-21。如果少于8次,则说明氧传感器或反馈控制系统工作不正常,其原因可能是氧传感器表面有积炭,使灵敏度降低所致。

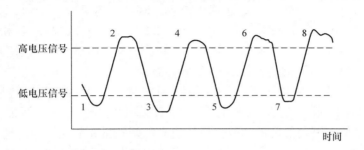

图6-21 反馈控制时的1s内氧传感器的变化次数

3. 检查氧传感器有无损坏

拔下氧传感器的线束插头，使氧传感器不再与 ECU 连接，反馈控制系统处于开环控制状态。将万用表电压档的红表笔直接与氧传感器反馈电压输出接线柱连接，黑表笔良好搭铁。在发动机运转中测量反馈电压，先脱开接在进气管上的曲轴箱强制通风管或其他真空软管，人为形成稀混合气，同时观看电压表，其指针读数应不下降。然后接上脱开的管路，再拔下冷却液温度传感器插头，用一个 4～8kΩ 的电阻代替冷却液温度传感器，人为形成浓混合气，同时观看电压表，其指针读数应上升。也可以用突然踩下或松开加速踏板的方法来改变混合气的浓度，在突然踩下加速踏板时，混合气变浓，反馈电压应上升；突然松开加速踏板时，混合气变稀，反馈电压应下降。如果氧传感器的反馈电压无上述变化，表明氧传感器已损坏。

另外，氧化钛氧传感器在采用上述方法检测时，可拆下氧传感器并暴露在空气中，冷却后测量其电阻值。若电阻值很大，说明传感器是好的，否则应更换氧传感器。

4. 氧传感器外观颜色的检查

从排气管上拆下氧传感器，检查传感器外壳上的通气孔有无堵塞，陶瓷芯有无破损。若有破损，则应更换氧传感器。通过观察氧传感器的顶尖部位的颜色也可以判断故障：淡灰色顶尖，这是氧传感器的正常颜色；白色顶尖，由硅污染造成的，此时必须更换氧传感器；棕色顶尖，由铅污染造成的，如果严重，也必须更换氧传感器；黑色顶尖，由积炭造成的，在排除发动机积炭故障后，一般可以自动清除氧传感器上的积炭。

5. 空燃比传感器的检测

空燃比氧传感器产生的是电流信号，并且电流方向和大小是变化的。由于空燃比传感器内部有集成电路，所以不能直接用万用表或示波器检测该传感器的信号。检测空燃比传感器的唯一办法是使用专用的诊断仪通过随车诊断系统进行检测。

（1）空燃比传感器检测的常见问题

在随车诊断过程中应注意：急开、急闭节气门一直是测试氧传感器信号变化情况的有效方法之一。节气门突然打开，喷油系统还没来得及做出反应，大量的空气瞬间进入气缸，使混合气变稀，氧传感器输出低电压信号，随即喷油系统根据节气门位置传感器（TPS）的输入信号迅速增加喷油量，就像老式车的加速泵一样。喷油量增加后，节气门突然关闭，进气受阻，这时氧传感器输出高电压信号。但空燃比传感器与氧传感器相反，在采用节气门急开、急关的方法测试时，混合气先是浓，然后再是稀。因为对于安装空燃比传感器的车辆，发动机采用直动节气门，也就是说由计算机控制。ECU 在打开节气门时，有时间将空燃比调整为最大功率所需空燃比，即过量空气系数为 0.8（空燃比为 12∶1）。松开加速踏板时，ECU 将空燃比调整为稀，即过量空气系数为 1.22（空燃比为 18∶1）。这正是实现精确燃油控制的关键之一，是达到严格的低排放标准所必需的。对于新的排放标准来说，ECU 决定节气门何时开及何时关。所以，当加速踏板踩到底时，加速踏板位置传感器（APP）向 ECU 发出一个节气门动作"请求"，此时据节气门的变化再做反应是不行的。线控节气门系统有预先设置的延时打开与关闭的功能，就是说，急开和急关节气门不再是一种有效的测试方法。对这些采用线控节气门的车，测试其空燃比传感器的反应时间，必须用丙烷气瓶以及检测真空泄漏的方式，以制造混合气浓稀的变化，读取空燃比传感器的数据流，判断其好坏。

空燃比传感器的寿命很长,但也可能出现故障。大多数故障都会导致设置故障码(DTC),通常会导致故障指示(检查发动机)灯亮起。但是,有些类型的故障可能不会设置 DTC。例如:发生以下情况时:

1)来自加热器电路的电压流入浓差电池。

2)此电压将导致发动机工作时极稀,可能会或可能不会设置故障码。

3)当测试显示极度稀薄时,拔下传感器的插头。如果在拔下传感器的情况下发动机开始正常工作,则表明空燃比传感器出现故障,需要更换。

(2)双电池空燃比传感器的检测(图 6-22)

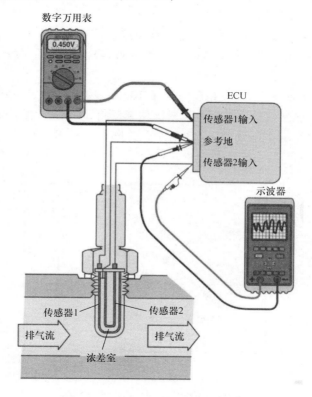

图 6-22 双电池空燃比传感器的检测

检测方法 1:查看空燃比传感器数据时,用诊断仪读取以下数据。

1)H02S1 = _____ mA,如果电流为正,这意味着 ECU 由于浓排气而在扩散间隙中泵送电流。如果电流为负,则 ECU 将由于稀排气而从扩散间隙中导出电流。

2)过量空气系数 = _____,通常用 λ 表示。大于 1 表示稀排气,小于 1 表示浓排气。

检测方法 2:用数字仪表测试,见图 6-22。测试空燃比传感器是否正常工作时,请执行以下步骤:

1)检查维修信息并确定电路和插头端子标识。

2)测量校准电阻器。尽管此电阻器的值变化很大,但根据传感器的类型,仍应检查校准电阻器是否开路和短路。

注意：校准电阻器通常位于插接器内部。

3）测量加热器电路的电阻或电流是否正常。

4）测量参考点电压。这可能有所不同，但通常为 2.4~2.6V。

5）使用跨接导线，连接电流表并测量泵电池单元控制线中的电流。浓排气（λ小于1）时，浓差电池电压将高于 0.45V 以上，ECU 将通过向泵电池施加负电压，将废气中的氧气泵入扩散间隙。稀排气（λ大于1）时，浓差电池电压将低于 0.45V，ECU 将通过向泵电池施加正电压，将氧气从扩散间隙中泵出。

注意：正电流 = 稀排气，负电流 = 浓排气。

（3）单电池空燃比传感器的检测

1）毫安表检测。ECU 通过保持两个传感器引线之间 300mV（0.3V）的电压差来控制单电池空燃比传感器。ECU 通过增加或减少电池元件之间的电流，使电压差在所有工作条件下保持恒定。

0mA 表示 λ 为 1（或空燃比为 14.7:1）。+10mA 表示稀排气。-10mA 表示浓排气。

2）诊断仪检测。诊断仪检测单电池空燃比传感器将显示一个电压读数，诊断仪类型和制造商不同检测结果略有不同。如图 6-23 所示，诊断仪扫描可以显示各种电压，但通常显示为 3.3V。

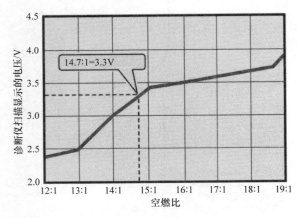

图 6-23　单电池空燃比传感器的检测

6.2.3.3　OBD Ⅱ 系统对氧传感器的监测

OBD Ⅱ 系统对氧传感器所监测的项目见表 6-5。

表 6-5　氧传感器监测项目

测试 ID	氧传感器监测内容
$01	浓到稀氧传感器阈值
$02	稀到浓氧传感器阈值
$03	传感器信号电压低，用于切换时间计算
$04	传感器信号电压高，用于切换时间计算
$05	浓到稀传感器切换时间
$06	稀到浓传感器切换时间

(续)

测试 ID	氧传感器监测内容
$07	测试循环传感器最小信号电压
$08	测试循环传感器最大信号电压
$09	传感器信号电压转换之间的时间
$0A	传感器周期

氧传感器的信号电压和前氧传感器的响应速度、前氧传感器活跃工作的快慢、氧传感器的加热系统状况，这三个主要监测项目可归纳为监测三个主要参数：氧传感器的响应时间、氧传感器开始工作所需的时间和氧传感器信号电压。

1. 前氧传感器开始工作所需时间

OBD Ⅱ 系统通过记录氧传感器加热至开始活跃工作所经历的时间，来判断氧传感器活跃工作的快慢。如果氧传感器加热功能有问题，那么氧传感器活跃工作变慢甚至无法监测。这项监测只能在冷车起动时才能监测。

2. 前氧传感器响应时间的测试

监测氧传感器信号电压从 300mV 到 600mV（混合气从稀到浓）和从 600mV 到 300mV（混合气从浓到稀）跳变所经历的时间，如图 6-24 所示。

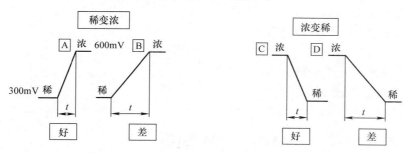

图 6-24　前氧传感器的响应时间对比

3. 氧传感器信号电压的测试

前氧传感器和后氧传感器都要检测信号电压，以判断传感器信号电压是否停置在某一值不变（混合气或浓或稀）、传感器信号电压是否超出范围、传感器是否短路、传感器是否搭铁。氧传感器信号电压具体界限范围如图 6-25 所示。

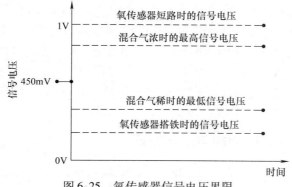

图 6-25　氧传感器信号电压界限

OBD Ⅱ 诊断系统的诊断服务模式 $06 的测试清楚地表明，氧传感器可以在 30ms（0.030s）内做出反应，从而很快将可燃混合气从浓到稀的变化复位。通常，此信息只能由服务技术人员使用波形示波器确定，该示波器迫使系统变化，并可在示波器显示屏上观察反应时间。使用模式 $06 和扫描工具，尤其是在配备 CAN 的车辆上，是无须任何费时测试即可快速简便地确定氧传感器工作状况的方法。

6.2.3.4 与氧传感器相关的故障码

与氧传感器相关的故障码（DTC）包括：

(1) P0131：上游 HO2S 搭铁的

可能原因：

1) HO2S（气缸组1）上游排气泄漏
2) 极稀的可燃混合气。
3) HO2S 故障或污染
4) HO2S 信号线对地短路

(2) P0132：上游 HO2S 短路

可能原因：

1) 上游 HO2S（气缸组1）短路。
2) HO2S 有缺陷。
3) 燃油污染了 HO2S。

(3) P0133：上游 HO2S 响应慢

可能原因：

1) 加热器电路开路或短路。
2) HO2S 有缺陷或受到燃油污染。
3) EGR 或燃油系统故障。

6.3 燃油蒸气排放（EVAP）控制系统

6.3.1 EVAP 控制系统的功能

> **问题链接：**
> 1. 燃油蒸气排放（EVAP）控制系统起什么作用？
> 2. 非加强型 EVAP 系统和加强型 EVAP 系统有何区别？

要知道从汽车上排放的 HC 有 20% 来自于燃油蒸发。EVAP 系统的功能是收集燃油箱内蒸发的燃油蒸气，并将燃油蒸气导入气缸参加燃烧，从而防止燃油蒸气直接排入大气而造成污染。燃油蒸气应在发动机处于闭环控制时导入燃烧室燃烧，只有在闭环控制时，才能在因额外蒸气作用导致混合气变浓的情况下调节喷油量。同时，还必须根据发动机工况，控制导入气缸内参加燃烧的燃油蒸气量。EVAP 系统不正确的操作会造成因混合气浓而驱动性下降、怠速不稳或排放不合格等问题。

6.3.2 EVAP 控制系统的结构与工作原理

EVAP 控制系统是密封的，并保持燃油箱蒸气压力稳定，燃油蒸气不会泄漏。当燃油箱蒸气压力过高，燃油蒸气就会进入活性炭罐。在发动机工作条件允许的情况下，燃油蒸气再导入到进气歧管，回到燃烧室燃烧。在装有 EVAP 控制系统的汽车上，燃油箱盖上只有真空阀，而不设蒸气放出阀。

对 EVAP 系统的监测是 OBD Ⅱ 系统进行排放监测的重要组成部分。EVAP 控制系统有两种类型：非加强型 EVAP 系统、加强型 EVAP 系统。

6.3.2.1 非加强型 EVAP 系统

该系统用在 1999 年以前设计的具有随车诊断系统的车型上，只能监测是否完成净化，不能监测 EVAP 系统是否出现泄漏。

1. 非加强型 EVAP 系统的组成及工作原理

典型的非加强型 EVAP 系统主要由下列元件组成：EVAP 排放压力控制阀、活性炭罐、诊断开关、EVAP 净化电磁阀，见图 6-26。

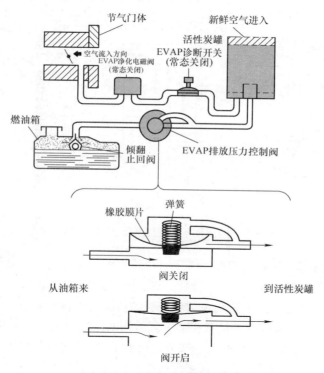

图 6-26 非加强型 EVAP 系统的组成

EVAP 净化电磁阀是由脉宽调制控制的。当该阀开启时，活性炭罐内的燃油蒸气在外界大气压力和进气歧管压力差的作用下，流入进气歧管，回到燃烧室燃烧。当电控单元控制净化电磁阀关闭时（或者发动机熄火，进气歧管无真空），EVAP 压力控制阀膜片在弹簧力的作用下处于关闭状态，以防止燃油箱内的蒸气逸出到大气中。

2. EVAP 净化电磁阀的检测

EVAP 诊断开关位于活性炭罐和净化电磁阀之间的软管上，在诊断开关处接上真空表，来判断净化电磁阀是否能正常工作。EVAP 诊断开关通常是处于关闭状态的，正常情况下当净化电磁阀在一定的脉宽调制下部分开启时，可从诊断开关处读取到一定的真空度。若当净化电磁阀卡滞在开启状态,则从诊断开关处能持续读取到进气歧管真空;若当净化电磁阀卡滞在关闭状态,则真空压力表只能显示大气压力。

6.3.2.2 加强型 EVAP 系统

加强型 EVAP 系统既能监测净化量,又能监测 EVAP 系统蒸气泄漏情况。如果这两个功能中的任何一个发生故障,则系统需要设置故障码,并点亮 MIL 灯以警告驾驶员。

1. 加强型 EVAP 系统的工作原理

与非加强型 EVAP 系统相比,加强型 EVAP 系统增添了以下部件:燃油箱蒸气压力传感器(FTP)、通风电磁阀,如图 6-27 和图 6-26 所示。

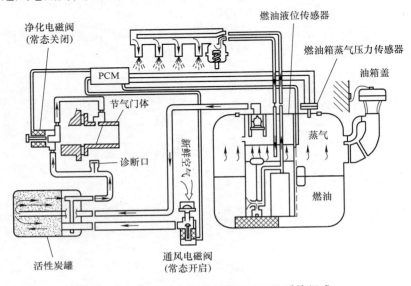

图 6-27 通用汽车上的加强型 EVAP 系统组成

蒸气压力传感器用于检测燃油箱气体压力与外界大气压力之差,采用该传感器可监测到 0.020mm 直径的孔洞造成的泄漏,正常情况下信号电压为 2.4~2.8V。

通风电磁阀是一个常开阀,安装在活性炭罐的新鲜空气进入通道中,当其关闭时可保证 EVAP 系统的密封性。通风电磁阀只有在系统测试期间由动力系统控制模块(PCM)指令时才会关闭。作为强制性 OBD Ⅱ 标准的一部分,仅在 PCM 测试期间关闭通风阀。在大多数情况下,通风电磁阀位于车辆下方,暴露在环境中,该阀容易生锈和腐蚀。

净化电磁阀常闭,在净化过程中由 PCM 脉冲打开。净化电磁阀(VSV)安装在活性炭罐和进气歧管之间。当净化电磁阀被指令打开时,该管路用于将燃油蒸气从炭罐吸入到发动机。大多数净化电磁阀都是脉冲指令其开关,以更好地控制吸入进气歧管的燃油蒸气量。

注意:可能出现尾气冒黑烟问题!净化电磁阀只有当动力系统控制模块(PCM)指令其进行净化时,它才会正常关闭和打开。如果净化电磁阀卡在打开位置,燃油烟雾将被允许直接从油箱流向进气歧管,这将导致大量燃油蒸气被强制进入进气歧管,造成难以起动的情况。这时第一次起动发动机时排气过浓冒黑烟。尽管净化电磁阀通常位于大多数车辆的发动机罩下,与通风阀一样,不易生锈和腐蚀,但它仍然可能发生故障。

2. OBD Ⅱ系统对加强EVAP控制系统的监测方法

加强型EVAP系统应能检测到直径最小为1.02mm孔的泄漏。对于容量为94.6L的燃油箱，应能检测到直径为1.02~2.03mm大小的孔的泄漏。燃油箱不同，检测标准也不同。从2000年以后生产的汽车起，EVAP系统要执行新的标准，应能检测到直径最小为0.51mm的小孔泄漏。ECU依据蒸气压力传感器的信号判断该系统有没有问题，所有关于EVAP系统的故障码要经过两个发动机驱动循环才能设置。

所有OBD Ⅱ车辆都按照动力系统控制模块的指令执行炭罐净化系统压力测试。在车辆行驶过程中，监测炭罐和净化电磁阀之间的蒸气管路的压力变化。

1）当炭罐净化电磁阀打开时，管路应处于真空状态，因为蒸气必须从炭罐吸入进气系统。但是，当净化电磁阀关闭时，管路中不应有真空。压力传感器检测是否存在真空，并将信息与给电磁阀的命令进行比较。

2）如果在炭罐净化循环期间，炭罐净化管路中不存在真空度，则会设置一个故障码，指示可能的故障，该故障可能是由电磁阀不工作或堵塞，或炭罐净化燃油管路堵塞或泄漏引起的。同样，如果在没有发出吹扫指令的情况下存在真空度，则表明电磁阀卡住，也会设置一个故障码。EVAP系统监视器测试净化量和泄漏量。

在巡航操作期间，EVAP系统监视器首先关闭通往大气的通道，并打开净化电磁阀。然后，燃油箱蒸气压力传感器监测系统中真空增加的速率。监视器使用此信息来确定净化体积流量。为了测试是否泄漏，EVAP系统监视器关闭净化电磁阀，形成一个完全关闭的系统。然后，燃油箱蒸气压力传感器监测泄漏率。如果速率超过PCM存储值，则泄漏大于或等于OBD Ⅱ标准（1mm或0.5mm）。若连续两次测试发现净化量不正常或存在泄漏问题，动力系统控制模块会点亮故障指示灯并设置故障码。

泄漏也可以在发动机关闭后进行检查，前提是在发动机关闭且车辆稳定后，热蒸发系统会冷却下来。在冷却期间，活性炭罐将产生轻微真空度。如果达到并保持特定的真空度，则系统被称为具备完整性（无泄漏）。

当满足以下启用标准时，动力系统控制模块将运行EVAP监测器：

1）冷起动。

2）大气压（BARO）大于70kPa。

3）燃油油位在15%~85%之间，发动机起动时，进气温度（IAT）在4~30℃之间。

4）发动机起动时，发动机冷却液温度（ECT）在4~30℃之间。

5）发动机起动时，发动机冷却液温度和进气温度温差在4℃范围内。

6）燃油油位在15%~85%之间，否则大多数蒸发系统监测器将不运行。换言之，如果驾驶员总是在接近空油箱的情况下行驶，或总是试图保持油箱加满状态，则EVAP监视器可能无法运行。

7）节气门位置（TP）传感器介于9%~35%之间（图6-28）。

图6-28 进给仪表显示的燃油箱液位

6.3.3 EVAP 系统故障诊断

1. 故障症状

EVAP 系统故障可能导致的常见发动机性能问题包括：

1）燃油经济性差。净化电磁阀的泄漏会导致发动机真空吸入来自油箱的恒定燃油蒸气流。这通常会导致燃油经济性下降。使用手动真空泵检查净化电磁阀是否能保持真空。

2）性能差。歧管或系统中真空软管的开口真空段中的真空泄漏，会导致发动机运转不平稳。老化、高温和时间都会导致橡胶软管的劣化。

2. 加压测试 EVAP 系统的密封性

EVAP 泄漏时，如果车辆停在封闭的车库里，会很明显地闻到气味。在某些车辆上，EVAP 系统中的泄漏会导致故障油箱盖指示灯亮起（图 6-29）。

图 6-29　EVAP 泄漏仪表显示警告信息图

第一步是通过设置 EVAP 测试仪对系统进行评级，确定系统是否存在泄漏，测量孔尺寸范围为 1mm 或 0.5mm（图 6-30）。把测试仪红色箭头移动到 0.5mm 刻度上进行测试。测试系统有泄漏时，如果左边刻度线中的球珠在上升，高于箭头，则泄漏大于 0.5mm。如果球珠没有上升到箭头所示的高度，则泄漏小于 0.5mm。

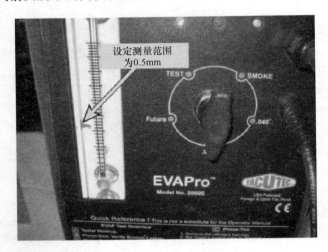

图 6-30　EVAP 测试仪

在确定存在泄漏并大于规定值后，有两种方法检查泄漏位置：

1）烟雾机测试。最有效的泄漏检测方法是在低压下从 EVAP 测试仪中引入烟雾到油箱。

2）氮气增压。这种方法在燃料系统中施加极低压力（低于 6.9kPa）的氮气（图 6-31）。然后，维修技师使用放大耳机收听逸出的空气的声音。

注意：为了通过 EVAP 系统密封性测试，油箱燃油至少要有一半。因为当空气体积较大时，压力从小泄漏处下降所需的时间更长。

3. EVAP 系统故障码

运行 EVAP 监测器期间会执行三个测试。每个测试都会分配一个故障码（DTC）。

1）弱真空测试（P0440 大泄漏）。此测试可确定严重泄漏。监测期间，通风电磁阀关闭，净化电磁阀占空比循环。燃油箱蒸气压力（FTP）应指示大约 15～25kPa 的真空度。

图 6-31 施加氮气

2）小泄漏测试（P0442 小泄漏）。大泄漏测试通过后，动力系统控制模块通过保持通风电磁阀关闭，并关闭净化电磁阀来检查是否有小泄漏。系统现在是密封的，动力系统控制模块测量 FTP 电压随时间的变化。

3）超真空测试（P0446）。该测试检查通风通道是否受限。在通风电磁阀打开且指令吹扫的情况下，动力系统控制模块（PCM）不应看到 EVAP 系统中存在过多真空。通风电磁阀打开时，EVAP 系统真空度约为 12.5～15kPa。

EVAP 常见故障码及原因汇总见表 6-6。

表 6-6 EVAP 常见故障码及原因

故障码	描述	原　因
P0440	EVAP 系统故障	• 油箱盖松动 • EVAP 通风有缺陷 • 活性炭罐破裂 • EVAP 通风或净化管路问题
P0442	检测到小泄漏	• 油箱盖松动 • EVAP 通风或净化电磁阀 • EVAP 通风或净化管路问题
P0446	EVAP 活性炭罐通风受堵	• EVAP 通风或净化电磁阀电气故障 • EVAP 活性炭罐通风管路受限

6.4　废气再循环（EGR）控制

6.4.1　EGR 控制的作用及工作原理

问题链接：
1. 废气再循环系统起什么作用的？
2. 废气再循环系统在什么条件下工作？

废气再循环（EGR）系统用于降低废气中的氮氧化物（NO_x）的排出量。汽车废气是一种不可燃气体（不含燃料和氧化剂），在燃烧室内不参与燃烧。它通过吸收燃烧产生的部分热量来降低燃烧室内的温度和压力，以减少氮氧化物的生成量。为了避免影响电控燃油喷射的性能，一些比较新的发动机已不需要 EGR 系统来降低排放，而是利用进、排气门的重叠开启时刻，吸入一些废气到气缸内来实现。

当发动机在负荷下运转时，EGR阀开启，使少量的废气进入进气歧管，见图6-32。在进气歧管内，废气与新鲜进气混合，同时也取代了一部分新鲜进气，这样最终进入到燃烧室内的新鲜气体就少了。再循环的废气是惰性的，不参与燃烧。废气再循环的结果就是降低燃烧的最高温度，减少氮氧化物的生成。

大多数配备可变气门正时（VVT）的新型车辆都使用气门重叠来保证燃烧室内有一些废气。因此，大多数新型发动机已不使用EGR阀。

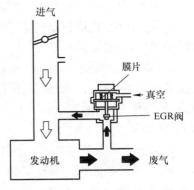

图6-32　废气再循环系统的工作原理

6.4.2　废气再循环控制的类型及结构

依据控制方式的不同EGR阀可分为：真空动作EGR阀、正负背压EGR阀、数字EGR阀、线控EGR阀。因为采用不同控制方式的EGR阀，EGR系统也就有所不同。真空控制的EGR系统见图6-33。

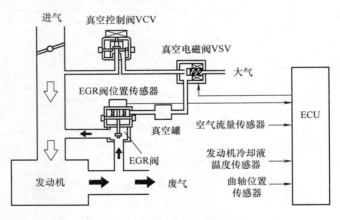

图6-33　真空控制的EGR系统

EGR通过互连通道控制废气流量：

1）在V型发动机上，进气歧管交叉口用作EGR系统的废气通道。铸造管道将排气跨接管连接到EGR阀。废气从EGR阀输送至歧管中的开口。

2）在直列式发动机上，通常使用外管将废气输送至EGR阀。此管通常设计得较长，以便废气在进入EGR阀之前被冷却。

6.4.2.1　真空EGR阀

该阀靠近节气门体。它的作用是使一定量的废气流入进气歧管进行再循环。EGR阀膜片的一侧连接一根枢轴杆，另一侧与弹簧相连（弹簧使阀门保持常闭），见图6-34。当加在膜片上的真空压力大于弹簧力时，枢轴杆被拉离原位，通道被打开，使废气进入再循环系统。真空电磁阀开启真空通路，因而真空压力吸动EGR阀上的膜片，使阀打开，将废气引入气缸，使NO_x排放降低。

6.4.2.2 排气背压 EGR 阀

正背压和负背压 EGR 阀用在一些旧的发动机上，EGR 阀内设计有一个小阀，可以排出任何施加的真空并阻止阀门打开。

1）正背压。这些类型的 EGR 阀需要排气系统中的正背压。在低发动机转速和轻发动机负载下，不需要 EGR 系统，并且其中的背压也很低。如果没有足够的背压，即使 EGR 阀处可能存在真空，EGR 阀也不会打开。

2）负背压。在每一个排气行程，发动机发出一个指令"脉冲"，每个脉冲代表一个正压力。每一个脉冲后面都有一个小的低压区，一些 EGR 阀通过关闭一个小的内部阀来对这个低压区域做出反应，从而允许 EGR 阀通过真空作用打开。

在背压控制 EGR 阀工作之前，必须满足以下条件（图 6-35）：

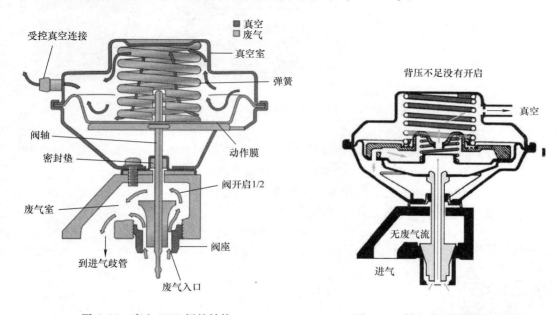

图 6-34 真空 EGR 阀的结构　　　　　图 6-35 排气背压控制的 EGR 阀

1）必须对 EGR 阀本身施加真空。真空源可以是节气门上方真空度或是节气门歧管真空度，并由计算机通过电磁阀提供真空给 EGR 阀。

2）必须存在排气背压，以关闭 EGR 阀内的内部阀，以允许真空移动膜片。

6.4.2.3 真空电磁阀

许多计算机控制的 EGR 系统都有一个或多个真空电磁阀。在发动机温度较低、怠速和节气门全开时，计算机控制一个真空电磁阀关闭通向 EGR 阀的真空。如果使用两个单独的真空电磁阀，其中一个作为控制真空供应的开关，而另一个电磁阀用于控制真空排放，允许大气压力根据车辆运行条件调节 EGR 流量。

6.4.2.4 EGR 阀位置传感器

EGR 阀位置传感器：大多数计算机控制的 EGR 系统使用一个传感器来指示 EGR 操作。第二代车载诊断（OBD Ⅱ）EGR 系统监测器需要一个 EGR 传感器来验证 EGR 阀是否打开。EGR 阀杆顶部的线性电位计指示 OBD Ⅱ 系统阀的位置，这就是 EGR 阀位置（EVP）传感器。不过，一些较新型号的福特 EGR 系统使用由 EGR 排气背压传感器提供的反馈信号，该传感器将排气背压转换为电压信号。此传感器称为压力反馈 EGR（PFE）传感器。

在某些 EGR 系统中，EGR 阀顶部包含一个真空调节器和 EGR 枢轴位置传感器，该组件密封在不可移动的塑料盖内。枢轴位置传感器向动力系统控制模块（PCM）提供电压输出，电压输出随占空比的增加而增加，使动力系统控制模块（PCM）能够监测 EGR 阀的工作情况（图 6-36）。

6.4.2.5 数字 EGR 阀

一些发动机上引入了数字 EGR 阀设计。与真空操作的 EGR 阀不同，数字 EGR 阀是由动力传动系统控制模块（PCM）控制的三个电磁阀组成的。每个电磁线圈控制一个不同大小的喷孔，

图 6-36　EGR 阀位置传感器

就是底座上的小、中、大喷孔。动力系统控制模块单独控制每个电磁阀的搭铁电路，利用电磁线圈打开不同组合的三个阀门，可以产生七种不同的 EGR 流量。

数字 EGR 阀提供精确控制，使用旋转轴设计有助于防止积炭问题。图 6-37 为通用公司的数字 EGR 阀，完全是电子操作的电磁阀，不需要真空度。

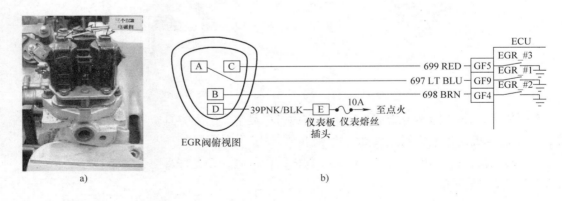

图 6-37　通用公司数字 EGR 阀
a）数字 EGR 外观图　b）数字 EGR 阀电路原理

6.4.2.6　线控 EGR 阀

线控 EGR 阀包含脉冲宽度调制电磁阀以精确调节废气流量，并使用反馈电位计向计算机发送 EGR 阀实际位置信号，如图 6-38 和图 6-39 所示。

单元6 电控汽油机的排放控制

图 6-38 线控 EGR 阀

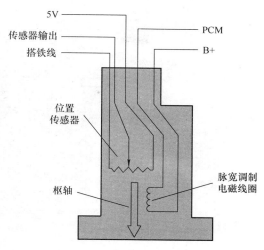

图 6-39 线控 EGR 阀的结构

6.4.3 OBDⅡ系统对废气再循环系统的监测

OBDⅡ系统包括排放系统监测器,在排放系统出现故障时向驾驶员和维修技师发出警告。OBDⅡ系统通过打开和关闭 EGR 阀执行此测试。动力系统控制模块监测能反映 EGR 功能的传感器信号电压是否发生变化。如果 EGR 系统发生故障,将设置故障码(DTC)。如果系统连续两次出现故障,故障指示灯(MIL)将亮起。

监控策略如下:

1. 监控氧传感器的电压活动

如克莱斯勒汽车,当 EGR 阀打开和关闭时,监控氧传感器电压信号的差异。废气中的氧气在 EGR 阀打开时降低,在 EGR 阀关闭时增加。如果传感器信号没有变化,动力系统控制模块将设置故障码。

2. DPFE 传感器识别压降

福特汽车使用一个称为 Delta 压力反馈(DPFE)的传感器来监测 EGR 阀。该传感器测量位于 EGR 阀排气侧正下方的计量孔两侧之间的压差。当 EGR 阀打开时,节流孔和 EGR 阀之间的压力降低,因为它暴露在进气中的较低压力下。DPFE 传感器识别此压降,将其与排气侧孔口相对较高的压力进行比较,并将压差值发送给 PCM,见图 6-40。

3. 用进气歧管绝对压力(MAP)传感器作为 EGR 监测器

在满足启用标准(工作条件要求)后,EGR 监测器运行。动力系统控制模块监测进气歧管绝对压力传感器,同时指令废气再循环阀打开。进气歧管绝对压力传感器信号应随进气歧管压力的突然变化或氧传感器电压的变化而变化。如果信号值超出查找表中的可接受值,则设置 DTC。如果 EGR 连续两次出现故障,动力系统控制模块将点亮故障指示灯,见图 6-41。

4. 用废气温度传感器监测 EGR 系统

有些排气背压控制的 EGR 系统利用废气温度传感器监测废气再循环情况,废气温度传感器安装在废气返回通道上。废气流正常循环时,废气温度传感器感知的温度应比进气温度

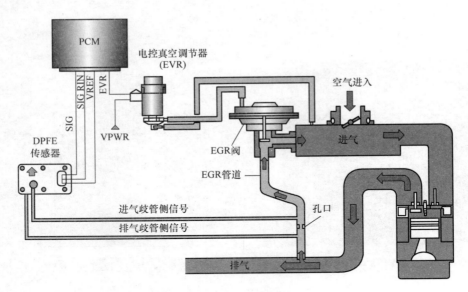

图 6-40　DPFE 传感器识别压降

高 35℃。当 EGR 阀开启时，若 ECU 将废气温度与进气温度进行比较，如果废气温度没有比进气温度高出一定值，则认为 EGR 系统有问题；当 EGR 阀关闭时，若检测到的废气温度还比进气温度高，也认为 EGR 系统有问题。

5. 用 EGR 阀位置和废气温度信号来判断废气再循环情况

见图 6-42 所示，当 EGR 阀开启时，若废气温度没有比进气温度高出一定值，则认为 EGR 系统有问题。它还有一个 EGR 阀位置传感

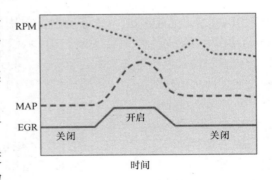

图 6-41　用 MAP 监测 EGR

器，用来监测废气再循环量是否过多。当 EGR 阀关闭时，若 EGR 位置传感器信号比 ECU 内存储的数值高，则可判断出 EGR 阀关闭不严。

6.4.4　废气再循环系统故障诊断

1. 故障症状

如果 EGR 阀不能开启或废气流动受到限制，那么将可能出现下列故障征兆：

1）在加速或发动机转速稳定时，听到爆燃声。

2）氮氧化物排放过多。

如果 EGR 阀由于卡滞而关闭不严，那么会出现下列故障征兆：

1）怠速不稳或频繁停机。

2）发动机性能变差、动力不足。

2. 废气再循环系统的故障检测方法

几乎所有诊断的第一步都是进行彻底的目视检查。要检查真空操作 EGR 阀是否正常工

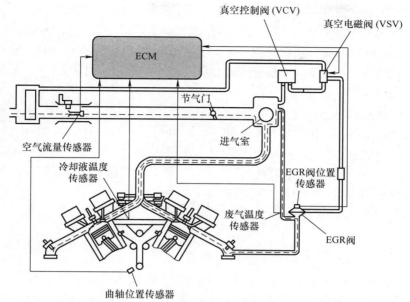

图 6-42 真空控制的 EGR 系统传感器安装位置

作,请执行以下步骤。

步骤 1:检查 EGR 阀的真空膜片,看它能否保持真空。由于许多 EGR 阀需要排气背压才能正常工作,因此在该测试期间,发动机应以快速怠速运转。始终遵循规定的测试程序。

步骤 2:用手动真空泵施加真空,并检查操作是否正常。当施加真空时,阀门本身应该会移动,并且会影响发动机的运行。EGR 阀应能够保持施加的真空。如果真空度下降,则阀门可能有缺陷。

步骤 3:监测发动机真空下降。将真空表连接到进气歧管真空源上,并在怠速时监测发动机真空度(海平面应为 17~21inHg⊖)。将发动机转速升至 2500r/min 并记录真空读数(应为 17~21inHg 或更高)。

使用故障诊断仪或真空泵(如果是真空控制的 EGR 阀)启动 EGR 阀,并观察真空表。结果如下:

1)真空度应下降 6~8inHg。
2)如果真空度低于 6~8inHg,则说明废气再循环通道堵塞。
3)如果 EGR 阀能够保持真空,但 EGR 阀打开时发动机不受影响,则必须检查排气通道是否阻塞。
4)如果 EGR 阀不能够保持真空,则 EGR 阀本身可能有缺陷,需要更换。

6.5 二次空气喷射系统

问题链接:

1. 二次空气喷射系统起什么作用?
2. 二次空气喷射系统由哪些元件组成?

⊖ 1inHg = 3.39kPa

要使催化转化器达到90%以上的转化效率，汽油发动机冷起动时催化转化器温度必须在300~350℃，驱动循环产生的80%污染物排放在该阶段产生。二次空气喷射系统利用燃烧作用来降低发动机在低温和暖机阶段（$\lambda<1$）的HC和CO污染物，而燃烧产生的热量又会进一步提升催化转化器温度，缩短催化转化器不能发挥作用的时间。

发动机二次空气喷射系统（AIR或SAI）利用空气泵将新鲜空气经空气喷管喷入排气管或催化转化器，使排气中的CO和HC进一步氧化或燃烧成为CO_2和H_2O，见图6-43。二次空气喷射系统的作用是为了进一步降低排气中的有害排放物，并提高三元催化转化器的温度，进而提升它的转化效率。

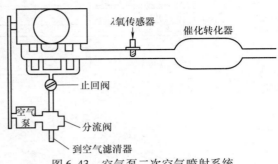

图6-43　空气泵二次空气喷射系统

空气何时进入排气总管及催化转化器空气室由ECM控制。按空气供给动力源进行分类，二次空气喷射系统有两种：一种采用空气泵的空气喷射系统，也称为主动供应；一种是利用排气压力将空气导入的脉冲式空气喷射系统，也称为被动吸入。

6.5.1　空气泵二次空气喷射系统

主动二次空气喷射系统通常由电动空气泵、继电器、多个控制阀组成，发动机ECU控制的二次空气喷射系统见图6-44。空气泵通常由发动机控制单元控制，将抽吸自空气滤清器的低压空气称为二次空气。ECU操纵各种电磁阀的动作来控制空气泵输出空气的流向。所有空气泵式二次空气喷射系统中都有一个止回阀，让空气流进排气歧管，从而阻止热的排气倒流入空气泵。

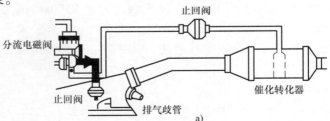

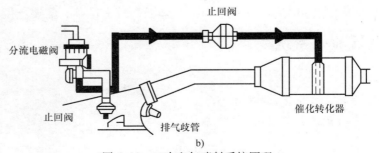

图6-44　二次空气喷射系统原理

a）发动机冷机，二次空气直接泵入排气歧管　b）发动机暖机进入闭环控制后，二次空气直接泵入催化转化器

单元6　电控汽油机的排放控制

当发动机处于冷态时,空气泵直接输出空气到排气歧管中,有助于让更多的氧气与HC和CO进行氧化反应,生成H_2O和CO_2,见图6-44a。当发动机暖机并处于闭环控制状态时,ECU控制分流电磁阀,让空气泵直接给催化转化器中部输送空气,见图6-44b。当进气歧管真空度快速增加,已超过怠速时的正常水平,如在快速减速期间,ECU控制分流电磁阀,使空气泵的空气直接输出到空气滤清器,抑制空气脉动,降低进气噪声,同时也有效阻止了减速期间的排放回火。二次空气喷射系统的工作状态见表6-7。

表6-7　二次空气喷射系统的工作状态

发动机工作状态	正常工作时空气喷射系统喷气反应
发动机处于冷机状态 (开环控制)	空气被泵送到排气歧管或气缸盖
发动机处于暖机状态 (闭环控制)	空气被泵送到催化转化器
减速期间	空气被泵送到空气滤清器
节气门全开	空气被泵送到空气滤清器

电动空气泵由ECU间接控制,ECU控制空气泵继电器线圈(J299)搭铁电路,由继电器为空气泵(V101)供电,见图6-45。

V带驱动型空气泵使用离心式空气滤清器,当空气泵旋转时,从其下部吸入空气,空气被轻微压缩。电动机驱动型空气泵通常只在发动机冷态时使用。

6.5.2　脉冲式二次空气喷射系统

同空气泵喷射系统相比,脉冲二次空气喷射系统不需要空气泵,其工作原理如图6-46所示。空气来自空气滤清器,由ECU控制真空电磁阀的打开和关闭,真空电磁阀与止回阀相连,排气中的压力是正负交替的脉冲压力波。当真空电磁阀开启时,进气歧管真空吸起脉冲空气喷射阀的膜片,使阀

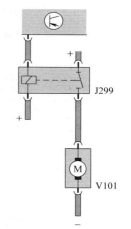

图6-45　电动空气泵电控原理

开启。此时由于排气负压,将来自空气滤清器的新鲜空气,经脉冲空气喷射阀导入排气管内,加大了三元催化转化器的催化功能。当排气压力为正时,脉冲空气喷射阀内的单向阀关闭,排气不会返回到进气管。

6.5.3　空气分配歧管和喷嘴

二次空气喷射系统将空气从泵经空气分配歧管泵送至安装在气缸盖每个排气口附近的喷嘴。这样可为来自每个气缸的废气提供相等的空气注入量,并使空气在系统中废气最热的位置注入。

空气以两种方式之一输送到排气系统:

1)用一个空气歧管作为喷射管,经不锈钢喷嘴分配空气。喷嘴拧入排气歧管中。此方法主要用于较小的发动机,见图6-47。

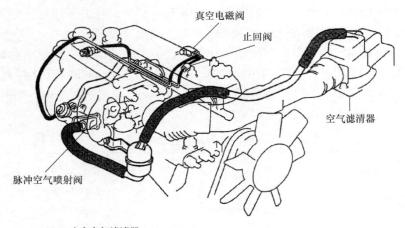

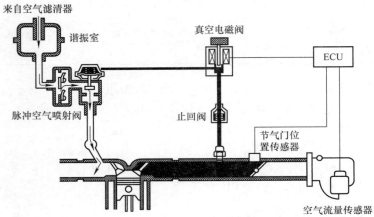

图 6-46 脉冲式二次空气喷射系统

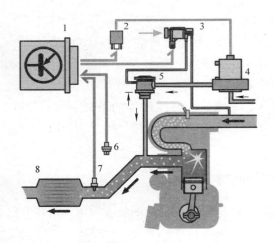

图 6-47 奥迪 2.0L 四缸发动机二次空气喷射系统
1—控制单元 2—二次空气泵继电器 3—二次空气吹气阀 4—二次空气泵
5—组合阀 6—冷却液温度传感器 7—氧传感器 8—催化转化器

2）空气歧管通过内部铸造或外部添加在气缸盖或排气歧管中的通道，将空气分配到每个排气门附近的排气口。此方法主要用于大型发动机，见图6-48。

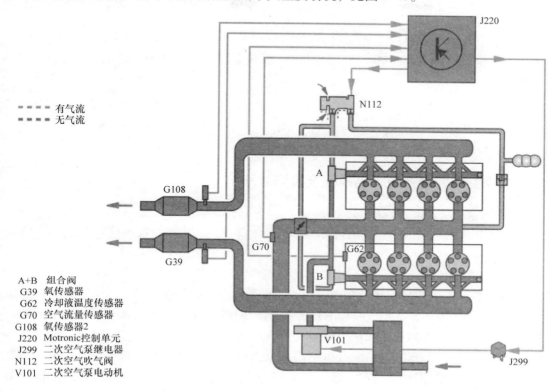

A+B　组合阀
G39　氧传感器
G62　冷却液温度传感器
G70　空气流量传感器
G108　氧传感器2
J220　Motronic控制单元
J299　二次空气泵继电器
N112　二次空气吹气阀
V101　二次空气泵电动机

图6-48　奥迪4.2L V发动机二次空气喷射系统

冷起动期间和热运转阶段，废气中的未燃烧碳氢化合物比例会在混合气积聚期间有所增加。三元催化转化器还没有达到必要的工作温度，混合气空燃比也未达到14.7:1，无法处理高比例的碳氢化合物。要完全转化，通过在排气门后吹入空气实现废气中氧气增加，从而使碳氢化合物和一氧化碳发生再氧化反应（二次燃烧）。反应过程中释放的热量加热三元催化转化器，使其迅速达到工作温度。

二次空气系统由下列部件组成：二次空气泵电动机V101、两个A+B组合阀以及二次空气吹气阀N112。

6.5.4　排气止回阀

所有二次空气喷射系统都使用一个或多个止回阀来保护空气泵和其他组件免受逆流排气的影响。止回阀包含在排气背压下关闭的弹簧式金属圆盘或簧片。止回阀位于空气歧管和电磁阀之间，见图6-49。如果排气压力超过喷射压力或者空气泵出现故障，止回阀弹簧会关闭气门以防止排气反向流动。

注意：这些止回阀易于失效，导致过多的废气排放（尤其是CO）。当止回阀发生故障时，热排气会向上移动并损坏电磁阀和空气泵本身。

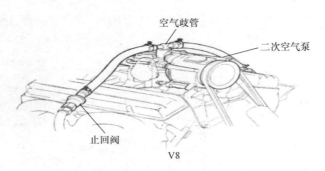

图 6-49　二次空气喷射系统中的止回阀

6.5.5　二次空气喷射系统常见故障及检测方法

6.5.5.1　空气泵损坏的故障现象

空气泵是二次空气喷射系统出现故障概率最高的部件，二次空气泵出现问题时最常见的症状有五个。

1) 组合仪表 MIL 指示灯点亮。二次空气泵损坏的早期症状之一就是 MIL 指示灯点亮，因为 OBD Ⅱ 系统具有监测该系统的功能。用诊断仪可以读取相关故障码。

2) 排放检测失败。二次空气喷射的目的就是减少排放中的 HC 和 CO，如果出现二次空气泵问题，则会有太多的 HC 和 CO 排放到大气中，故排放检测失败。

3) 加速度微弱。二次空气泵会导致空燃比过大，混合气太稀（燃料不足）。踩加速踏板时，发动机将无法产生足够动力。排放检测失败加上加速度微弱，可以很好地表明这是二次空气泵磨损问题。

4) 发动机失速。正常驾驶中，突然遇到发动机熄火或迟滞的情况。二次空气泵会导致发动机的动力不一致，前一分钟发动机功率输出正常，后一分钟转速就会自动下降很多，甚至会熄火。

5) 低怠速。发动机正常怠速在 600~1000r/min 之间，在二次空气泵不工作的情况下，转速会下降，导致汽车振动甚至失速。

6.5.5.2　空气泵不能工作的原因

空气泵不能正常工作的可能原因如下：

1) 水进入造成损坏，从而导致卡滞。
2) 供电问题：搭铁、电源、导线。
3) 管路问题：管路阻塞、泄漏引起组合阀动作失调，从而导致空气泵工作失败。

6.5.5.3　二次空气喷射的测试方法

1. 主动测试方法

二次空气喷射的主动测试方法有两种：通过性测试和密封性测试。

（1）通过性测试

检查二次空气是否足量。方法是关闭闭环控制，使发动机进入开环控制（让发动机在浓混合气下运转），同时二次空气泵被接通，于是新鲜空气被引入排气歧管，从而提高了废气中的氧含量。此时氧传感器应检测到较稀的混合气，说明二次空气已经足够，以此来判断二次空气喷射系统正常，见图6-50。

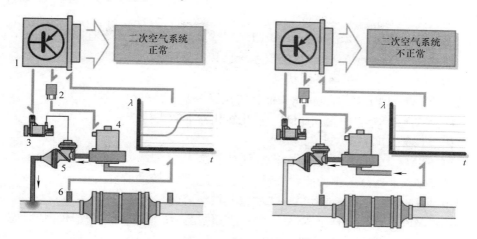

图6-50 二次空气系统主动测试中与氧传感器信号关系
1—发动机控制单元 2—二次空气泵继电器 3—二次空气阀 4—二次空气泵
5—组合阀 6—催化转化器前（上游）氧传感器

（2）密封性测试

密封性测试的目的是检测分流阀的关闭是否良好。检测方法是：当发动机在正常工作温度急速时，二次空气泵被接通，但让分流阀处于关闭状态。二次空气泵接通，发动机控制单元就开始检测空燃比传感器或氧传感器信号。如果密封良好，新鲜空气就不能到达排气歧管，空燃比传感器或氧传感器信号无明显变化。如果系统漏气，闭环控制调节会使混合气明显变浓，空燃比传感器或氧传感器会识别出此变化过程。

2. 四气体分析法

可以使用废气分析仪按以下步骤测试二次空气系统。

1）起动发动机，让其运转，直到达到正常工作温度为止。

2）将分析仪探头连接到排气管，并观察碳氢化合物（HC）和一氧化碳（CO）的排气读数。

3）使用适当的夹钳，切断二次空气系统的气流。观察HC和CO读数。如果AIR系统正常工作，则在关闭二次空气系统时，HC和CO读数会增加。

4）在二次空气系统仍然无法运行的情况下记录O_2读数。松开钳子，观察O_2读数。如果二次空气系统运行正常，则O_2含量应增加1%~4%。

6.5.5.4 OBD II 系统与二次空气喷射相关的故障码和数据

1. 与二次空气喷射相关的故障码

相关故障码见表6-8。

表6-8 与二次空气喷射相关的故障码

故障码	描述	可能原因
P0410	二次空气电磁阀电路故障	• 二次空气电磁阀 • 电路连接松动或腐蚀 • 橡胶管松动、丢失或破损

2. 与二次空气喷射相关的数据流

(1) PID $01 全面元件监视就绪

AIR_SUP：NO or YES　supported "1" YES　二次空气系统监控支持

AIR_RDY：YES or NO　二次空气系统监控已就绪

(2) PID $12 二次空气供给系统状态

AIR_STAT：UPS "1" supported 催化转化器上游支持

AIR_STAT：DNS "1" supported　催化转化器下游支持

AIR_STAT：OFF "1" 大气/关闭

AIR_STAT：DIAG "1" 诊断执行空气泵工作

(3) PID $41　非连续监视使能状态对二次空气供给系统的监视循环

AIR_ENA：NO，YES or N/A　二次空气供给使能

AIR_CMPL：YES，NO or N/A　二次空气供给系统非连续监视循环完成状态

(4) Service $06　定义的监视器标识

Secondary Air Monitor 1 监视器 1

Secondary Air Monitor 2 监视器 2

Secondary Air Monitor 3 监视器 3

Secondary Air Monitor 4 监视器 4

(5) Service $09 信息类型扩展和定义

AIR Monitor Completion Condition Counts (Secondary Air) 二次空气监视器条件达成计数

AIR_COMP：xxxxx cnts 二次空气监视器完成计数

AIR_COND：xxxxx cnts 二次空气监视条件达成计数

当氧传感器（空燃比传感器）信号出现故障时，就不会有 λ 调节了，λ 自适应就被终止了。燃油箱通风系统进入应急状态，二次空气诊断和催化转化器诊断都被禁止了。这时发动机控制单元使用特性曲线控制来实现应急功能。

单元6 电控汽油机的排放控制

	工单1　氧传感器的检测		
车辆名称	生产时间	发动机型号	变速器型号

实验实训目标：

通过填写工单，学员将学会使用诊断测试设备和工具检测氧传感器及控制电路，并从中获得有关氧传感器的维修信息，能解释检测所得数据。

工具和设备：车辆维修手册、诊断测试设备、数字万用表、转换插头

操作过程：

第一项内容——氧传感器加热电阻的检测

1. 拔下氧传感器线束插头，用万用表电阻档测量氧传感器接线端中加热器接柱与搭铁接柱之间的电阻。

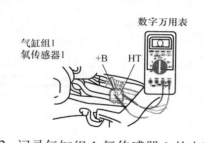 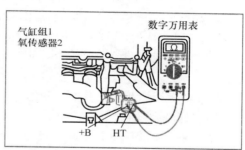

2. 记录气缸组1氧传感器1的电阻_____，气缸组1氧传感器2的电阻_____，检测结果是否符合维修手册的要求？_____。

3. 依据维修手册，查询氧传感器的控制电路，确定经过哪一个部件_____给加热电阻提供电源。

4. 打开点火开关，发动机不运转，测量ECU的插头中加热电阻电源端子的电压_____。

5. 起动发动机，读取此时加热电阻的电压_____。

6. 如果加热电阻不工作，此时ECU会设置故障码_____。

第二项内容——氧传感器信号检测

1. 将诊断测试设备与ECU接头中的氧传感器信号端子和搭铁端子E2连接。

2. 拉紧驻车拉杆，起动发动机，读取氧传感器的初始信号电压。发动机温度不同，该初始信号电压将不同。

3. 发动机暖机后，记录怠速时氧传感器的信号电压，是否正常_____？

4. 将节气门急速全开又迅速关闭，氧传感器的信号电压如何变化_____？

5. 保持发动机转速为2500r/min，此时氧传感器的信号电压如何变化_____。

6. 发动机怠速时，拔下进气歧管上的真空管，此时氧传感器的信号电压如何变化_____？

7. 重新连接真空软管，氧传感器的信号电压如何变化_____？

（续）

8. 用诊断测试设备的示波器检测氧传感器的波形（示波器单元格调到1s和0.2V）：
1）发动机转速为1000r/min，用示波器记录氧传感器上下跳动的波形。

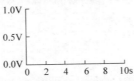

2）发动机转速为2500r/min，用示波器记录氧传感器上下跳动的波形。

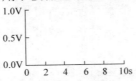

随着发动机转速的升高，氧传感器信号变化的频率_____。

第三项内容——氧传感器响应时间的测试

1. 当发动机达到正常工作温度时，用诊断测试设备读取发动机的数据流，主要观察氧传感器信号电压和短期燃油修正量的变化。

2. 将进气歧管上的真空软管取下，观察此时氧传感器的信号电压如何变化_____？
观察喷油器短期燃油修正量如何变化_____？

3. 重新接好真空软管。

4. 预测一下，如果喷油量增加，氧传感器的信号电压如何变化_____？

5. 用诊断测试设备对喷油器进行动态测试。
增加短期燃油修正量（增加喷油量），此时氧传感器信号电压_____。
减小短期燃油修正量（减少喷油量），此时氧传感器信号电压_____。

单元6 电控汽油机的排放控制

　　　　　　　　　　　工单 2　空燃比传感器的检测

车辆名称	生产时间	发动机型号	变速器型号

实验实训目标：
　　通过填写工单，学员将学会使用诊断测试设备和工具检测空燃比传感器及控制电路，并从中获得有关空燃比传感器的维修信息，能解释检测所得数据。
工具和设备： 车辆维修手册、诊断测试设备、数字万用表、转换插头
操作过程：
　　第一项内容——空燃比传感器加热电阻的检测
　　1. 拔下空燃比传感器（上游传感器）线束插头，用万用表电阻档测量空燃比传感器接线端中加热器接柱与搭铁接柱之间的电阻。
　　　记录电阻_____，检测结果是否符合维修手册的要求_____？
　　2. 依据维修手册，查询空燃比传感器的控制电路，确定经过哪一个部件_____给加热电阻提供电源。
　　3. 重新接好空燃比传感器，打开点火开关，发动机不运转。测量 ECU 的插头中空燃比传感器的加热电阻电源端子和搭铁端子之间的电压_____。

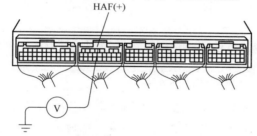

　　4. 起动发动机，读取此时加热电阻的电压_____。
　　5. 如果加热电阻不工作，此时 ECU 会置出故障码_____。
　　第二项内容——空燃比传感器信号电压检测
用诊断测试设备的示波器检测空燃比传感器的波形（示波器单元格调到 1s 和 0.2V）
1）发动机起动时，空燃比传感器的信号电压为_____；
发动机暖机后信号电压为_____；
发动机暖机后波形记录如下：

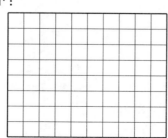

263

（续）

2）发动机转速升高到 2500r/min 时，记录空燃比传感器波形如下：

发动机转速升高后，空燃比传感器的波形发生了什么变化_____？

第三项内容——空燃比传感器响应时间的测试

1. 当发动机达到正常工作温度时，用诊断测试设备读取发动机的数据流，主要观察空燃比传感器信号电压和短期燃油修正量的变化。

2. 发动机怠速时，记录空燃比传感器的信号电压_____。
将节气门急速全开又迅速关闭，空燃比传感器的信号电压如何变化_____？

3. 将进气歧管上的真空软管取下，观察此时空燃比传感器的信号电压如何变化
_____？
观察短期燃油修正量如何变化_____？

4. 重新接好真空软管。

5. 预测一下，如果喷油量增加，空燃比传感器的信号电压如何变化？_____
_____。

6. 用诊断测试设备对喷油器进行动态测试。
增加短期燃油修正量（增加喷油量），此时空燃比传感器信号电压_____。
减小短期燃油修正量（减少喷油量），此时空燃比传感器信号电压_____。
总结空燃比传感器与氧传感器之间的区别。

单元6 电控汽油机的排放控制

工单 3 催化转化器的检测			
车辆名称	生产时间	发动机型号	变速器型号

实验实训目标：
　　依据检测数据和发动机故障征兆来判断催化转化器的工作状况，并决定采取哪些合适的维修措施。
工具和设备： 车辆维修手册、诊断测试设备、数字万用表、转换插头
操作过程：
　　第一项内容——催化转化器前后都为氧传感器的车辆检测
　　1. 将诊断测试设备连接好，选择数据流中的 O2（气缸组 1 传感器 1，B1S1），O2（气缸组 2 传感器 1，B2S1）、O2（气缸组 1 传感器 2，B1S2），O2（气缸组 2 传感器 2），读取数据。
　　2. 起动发动机，发动机暖机进入闭环控制后，用图像功能观察 O2（气缸组 1 传感器 1，B1S1），O2（气缸组 2 传感器 1，B2S1）、O2（气缸组 1 传感器 2，B1S2），O2（气缸组 2 传感器 2）。
　　3. 前氧传感器和后氧传感器波形有什么不同？_____。
　　4. 立刻停止发动机的运转，所有传感器的波形发生了什么变化？_____。是否正常？_____。
　　5. 将某缸的喷油器插接线取下，使发动机有一缸缺火，此时后氧传感器的信号电压波形是上升，还是下降？_____。氧传感器信号电压指示是否为混合气变浓的状态？_____。
　　6. 进行喷油器动态测试，通过诊断测试设备指令混合气变浓，观察后氧传感器的信号电压变化情况：_____。
　　7. 当后氧传感器信号频率_____时，置出故障码 P0420。
　　第二项内容——催化转化器前为空燃比传感器/后为氧传感器的车辆检测
　　1. 将诊断测试设备连接好，选择数据流中的，A/F（气缸组 1 传感器 1，B1S1）、A/F（气缸组 2 传感器 1，B2S1）、O2（气缸组 1 传感器 2，B1S2）、O2（气缸组 2 传感器 2），读取数据。
　　2. 起动发动机，发动机暖机进入闭环控制后，用图像功能观察以上传感器的波形。
　　3. 前空燃比传感器和后氧传感器波形有什么不同？_____
_____。
　　4. 立刻停止发动机的运转，所有传感器的波形发生了什么变化？_____。是否正常？_____。

（续）

5. 将某缸的喷油器插接线取下，使发动机有一缸缺火，此时后氧传感器的信号电压波形是上升，还是下降_____？氧传感器信号电压指示是否为混合气变浓的状态？_____。

6. 进行喷油器动态测试，通过诊断测试设备指令混合气变浓，观察后氧传感器的信号电压变化情况：_____。

7. 当后氧传感器信号频率_____时，设置故障码P0420。

8. 如果发动机运转一个驱动循环后，如何判断对催化转化器监测是否成功或失败？

9. 若置出故障码P0420，需要发动机运转多少个驱动循环？_____。

单元6 电控汽油机的排放控制

	工单4 燃油蒸发排放（EVAP）控制系统的检测			
车辆名称	生产时间	发动机型号		变速器型号

实验实训目标：
  通过填写工单，学员将学会使用诊断测试设备和工具检测燃油蒸发排放（EVAP）控制系统，并从中获得有关EVAP系统的维修信息，能解释检测所得数据。
工具和设备： 车辆维修手册、诊断测试设备、数字万用表、真空压力表、拆装工具
操作过程：
  第一项内容——EVAP系统的识别
  1. 所检测的EVAP系统是非加强型的还是加强型的？
　　　　　　　　　　　　　　　　　　　　　　　　　　　　　　　　　　。

  2. 所检测的EVAP系统是否配置了燃油蒸发排放阀ORVR？若装备了，识别出ORVR阀和管路。
　　　　　　　　　　　　　　　　　　　　　　　　　　　　　　　　　　。

  3. 识别出活性炭罐和燃油箱上的阀总成。
　　　　　　　　　　　　　　　　　　　　　　　　　　　　　　　　　　。

  第二项内容——净化电磁阀的检测
  1. 将真空表接在净化电磁阀和活性炭罐之间的软管上（诊断口），连接好后选择诊断测试设备，并开启选择主动测试选项。
  2. 用左右键从中选择净化电磁阀选项，令其通电。
  3. 将净化电磁阀靠近活性炭罐一侧的软管拔下，仔细听电控单元令其占空比的变化、净化电磁阀通断的工作声音。
  4. 如果能听到净化电磁阀在脉宽调制过程中的动作声音，连接好软管，继续让净化电磁阀动作，那么此时净化软管中是否存在真空度？
　　　　　　　　　　　　　　　　　　　　　　　　　　　　　　　　　　。

  5. 再用左右键从中选择净化电磁阀选项，令其关闭。用真空压力表读取此时净化管中的真空度。
　　　　　　　　　　　　　　　　　　　　　　　　　　　　　　　　　　。

  注意： 如果净化电磁阀卡滞在开启或关闭状态，推荐采用下列步骤进行检测。
  1. 如果出现净化电磁阀卡滞在开启或关闭状态，可能是活性炭受到污染或是活性炭罐制造时存留有金属碎片。
  2. 如果发现净化软管中有活性炭，那么必须将净化软管清洁干净，并及时更换活性炭罐和净化电磁阀。
  3. 如果发现净化电磁阀中有金属碎片，应及时更换活性炭罐和净化电磁阀。
  第三项内容——蒸气压力传感器的检测
  1. 依据维修手册找到ECU诊断插头中蒸气压力传感器的电源端子、信号端子和搭铁端子。

267

（续）

2. 断开蒸气压力传感器上的软管（若有），用数字万用表检测在提供各种压力下蒸气压力传感器的信号端子与搭铁端子之间的电压，填入表中。

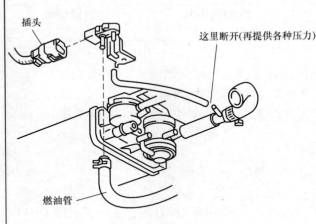

压力条件	所提供压力值	信号电压
低于大气压力		
大气压力		
高于大气压力		

随着提供的压力的增加，蒸气压力传感器的信号电压将_____。

3. 预测一下断开蒸气压力传感器的插头，则ECU诊断插头中蒸气压力传感器信号端子的电压变为_____。

4. 用数字万用表实际检测一下，以验证自己的猜想。
_____。

为什么会这样？（参见单元2中的内容）

第四项内容——EVAP系统整体泄漏检测

1. 用诊断测试设备对加强型EVAP系统进行检测。连接好诊断测试设备，打开点火开关（发动机不运转），在ECU诊断插头中让通风电磁阀搭铁短接，能否听到"嗒"的一声？_____。此时通风电磁阀处于开启还是关闭状态？_____。

2. 再用同样的方法在ECU诊断插头中让旁通电磁阀搭铁短接，能否听到"嗒"的一声？_____。此时旁通电磁阀处于开启还是关闭状态？_____。

3. 用数字万用表检测ECU诊断插头中的蒸气压力传感器的信号端子的电压。

4. 关闭净化电磁阀（或拔掉其插接头），起动发动机，若此时检测蒸气压力传感器的信号电压，应显示出燃油箱内低真空度（燃油箱内压力应降为约100kPa、信号电压降为1.2V左右），并能一直保持住，说明整个EVAP系统无泄漏。因发动机暖机后熄火，燃油蒸气将慢慢冷却，在冷却期间燃油箱中应产生轻微的真空度。

此时EVAP系统是否有泄漏？_____。

5. 取下燃油箱盖，人为制造出泄漏状况，此时蒸气压力传感器信号电压为_____，诊断测试设备能否读出故障码，比较哪一种测试响应最快？_____。

6. 上述检测过程对检测EVAP系统的泄漏是否有效？_____。

7. 若EVAP系统存在泄漏，OBDⅡ系统置出的故障码为_____。

单元6 电控汽油机的排放控制

工单5 真空控制的EGR系统的检测

车辆名称	生产时间	发动机型号	变速器型号

实验实训目标：

通过填写工单，学员将学会使用诊断测试设备和工具检测真空控制的EGR系统，并从中获得有关EGR系统的维修信息，能解释检测所得的数据。

工具和设备： 车辆维修手册、诊断测试设备、数字万用表、带有压力表的真空泵

操作过程：

依据维修手册中推荐的程序，完成对真空控制阀的测试。

1. 首先，对照维修手册找出EGR阀的位置，拔掉其真空软管，用手动真空泵取代。

2. 将诊断测试设备连接好，调到数据流读取一栏，设定选择EGR阀位置传感器和废气温度的信号进行读取。

记录EGR阀位置传感器和废气温度传感器的信号电压值，分别为_____和_____。

3. 按下表的数据给EGR阀提供真空度，记录在相应真空度下EGR阀位置传感器的信号电压值，填入表中。

0 inHg	1.0 inHg	1.5 inHg	2.0 inHg
V	V	V	V

4. 去掉真空度。起动发动机，待到发动机温度升到正常温度，记录此时EGR阀位置传感器的信号电压值_____。

5. 给EGR阀提供真空度，一旦发动机起动就会出现缺火现象。

记录EGR阀位置传感器和废气温度传感器的信号电压值，分别为_____和_____。

6. 发动机运转时去掉EGR阀的真空度，此时EGR阀位置传感器的信号是否回到初始值了？

7. 对于真空控制的EGR系统，用哪一种传感器来判断EGR阀是否开启？

8. ECU如何知道EGR阀开启失败？

9. 对于真空控制的EGR系统，用哪一种传感器来判断EGR阀是否关闭？

10. ECU如何知道EGR阀关闭失败？

11. 列出三条阻止EGR阀关闭的原因。

工单6 二次空气供给系统的检测

车辆名称	生产时间	发动机型号	变速器型号

实验实训目标：

通过填写工单，学员将学会使用诊断测试设备和工具检测二次空气供给系统（AIR），并从中获得有关 AIR 系统的维修信息，能解释检测所得的数据。

工具和设备： 车辆维修手册、诊断测试设备、数字万用表、带压力表的真空泵

操作过程：

故障现象描述：

1. MIL 灯：□点亮　□熄灭　□闪烁
2. 怠速：□转速正常　□转速低且振动甚至熄火
3. 加速：□加速正常　□加速微弱

第一项： 对二次空气供给系统进行外观检查

1. 参考维修手册或电子版维修系统，判断该车二次空气供给系统是否有下列组成部件？

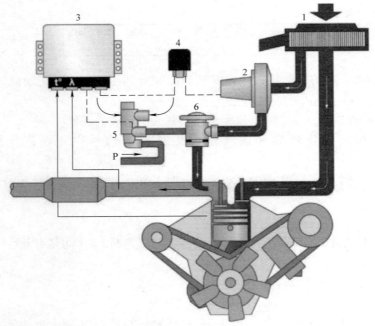

□1—空气滤清器　□2—空气泵

□3—发动机控制单元

□4—空气泵继电器

□5—组合阀

□6—真空电磁阀（控制阀）

单元6 电控汽油机的排放控制

（续）

或其他_____。

2. 进行外观检查，应检查所有组件是否损坏：

□电气插头和软管接头完好

□电气插头和软管接头破损

□熔丝损坏

□电气插头和软管接头松动

□软管扭结或阻塞

3. 进行声学检查：

发动机冷却且处于怠速状态时，判断能否听到空气泵的声音？

□有声音　　□无声音

关闭发动机后，是否可以清晰地听到空气泵停止的声音？

□听不到　　□能听到

第二项：故障排除

1. 读取故障码：□无故障码

　　　　　　　□有故障码：_____。

2. 进行主动测试，用诊断仪测试操作空气泵，测试空气泵和电磁阀的好坏：

　　□空气泵正常　　□空气泵不正常

　　□继电器正常　　□继电器不正常

3. 进行主动测试，检查真空电磁阀的触发：

　　□电磁阀正常　　□电磁阀不正常

若诊断仪没有测试电磁阀的功能，拆下通向电磁阀的真空管路。起动冷发动机，在空气泵开始工作时，应该可以在电磁阀处检测到真空。

如果无法检测到真空，请使用万用表检查电磁阀。

4. 检查组合阀的功能：

拆下组合阀上的真空管路，将真空泵连接到阀上，用真空泵进行组合阀功能的检查。

　　□组合阀正常　　□组合阀不正常

5. 检查软管接头：

松开泵上的组合阀的软管接头，稍微用力将空气吹入管路（请勿使用压缩空气），组合阀必须关闭。

　　□软管接头正常　　□软管接头破裂　　□软管接头漏气

本单元小结

1) 催化转化器被用在排放系统中催化废气的转化反应,但是催化转化器内的催化剂本身并不会被消耗掉。发生的化学反应主要是先将废气中的 NO_x 分解还原为 N_2 和 O_2,再将 HC 和 CO 氧化为无害的 CO_2 和 H_2O。

2) 曲轴箱强制通风系统将窜入曲轴箱的燃油蒸气强制引入到进气歧管。

3) 二次空气系统在发动机冷机运转时将空气泵送到排气歧管,而当发动机处于闭环控制时将空气泵送到催化转化器。

4) 二次空气系统迫使低压空气进入排气,以减少 CO 和 HC 废气排放。

5) 所有二次空气系统都使用一个或多个止回阀来保护空气泵和其他部件不受反向排气流的影响。

6) 燃油蒸发排放控制系统采用活性炭罐和各种管路收集燃油系统中的燃油蒸气,防止蒸气泄漏到大气中。

7) 废气再循环系统将废气导入到燃烧室中以降低燃烧的瞬间高温。废气再循环系统的主要功能和作用是通过降低燃烧温度以减少氮氧化物的生成。

8) 采用 OBD Ⅱ 系统的车辆,用双氧传感器来监测三元催化转化器的转化效率。一个氧传感器安装在催化转化器前面的排气管上,为上游氧传感器;另一个安装在催化转化器后面的排气管上,为下游氧传感器。上游氧传感器被 ECU 用于空燃比调节,下游氧传感器被 ECU 用于判断三元催化转化器的转化效率。

9) 闭环控制就是发动机 ECU 根据氧传感器的信号调节喷油量,使空燃比尽可能地控制在理论空燃比 14.7∶1 附近。

10) 短期燃油修正是 ECU 依据氧传感器的电压信号进行喷油量的修正,长期燃油修正是 ECU 通过对短期燃油修正进行计算得来的,长期燃油修正可以表示出短期燃油修正向稀薄或浓稠方向调整的趋势。

11) 与常规的氧传感器不同,当混合气浓时,空燃比传感器控制电压小,当混合气稀时,空燃比传感器控制电压大。空燃比传感器可以检测到从浓混合气(12∶1)到稀混合气(22∶1)的排放。

复 习 题

一、判断题

1. 三元催化转化器可促使 CO、HC 的还原、也能促使 NO_x 的氧化。（　）
2. 活性炭罐是为了消除燃油蒸气对空气造成的污染而设置的。（　）
3. 二次空气系统是将尾气重新喷入排气歧管中，以减少 HC、CO 的排放量。（　）
4. EGR 装置的作用是为了减少发动机 CO 的排放量。（　）
5. 电压型氧传感器实质上是一种氧电池。（　）

二、选择题

1. 如下图所示，当测得副氧传感器的波形和主氧传感器的波形基本相同，电压信号在 200～800mV 之间变化时，说明：（　）

   A. 一切正常　　　　　　B. 发动机处于闭环状态
   C. 催化转化器失效　　　D. 说法 A 和说法 B 都对

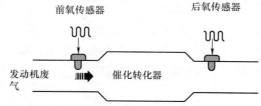

2. 关于二次空气系统，下列哪种说法是正确的？（　）

   A. 损坏的止回阀会导致空气泵失效
   B. 当发动机暖机或发动机处于闭环控制时应停止向催化转化器泵送空气
   C. 当发动机冷机时应停止向排气歧管泵送空气

3. 测试二氧化锆型氧传感器时，下列哪种说法是对的？（　）

   A. 用电阻表测量传感器的阻值
   B. 改变混合气浓度并监测传感器产生的电压
   C. 传感器一旦发生故障，发动机故障灯立即点亮提示
   D. 发动机起动时氧传感器电压约为 0.9V

4. 以下关于燃油蒸发控制系统功能的叙述哪个不正确？（　）

   A. 从燃油箱蒸发的燃油蒸气，被排出到活性炭罐内
   B. 当发动机在高速运行时燃油蒸气排到大气中
   C. 当发动机运行时燃油蒸气被从炭罐吸到进气歧管

5. 电控发动机有轻微的怠速不稳，加速时经常熄火。当将 EGR 真空电磁阀与 EGR 阀之间的真空软管断开时，汽车就正常地运行。最可能的原因是（　）。

   A. EGR 真空电磁阀可能卡在关闭状态
   B. EGR 阀的膜片复位弹簧弹力不足或损坏
   C. EGR 真空电磁阀可能关闭不严

6. 氧传感器电压偏低，表示空燃比偏稀，而且喷油器脉冲宽度高于标准值。以下最可能的原因是？（　）

   A. 喷油器故障　　　　　B. 进气歧管内可能有真空泄漏

C. 油压调节器故障　　　　D. ECU 故障

7. 在汽车排气净化装置中，二次空气系统可降低（　　）排放量。

A. HC　　　　　　　　　B. NO

C. 炭烟　　　　　　　　D. 铅化合物

8. 以下关于背压式 EGR 阀的叙述，哪个是不正确的？（　　）

A. 可以在发动机运行时检查

B. 可以在排气系统建立起背压时检查

C. 可以用手动真空泵检查

D. 可以通过在真空口施加压缩空气的方法来检查

9. 发动机燃油喷射系统中，以下哪项是系统闭环控制模式的主要输入信号？（　　）

A. 冷却液温度传感器　　　B. 点火开关信号

C. 氧传感器信号　　　　　D. 空气流量传感器信号

10. OBD Ⅱ 系统为了对混合气空燃比进行监控，为氧传感器定义的监控工况中，哪种说法正确？（　　）

A. 稀混合比变动次数　　　B. 混合气由稀转浓的"转换点"

C. 由稀转浓时间差　　　　D. 两"转换点"间的时间（浓稀变动时间）

11. 空燃比传感器能够检测从浓到稀的可燃混合气的排放，空燃比范围哪个正确？（　　）

A. 12∶1～15∶1　　　　　B. 13∶1～16.7∶1

C. 10∶1～23∶1　　　　　D. 8∶1～18∶1

三、问答题

1. 如何对燃油蒸发控制系统进行测试？

2. 如何对废气再循环系统进行检测？

3. 如何对二次空气系统进行检测？

4. OBD Ⅱ 系统如何对催化转化器的工作状况进行监测？

5. 空燃比传感器与氧传感器有什么区别？

6. 叙述二次空气系统在发动机不同工况下的工作状态。

单元6复习题答案

一、判断题

1. 错误 2. 正确 3. 正确 4. 错误 5. 正确

二、选择题

1. C 2. A 3. B 4. B 5. C 6. B 7. A 8. D 9. C 10. D 11. C

单元 7

学习目标

1. 了解可变气门正时系统的常见类型和工作原理。
2. 理解可变气门升程系统的结构和工作原理。
3. 认识可变进气系统的工作原理。
4. 说明气缸停用系统的操作原理。
5. 熟悉废气涡轮增压和超级增压的工作原理。

7.1 可变气门正时控制系统

7.1.1 传统气门传动机构

问题链接：
1. 为何先进的发动机都采用了可变气门正时技术？
2. 可变气门正时控制系统有哪些类型？

气门传动机构的作用是让空气或混合气进入和离开燃烧室。气门传动机构的运行涉及许多因素：

1）气门打开的距离。
2）气门打开和关闭的时间；
3）气门打开和关闭的持续时间。

顶置凸轮轴（OHC）发动机（图7-1）和顶置气门（OHV）发动机（图7-2）。进气门：进气门应在活塞到达 TDC 之前提前打开，并在活塞开始下降时完全打开。当进气门处于部分开启时，比完全打开时流量大大减少。由于可燃混合气具有惯性趋势，因此在活塞到达 BDC 后进气门关闭。即使活塞在进气行程中停止向下移动并在压缩行程中开始向上移动，由于惯性仍可吸入额外的混合气。典型的进气门开关时刻是在上止点（BTDC）之前19°打开，在下止点（ABDC）之后46°关闭。

排气门：活塞在做功行程中向下移动时，排气门打开，可确保释放燃烧压力，并且在排气行程中排气门大部分处于打开状态，直到活塞经过 TDC 并在进气行程开始下降之后，排气门才关闭。由于排气的惯性，在活塞经过 TDC 之后，一些燃烧的气体继续从排气门流出。这可能会在燃烧室中留下部分真空，从而开始吸入新鲜的混合气。这种局部真空被称为扫气，它有助于将新鲜的空气/混合气充入气缸。典型的排气门规格是在下止点（BDC）之前

单元7　电控汽油发动机的辅助控制

49°打开，在上止点（ATDC）之后22°关闭。

曲轴和凸轮轴之间的传动关系以及曲轴和凸轮轴之间的转速关系如图7-3所示。

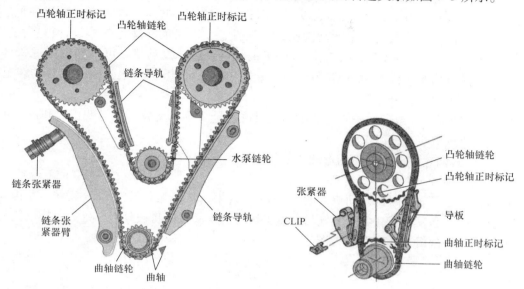

图7-1　顶置凸轮轴（OHC）气门传动机构　　　图7-2　顶置气门（OHV）气门传动机构

凸轮轴的主要功能是打开气门。凸轮轴上的凸轮（图7-4）具有偏心的形状，凸轮可抵消气门弹簧的力打开气门。凸轮将凸轮轴的旋转运动转换为气门的线性运动。凸轮轮廓形状是确定发动机工作特性的主要因素，比其他任何发动机单个零件都能更好地控制发动机性能特征。除凸轮凸角形状外，其他各方面均相同，但凸轮形状不同的发动机，可具有完全不同的工作特性和性能。

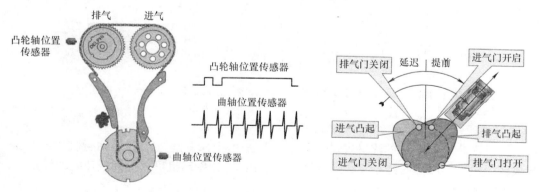

图7-3　曲轴和凸轮轴之间的传动和转速关系　　　图7-4　凸轮的作用

以上普通的发动机，进气门和排气门的开闭时刻是固定不变的，这种固定不变的正时很难兼顾到不同转速的工作需求。

7.1.2　可变气门正时

在现在的轿车发动机上，我们经常可以看见VVT-i、VTEC-i、VVL、VVTL-i等技术标号。这些标号都代表发动机采用了可变配气技术。

可变气门正时，就是允许气门在发动机工作循环中的不同时刻开启或关闭，以提高发动机性能。采用可变气门正时（Variable Valve Timing，VVT）技术，改善了发动机在低、中转速下的转矩输出，大大增强了驾驶的操纵灵活性，发动机的转速也能够设计得更高。例如，日产的2.0L VVL发动机比没有配备VVT的相同结构的发动机，可以提供超过25%的动力输出。又例如菲亚特1.8L VVT发动机，能在2000~6000r/min之间输出90%的转矩。

可变气门正时可简单分为：

1) 凸轮轴调整（改变凸轮轴与曲轴的相对位置）系统，又分排气可变正时和进气可变正时，或进排气双可变气门正时。

2) 一体式凸轮（改变凸轮的形状）系统。

1. 排气门可变正时

仅对排气门可变正时的发动机，能产生EGR效果，从而无须另设EGR系统。在排气可变正时系统中，当发动机在部分节气门开度下运行时，排气门将被延迟。延迟了排气门的关闭，允许排气被截留在燃烧室中（图7-5）。

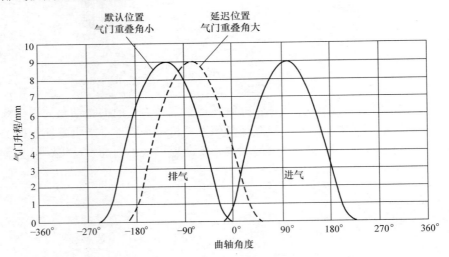

图7-5 排气门延迟关闭，气门重叠角增大，允许废气在内部循环，降低NO_x的产生

2. 进气门可变正时

仅改变进气凸轮轴正时可改善发动机性能。这是由于命令进气门在压缩行程中较早关闭，导致较少的可燃混合气被充气回到进气口（返回），让发动机可以提高低速时的转矩。

3. 一体式凸轮

某些使用单个凸轮轴控制气门的顶置气门（OHV）发动机，配备了一个相位器，该相位器允许凸轮相对于曲轴旋转，以实现可变气门正时。动力总成控制模块（PCM）延迟凸轮轴以产生废气再循环，因此不需要EGR阀即可满足NO_x废气排放。可以改变凸轮轴以产生较大的发动机转矩范围并提高燃油经济性。

4. 进排气双可变气门正时

很多双顶置凸轮轴（DOHC）发动机，在进气和排气凸轮轴上都使用可变气门正时。通

单元7 电控汽油发动机的辅助控制

过改变两个凸轮轴，可以在较宽的发动机转速范围内增加发动机转矩（表7-1）。它允许PCM控制燃烧室中截留的废气量，以控制氮氧化物（NO_x）的形成，这是通过使进气门更早打开或排气门更长时间打开来实现的。

表7-1 凸轮轴位置表

发动机工况	气门控制	目标	结果
怠速	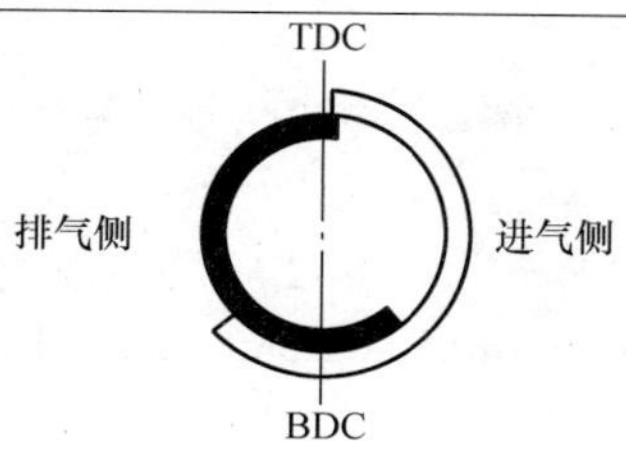 TDC 排气侧 进气侧 BDC 无变化	最小气门重叠角	稳定怠转速
轻载	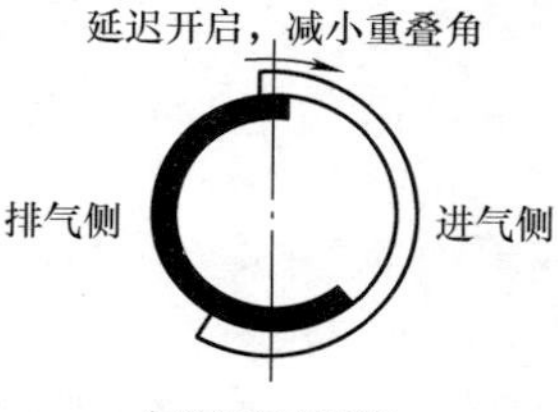 延迟开启，减小重叠角 排气侧 进气侧 气门正时延迟	降低气门重叠角	稳定发动机输出
中等载荷	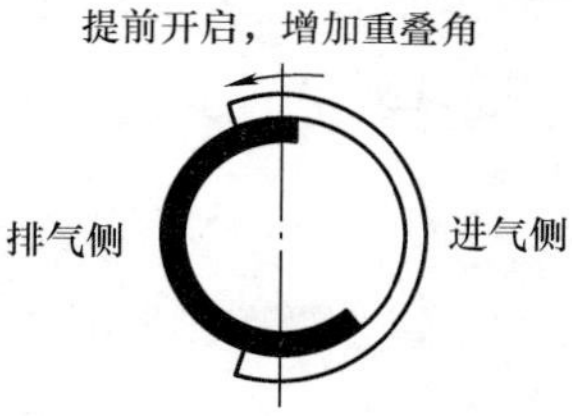 提前开启，增加重叠角 排气侧 进气侧 气门正时提前	增加气门重叠角	提高燃油经济性，降低排放
重载下从低速到中速	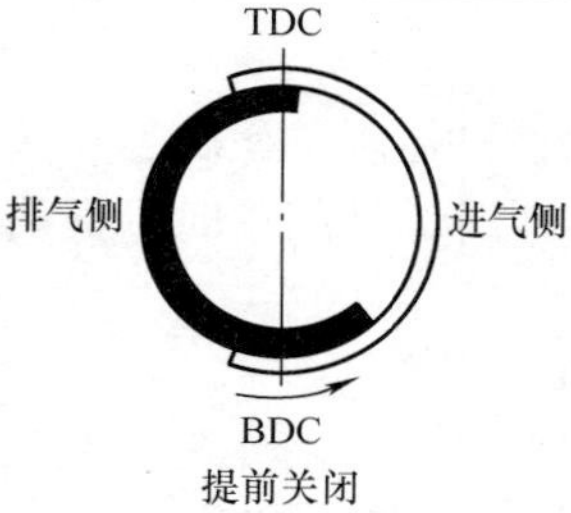 TDC 排气侧 进气侧 BDC 提前关闭 气门正时提前	进气门关闭时刻提前	提高低到中等范围转矩输出
重载下高转速	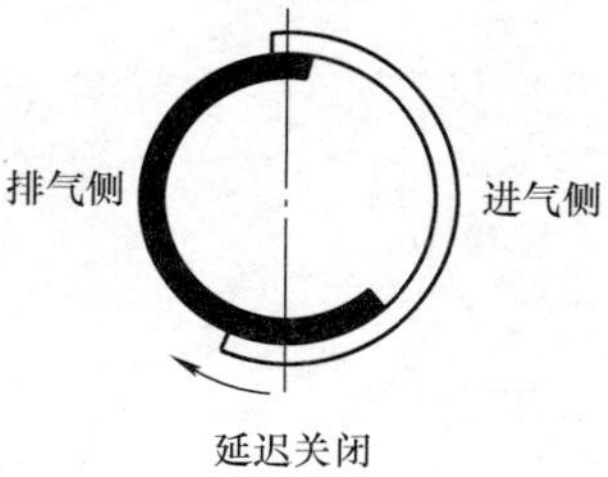 排气侧 进气侧 延迟关闭 气门正时延迟	进气门关闭时刻延迟	提高发动机输出

279

世界主流汽车制造商采用的可变气门正时技术名称如下：

1）宝马 VANOS（Variable Nockenwellen Steuerung，可变凸轮轴控制）。

2）福特 VVT（Variable Valve Timing，可变气门正时）。

3）通用 DCVCP（Double Continuous Variable Cam Phasing，双连续可变凸轮相位）。

4）本田 VTEC（Variable valve Timing and lift Electronic Control，可变气门正时和升程电子控制）。

5）现代 MPI CVVT（Multiport Injection Continuously Variable Valve Timing，多口喷射连续可变气门正时）。

6）马自达 S–VT（Sequential Valve Timing，顺序气门正时）。

7）三菱 MIVECS（Mitsubishi Innovative Valve timing Electronic Control System，三菱创新型气门正时电子控制系统）。

8）日产 N–VCT（Nissan Variable Control Timing，日产可变控制正时）。

9）日产 VVL（Variable Valve Lift，可变气门升程）。

10）保时捷 VarioCam（Variable Camshaft timing，可变凸轮轴正时）。

11）铃木 VVT（Variable Valve Timing，可变气门正时）。

12）斯巴鲁 AVCS（Active Valve Control System，主动气门控制系统）。

13）丰田 VVT–i（Variable Valve Timing–intelligent，智能可变气门正时）。

14）丰田 VVTL–i（Variable Valve Timing and Lift–intelligent，智能可变气门正时和升程）。

15）大众 VVT（Variable Valve Timing，可变气门正时）。

16）沃尔沃 VVT（Variable Valve Timing，可变气门正时）。

7.1.3　凸轮轴调整可变正时系统

该系统用于改变进气凸轮轴与曲轴的相对位置，若有必要，还要改变排气凸轮轴与曲轴的相对位置。通过使气门的开启和关闭时刻相对于固定曲轴转角发生位移，让气门重叠角发生改变（图7-6）。

1. 脉谱图控制的凸轮轴调整系统

根据发动机的负荷和转速情况，利用存储在发动机控制单元内的脉谱程序图，就能对凸轮轴进行调整。例如，根据负荷的不同，在平均转速时，气门正时是提前还是延迟，依据脉谱图可以确定下来（图7-7）。

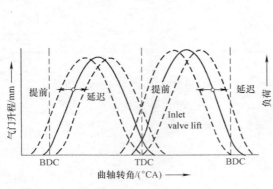

图7-6　气门升程曲线

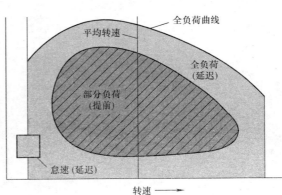

图7-7　进气凸轮轴的正时提前或延迟的工作状态

凸轮轴的调整可以采用链条张紧装置（VarioCam）、可变凸轮轴控制（VANOS）、叶片式调整结构（VaneCam）。

(1) 可调式链条张紧装置（VarioCam）

在进、排气凸轮轴之间安装有一个链传动机构，排气凸轮轴通过链传动装置驱动进气凸轮轴，弹簧的弹力使链条产生张紧力，见图7-8。

在正常状态下，链条张紧装置的液压缸处于上面的位置，进气凸轮轴处于延迟状态。为了获得提前调节，液压活塞处于下面位置。链条的下一部分被拉长，上一部分缩短，从而使进气凸轮轴进入提前调节状态。这种调整结构只改变进气凸轮轴的正时，上海帕萨特B5和一汽奥迪A6汽车的可变气门正时系统即采用该种类型的结构。

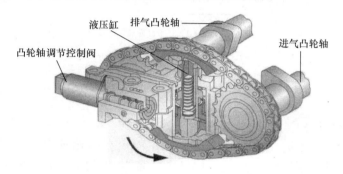

图7-8 可调式链条张紧装置

(2) 可变凸轮轴控制装置（VANOS）

宝马的无级正时调节简称为VANOS。如果排气凸轮轴也被调整，则可以说是双VANOS。该系统由下列部件组成：电磁阀、液压调节装置、机械调节装置，见图7-9。

该系统工作原理（图7-10）：当机油压力作用在活塞上，克服弹簧力推动花键轴套（内齿为弧齿锥齿轮）轴向运动，与之内啮合的弧齿锥齿轮则会旋转，同时带动凸轮轴转动一定角度，改变了凸轮轴的位置。

进气凸轮轴在提前方向调节：来自发动机的油压通过提前油路进入液压调节装置，液压调节装置的活塞轴向向右运动。安装在液压活塞上的带内弧齿的花键套就会带动进气凸轮轴沿提前方向（逆着链轮旋转方向）转动。

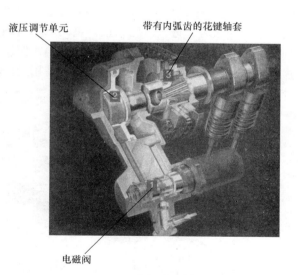

图7-9 凸轮轴调整机构的构造

2. 采用进、排气凸轮轴调整的系统

这些系统包括双VANOS系统和叶片式调整机构（VaneCam）。

(1) 双式VANOS系统

同时对进、排气凸轮轴进行调整，使发动机低中速范围和高速范围的转矩增加。

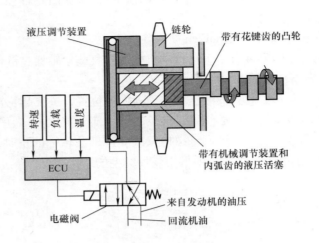

图 7-10 凸轮轴调整机构的工作原理

(2) 叶片式调整机构

叶片式调整机构由正时链条驱动的外转子、固定在凸轮轴上的内转子叶片组成,见图 7-11、图 7-12。内外转子以相反的方向转动。各自油室内的油压由各自的电磁阀控制,从而实现对凸轮轴的调节。内转子相对于外转子的最大转动角度,对进气凸轮轴可达 52°CA,对排气凸轮轴可达 22°CA。内转子带动凸轮轴连续不断地转动,从而改变进气门正时。当发动机停止时,进气凸轮轴被调整到最大延迟状态,以维持起动性能。在发动机起动后,油压并未立即传到叶片式调整机构时,锁销便锁定叶片调整机构以防止撞击而产生噪声。叶片式调整机构是目前内部摩擦力最小,使用最广泛的一种控制器。

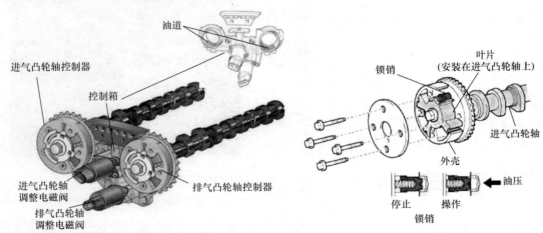

图 7-11 大众公司叶片式调整机构　　图 7-12 丰田公司叶片式调整机构

下面以丰田公司进气门智能可变气门正时系统(VVT-i)为例,说明智能可变气门正时系统的控制原理,见图 7-13。智能可变气门正时系统的工作过程见表 7-2。

单元7 电控汽油发动机的辅助控制

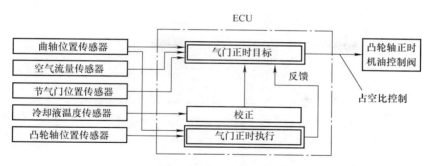

图 7-13　丰田公司进气门智能可变气门正时系统控制原理

表 7-2　丰田进气门智能可变气门正时系统的工作过程

	图示工作过程	凸轮轴正时机油控制阀的占空比	工作过程说明
正时提前	叶片、凸轮轴正时机油控制阀、发动机ECU、油压回油口、旋转方向	（方波图）	当发动机 ECU 发送给凸轮轴正时机油控制阀的占空比变大（>50%）时，阀处于左图所示的位置，油压作用于气门正时提前侧的叶片室，使进气凸轮轴向气门正时的提前方向旋转
正时推迟	叶片、发动机ECU、回油口、油压、旋转方向	（方波图）	当发动机 ECU 发送给凸轮轴正时机油控制阀的占空比变小（<50%）时，阀处于左图所示的位置，油压作用于气门正时延迟侧的叶片室，使进气凸轮轴向气门正时的推迟方向旋转
正时保持	发动机ECU、油压	（方波图）	发动机 ECU 根据各传感器的信息进行处理，并计算出气门正时角度，当达到目标气门正时以后，凸轮轴正时机油控制阀通过关闭油道来保持油压。左图所示是保持现在的气门正时状态

7.1.4　一体式凸轮

一体式凸轮指改变凸轮形状，就可以改变气门开启的时刻，通过改变凸轮的高度就可以改变气门开启的横截面积（图 7-14）。例如，通过使用摇臂联动的方法，就可能从低速凸轮外形转变为高速凸轮外形（图 7-15）。

283

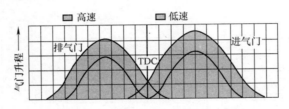

图 7-14　低速和高速时的气门升程曲线

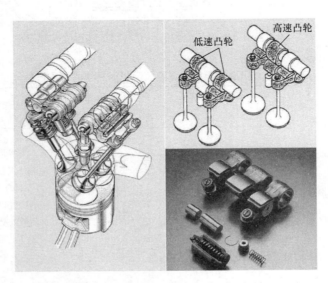

图 7-15　可变凸轮机构

1. 可变气门升程（VVTL）系统

发动机的气门升程是受凸轮轴转角长度控制的，在普通的发动机上，凸轮轴的转角长度固定，气门升程也是固定不变的。赛车发动机采用长升程设计，以获得高转速时强大的功率输出，但在低转速的时候会工作不稳定；普通民用车则采用兼顾高低转速的气门升程设计，因此会在高低转速区域损失动力。而采用可变气门升程（Variable Valve Timing with Lift, VVTL）控制的发动机，气门升程能随发动机转速的改变而改变。在高转速时，采用长升程来提高进气效率，让发动机的呼吸更顺畅，在低转速时，采用短升程，能产生更大的进气负压及更多的涡流，让空气和燃油充分混合，因而提高低转速时的转矩输出。

基于 VVT 机构，VVTL 采用凸轮转换机构，从而使发动机在不同的转速工况下由不同的凸轮控制，及时调整进、排气门的升程和开启持续时间。为了更好地提高发动机转速和获得更高的输出，可变气门升程系统对气门开启和关闭时刻进行了优化，大大提高了燃油经济性。图 7-16 为可变气门升程（VVTL）系统，当发动机低 - 中转速运行时，由凸轮轴上的低 - 中速凸轮驱动摇臂，使进、排气门动作。一旦发动机高转速运行时，来自传感器的信号使 ECU 控制机油控制阀动作，调节摇臂活塞液压系统，使高速凸轮工作，这样进、排气门的升程和开启持续时间增加，发动机的充气效率得以提高。

VVTL - i 系统的组成与 VVT 相似，控制系统也包括曲轴/凸轮轴位置、节气门位置、冷却液温度传感器和空气流量传感器（图 7-17），而驱动部件则包括机油控制阀（图 7-18）、

单元7　电控汽油发动机的辅助控制

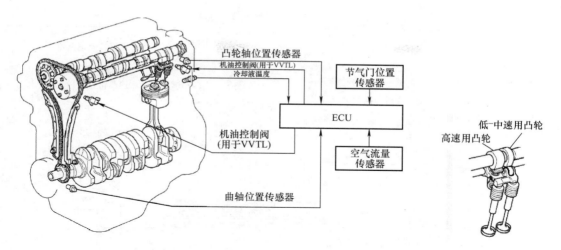

图 7-16　本田可变气门升程系统（VVTL）

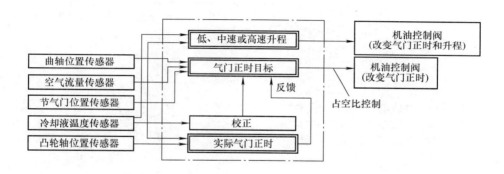

图 7-17　智能可变气门升程系统控制原理

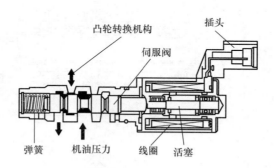

图 7-18　机油控制阀

特殊的凸轮轴和摇臂组件等。VVTL-i 系统的工作过程见表 7-3。

机油压力控制阀中的伺服阀是由 ECU 进行占空比控制的。当发动机高速运转时，机油压力控制阀开启，机油直接通往凸轮转换机构，使高速凸轮起作用。

表7-3　VVTL-i 系统的工作过程

当发动机低-中速运转时，由低-中速凸轮推动摇臂滚柱，使两个气门动作，此时高速凸轮也会推动摇臂衬垫，但由于摇臂衬垫处于自由状态，不会影响摇臂和两个气门的动作	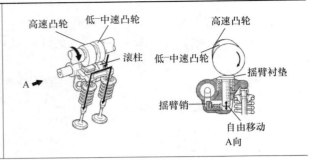
当发动机处于低、中转速时，ECU读取各传感器信号，控制机油压力控制阀关闭，回油侧开启，机油回流	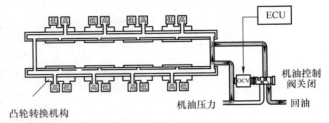
当发动机高转速运转时，机油压力推动摇臂销，摇臂销插栓在摇臂衬垫下，使摇臂衬垫锁住。由于高速凸轮轮廓比低速凸轮大，高速凸轮推动摇臂衬垫。此时，由高速凸轮驱动两个气门，气门的升程和开启持续时间得以延长	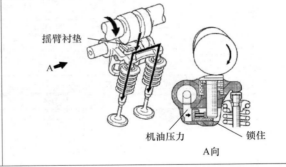
当发动机高速运转时，机油压力控制阀开启，机油直接通往凸轮转换机构，使高速凸轮起作用	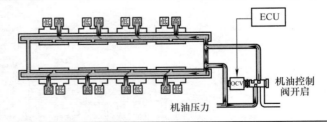

2. 全可调机电式气门升程机构

全可调指气门升程和气门开启角度都可实现无级调整。

如图7-19所示，凸轮轴作用于中间臂上，中间臂的倾斜的下表面与摇臂接触，并推动摇臂，摇臂将气门打开。当凸轮轴转动时，中间臂在凸轮与复位弹簧之间往复运动的幅度大小，也就决定了气门升程的大小。

伺服电动机驱动偏心轴，偏心轴中心位置在变化，决定了中间臂的往复运动，也就决定了气门升程的大小。往复运动加大，则气门升程大；往复运动减弱，则气门升程减小（图7-19）。

全可调气门升程机构的优点：可改变气门开启的横截面积，不需要改变节气门开度，没有节气门节流损失。

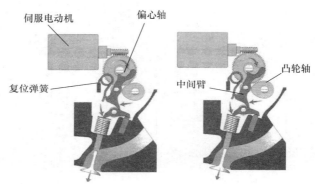

图 7-19　宝马全可调机电式气门升程机构（Valvetronic）

3. 全可调电液式配气机构

保时捷公司的全可调电液式配气机构包括可变凸轮和可变升程两部分组成，见图 7-20。其中可变凸轮可以调节气门开启角度高达 30°CA。而可变升程切换装置是液压顶筒，由控制单元操作电磁阀来调节顶筒内的油压，从而实现气门升程的控制。

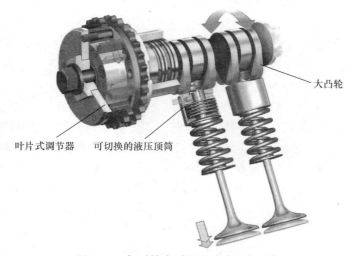

图 7-20　保时捷全可调电液式配气机构

7.1.5 可变气门正时控制电路

可变气门正时由动力总成控制模块（PCM）控制，可以是两个不同的电路之一：

1）用 PCM 控制搭铁侧通断（图 7-21）。可变气门正时（VVT）电磁线圈通常是具有 3~6Ω 的电阻，因此需要 2~4A 的电流才能运行。蓄电池电源正（+）施加到可变气门正时（VVT）电磁线圈，PCM 脉冲控制搭铁。

2）用 PCM 控制电源侧通断（图 7-22）。这种可变气门正时电磁阀的电阻为 8~12Ω，需要 1.0~1.5A 的电流才能工作。通过 PCM 施加电压来控制可变气门正时的电磁阀。

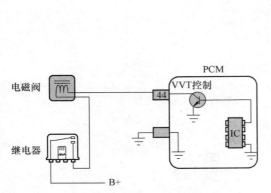

图 7-21　PCM 控制可变气门正时电磁阀搭铁　　图 7-22　PCM 控制可变正时电磁阀电源

7.1.6 可变气门正时控制系统故障诊断

大多数汽车制造商指定的诊断步骤通常包括以下步骤：

步骤 1：验证客户的关注点。这通常是"检查发动机故障指示灯或 MIL 指示灯"，因为在大多数运行条件下，发动机的性能影响很小。

步骤 2：调取存储的故障码。与可变气门正时相关的典型故障码如下：

P0011—气缸组 1 进气凸轮轴位置过于提前。

P0012—气缸组 1 进气凸轮轴位置过于延迟。

P0013—排气凸轮轴位置执行器。

P0014—排气凸轮轴位置太过于提前。

P0021—气缸组 2 进气凸轮轴位置过于提前。

P0022—气缸组 2 进气凸轮轴位置过于延迟。

注意：如果设置了 P000A 和 P000B 故障码，请更换发动机机油。P000A 故障码表示进气凸轮轴正时变化过慢。当排气凸轮轴正时变化过慢时，将设置 P000B 故障码。虽然这些故障码可能由于电磁阀或电磁阀的控制电路故障而设置，但最有可能与发动机机油有关。最有可能的原因是机油变脏，黏度不正确，甚至油位过低。如果发现电路符合出厂规格，则确保使用指定黏度的机油，及时更换发动机机油可能是解决此类故障的有效方法。

步骤 3：以稳定的行驶速度操作车辆时，使用故障诊断仪检查凸轮相位电磁阀的占空比。指令脉冲宽度应为 50%。如果脉冲宽度不是 50%，PCM 正在控制相位器向指定位置移动,但还未实际达成。PWM 信号高于或低于 50%,通常表示相位器总成卡住。

步骤 4:检查电磁阀的电阻是否正确。如果故障诊断仪是双向控制的,连接一个电流表,并在故障诊断仪指令电磁阀接通时测量电磁阀导通电流。

步骤 5:检查发动机机油压力是否正确。机油压力低或流向凸轮相位器的流量受限可能是许多故障码出现的原因。

步骤 6:确定故障的根本原因并清除所有故障码。

步骤 7:路试车辆,确认故障已排除。

7.2 可变排量系统

> 问题链接:
> 1. 为什么采用气缸停用技术?
> 2. 气缸停用技术又称什么?

有些发动机的设计是为了在低负荷条件下,只让 8 缸中的 4 缸或 6 缸中的 3 缸运行,以提高燃油经济性。动力传动控制单元监控发动机转速、冷却液温度、节气门位置和负载,来决定何时停用气缸。

可以停用气缸的系统名称不同,主要有:①气缸切断系统;②可变排量系统;③按需排量(DOD),目前称为主动燃油管理;④多排量系统(MDS)。

7.2.1 主动燃油管理原理

主动燃油管理系统包括许多不同的部件和对机油系统的改进,这使得配备此系统的发动机,其常规机油更换变得更加重要。主动燃油管理系统的关键是采用两级液压气门挺杆,见图 7-23。在正常操作中,挺杆内外套筒由销固定在一起,并作为一个总成运行。当动力传动控制单元计算出可以停用气缸时,机油压力被输送到油道,这将压下锁销,使挺杆的外部沿凸轮轮廓运动,而内部保持静止,气门则处于关闭状态。控制操作是通过使用电磁阀来控制挺杆油液流向,从而控制气缸启用或停用,见图 7-24。

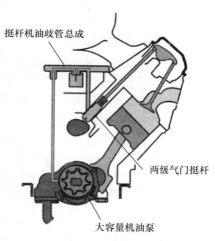

图 7-23 两级气门挺杆油路系统

1. 气缸停用过程

为了说明在气缸停用过程中事件的激活顺序,下面以气缸排气过程为例:

步骤 1:正常燃烧事件发生后,排气门被禁用。

步骤 2:进气门停用,燃油喷射停止。

步骤 3:根据发动机的点火顺序重复该气缸停用过程,截留的气体产生空气弹簧作用,被停用的气缸其点火也被禁用。

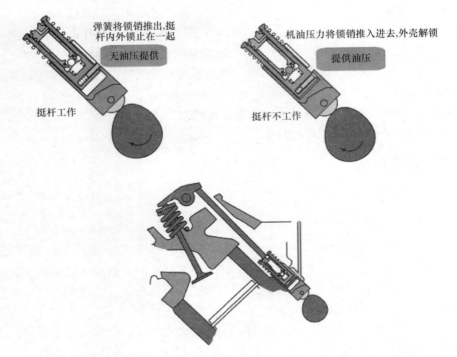

图 7-24 施加在锁销上的油压使挺杆内部在挺杆外壳内自由移动,从而保持气门关闭

2. 气缸恢复工作过程

当发动机在所有气缸上恢复点火时,事件序列:

步骤 1:排气门打开,释放气缸中截留的气体。

步骤 2:喷油器重新通电,使燃油喷入气缸。

步骤 3:打开进气门。

步骤 4:点火发生,产生正常燃烧事件。

步骤 5:按点火顺序,重复事件,直到发动机所有气缸正常工作。

7.2.2 防止发动机抖动

气缸停用时,如何防止发动机抖动?如果气缸被禁用,例如由于点火和喷油器故障导致气缸缺火,发动机将无法平稳运行。在配备可变排量系统(可切断 2 个或多个气缸)的发动机中,动力系统控制模块(PCM)通常执行以下操作以确保发动机平稳运行:

1)电子节气门控制(ETC)和熄火是同步的,以将燃烧后的气体截留在燃烧室内。

2)ETC 用于打开节气门,以补偿失效气缸产生的功率损失。

3)当气缸重新启用时,火花会在短时间内重燃,以减少气缸开始产生功率时的转矩。使用 ETC 的速度不够快,无法对变化做出反应。

7.2.3 可变排量系统故障诊断

通常在系统激活时,组合仪表显示气缸停用系统工作,也有车型称为气缸切断系统工作或可变排量系统工作(图 7-25)。

单元7　电控汽油发动机的辅助控制

诊断可变排量系统通常是在"检查发动机"灯（故障指示灯或MIL）亮起后开始。车辆制造商规定的诊断程序通常包括以下步骤：

步骤1：验证客户问题。如果不使用气缸停用系统，客户担心燃油经济性可能低于预期。

步骤2：检查是否存储有故障码（DTC）。与排放相关的故障码可能导致动力系统控制模块禁用气缸停用。

步骤3：执行彻底的目视检查，包括检查机油油位和机油状况。

步骤4：检查故障诊断仪数据中的相关参数，查看是否有传感器超出正常范围。

步骤5：确定根本原因，并按照维修信息中的说明进行维修。

步骤6：路试车辆，以验证操作是否正常。

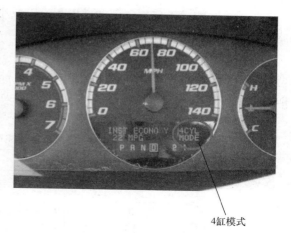

图 7-25　气缸停用系统激活显示

7.3　可变进气系统

> **问题链接：**
> 1. 可变进气系统的作用是什么？
> 2. 可变进气系统有哪些类型？

在20世纪80年代末，发动机每缸已开始采用四气门结构，以提高发动机高转速时的进气效率，使发动机性能得以改善。但气门数量的增加对提高进气效率是有限的，要同时扩大进气歧管。一旦进气歧管口径加大，发动机在低速时，会使空气流速降低，造成低速进气效率下降，低速转矩输出减小。

目前，可变进气系统弥补了这一缺陷，利用进气控制阀改变进气歧管的有效长度或口径大小，提高了发动机从低速到高速的所有转速范围内的动力性。进气控制阀由ECU控制的真空开关阀（VSV）或真空执行器使其动作。

还可以在进气道中增加共振腔，使另一个质量加到进气歧管气柱中，引发共振。在发动机低转速时，共振的发生会产生增压作用，进而促进进气质量的增加。

按上述进气系统的变化，可变进气系统有四种类型：进气通道面积可变系统、进气道长度可变系统、谐波增压进气系统，以及组合系统。

7.3.1　进气通道面积可变系统

进气通道面积可变系统的功能是控制发动机进气道的空气流通截面的大小，以适应发动机不同转速和负荷时的进气量需求，从而改善发动机的动力性。在进气量较少的低速、小负荷功能工况下，使进气道空气流通截面积减小，提高进气流速、增大进气惯性、加强气缸内的涡流强度，以提高发动机的充气效率，改善发动机低速性能。而在进气量较多的高速、大负荷工况下,增大进气空气流通截面积,以减小进气阻力,有利于改善发动机的高速性能。此系统已在很多中高端轿车发动机上应用。

ECU 控制的进气通道面积可变系统工作原理见表 7-4,控制进气道空气流通截面积大小的动力阀安装在进气管上,动力阀的开闭由真空控制阀控制动作,ECU 根据各传感器信号通过真空电磁阀(VSV)控制真空罐和真空控制阀的真空通道。真空电磁阀有两种类型:常态常开型和常态常闭型,表 7-4 中所示例子的真空电磁阀为常开型。

表 7-4　进气通道面积可变系统的工作原理

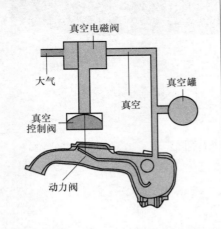	当发动机小负荷运转时,进气量较少,ECU 断开真空电磁阀,真空罐中的真空进入真空控制阀,动力阀处于关闭位置,进气通道面积变小
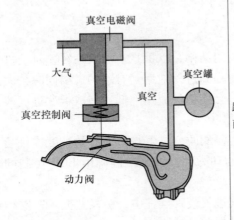	当发动机大负荷运转时,进气量较多,ECU 接通真空电磁阀搭铁回路,真空罐中的真空不能进入真空控制阀,控制动力阀开启,进气通道面积变大

大众迈腾轿车的进气系统的结构见图 7-26。其中的可变进气歧管由下述部件组成:进气总管、振荡管(每缸两个)、切换轴、功率进气总管、真空储压器、进气歧管翻板。两个振荡管的长度是不同的,这是因为要想达到较高的转矩输出需要使用两个气道同时开启,而要想达到较高的功率输出则仅使用一个气道。由切换轴控制振荡管的变换,实现大功率输出和大转矩输出的两个位置,见图 7-27。

7.3.2　进气道长度可变系统

发动机工作中,由于进排气门的不断开关,进气流在进气歧管内出现压力脉动。当进气

单元7　电控汽油发动机的辅助控制

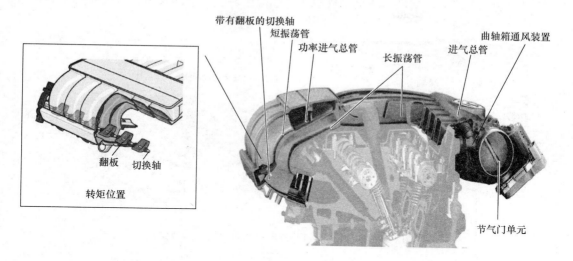

图 7-26　大众迈腾 6 缸 VR – AXZ 发动机进气系统

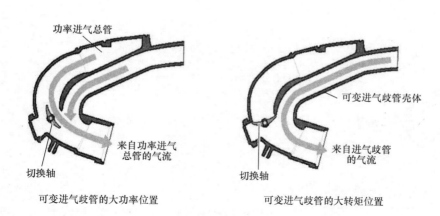

图 7-27　大众迈腾 6 缸 VR – AXZ 发动机进气控制两个位置示意图

门关闭时，由于气体惯性使进气门附近的气体受到压缩而压力增高，在发动机高转速时受压膨胀的气体流到进气管口又被反射回进气室。如果利用进气歧管的长度配合受压进气流，使之进入气缸内，从而可形成进气增压效果，提高了发动机的充气效率和功率。

进气道长度可变系统有分阶段可变进气系统和无级可变进气系统。

分阶段改变进气歧管的长度，使发动机在整个转速范围内都能提高转矩输出，尤其是在低转速范围内。对进气空气控制阀进行优化控制以实现进气歧管长度分阶段改变。ECU 控制进气空气控制阀的动作主要参考发动机转速和节气门开度信号。

1. 分阶段进气长度可变系统

两阶段变化的进气谐振控制系统的工作原理如图 7-28 所示，ECU 根据发动机转速和节气门开度信号控制真空电磁阀的开闭，从而控制真空罐内的真空经过真空电磁阀通往进气空气控制阀的驱动膜片气室内,驱动进气空气控制阀的开关。它的详细工作过程见表7-5。

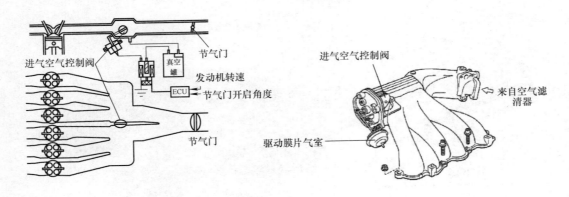

图7-28　丰田2JZ-FE发动机两阶段进气系统组成

表7-5　两阶段进气系统的工作过程

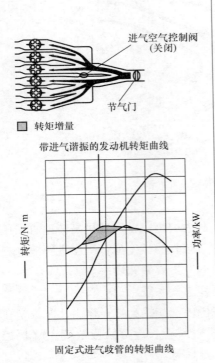

低速时真空电磁阀开启,真空罐内的真空通过真空电磁阀进入进气空气控制阀的驱动膜片气室内,进气空气控制阀关闭,进气歧管的通道变长。变化延伸了进气歧管的有效长度,改善了进气效率、提高了发动机在低-中转速范围内的转矩输出

（续）

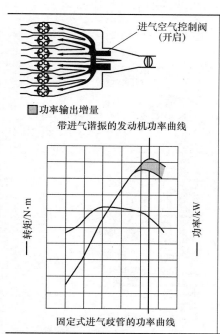

高速时真空电磁阀关闭，真空罐内的真空不能经真空电磁阀进入进气空气控制阀的驱动膜片气室内，进气空气控制阀开启，进气歧管的通道变短，达到最大进气效率以提高转速范围内的功率输出

奥迪 A4 的发动机两阶段变化的进气系统的工作原理如图 7-29 所示。

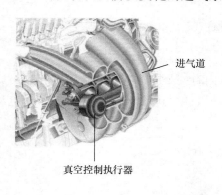
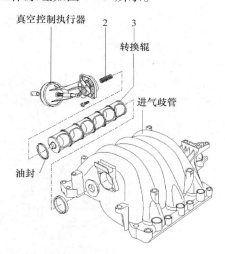

发动机低速时，进气歧管变长

发动机高速时，进气歧管变短

图 7-29　奥迪 A4 的发动机两阶段进气系统工作原理

如图7-30所示,三阶段变化的进气系统采用了两个真空电磁阀。

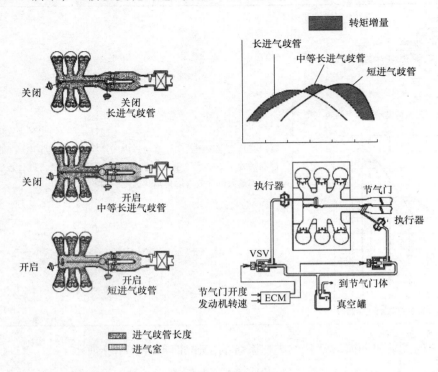

图7-30　丰田1MZ-FE三阶段变化进气系统组成及工作原理

2. 无级可变进气道长度可变系统

无级可变进气道系统(图7-31),在其进气道内有一个能改变进气歧管空腔的出口的转环。当转速变化时,转环转动,因而使实际进气歧管长度与转速相适应。一个步进电动机用于带动转环转动。

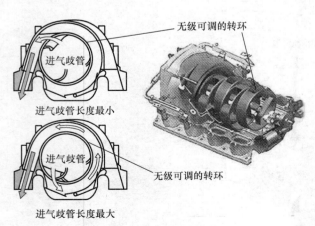

图7-31　无级可变进气系统

7.3.3 谐波增压进气系统

气门开启频率高,则进气道内气柱振动频率也高。当气门开启频率与气柱振动频率一致时,共振能使振动系统振幅得到放大。而系统的自振与振动质量有关,振动质量大会引起低频长期振动,而振动质量小会引起高频短期振动。

在低速时,共振的发生就会产生增压作用,因而使进气量增加(图7-32)。

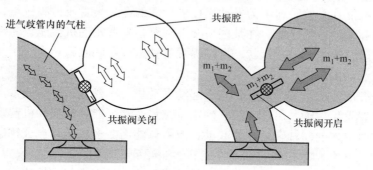

图7-32 谐波增压过程

7.3.4 谐波增压和进气道可变组合

将谐波增压与进气道可变组合在一起(图7-33),就能使两个系统的作用都得到利用。例如,发动机在低、中速阶段靠谐波增压,而在高速转速阶段靠增加流通面积(冲压效果),来提高充气效率。为此,在进气歧管内设置一个转换阀,根据转速的不同,这个阀可以通过电控或电控气动控制的方式,开启或关闭。

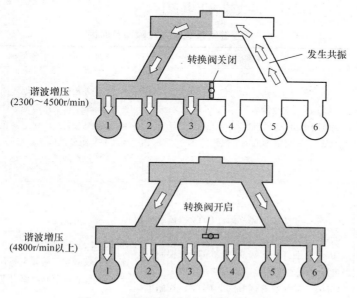

图7-33 谐波增压与进气道可变组合系统

在低、中速时，使用谐波增压，转换阀关闭。1、2、3气缸吸入空气时，4、5、6气缸的进气歧管的共振腔则起到共振的作用。这样振动质量的振动频率减小，与气门开启的振动频率相适应。

7.3.5 可变进气系统故障诊断

1. 故障症状

可变进气系统能在某些转速下为发动机提供最大的进气歧管压力和流量，一旦它不能操作，不但不能提高发动机的性能，在某些情况下甚至会降低发动机性能。通常，可变进气系统控制一旦有故障，会产生一些症状，可以提醒驾驶员存在的问题。

（1）发动机起动困难

可变进气系统故障的第一个症状是难以起动发动机。车辆起动时，通常定位进气歧管流道控制。如果装置发生故障，可能无法正确定位位置，这可能导致发动机起动困难。发动机可能需要比正常时更多的曲轴转角才能起动，或者可能需要多次转动点火钥匙。

（2）发动机失火和功率损失、加速性能和燃油经济性变差

可变进气系统故障的另一个症状是发动机性能问题。如果进气歧管流道控制有问题，它可能导致车辆遇到发动机性能问题，包括缺火、功率损失和加速性能和燃油效率变差等，甚至可能发生失速。

（3）发动机故障指示灯一直亮

发动机故障指示灯点亮是可变进气系统出现问题的另一个症状。如果计算机检测到进气歧管流道控制位置、信号或电路有问题，它将点亮发动机故障指示灯，以提醒驾驶员存在故障。

2. 可变进气系统相关故障码

表7-6列出了可变进气系统常见故障码及其原因。

表7-6 可变进气系统常见故障码及原因

故障含义	故障码	可能原因
进气歧管调节阀（IMTV）性能	P065E：进气歧管调节阀（IMTV）电磁阀控制电路低电压，气缸组1 P065F：含义同P065E，气缸组2	• 电磁阀电源电路对地短路或开路 • 电磁阀控制线路对地短路 • 电磁阀控制线路对电源短路或开路 • IMTV组件故障 • ECU出现故障
进气歧管调节阀（IMTV）控制电路	P0660：进气歧管调节阀（IMTV）控制电路断路，气缸组1 P0661：进气歧管调节阀（IMTV）控制电路电压过低，气缸组1 P0662：进气歧管调节阀（IMTV）控制电路电压过高，气缸组1	• IMTV组件故障 • 进气歧管调节阀线束断开或短路 • 进气歧管调节阀电路电气连接不良

单元7 电控汽油发动机的辅助控制

(续)

故障含义	故障码	可能原因
进气歧管调节阀（IMTV）卡滞	P2070：进气歧管调节阀（IMTV）卡滞在打开位置，气缸组1 P2071：进气歧管调节阀（IMTV）卡在关闭位置，气缸组1	• IMTV 组件故障 • IMTV 线束断开或短路 • IMTV 电路电气连接不良 • 进气歧管流道控制（IMRC）故障 • 动力总成控制模块（PCM）故障
进气歧管调节（IMT）阀位置传感器	P2075：进气歧管调节（IMT）阀位置传感器电路，气缸组1 P2076 进气歧管调节（IMT）阀位置传感器电路范围/性能，气缸组1 P2077 进气歧管调节（IMT）阀位置传感器电路电压过低，气缸组1 P2078 进气歧管调节（IMT）阀位置传感器电路电压过高，气缸组1 P2079 进气歧管调节（IMT）阀位置传感器电路间歇性故障，气缸组1	• 进气歧管调节阀位置传感器 • 进气歧管调节阀位置传感器线束断开或短路 • 进气歧管调节阀位置传感器电路电气连接不良 • 进气歧管调节阀（IMTV）故障 • 进气歧管流道控制（IMRC）故障 • 动力总成控制模块（PCM）故障

在对可变进气系统进行检测时，主要应检查：真空罐、进气室和真空管路有无漏气，真空电磁阀电路有无断路或短路，真空电磁阀电阻是否符合标准。视情进行维修或更换损坏的元件。

7.4 废气涡轮增压系统

7.4.1 充气效率

问题链接：
1. 废气涡轮增压系统是怎样工作的？
2. 如何对废气涡轮增压系统进行电控？

发动机的输出功率和转矩的大小主要取决于进气行程期间进气量的多少。气缸充气量的多少用充气效率来表示。

充气效率是每个做功循环的气缸内的新鲜气体充气量，与理论上可能充满气缸的新鲜气体充气量之比。自然吸气式四冲程发动机充气效率在 0.7~0.9 之间，而增压式发动机的充气效率则可提高到 1.2~1.6 之间。

增压系统能够提高充气效率，让更多的空气进入燃烧室，因此能燃烧更多的燃料。对于点燃式发动机来说，添加增压系统后，过高的充气效率会导致压缩终了的压力过高，会造成爆燃，导致活塞或轴承损坏。因此，点燃式增压发动机的几何压缩比比自然吸气式发动机要小。

目前采用的增压器类型有：
1）无机械传动的增压器，如废气涡轮增压器、双涡轮增压器。
2）机械传动的增压器，如罗茨增压器、螺旋式增压器、旋叶式增压器。

3）综合废气涡轮增压器和螺杆压缩机。

7.4.2 废气涡轮增压系统的工作原理

废气涡轮增压系统利用发动机排出的废气作为动力来推动涡轮增压机内的涡轮（位于排气道内），涡轮又带动同轴的压缩轮（位于进气道内），压缩轮压缩由空气滤清器管道送来的新鲜空气，再送入气缸，见图 7-34。当发动机转速加快，废气排出速度与涡轮转速也同步加快，空气压缩程度就得以加大，发动机的进气量就相应地增加，发动机的输出功率就增加了。空气被压缩后温度会升高到 180℃。

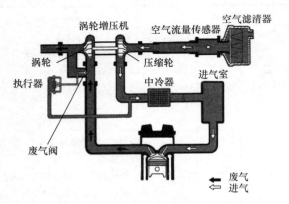

图 7-34　废气涡轮增压系统结构

废气涡轮增压系统采用执行器感知进气侧增压压力情况，再控制废气阀的开启，使一部分废气绕过涡轮直接排入排气歧管，最终改变了进气侧的增压压力。废气涡轮增压系统采用中冷器对增压后的进气进行冷却，以提高进气空气密度和进气效率。涡轮增压的最大优点是它不需要消耗任何来自曲轴的功率，所以这种增压器的工作实际上没有任何损失。

废气涡轮增压系统的工作过程见表 7-7。

表 7-7　废气涡轮增压系统的工作过程

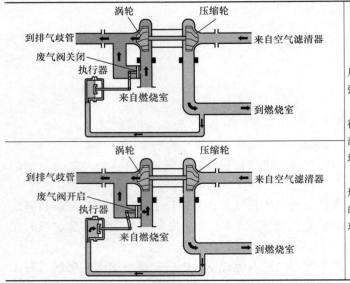

	执行器内有膜片将之分隔成左右两个腔，膜片左侧受进气增压压力的作用，膜片右侧装有弹簧。膜片与废气阀通过一根推杆连接
	当压缩轮侧进气增压压力增加到足以克服执行器内的弹簧力时，推杆推动废气阀开启。一部分废气绕过涡轮经排气歧管直接排放出去，增压压力也随之下降
	可见增压压力的大小决定了膜片受压后的变形量，进而决定了废气阀的开度、废气旁通量的多少，最终增压压力发生改变，这是一个闭环控制过程

一台发动机装上涡轮增压器后，其输出的最大功率与未装增压器的相比，可增加大约 40% 甚至更多。这意味着一台小排量的发动机经增压后，可以产生同较大排量发动机相同的功率。但凡事有利就有弊，涡轮增压也不例外。发动机在采用废气涡轮增压技术后，工作中产生的最高爆发压力和平均温度将大幅度提高，从而使发动机的动力性能、润滑性能都受到影响，而且还会提高进气温度。

7.4.3 涡轮增压机结构

涡轮增压机安装在发动机的进排气歧管上,处在高温、高压和高速运转的工作状况下,工作要求比较苛刻,因此对制造材料和加工技术都要求很高。其中制造难度最高的是支撑涡轮轴运转的"浮式轴承",它的工作转速可达 100000r/min 以上,环境温度可达 600~700℃,由于轴承与机体内壁间有油液进行冷却,又称"全浮式轴承"。涡轮增压机的结构如图 7-35 所示。

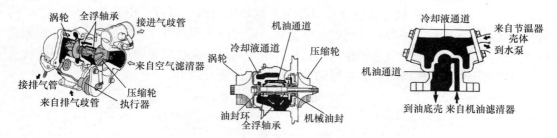

图 7-35 涡轮增压机的内部结构

7.4.4 机械/气动增压压力控制

废气涡轮增压器只能在中、高速时取得明显的增压效果。为了在低转速也能获得好的增压效果,以及防止压力过高损坏发动机,需要对增压压力进行调节。增压压力调节方法如下:

1) 机械/气动增压压力控制。
2) 电子式增压压力控制。
3) 采用可调导向叶片的增压压力控制。

机械/气动增压压力控制原理见表 7-7,在执行器控制室内,膜片的一侧受弹簧的压力作用。另一侧作用有增压压力。当增压压力克服了弹簧的弹力时,执行器就会动作,推开废气阀(旁通阀)。这样废气流过旁通道,不经涡轮,而直接进入排气歧管。

废气涡轮增压器在超速运转模式下节气门突然关闭时,会引起动态压力,冲击压缩轮叶片造成减速。为了让超速运行模式下的压缩轮连续工作,不受压力波动的影响,装备进气歧管压力控制的循环空气阀(图 7-36)。当节气门突然关闭时,循环空气阀使预压缩的空气从压缩轮一侧流回到压缩轮的进气侧。

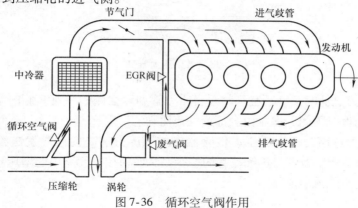

图 7-36 循环空气阀作用

7.4.5 电子式增压压力控制

根据节气门位置和爆燃倾向，增压压力控制 ECU 计算出最佳的增压压力，而进气温度、发动机温度、转速等用于校正参考。例如，在高海拔地区行驶时，发动机控制单元内的高度传感器不停地对环境空气进行测量，并在计算增压压力时，对因为空气压力波动造成的影响进行补偿。

控制原理：增压压力传感器记录增压压力，而增压压力控制 ECU 则控制着循环阀的动作（图 7-37 和图 7-38），通过占空比信号控制着循环空气阀的开度。电控废气涡轮增压的控制对象就是增压压力，循环空气阀的开度变化，通往废气阀的真空发生变化，从而控制废气阀的开启，来将一部分废气直接排入排气管，绕过涡轮，推动涡轮的动力减少，涡轮转速降低，涡轮增压作用也就减小了，从而调节了进气侧的增压压力。

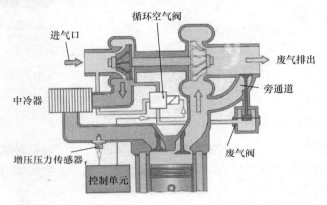

图 7-37 增压压力降低

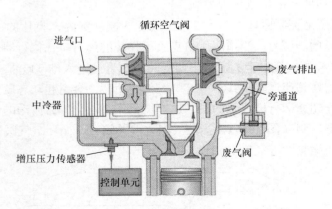

图 7-38 增压压力升高

1) 当增压压力过低时，循环空气阀开启压力管和真空侧的导通。低的增压压力作用于废气阀，废气阀则保持关闭，涡轮由全部废气流驱动。

2) 当增压压力过高时，增压压力传感器将增压压力过高的信号发送给增压压力控制 ECU。循环空气阀切断压力管与进气歧管的连接，从而使控制管路中的增压压力升高。废气阀开启，到涡轮的废气流量减小。

3）当过增压时，即加速时加速踏板突然踏下，在循环空气阀的控制下，废气阀使全部废气流都通过涡轮，增压压力突然增加，出现增压压力过高的情况。在达到所希望的行驶速度后，再恢复正常的控制操作。

7.4.6 废气涡轮增压系统故障诊断

1. 故障症状

废气涡轮增压器常见故障症状如下。

1）加速慢：废气涡轮增压系统的主要功能是提高车辆动力性，出现故障时，第一个明显的症状是缺乏动力和加速缓慢。如果车主指出车子的速度不像过去那么快了，应该首先考虑检查废气涡轮增压系统。

2）烧机油：燃烧过量的机油通常是废气涡轮增压系统故障的标志。找到增压器前部的下管，然后断开它。可以使用内窥镜查看涡轮内部；如果里面有机油，那是增压器逐渐损坏的迹象。应该尽快解决这个问题，如果不加修复，涡轮最终会失效。

3）过量的废气：如果增压器壳体出现裂纹，或者内部密封件磨损，可能会导致机油泄漏到排气中。当烧机油时，会看到明显的灰色或蓝色废气烟雾。当增压器工作时，此症状更明显。所以，如果注意到烟雾时，可以加速发动机，观察排放迹象。

4）点亮"检查发动机"指示灯：在大多数现代汽车上，计算机诊断将检测到发动机故障，从而导致"检查发动机"指示灯点亮，表示需要进一步检查，以确定是否需要修理或更换涡轮增压器。

5）响亮的呼啸声：当增压器运行时，失效的增压器可能会发出响亮的呜呜声。噪声通常听起来像警笛，随着问题的加重，噪声往往会越来越大。如果发现异常噪声与上述某些症状配对，说明废气涡轮增压器可能出现故障了。

2. 目视检查

检查整个进气系统是否有缺失、损坏或松动的部件，这些部件会损坏密封件并导致增压系统失去压力。系统中的裂纹、堵塞或松动连接是引发故障码 P0299 的最常见问题。

3. 废气涡轮增压相关故障码

故障码 P0299：表示增压压力不足。大众车系旁通道废气阀调节压力，出问题会导致 OBDⅡ诊断系统设置 P0299 这个故障码。

（1）出现 P0299 故障码后的故障现象

会点亮"检查发动机"指示灯，车辆处于跛行模式，发动机动力不足，甚至会有机械噪声。跛行模式是为了防止车辆进一步损坏，并将一直持续到故障码被清除或修复。

（2）导致 P0299 故障码出现的原因

涡轮增压器或增压器故障、发动机中的低油压、EGR 系统故障、空气或进气口泄漏或节流、增强压力传感器故障。

（3）故障诊断过程

1）检查增压压力传感器。断开传感器插头，如图 7-39 所示连接万用表。将钥匙转动至"打开"位置并检查显示的电压。如果读数不符合标准，请在 ECU 上测试线束，检查线束是否开路、短路。

接下来，检查压力读数。重新连接插头。由于钥匙处于打开位置，但发动机关闭，应该会看到大约2V的电压。增加增压压力时，增压压力传感器信号电压将增加。

2）检查废气调节电磁阀。见图7-40，废气调节电磁阀根据所需的升压量，将真空引到废气阀，让废气阀不同程度的打开和关闭。蓄电池电源从燃油泵继电器提供给该阀，由ECU以脉冲宽度调节操作电磁阀的搭铁。废气调节电磁阀上只有两个端子，连接万用表并检查电阻，应该在14~20Ω。如果没有，则更换该阀。

3）测试循环空气阀。废气涡轮增压器循环空气阀将压缩轮增压压力转移到进气中，以防止增压器减速。检查废气阀调节电磁阀电阻，应为27~30Ω。

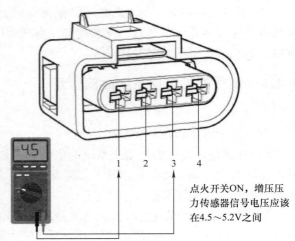

图7-39　检查增压压力传感器

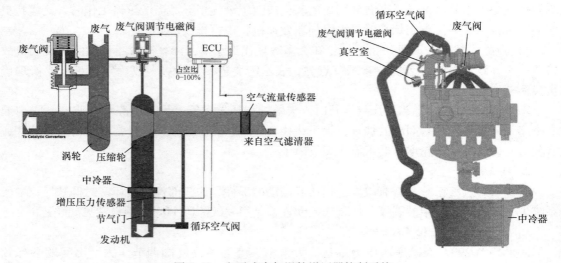

图7-40　电子式废气涡轮增压器控制系统

4）测试废气阀的关闭。将真空施加到废气阀上，检查废气阀的关闭状况，确保在怠速时不泄漏。

5）检查废气阀机械操作机构。废气阀操纵杆连接问题，会导致出现故障码P0299/P0236/P0234。操纵杆卡滞，会造成增压压力过高或过低，而且可能是间歇性的，因此很难复制故障。

检查废气阀操纵杆底部和涡轮增压器壳体之间有无约3mm的间隙（图7-41）。如果没有间隙，则必须更换涡轮增压器。

（4）排除故障后的检查

1）将诊断仪连接到车辆的OBDⅡ端口，并检查存在的所有故障码。

2）记录所有冻结帧数据，这些数据将包含有关设置故障码时车辆所接收的条件的信息。

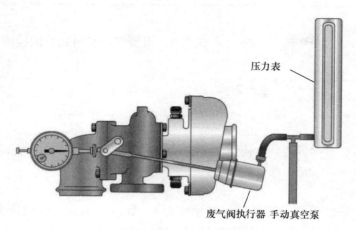

图 7-41　测量废气阀操纵杆移动量

3）清除故障码并试驾。

4）目视检查涡轮/增压器系统、进气系统、EGR 系统和任何其他相关系统，用诊断仪检查增压压力读数是否正确。

如果车辆仍然存在压力问题，请查看最新的技术服务公告。技术公告会详细说明特定故障码，以及该型号车辆的常见问题。每个废气涡轮增压器或增压器系统都是非常独特的，解决方案将取决于相应车辆的具体系统。

工单1 可变气门正时系统的检测

车辆名称	生产时间	发动机型号	变速器型号

实验实训目标：
　　完成此工单后，学员将学会使用工具和设备检测可变气门正时系统，获得读取与可变气门正时系统故障诊断相关信息的方法。

工具和设备：
　　车辆维修手册、手持式测试仪（带示波器）、数字万用表、机油压力表及连接套件、手电筒、防护目镜、带可变气门正时系统的车辆。

操作过程：
　　第一项内容——确认维修信息
　　1. 这台发动机是否配备可变气门正时？　□是　　□否
　　2. 这台发动机的凸轮传动机构类型：_____。
　　3. 判断这台发动机的可变气门正时系统的类型。

　　第一种类型：
　　凸轮轴调整类型：□进气凸轮轴可调　　□排气凸轮轴可调　　□进排气凸轮轴都可调。
　　具体是：　□链条张紧装置（VarioCam）　　□可变凸轮轴控制（VANOS）　　□叶片式调整结构（VaneCam）。

　　第二种类型：
　　一体式凸轮类型：□进气凸轮可调　　□排气凸轮可调　□进排气凸轮都可调。
　　具体是：□可变气门升程系统（VVTL）□全可调机电式气门升程机构 □全可调电液式配气机构。

　　第二项内容——确认可变气门正时系统信息
　　1. 观察并查阅维修资料，确认这台发动机可变气门正时系统的主要部件，并列出。

　　2. 确认故障现象：
　　（1）检查发动机故障指示灯是否点亮：□是　　□否
　　（2）发动机功率是否损失：□是　　□否
　　（3）发动机是否发出嘎嘎声：□是　　□否
　　或其他故障现象_____。

　　第三项内容——故障诊断
　　1. 调取存储的故障码：_____。
　　查看是否有故障码：P000A 和 P000B，若有，请更换发动机机油。□有　　□没有

（续）

2. 举升车辆，以稳定的转速操作车辆，读取凸轮相位电磁阀的占空比：_____，判断占空比：□大于50%　□等于50%　□小于50%。

3. 测量电磁阀电阻或导通电流：_____。

4. 判断电磁阀或电磁阀控制信号是否正常：_____。

5. 检测发动机机油压力值：_____。

判断机油压力：□正常　□过低

第四项内容——故障原因分析

_____
_____
_____
_____。

工单2 可变进气系统的检测

车辆名称	生产时间	发动机型号	变速器型号

实验实训目标：

　　进行实际操作并填写工单，学员将学会使用工具和设备检测可变进气系统，获得读取可变进气系统故障诊断信息的方法。

工具和设备：

　　车辆维修手册、手持式测试仪（带示波器）、数字万用表、真空压力表、手电筒、带可变进气系统的车辆。

操作过程：

　　第一项内容——确认维修信息

　　1. 这台发动机是否配备可变进气系统？　　□是　　□否

　　2. 这台发动机的可变进行系统类型：_____。

　　判断这台发动机可变进气系统的类型？

　　□进气通道面积可变系统　　　　□进气道长度可变系统

　　□谐波增压进气系统　　　　　　□谐波增压和进气道可变组合系统

　　第二项内容——确认可变进气系统信息

　　1. 观察并查阅维修资料，确认这台发动机**可变进气系统**的主要部件，并列出安装位置。

　　2. 确认故障现象：

　　（1）发动机起动困难：□是　　□否

　　（2）发动机加速性能：□正常　　□变差

　　（3）发动机燃油经济性：□正常　　□变差

　　（4）检查发动机故障指示灯是否点亮：□是　　□否

　　第三项内容——故障诊断

　　调取存储的故障码：_____。

（续）

依据故障码和故障现象，分析故障原因：

1. _____
2. _____
3. _____
4. _____

第四项内容——确定进一步检测项目

_____
_____
_____。

第五项内容——排除故障

_____
_____
_____。

工单 3　废气涡轮增压系统检测

车辆名称	生产时间	发动机型号	变速器型号

实验实训目标：
　　进行实际操作并填写工单，学员将学会使用工具和设备检测废气涡轮增压系统，获得读取废气涡轮增压信息的方法。

工具和设备：
　　车辆维修手册、手持式测试仪（带示波器）、数字万用表、真空压力表、内窥镜、百分表、手电筒、带废气涡轮增压系统的车辆。

操作过程：

第一项内容——确认维修信息

1. 废气涡轮增压压力正常范围：_____ MPa。

2. 这台发动机的废气涡轮增压系统的类型：_____。
　　□废气涡轮增压器　　□双涡轮增压器

3. 观察并查阅维修资料，确认这台发动机增压系统的主要部件，并列出安装位置。

第二项内容——确认故障现象
（1）发动机加速情况：□正常　　□加速慢
（2）发动机加速后观察废气颜色：□无色　　□灰色或蓝色烟雾
（3）内窥镜检查涡轮内部：□无机油　　□有机油
（4）检查发动机故障指示灯是否点亮：□是　　□否
（5）检查增压器工作的噪声：□正常　　□呜呜声　　□警笛声

第三项内容——机械部分故障诊断

1. 目视检查
进气系统是否有软管破裂、脱落：
□正常　　□有缺陷，记录_____。

2. 连接诊断仪，路试中读取增压压力值。或将压力表连接到进气歧管，软管要足够长，能在驾驶室内读取。

（续）

增压压力测量值为：_____ MPa（bar）。

判断是否正常：□是　　□否

如果不正常，执行"第五项内容"。

3. 检查废气阀执行器推杆是否弯曲，是否会影响增压器工作。记录检查结果：

推杆是否正常：□是　　□否

将手动真空泵连接到废气阀执行器膜片一侧，操纵推杆，用百分表测量废气阀操纵杆底部和涡轮增压器壳体之间的间隙：

间隙正常值：____ mm，间隙实际测量值：____ mm。

判断是否需要调整推杆长度：□要调整　　□不调整

4. 检查废气阀是否积炭，是否造成阀门关闭不严，影响增压器工作。记录检查结果：

废气阀是否积炭正常：□是　　□否

第四项内容——电控部分故障诊断

1. 进行电控系统故障诊断，执行下列基本检查：

（1）点火正时是否正常：□是　　□否；

（2）爆燃传感器是否正常：□是　　□否；

（3）氧传感器是否正常：□是　　□否；

（4）燃油压力是否正常：□是　　□否。

2. 调取存储的故障码：_____。

依据故障码和故障现象，分析故障原因：

1. _____。
2. _____。
3. _____。
4. _____。

第五项内容——确定进一步检测项目

_____
_____。

第六项内容——排除故障

_____
_____。

本单元小结

1) 可变气门正时用于改善发动机性能和减少废气排放。进气凸轮相位调整用于提高低速转矩和高速功率。排气凸轮相位调整通过减少泵送损失来减少废气排放和提高燃油经济性。

2) 在顶置气门发动机上使用可变气门正时可减少 NO_x 排放。

3) 可变气门正时故障通常是由于换油周期延长而导致的,这可能会堵塞凸轮相位器上的滤网。

4) 二次空气喷射(SAI)系统迫使低压空气进入排气,以减少 CO 和 HC 废气排放。

5) 二次空气喷射系统都使用一个或多个止回阀来保护空气泵和其他部件不受反向排气流的影响。

6) 发动机冷态时,空气被喷入排气歧管。当发动机实现闭环时,空气直接进入催化转化器。发动机减速或节气门全开运行期间,将空气喷入空气滤清器。

7) 废气涡轮增压系统利用发动机排出的废气作为动力来推动涡轮增压机工作,以使发动机的进气量得到增加,提高发动机的输出功率。

8) 每个废气涡轮增压器或增压器系统都是非常独特的,故障解决方案将取决于车辆具体系统。

9) 可变进气系统提高了发动机从低速到高速的所有转速范围内的动力性。可变进气系统有两种类型:进气通道面积可变系统和进气道长度可变系统。

10) 停用气缸的系统也称为可变排量系统,属于主动燃油管理。在发动机低负荷条件下,只让 8 缸中的 4 缸或 6 缸中的 3 缸运行,以提高燃油经济性。

单元7　电控汽油发动机的辅助控制

复 习 题

一、判断题

1. VVL 系统不属于可变配气系统。　　　　　　　　　　　　　　　　　（　　）
2. 可变气门正时系统无须发动机负荷信号。　　　　　　　　　　　　　（　　）
3. 采用高、低速凸轮只能改变气门的升程。　　　　　　　　　　　　　（　　）
4. 进气谐振式可变进气系统通过改变进气歧管的长度来提高发动机的充气效率。
　　　　　　　　　　　　　　　　　　　　　　　　　　　　　　　　（　　）
5. 电控废气涡轮增压的控制对象是进气侧的增压压力，以调节排气侧的压力。（　　）

二、选择题

1. 若控制双可变气门正时系统，发动机 ECU 根据发动机转速和负荷等信号来控制凸轮轴调整机构的机油压力，从而改变（　　）

　A. 进、排气门的开启和关闭时刻

　B. 进气门的开启和关闭时刻

　C. 排气门的开启和关闭时刻

　D. 进、排气门的升程

2. 参与可变气门正时控制的传感器不包括下面哪一个（　　）

　A. 节气门位置传感器

　B. 空气流量传感器

　C. 发动机转速传感器

　D. 车速传感器

3. 一旦发动机高转速运行，进、排气门的开启持续时间（　　）。

　A. 不变　　　　　　B. 增加　　　　　　C. 减少

4. 动力阀式可变进气控制系统在进气量较少的低速、小负荷工况下，使进气道空气流通截面积（　　）。

　A. 减小　　　　　　B. 增大　　　　　　C. 不变

5. 进气谐振式可变进气控制系统在发动机处于高速时，使进气空气控制阀开启，进气歧管的通道（　　）。

　A. 变短　　　　　　B. 不变　　　　　　C. 变长

6. 空气泵上的开关阀坏了好几次。技师 A 说，可能是排气止回阀有缺陷。技师 B 说消声器处的排气系统泄漏导致的。哪个技师是正确的？（　　）

　A. 只有技师 A 说的正确　　　　　　B. 只有技师 B 说的正确

　C. 技师 A 和 B 说的都正确　　　　　D. 技师 A 和 B 说的都不正确

7. 当讨论废气涡轮增压器时，技师 A 说，气缸压力低不会影响增压器工作；技师 B 说，废气阀卡滞在关闭状态，会造成增压压力降低。谁说的正确？（　　）

　A. 只有技师 A 说的正确　　　　　　B. 只有技师 B 说的正确

　C. 技师 A 和 B 说的都正确　　　　　D. 技师 A 和 B 说的都不正确

8. 废气涡轮增压器增压效果降低，可能的原因是（　　）。

　A. 操纵杆被限制　　B. 发动机排气泄漏　　C. 活塞环磨损　　　D. 以上都可能

313

三、问答题
1. 什么是可变气门正时？可变气门正时系统有哪些类型？
2. 什么是可变气门升程？可变气门升程系统与可变气门正时系统有什么区别？
3. 常见可变进气控制系统有哪些类型？各自的工作原理是怎样的？
4. 解释电控废气涡轮增压系统的工作原理。
5. 说明二次空气喷射系统在发动机不同工况下的工作状态。

单元7 复习题答案

一、判断题

1. 错误 2. 错误 3. 错误 4. 正确 5. 错误

二、选择题

1. A 2. D 3. B 4. A 5. A 6. A 7. A 8. D

单元 8

 学习目标

1. 了解汽车计算机系统的组成及功能。
2. 解释第二代随车诊断（OBD Ⅱ）系统的目的和特点。
3. 讨论对于装备有 OBD Ⅱ 系统的车辆，如何进行故障诊断，列出故障诊断的步骤。
4. 描述在进行故障诊断之前发动机有先要具备哪些条件。
5. 列出基于 OBD Ⅱ 系统监测信息的故障分析方法。

8.1 汽车计算机控制系统

问题链接：
1. 汽车计算机系统由哪几部分组成？
2. 汽车计算机系统有哪些功能？

现代汽车计算机控制系统按功能模块可分为传感器、计算机控制单元、执行器、通信与连接网络、随车诊断系统五部分。汽车计算机控制系统能调节动力系统和车辆支撑体系，其中电控单元（ECU）是汽车控制系统的核心。ECU 协调发动机与变速器之间的工作、进行数据处理、维持数据流通，做出控制判断，让车辆正常行驶。

汽车计算机发送和接收的信号都是以电压形式实现的。计算机把输入的电压信号转换成二进制数。二进制数可以表示各温度、压力、流量、转速甚至字、词、字母等。计算机接收并转换输入信号后，再对其进行处理。每一台计算机的操作都可以划分为四种基本功能：输入、处理、存储、输出。

1. 输入

计算机从输入装置中接收到电压信号。输入装置可以简单到如仪表板上的按钮、开关，或发动机上的一个传感器。车用传感器有各种类型，包括机械的、电子的、磁电的，测量的参数包括车速、发动机转速、空气压力、排气氧含量、空气流量和发动机冷却液温度等。每一种传感器都是将所感知的信息以电压信号的形式输送给计算机。这些电压信号被输入计算机后，先进行信号处理。信号处理内容包括放大那些过小的，计算机无法识别的电压信号。信号处理器通常在计算机的内部，但也有传感器自带信号处理电路。

2. 处理

计算机接收到输入的电压信号后，由程序指令控制其内部一系列数字逻辑电路进行运算处理。这些逻辑电路将输入的电压信号、数据，转变为可执行的电压信号或指令输出。

3. 存储

计算机程序指令存储在电子记忆单元中。有些计算机程序需要存储一定量的输入数据，为以后提供参考。另一些计算机，输出指令在输出到执行机构之前需要延时，所以先存储在记忆单元中。

计算机有两种类型的存储器：永久存储器和暂时存储器。永久存储器被称为只读存储器（ROM），见图8-1。因为计算机只是读取存储器的内容，不能改变存储器内的数据。即使切断计算机的电源，ROM中的数据也不会丢失。一部分ROM是嵌入在计算机内的，其余的集成在一块芯片内，被称为可编程序只读存储（PROM）或可校准芯片。一些PROM中的程序可被紫外线擦除或电擦除，这样的PROM被称为可擦可编程只读存储器或EPROM。

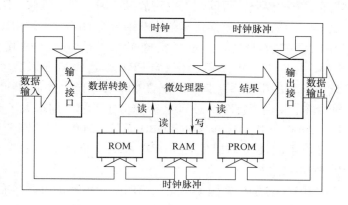

图8-1 计算机控制系统的内部组成

暂时存储器被称为随机存储器（RAM）。因为可随时由计算机程序向存储器直接写入、存储新数据，或读取已存储的数据。车用计算机使用两种类型的随机存储器：易失RAM和不易失RAM。无论何时，只要关闭点火开关，易失RAM中的数据就会丢失。但是，有一种类型的不易失RAM，被称为保持存储器（KAM），因为由蓄电池直接供电，可防止点火开关断开时，数据丢失。所有的RAM和KAM都有一个共同的缺点，当无电源供电时，记忆就会丢失。如车上的可编程无线电接收装置，当断开蓄电池连接时，设置的数据就会丢失。当又连接上蓄电池后，要重新设置无线电接收装置。计算机设置的故障码也存储在RAM中，可通过断开蓄电池连接来清除故障码。

不易失RAM即使在蓄电池断开的情况下，数据也不会丢失。这种类型存储器的一个用途，是存储电子速度计中的里程表数据。该RAM芯片可连续累计车辆行驶的里程数。当必须换用新电子速度计时，可装用旧里程计芯片。KAM主要用于与自适应装置的连接。

4. 输出

当计算机对输入信号进行运算处理后，输出电压信号或指令给执行元件。执行元件是电子装置或机械装置，它能将电能转换为机械动作，例如调节发动机的怠转速、改变悬架高度、调节燃油计量等。

计算机之间也能进行信息交流，通过相互间的输入和输出信号进行交流，也就是一个计算机的输出信号可能是另一个计算机的输入信号。

8.2 第二代随车诊断系统（OBDⅡ）简介

> 问题链接：
> 1. 第二代随车诊断系统与第一代随车诊断系统之间有什么区别？
> 2. 比较各种 OBDⅡ 系统诊断设备的优缺点。

1985 年 4 月，加利福尼亚空气资源委员会（California Air Resource Board，CARB）第一次提出装配随车诊断系统（On - Board Diagnostic，OBD）的需求，此系统装在 ECU 中，用于识别失效的部件，只要这些部件是与尾气排放相关的。OBD 最大特点就是当汽车发生故障时，以特定的方式显示出故障码，帮助判断电路故障原因，便于维修。因为美国和欧洲采用了两种不同的排放法规体系，所以第二代车载诊断系统有 OBDⅡ、EOBD 两种形式。美国实施 OBDⅡ，而采用欧洲排放法规的国家则实施 EOBD 系统。从根源上来说，美国的 OBDⅡ 系统实施得更早，标准更严格。美国环保局 EPA 规定 1996 年以后生产的轿车和轻型货车（载重量在 6.5t 以下）的电控系统都要求配置 OBDⅡ 系统，并从 2000 年 1 月 1 日开始所有汽车制造商生产的轿车及轻型货车都必须配置 OBDⅡ 系统。加拿大于 1998 年开始实施 OBDⅡ 系统。欧洲则从 2000 年开始逐步实施 EOBD 系统，2001 年欧洲所有新生产的轿车（载重量 2.5t 以下）仅限于汽油发动机配置 EOBD 系统，而对于柴油发动机轿车要求到 2004 年必须强制配置 EOBD 系统。

我国在 2007 年和 2010 年分别实施国家第三、第四阶段机动车排放标准，开始全面推行 OBDⅡ 诊断系统。

8.2.1 第一代随车诊断系统（OBDⅠ）的优缺点

第一代随车诊断系统（OBDⅠ）的优点：
1) 仪表板带有"故障警告灯"，以提醒驾驶员注意车辆的某个系统已发生故障。
2) 系统具有记录和传输有关排放控制系统故障码的功能。
3) 监控元件包括氧传感器、废气再循环阀、燃油蒸发净化电磁阀。

第一代随车诊断系统（OBDⅠ）的缺点：
1) 无法有效地控制废气排放，遗漏了对催化转化器效率的监控，无法对燃油蒸发回收系统的泄漏进行监测，无法察觉发动机间歇不点火故障。另外，OBDⅠ 系统监测电路的敏感度也不高。
2) OBDⅠ 规格不统一，各汽车制造厂采用自己的诊断系统、检测流程、专用检测设备，而不是使维修标准及维修工具单一化，使得售后维修服务工作混乱、设备和信息资料费昂贵。

8.2.2 第二代随车诊断系统（OBDⅡ）的特点

1996 年及以后生产的所有轻型车都必须采用第二代随车诊断系统（OBDⅡ）标准。OBDⅡ 的主要目的是降低排放污染，而设立 OBDⅠ（1988 年）的主要目的是检查传感器或其电路是否有问题。OBDⅡ 法规要求该系统不仅要测试传感器，而且要测试所有的排放控制装置，并要查证排放装置是否正常工作。

1. OBD Ⅱ系统的主要特点

1)能检测出与排放相关元器件的工作情况,提示驾驶员需要对与排放相关的系统进行维修、维护。

OBD Ⅱ系统有两种监测过程:连续监测和非连续监测。连续监测无论发动机是否运行,都在持续监测。连续监测包括:失火检查、燃油修正、全面部件监测;非连续监测仅每个行程执行一次,包括:催化转化效率和催化器加热、氧传感器和氧传感器加热、燃油蒸发、二次空气、废气再循环系统监测等。

2)采用统一的故障码及意义,能使用统一协议的检测工具、标准化的16针诊断座(DLC)进行检测(诊断座见图8-2,其端子说明见表8-1)。

表8-1 OBD Ⅱ 诊断座端子的用途

端子	用途	端子	用途
1	生产厂家自行设定	9	生产厂家自行设定
2	BUS + 线,SAE J1850	10	BUS - 线,SAE J1850
3	生产厂家自行设定	11	生产厂家自行设定
4	直接在车身搭铁	12	生产厂家自行设定
5	信号搭铁	13	生产厂家自行设定
6	CAN - H 线,ISO 15765 - 4	14	CAN - L 线,ISO 15765 - 4
7	K 线,ISO9141	15	L 线,ISO9141
8	生产厂家自行设定	16	接蓄电池"+"极

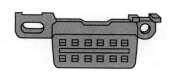

图8-2 OBD Ⅱ 数据传输诊断接头

3)诊断信息多样化。除可获得故障码外,OBD Ⅱ还可提供传感器检测数值、控制状态、控制参数和执行器通、断等信息。

2. OBD Ⅱ系统监控的工作条件

OBD开始运行监测时,必须满足操作条件。但对所有车辆,这个启用的操作条件是不相同的,对每个监控项目都是特定的,如车速、发动机转速、发动机负荷、节气门位置、启用时发动机冷却液温度、启用持续时间、结束时间。这里提到的行程是指完整驱动循环的一部分,而完整驱动循环满足全部监测项目的工作条件。

8.2.3 OBD Ⅱ系统诊断设备

车辆诊断设备与车辆之间的通信必须满足CAN协议,诊断模式与服务都在国际标准ISO 15031 - 5和美国汽车工程师协会标准SAE J1979中有明确的定义。目前,市场上存在三种类型的诊断设备:手持式、基于PC或笔记本电脑、移动设备(手机或平板电脑)。

1. 手持式诊断仪

手持式诊断仪是一台独立的设备，是一个手持式的"SCANTOOL"，不需要外部电源，使用 OBD 适配器连接车辆电源。它具有便于携带、易于使用的优点，即插即用，见图 8-3。

2. 基于 PC 或笔记本电脑的诊断仪

基于 PC 或笔记本电脑的诊断仪基本上是一种软件，该软件使用外部接口连接到车辆的 OBD 诊断接口，见图 8-4。它是电脑式 SCANTOOL。与手持式诊断仪相比，它是用一台带有操作系统的电脑来安装和使用诊断软件，外部需要 OBD 适配器（也称为"接口"）。该适配器会将电脑和车辆之间的数据转换为正确的格式。OBD 适配器和电脑之间的连接可以是串行（USB 或 RS-232 端口）或无线（蓝牙）。该类诊断设备的优势主要与电脑的内存和数据处理能力有关，可以记录和存储大量数据，可以将数据图和其他功能（加速时间、燃油消耗）等集成到主要应用程序中。

图 8-3 手持式诊断仪

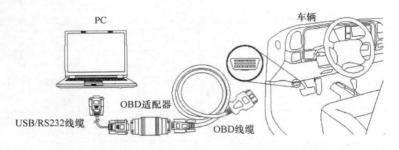

图 8-4 基于 PC 或笔记本电脑的诊断仪

3. 移动设备

移动式 SCANTOOL，见图 8-5，可以看成是手持解决方案与基于 PC、笔记本电脑解决方案的组合。它仍然需要在移动设备和车辆之间使用 OBD 适配器，但具有便携性的优点。

图 8-5 移动设备

单元8 随车诊断系统

上述三种诊断设备上最常用的 OBD 适配方式是无线连接（蓝牙）式。

8.3 OBD Ⅱ 系统故障码及故障指示灯

> 问题链接：
> 1. OBD Ⅱ 系统故障码含义。
> 2. 故障指示灯（MIL）什么时候亮表明是正常的？什么时候亮表明有故障？

故障码（Diagnostic Trouble Code，DTC）是直接与诊断测试中发现的故障相关联的，经历一个或多个行程后，发动机 ECU 监测到故障后会记录下 DTC。经历两个连续的行程，若有故障，DTC 一定会被记录。

8.3.1 OBD Ⅱ 系统故障码

1. OBD Ⅱ 系统故障码定义

OBD Ⅱ 系统故障码按照车辆系统定义故障码首字母，见表 8-2。

表 8-2 OBD Ⅱ 系统故障码定义

车辆系统	故障码 首字母	故障码第 2 位数字
车身系统（Body）	B0xxx – B3xxx	B0xxx ISO/SAE 定义
		B1xxx 厂家定义
		B2xxx 厂家定义
		B3xxx 文件保留
底盘系统（Chassis）	C0xxx – C3xxx	C0xxx ISO/SAE 定义
		C1xxx 厂家定义
		C2xxx 厂家定义
		C3xxx ISO/SAE 保留
动力系统（Powertrain）	P0xxx – P3xxx	P0xxx ISO/SAE 定义
		P1xxx 厂家定义
		P2xxx ISO/SAE 定义
		P3xxx 厂家或 ISO/SAE 保留
网络通信 & 车辆集成系统	U0xxx – U3xxx	U0xxx ISO/SAE 定义
		U1xxx 厂家定义
		U2xxx 厂家定义
		U3xxx 厂家或 ISO/SAE 保留

故障码首字母 B、C、P、U 分别代表哪些车辆系统呢？解释如下：

1) B：车身系统指实现乘客舱内的功能，通常包括为车辆乘员提供的辅助、舒适、方便和安全系统。

2) C：底盘系统指实现乘客舱外的功能，通常包括机械系统，如制动、转向和悬架系统。

3) P：动力系统包括发动机、变速器和动力系统辅件。

4）U：网络通信和车辆集成系统指与计算机之间共享的功能，包括网络电气、网络通信、网络软件、网络数据和控制模块/配电。

2. OBD 诊断的故障范围

诊断大多数系统、部件、电路出现故障的范围有以下四类：

1）电路/开路（Circuit /Open）：仅监测到电路呈现固定值或没有响应。将此监测结果与电路高或电路低结合在一起比较，可判断电路三种状态。

2）范围/性能（Range/Performance）：电路在正常工作范围内，但与当前工作条件不匹配，此类故障表明电路、组件或系统性能差，有卡滞或偏离的问题。

3）电路低（Circuit Low）：在控制模块输入端子或针脚处测量的电路电压、频率或其他特性低于正常工作范围。

4）电路高（Circuit High）：在控制模块输入端子或针脚处测量的电路电压、频率或其他特性高于正常工作范围。

3. OBD Ⅱ 系统故障码格式

如 P0xxx 和 P1xxx 类型的故障码，表示特定系统或其分支系统出现问题。下面为 SAE 定义的故障码和其表示的意义，例如故障码 P0302，根据图 8-6 来解释 OBD Ⅱ 故障码格式。

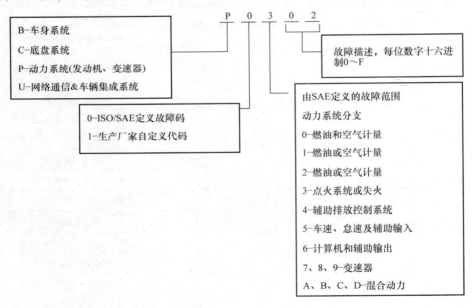

P0302: 检测到2#气缸间歇不点火故障

图 8-6　OBD Ⅱ 故障码的格式与含义

从 P0000 到 P0299 的故障码：可燃混合气控制和计量。

从 P0300 到 P0399 的故障码：点火系统控制和失火检测。

从 P0400 到 P0499 的故障码：辅助排放控制、EGR、EVAP 等。

从 P0500 到 P0599 的故障码：发动机怠速控制、车速和辅助输入等。

从 P0600 到 P0699 的故障码：车载计算机和辅助输出。

从 P0700 到 P0999 的故障码：变速器控制。

以及其他故障码（B系列、C系列、P系列和U系列），共计5000多，并且随着技术更新还在增加。

4. OBD Ⅱ 系统故障码类型

故障码（DTC）分为A、B、C和D四类。

（1）A类故障码

A类故障码是与排放相关的故障码。计算机诊断程序经历一个行程即可检测到该类故障，并点亮故障指示灯（Malfunction Indicator Lamp，MIL）。A型故障码是最严重的一类，如发动机间歇不点火、混合气过浓/过稀等会设置该类故障码。A型故障码提醒驾驶员车辆排放系统有问题，会造成催化转化器损坏。

为了诊断方便，当A类故障码被设置时，OBD Ⅱ 系统同时还储存了一个历史故障码、失效记录和一个冻结帧现场数据。

（2）B类故障码

B类故障码是次严重的一类排放问题。在故障指示灯（MIL）点亮之前，这类故障应在两次连续的行驶过程中都至少发生一次。若在一次行驶过程中发生，而在下一次行驶过程中没有发生，则该故障码还未"成熟"，MIL不点亮。当MIL点亮的条件满足时，所储存的历史故障码、失效记录和一个冻结帧现场数据与触发A类故障码时完全相同。

注意：A型和B型故障码是与排放相关的故障码，会导致MIL亮起，通常标记为"检查发动机"或"马上维修发动机"。

（3）C类故障码

C类和D类故障不会导致尾气排放量大于FTP标准的1.5倍。只需第一个行程出现此类故障，就会点亮Service灯或信息灯，而不是MIL灯。它不存储冻结帧，但经历一个行程就会存储历史记录（有些车型），存储监测失败记录，而且每次更新掉上次的失效记录。

（4）D类故障码

故障码不点亮MIL或Service灯以及信息灯。不存储冻结帧，记录监测失败，而且每次更新掉上次的失效记录。

注意：C型和D型故障码用于非排放相关诊断测试。C型故障码也称为C1型故障码，D型故障码也称为C0型故障码。

5. 故障码优先级

优先级较高的故障码会覆盖优先级较低的故障码。OBD Ⅱ 系统故障码的优先级如下：

1）优先级0-非排放相关故障码。
2）优先级1-非燃油、非失火方面两次故障行程中一次行程失效的故障码。
3）优先级2-燃油或失火方面两次故障行程中一次行程失效的故障码。
4）优先级3-非燃油、非失火方面的两次行程失效或成熟故障码。
5）优先级4-燃油、失火方面的两次行程失效或成熟故障码。

6. 冻结帧数据

OBD Ⅱ 需要计算机能快速存储所有故障指示出现时的数据，便于用诊断仪提取这些数据，这些存储的数据就被称为冻结帧数据（Freeze Data）。冻结帧数据都是与排放相关故障码的最小"快照"数据帧。目前，冻结帧数据是有关燃油控制或者是发动机失火故障的数据，记录新的冻结帧数据时，会更新掉旧的冻结帧数据。

故障指示出现时，常见强制储存的状态信息有：
1）计算的负载值。
2）发动机转速。
3）短期和长期燃油修正百分比。
4）燃油系统压力（在某些车辆上）。
5）车速（km/h）。
6）发动机冷却液温度。
7）进气歧管压力。
8）闭环开环状态。
9）触发冻结帧的故障码。
10）如果设置缺火故障码，确定哪个气缸缺火。

8.3.2　OBD Ⅱ 诊断执行器或任务管理器

在 OBD Ⅱ 系统上，动力总成控制模块（PCM）包含一个特殊的软件段以完成所需的任务。在福特和通用汽车的系统中，这个软件被称为诊断执行器。在克莱斯勒系统上，它被称为任务管理器。此软件程序旨在通过一定的步骤顺序来管理所有测试（监视器），来执行诊断操作。

监视器是一种有组织的方法，用于测试系统的特定部分，只是计算机用来评估组件和系统的测试。

由于有这么多不同的测试（监视器）要运行，所以 PCM 需要一个内部"指令者"来跟踪每个监视器什么时候应该运行。如前所述，不同的制造商对这个"指令者"有不同的名字，比如诊断执行器或任务管理器。每个监视器都有启用条件，这些条件是一组必须满足的条件，在任务管理器为每个监视器提供运行许可之前，大多数遵循简单的逻辑，例如：在发动机达到工作温度且系统进入闭环之前，任务管理器不会授权启用氧传感器监测器。再例如，当发动机处于怠速时，任务管理器不会授权启用 EGR 监视器，此时 EGR 始终处于关闭状态。

因为每个监视器负责测试系统的不同部分，所以每个监视器的启用标准可能会有很大的不同。任务管理器必须决定每个监视器的运行时间和顺序，以避免混淆。如果两个监视器同时运行，则可能会发生冲突。如果两个监视器同时运行，则一个监视器的结果也可能受到另一个的干扰。在这种情况下，任务管理器决定哪个监视器具有更高的优先级。有些监视器在运行之前还依赖于其他监视器的结果。如果传感器故障或其他系统故障使监视器无法按计划运行，则监视器可能被归类为挂起状态。如果条件不正确，任务管理器可以挂起监视器以继续其他监测。例如，在路试过程中催化转化监视器正在运行，并且动力系统控制模块检测到缺火，则催化转化监视器将在缺火期间暂停。

1. 全局禁用监视器

在测试过程中出现某些参数引起的错误故障，由 EPA 和 CARB 定义了全局禁用监控器。并非每个监视器都被全局禁用，使监视器失效的情况包括：
1）新催化剂气缸组 2。
2）新催化剂气缸组 1。

3）蓄电池电压极低。
4）乙醇含量高。
5）牵引接合。
6）燃油油位低。
7）燃油油位高。
8）海拔高。
9）蓄电池电压低。
10）蓄电池电压高。
11）环境温度低。
12）环境温度极低。

2. 挂起

如果 MIL 亮起并且其他监视器存储了故障，则 PCM 将不会运行某些监视器，使其在该情况下挂起。在该情况下，PCM 将推迟监视，直到解决原始故障为止。在问题解决之前，PCM 不会运行测试某些监视器。例如，当 MIL 因氧传感器故障而亮起时，PCM 不会运行催化剂监控器，直到氧传感器故障已解决。由于催化剂监控器基于来自氧传感器的信号，因此运行测试会产生不准确的结果。

3. 冲突

如果某个监测器正在进行，则 PCM 不能运行另一个监视器，以免发生冲突。在该情况下，如果强制运行另一个监视器，可能会导致错误的结果。如果存在冲突，则在冲突条件通过之前监视器不会运行。最有可能的是，监控器将在冲突的监视器通过之后稍后运行。例如，如果燃油系统监控器正在进行中，PCM 不运行 EGR 监视器。由于这两个测试都监视空燃比和自适应燃料补偿的变化，所以监视器会相互冲突。

4. 暂停

偶尔，PCM 可能不允许两个行程故障同时成熟。如果存在可能导致故障的情况，则 PCM 将暂停其中一个行程的故障监测，以减少因错误导致的故障发生。这样可以防止 MIL 点亮以实现更精确的诊断。

例如，如果 PCM 正在存储氧传感器单程故障，并在进行 EGR 监视器。PCM 虽然仍可以运行 EGR 监视器，但是将暂停监测到的结果，直到氧传感器监视器通过或失败。在这一点上，PCM 可以确定 EGR 系统是否实际发生故障或氧传感器是否发生故障。

8.3.3 OBD Ⅱ系统诊断条件

1. OBD Ⅱ监控准备就绪状态

监控准备就绪状态是指自上次 ECU 存储器清除 DTC 以后，无论 OBD Ⅱ某项诊断监测是否一直运行，此时的 OBD Ⅱ处于监控状态。如果监控一直没运行，则诊断仪应显示 OBD "NO"；如果监控一直在运行，则诊断仪显示 OBD "YES"。

2. OBD Ⅱ监控工作条件

所有监测应在 23℃（±5℃），相对湿度在 25%~95% 之间进行。

OBD Ⅱ诊断系统应至少识别出 2 个或 8 个 OBD Ⅱ ECU，并以 10400bit/s 的频率发出周期信号激活车载网络。

1) 驱动循环（Drive Cycle）指 OBD Ⅱ 诊断监控正常运行一段时间，要车辆满足所有监控项目的工作条件，车辆一定是在各种特殊条件下行驶过。

OBD Ⅱ 驱动循环概念见表 8-3。

表 8-3　OBD Ⅱ 运行测试驱动循环

工况	起动	预热	急速1	加速1	匀速1	匀速2	减速1	加速2	匀速3	减速2
控制要求	一旦起动，在测试循环内不能停车	用任意方式驱动汽车，直到冷却液温度高于82℃，包括急速		节气门开度1/4，加速到72km/h，关闭A/C	在48~64km/h之间匀速运行，节气门开度一定，至少1min	在32~72km/h之间匀速稳定运行	减速至急速	节气门开度1/2，加速到88km/h	在64~104km/h之间匀度运行，节气门开度稳定，至少80s	减速至急速
运行时间		大于4min	45s	约10s	大于1min	大于4min	约10s		约100s	

2) 行程（Trip）仅是一次点火循环，满足某项 OBD Ⅱ 监测条件，OBD Ⅱ 诊断监控运行。当点火开关关闭后，行程结束。

3) 暖机循环（Warm–up Cycle）被 ECU 自动用于清除 DTC 和冻结帧。即起动发动机，行驶车辆让冷却液温度升高 22℃ 并至少达到 72℃。

8.3.4　OBD Ⅱ 系统故障指示灯

1. OBD Ⅱ 系统故障指示灯特点

故障指示灯（MIL）常见标识为淡黄色，显示"check engine"或"service engine soon"字样的灯（图 8-7）。

若将一个传感器有意断开，MIL 不一定会点亮，这取决于这个传感器影响排放的程度（优先级）和 OBD Ⅱ 自诊断所需的行驶次数。

2. MIL 不亮

这种情况表示动力系统控制模块没有检测到与排放有关的部件或系统中的任何故障，或者故障指示灯电路不工作。

图 8-7　OBD Ⅱ 系统故障指示灯

3. MIL 点亮

在 MIL 稳定点亮状态下，这种情况表明与排放相关的部件或系统，存在可能影响车辆排放水平的故障。

4. MIL 闪烁

这种情况表示缺火或燃油控制系统故障，可能损坏催化转化器。

注意：在 MIL 点亮且发动机缺火状态下，如果车辆达到车速和负载条件，可能导致催化转化器损坏，MIL 将开始闪烁。当发动机转速和负载导致缺火条件下降，故障指示灯将停止闪烁继续保持点亮。这种情况可能导致客户投诉故障指示灯间歇性闪烁。

5. 熄灭 MIL 的方法

如果发生下列任何动作或情况，动力系统控制模块将关闭故障指示灯：

1）用诊断仪清除故障码。

2）在蓄电池处或使用动力系统控制模块电源熔丝，长时间切断动力系统控制模块电源（可能长达几个小时或更长时间）。

3）车辆连续行驶三个行程，其中有一个暖机循环，满足所有故障码设置条件，而动力系统控制模块未检测到任何故障。

如果检测到可能导致尾气排放超过 FTP 标准 1.5 倍的故障，动力系统控制模块将设置一个故障码。但是动力系统控制模块不会激活 MIL，直到车辆连续行驶 3 个行程，且车辆状况与检测到故障时的实际状况相似。

8.3.5 OBD Ⅱ 故障码读取和清除的方法

有多种方法来确定计算机产生的故障码。大多数生产厂有用来监控和测试它们车辆的专用诊断设备，采用诊断测试设备读取和记录经过计算机的输入和输出信号的检测工具，称为扫描仪法（SCANTOOL），属于仪器读码，因此诊断测试设备俗称为解码器。

当故障已被排除，就可清除计算机存储器内的故障码。如果同一故障在 40 个以上暖机（70℃以上）驱动循环内不再出现，计算机可以自动清除该故障码。但对于间歇不点火、混合气过浓或过稀的故障码，需要 80 个暖机驱动循环才可自动清除。断开蓄电池的接线不能清除 OBD Ⅱ 故障码和冻结帧保存的状态信息，多数汽车制造商推荐使用解码器清除故障码。因为断开蓄电池接线，存储器内存储的有关收音机、座椅的参数和发动机学习获得的工作参数都会丢失。表 8-4 汇总了 OBD Ⅱ 系统置出或清除故障码（DTC）以及点亮或熄灭 MIL 所需的行程和驱动循环的数量。

表 8-4 驱动循环或行程数量与 DTC 和 MIL 的关系

监视器	完成监测的时间	单行程中能挂起的故障数量	点亮 MIL、存储故障码需要的单独行程数量	清除成熟的故障码需要多少个无故障行程	熄灭 MIL 需要多少个无故障行程	MIL 熄灭后需要多少个暖机循环擦除故障码
全元部件	连续	1	2	1 个行程	3 个行程	40
催化转化器	一个驱动循环	1	3	1 个行程	3 个驱动循环	40
A 类失火	连续	1	1	1 个行程	3 个相似条件	80
B 类失火	连续	1	2	1 个行程	3 个相似条件	80
燃油系统	连续	1	2	1 个行程	3 个相似条件	80
氧传感器	一个行程	1	2	1 个行程	3 个行程	40
废气再循环	一个行程	1	2	1 个行程	3 个行程	40
燃油蒸发	一个行程	1	1	1 个行程	3 个行程	40
二次空气	一个行程	1	2	1 个行程	3 个行程	40

8.4 OBD Ⅱ诊断系统的诊断服务模式

问题链接：
1. 如何使用OBD Ⅱ诊断仪对电控发动机进行故障诊断？
2. 如何读取电控发动机数据流？

不论何种诊断设备，都有OBD操作模式（OBD Modes of Operation），也称为诊断服务（Diagnostic Service），定义了如何向车辆请求数据，以及车辆如何响应请求，见图8-8。OBD诊断服务模式相当于诊断设备（Client，客户）与车辆（Server，服务器）之间的沟通"语言"，进行请求和发送的交流。所有OBD Ⅱ车辆都必须能够在十种不同的诊断模式下，在全局（通用）扫描工具上显示，见图8-9，包含完整的Global OBD Ⅱ覆盖范围，实现从模式$01到模式$0A。

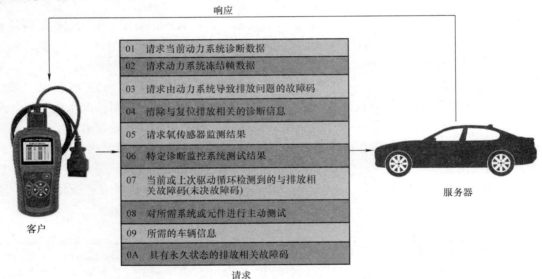

图8-8　OBD Ⅱ系统操作模式

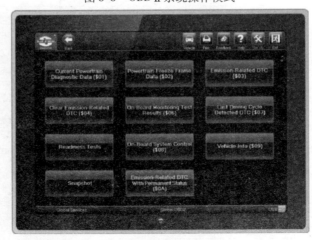

图8-9　全局OBD Ⅱ系统十种诊断模式

单元8　随车诊断系统

OBDⅡ诊断系统有下面几种诊断服务模式，见表8-5，每个分支诊断服务模式就是一个分支程序，被称为"Service $xx"，$表示十六进制，也可以用0x表示。

十六进制编码也用于表达测试标识（TID）和组件标识（CID），配备了控制器局域网（CAN）的车辆还使用监视器标识（MID）。

使用诊断仪扫描工具检索全局OBDⅡ：从主菜单中选择" Global OBD Ⅱ"。按照屏幕上的说明进行"开始通信"，然后转到要查看的选项列表，见表8-5。

表8-5　OBDⅡ诊断系统的诊断服务模式

诊断服务模式/操作模式	描述
模式1（Service $01）	系统就绪测试状态显示
	故障指示灯（MIL）状态&控制
	请求当前动力系统诊断数据
模式2（Service $02）	请求动力系统冻结帧数据
模式3（Service $03）	请求由动力系统导致排放问题的故障码
模式4（Service $04）	清除与复位排放相关的诊断信息
模式5（Service $05）	请求氧传感器监测结果
模式6（Service $06）	特定诊断监控系统测试结果
模式7（Service $07）	当前或上次驱动循环检测到的与排放相关的故障码（未决故障码）
模式8（Service &08）	对所需系统或元件进行主动测试
模式9（Service &09）	所需的车辆信息
模式10（Service $10）	在用性能跟踪
模式0A（Service $0A）	具有永久状态的排放相关故障码

8.4.1　模式1

1. 系统就绪测试状态显示

OBDⅡ/EOBD系统就绪状况监测就是简单而强大的自检例程，规定监控排放控制相关系统的性能，监控过程有连续监控和非连续监控，见表8-6。OBDⅡ系统最多可以执行11个系统的监测或例行程序，监测输出告诉车载计算机是否已成功完成监测。

表8-6　连续或非连续监控（汽油发动机）

监视器就绪	备注
失火监视器	连续
燃油系统监视器	连续
全面元器件监视器	连续
催化转化监视器	非连续
催化转化加热监视器	非连续
燃油蒸发系统监视器	非连续
二次空气系统监视器	非连续
空调系统制冷器监视器	非连续
氧传感器监视器	非连续
氧传感器加热监视器	非连续
废气再循环监视器	非连续
注意：不是所有车辆都支持这些监视器功能，每个制造商都有独自的监测标准	

2. MIL 状态

MIL 位于组合仪表上，显示的是一个发动机符号，它同时作为发动机监测灯（Check Engine Lamp）。发动机正常，打开点火开关，MIL 会亮起，发动机正常运转后 MIL 会自动熄灭。一旦第一次出现的排放相关故障码被存储并确认，就会点亮 MIL。根据故障类型，有时要多次驱动循环才能亮起 MIL。

发动机运转后，MIL 有三种状态：

1) 熄灭：未超过排放限值。
2) 点亮：至少超过一个 OBD Ⅱ/EOBD 排放限值。
3) 闪烁：可能损坏催化转化器。

以宝马车系为例，在经历特定的故障条件和驱动循环次数下，观察故障指示灯（MIL）工作状态，见表 8-7。

表 8-7　BMW 车系 OBD Ⅱ 故障指示灯（MIL）工作状态

状态	驱动循环 1#			驱动循环 2#			驱动循环 3#			驱动循环 4#			驱动循环 5#			驱动循环 6#		
	1	2	3	1	2	3	1	2	3	1	2	3	1	2	3	1	2	3
1	Yes	Yes	Off															
2	Yes	Yes	Off	Yes	Yes	On												
3	Yes	Yes	Off	No	No	Off	Yes	Yes	On									
4	Yes	Yes	Off	No	No	Off	Yes	Yes	Off	Yes	Yes	On						
5	Yes	Yes	Off	Yes	Yes	On	Yes	No	On	Yes	No	On	Yes	No	Off			
6	Yes	Yes	Off	Yes	Yes	On	Yes	No	On	Yes	No	On	Yes	No	Off	Yes	Clear	Off

1 = 功能监测，2 = 置出故障码，3 = MIL 状态

1) 状态 1：当第一次发生故障就被 OBD Ⅱ 系统监测到，故障码存储在 ECM 中，MIL 不亮。

2) 状态 2：直到第二次连续执行驱动循环（冷却液温度达到 104℃，开环转换到闭环控制，VSS 输入信号），OBD Ⅱ 系统又监测出故障再现，或者催化转化器已经发生损坏，MIL 才亮。

3) 状态 3：如果第二次驱动循环没有完成，该监测的特定功能没有被监测到，ECU 计数第三次驱动循环当成"下一次连续驱动循环"。如果第三次监测到故障，则 MIL 亮。

4) 状态 4：如果出现间歇性故障，经过多次驱动循环也没有设置故障码。需要两个连续的完整驱动循环且故障出现才能置出故障码，MIL 才会亮。

5) 状态 5：一旦 MIL 亮起，它将保持亮起，除非通过三个完整的连续驱动循环检查到特定系统无故障了，MIL 熄灭。

6) 状态 6：如果连续 40 个驱动循环监测不到特定功能相关的故障，已设置的故障码会被自动从存储器中清除，MIL 熄灭。

3. 当前动力系统诊断数据

OBD Ⅱ 支持在 SAE J1979 中定义的标准参数（PID），可用参数的实际列表是特定于车辆的。软件仅显示汽车支持的参数。数据显示的测试数据通常包括上限和/或下限（通常二者不同时）、测试结果和单位。

"单位"可能只是一个数字。但是，通过查看上限和下限，技术人员可以判断测试结果与限值的接近程度。许多诊断扫描工具以纯英文显示组件和测试信息，有的诊断扫描工具仅显示十六进制数。如果仅显示十六进制数字，则必须将其翻译成显示被测组件或测试的内容。十六进制数表示的组件或测试内容如下：

PID	测试信息（英文）	测试信息（中文）
$01	Monitor status since DTCs cleared	自清除故障码以来监视器状态
$02	DTC that caused required freeze frame data storage	与故障码相关所存储的冻结帧数据
$03	Fuel system status	燃油系统状态
$04	Calculated load value	计算载荷值
$05	Engine coolant temperature	发动机冷却液温度
$06、$08	Short–term fuel trim Bank1–4	短期燃油修正 气缸组1～4
$07、$09	Long–term fuel trim Bank1–4	长期燃油修正 气缸组1～4
$0A	Fuel pressure	燃油压力
$0B	Intake MAP	进气歧管绝对压力
$0C	Engine speed	发动机转速
$0D	Vehicle speed senor	车速传感器
$0E	Ignition timing advance for 1# clinder	1#气缸点火正时提前角
$0F	Intake air temperature	进气温度
$10	Air Flow Rate from MAF Sensor	流经MAF的空气流量
$11	Absolute Throttle Position	节气门绝对位置
$12	Commanded Secondary AIR Status	二次空气供给状态
$13、$1D	Location of oxygen sensors	氧传感器位置
$14–$1B	Oxygen sensor output voltage, Short term fuel trim Bank1～4：Sensor1–Sensor4	氧传感器输出电压，短期燃油修正 气缸组1～4，传感器1～4
$1C	OBD requirements to which vehicle or engine is certified	车辆或发动机通过的OBD要求
$1E	Auxiliary input status	辅助输入状态
$1F	Time since engine etart	发动机起动时间（s）
$21	Distance while MIL active	激活MIL所行驶的距离
$22	Fuel pressure relative to manifold vacuum	相对于进气歧管真空度的燃油相对压力
$23	Fuel rail pressure	油轨压力
$24–$2B	Wide range oxygen sensor voltage, Equivalence Ratio (lambda) Bank1–4：Sensor1–Sensor 4	宽型氧传感器电压，空燃比（λ），气缸组1～4，传感器1～4

$2C	Commanded EGR	EGR 命令
$2D	EGR error	EGR 错误（%）
$2E	Commanded evaporative purge	燃油蒸发清除指令
$2F	Fuel level input	燃油液位输入
$30	Number of warm-ups since DTCs cleared	清除 DTC 以来暖机循环次数
$31	Distance since DTCs cleared	清除 DTC 以来行驶的距离
$32	EVAP system vapor pressure	EVAP 系统蒸气压力
$33	Barometric pressure	大气压力
$34-$3B	O2S Equivalence Ratio (lambda), Wide range oxygen sensor current Bank 1-4: Sensor 1-4	空燃比（λ），宽型氧传感器电流，气缸组1~4，传感器 1~4
$3C-$3F	Catalyst temperature Bank1-2: Sensor1-Sensor2	催化转化器温度，气缸组 1~2，传感器 1~2
$42	Control module voltage	控制单元电压
$43	Absolute load value	绝对载荷值
$44	Fuel/Air commanded equivalence ratio	空燃比（λ）
$45	Relative throttle position (%)	节气门绝对位置
$46	Ambient air temperature	周围空气温度
$47、$48	Absolute throttle position	节气门绝对位置
$49-$4B	Accelerator pedal position D、E、F	加速踏板位置 D、E、F
$4C	Commanded throttle actuator control	节气门执行器控制指令
$4D	Engine run time while MIL is activated	激活 MIL 发动机所运行的时间
$4E	Engine run time since DTCs cleared	自 DTC 清除以来发动机的运行时间
$4F, $50	External test equipment configuration information #1, #2	外部测试设备配置信息#1、#2
$51	Type of fuel currently being utilized by the vehicle	当前车辆使用的燃料类型
$52	Alcohol fuel percentage	乙醇含量
$53	Absolute evap system vapor pressure	EVAP 系统绝对蒸气压

8.4.2 模式2——动力系统冻结帧数据

当电控单元已检测到排放故障时，可通过模式2将与排放相关的存储数据显示出来。各个汽车制造厂家在该模式添加的数据会有所不同，但所有数据都是实际值，没有一个是替代值。如果检测出一个故障，记录其相关的信息，将这些信息存储为一个冻结帧。当出现相同的状况时，电控单元可利用这些数据进行识别和比较，诊断技术人员也可根据这些数据在故障码出现时进行辨别。冻结帧数据只能用诊断仪读取。

冻结帧数据主要包括：发动机转速、发动机负荷、燃油修正（短期和长期）、发动机冷却液温度、计算得出的负荷值、工作模式（开环和闭环）、车辆速度，见图8-10。

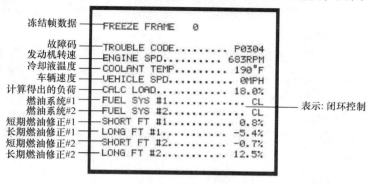

图8-10 冻结帧数据

当用诊断仪进行故障诊断时，调取故障码，屏幕显示的故障码前若有"＊"（或故障码有激活亮标），则说明发动机电控单元中存储了有关该故障码的冻结帧数据，可按回车键读取这些数据，见图8-11。

图8-11 故障码与冻结帧数据

电控单元记录的冻结帧数据能再现故障码出现时的工作条件，通过分析再现的发动机转速、车辆速度、发动机负荷等数据，有助于诊断技师判断故障原因。

8.4.3 模式3——请求由动力系统导致排放问题的故障码

此项服务的目的是使外部诊断仪获得"确认"与排放相关故障码。对于外部诊断仪，这是一个两步过程：

步骤 1：发送 Service 01_{16} 和 PID 01_{16} 请求，从有这个功能的所有 ECU 中获取与排放相关的故障码的数量。存储有故障码的每个控制单元都将响应这条请求，报告存储的故障码以及故障码数量。如果电控单元能够存储排放相关的故障码，但此刻没有故障码，则该电子控制单元应响应一条指示 0 的信息。

步骤 2：针对所有与排放相关的故障码发送服务 Service 03_{16} 请求。每个有故障码的电控单元回复一条或多条信息，每条信息最多包含 3 个故障码。如果与排放无关的故障码存储在电控单元中，则该电控单元可以不响应此请求。

如果在一个时间段内，一个电控单元报告故障码数量，一个电控单元报告故障码，则报告的故障码数量可能超过外部诊断仪所期望的。在这种情况下，外部诊断仪应重复该循环，直到报告的故障码数量等于 Service 01_{16} 和 PID 01_{16} 的预期数量。

举例说明：请求与排放相关的故障码

外部诊断仪与车辆连接，希望读取到与排放相关的故障码。读取到：

ECU#1（ECM）：P0143，P0196，P0234，P02CD，P0357，P0A24。

ECU#2（TCM）：P0443。

ECU#3（ABS/TRC）：no DTC stored（没有存储故障码）。

8.4.4 模式 4——清除与复位排放相关的诊断信息

此项服务的目的是为外部诊断仪提供一种方法，来命令 ECU 清除所有与排放相关的诊断信息。这包括清除以下内容：

1）MIL 和故障码数量（通过 Service 01_{16} 和 PID 01_{16} 读取到的）。

2）清除 I/M（检查/维护）就绪位（通过 Service 01_{16} 和 PID 01_{16} 读取到的）。

3）已确认的故障码（通过 Service 03_{16} 读取到的）。

4）未决故障诊断码（通过 Service 07_{16} 读取到的）。

5）冻结帧数据故障码（通过 Service 02_{16} 和 PID 02_{16} 读取到的）。

6）冻结帧数据（通过 Service 02_{16} 读取到的）。

7）氧传感器测试数据（通过 Service 05_{16} 读取到的）。

8）系统监控测试的状态（通过 Service 01_{16} 和 PID 41_{16} 读取到）。

9）车载监控测试结果（通过 Service 06_{16} 读取到的）。

10）MIL 激活时的行驶距离（通过 Service 01_{16} 和 PID 21_{16} 读取到的）。

11）自故障码清除后的暖机次数（通过 Service 01_{16} 和 PID 30_{16} 读取到的）。

12）自清除故障码（DTCs）后行驶的距离（通过 Service 01_{16} 和 PID 31_{16} 读取到的）。

13）MIL 激活时的发动机运行时间（通过 Service 01_{16} 和 PID $4D_{16}$ 读取到的）。

14）故障码清除后的发动机运行时间（通过 Service 01_{16} 和 PID $4E_{16}$ 读取到的）。

在模式 4，所有的故障码、冻结帧数据、氧传感器的监测结果、所有被监测系统的状态当前测试值和历史记录都可被清除掉，并重新进行设置。此时，只要发动机不工作、点火开关处于"ON"即可。

出于安全和技术设计的原因，所有 ECU 应在点火开关打开，且发动机未运行的情况下响应此服务请求。在其他条件下，如发动机运行时，不能执行此操作。

如果故障不再出现，经过 40 个暖机驱动循环后，OBD Ⅱ 系统也可自动清除故障信息。这 40 个暖机驱动循环是在电控单元熄灭故障指示灯后开始的。

8.4.5 模式 5——请求氧传感器监测结果

这个模式显示的是氧传感器的测试结果，诊断仪显示屏中显示的数据用于判断氧传感器的工作状态。所显示的氧传感器测试结果不是当前测试值，点火开关关闭后，这些测试结果将丢失。空燃比传感器的测试结果不在模式 5 中显示，一些车辆采用非连续监测模式来显示空燃比传感器的测试结果。

氧传感器监测过程见图 8-12，下面解释氧传感器监测结果：

1）R》L O2S V。意思是浓变稀的阈值电压，提供给电控单元用于判断混合气由浓变稀的界限。

2）L》R O2S V。意思是稀变浓的阈值电压，提供给电控单元用于判断混合气由稀变浓的界限。

3）LOW SW V。意思是氧传感器信号电压转换点电压低，提供给电控单元用于估算转换时间。

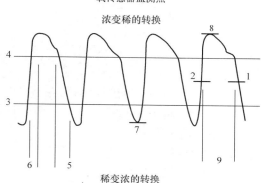

图 8-12　氧传感器的监测过程

4）HIGH SW V。意思是氧传感器信号电压转换点电压高，提供给电控单元用于估算转换时间。

5）R》L SW TIM。意思是由浓变稀的转换时间（以秒计时），即计算氧传感器信号电压由高变低时的转换时间。

6）L》R SW TIM。意思是由稀变浓的转换时间（以秒计时），即计算氧传感器信号电压由低变高时的转换时间。

7）MIN O2S V。意思是在监测过程中检测到的氧传感器最小信号电压。

8）MAX O2S V。意思是在监测过程中检测到的氧传感器最大信号电压。

9）O2S TRANS T。意思是传感器转换时间间隔——即由浓变稀和由稀变浓的时间间隔。

另外的两个符号（图 8-13）说明如下：

1）TID $30。意思是在监测过程中氧传感器信号电压高低交替变化的总时间。

2）TID $70。意思是在监测过程中氧传感器信号电压高低交替变化的总次数。

8.4.6 模式 6——非连续监测结果

非连续监测主要监测项目包括：催化转化器、燃油蒸发系统、二次空气供给、氧/空燃比传感器、氧/空燃比传感器加热装置、废气再循环系统、温度调节装置。非连续监测只需要一个驱动循环。

利用模式 6 可以判断出非连续监测系统潜在的问题，电控单元将检测所得的数据与极限值比较，判断各系统是否能通过测试。测试结果有三种表述：

1）不完整（Incomplete）。这意味着计算机尚未完成对所选监视器的测试。

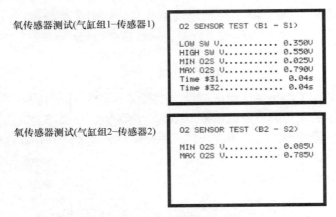

图 8-13　氧传感器测试结果

2）通过（Pass）。这意味着监视器已经过测试，并且测试通过。

3）失败（Fail）。监视器测试失败。检查测试结果将帮助维修技术人员确定失败原因，以帮助诊断故障根本原因。

非连续监测结果说明：

Time$01 = 催化转化退化监测。

Time$02 = 燃油蒸发系统泄漏监测。

Time$03 = 不支持。

Time$04 = 氧传感器加热装置监测。

Time$05 = 废气再循化系统监测。

Time$06 = 空燃比传感器监测。

Time$07 = 空燃比传感器加热装置监测。

Time$08 = 温度调节装置监测。

非连续监测例子如图 8-14 所示。

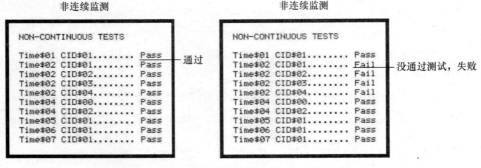

图 8-14　两次不同的非连续监测结果

8.4.7　模式 7——连续监测结果

该模式显示与排放相关的动力系统元器件的连续监测结果，检测失败会以故障码的形式显示出来，称为未决故障码。正常情况下监测只需要一个驱动循环，第二个驱动循环可进一步验证悬而未决的故障。该模式对于验证故障是否解除很有帮助。连续监测例子见图 8-15。

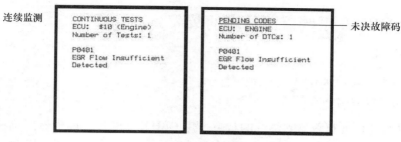

图 8-15　连续监测例子

8.4.8　模式 8——主动测试

该模式能让诊断仪控制车上的电控单元，以测试所需检测的系统和元器件。例如，检测燃油蒸发系统是否泄漏，通过诊断仪控制燃油蒸发系统的执行器动作，以便于检测，见图 8-16。

8.4.9　模式 9——车辆信息

该模式提供车辆的信息，包括：车辆识别码、标准信息、核对信息，见图 8-17。

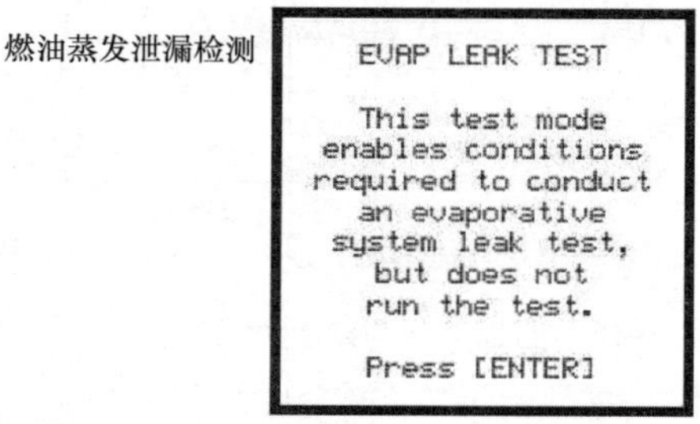

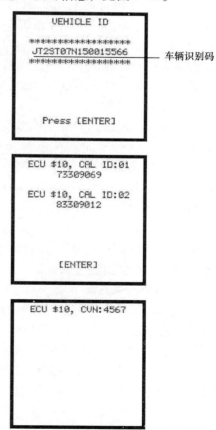

图 8-16　燃油蒸发系统泄漏检测

图 8-17　车辆信息

8.5 基于OBDⅡ系统监测信息的故障分析方法

问题链接：
1. 如何对电控发动机数据流进行故障分析？
2. 如何用诊断仪对间歇性故障进行诊断？

前面介绍了OBDⅡ车载诊断系统的特点、用OBDⅡ诊断仪不同的诊断测试模式进行故障诊断的方法，其目的是全面利用OBDⅡ车载诊断系统检测数据所包含的故障信息，充分发挥OBDⅡ诊断仪的功能，提高故障诊断的效率和准确性。

8.5.1 OBDⅡ系统主要监测项目

1. 缺火监测

缺火监测通过测试每个气缸做功时对发动机转速变化的影响程度，对气缸的缺火进行连续监测。不是所有的发动机缺火故障都能由OBDⅡ系统监测出，OBDⅡ系统主要是监测与排放有关的、使发动机不能平顺工作的情况。监测缺火的目的有两个：一是判断监测缺火是否严重影响催化转化器的工作；二是监测缺火是否导致排放过高。

电控单元通过曲轴位置传感器感知曲轴加速情况，每缸做功曲轴转速都会有短暂地增加，当气缸出现缺火，曲轴转速会下降，见图8-18。电控单元只要察觉到曲轴位置传感器信号（NE）频率发生变化，就会利用凸轮轴位置传感器信号（G）识别气缸是否处于做功行程，以判断是否出现缺火故障。遇到路面不平的情况，会暂时搁置缺火监测。

2. 燃油系统监测

当系统闭环运行时，燃油监测程序将连续监测短期燃油修正和长期燃油修正。如果出现了进气真空泄漏、进气受阻、燃油压力不正确等，燃油控制的变化将超出短期或长期燃油修正表上预定的极限，燃油监测程序将记录一个未决故障码。例如，当发动机已达到正常的工作温度、空燃比反馈控制已趋于稳定，此时若燃油修正向加浓方向修正到极限值，则电控单元会设置故障码；反之，若向变稀方向修正到

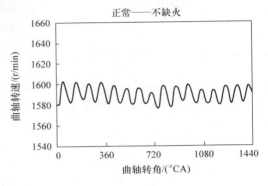

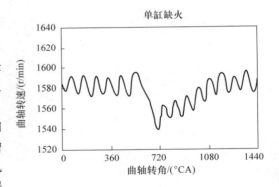

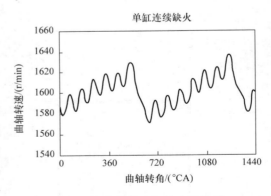

图8-18 曲轴转速与缺火的关系

极限值,也会设置故障码。设置这样的故障码需要经过两个驱动循环。

通过燃油修正判断故障原因,要多分析几个转速范围内的燃油修正值。应该在发动机怠速、1500r/min 和 2500r/min 时检查燃油修正值。例如,如果长期燃油修正(Long – Term Fuel Trim,LTFT)在怠速时是 25%,但是在 1500r/min 和 2500r/min 时都校正到 4%,这时的诊断应该集中在诸如真空泄漏等引起怠速稀工况的各种因素中。如果稀工况存在于所有转速范围,就很可能是燃油泵故障、喷油器堵塞等与供油系统有关的故障。燃油修正值的方向与原因分析见表 8-8。

表 8-8 燃油修正的方向与原因分析

原因	氧传感器信号电压	
	稀混合气(氧传感器信号电压低)	浓混合气(氧传感器信号电压高)
车辆工作状态	短期或长期燃油修正值高(高于 128),设置故障码	短期或长期燃油修正值低(低于 128),设置故障码
稀混合气 ·NO_x 排放高	氧传感器验证车辆处于稀混合气工作状态 主要原因:燃油系统问题 ·燃油系统压力低 ·进气歧管真空泄漏 ·喷油脉宽小 ·空气流量(MAF)或进气歧管绝对压力(MAP)信号不正常	氧传感器被骗以为车辆处于浓混合气工作状态 主要原因:排气管中空气量不足 ·废气再循环量过多 ·氧传感器搭铁不良、接线或垫圈松弛 ·氧传感器中毒
浓混合气 ·HC、CO 排放高 ·冒黑烟 ·催化转化器释放出怪味	氧传感器被骗以为车辆处于稀混合气工作状态 主要原因:排气管中空气过多 ·排气歧管一直在进气 ·排气歧管有裂缝或泄漏处 ·发动机有缺火现象,未燃混合气排出	氧传感器验证车辆处于浓混合气工作状态 主要原因: ·燃油压力过高 ·回油管受阻 ·喷油器泄漏 ·燃油蒸发系统净化持续开启 ·空气滤清器堵塞 ·氧传感器受到污染 ·燃油受到机油污染 ·空气流量(MAF)或进气歧管绝对压力(MAP)信号不正常

3. 相关元器件监测

对元器件进行监测,失效应点亮故障指示灯。

(1)对传感器的监测

对于模拟信号输出的传感器,通过监测其模数转换的输入电压,以确定其开路、短路和超出范围的数值。例如,进气温度传感器、冷却液温度传感器、节气门位置传感器、进气歧管压力传感器和空气流量传感器等。

对于开关或频率信号输出的传感器,采用与之相关的另一传感器的输出数值相比较的方法,确定被监测的传感器是否正常。例如,对曲轴位置传感器与凸轮轴位置传感器信号数值进行比较,如果曲轴位置传感器监测到怠速不正确,则计算机就对怠速控制阀进行调解。如果这种调解超出规定的标准，则认为急速控制阀出现故障。

（2）对执行器的监测

对于执行器的监测是检测执行器驱动电路的开路和短路电压，几乎所有的执行器只要分别予以搭铁就可以接通，其电压接近于0V。

4. 排放性能及部件监测

OBD Ⅱ系统还可以监测氧传感器、三元催化转化器效率和燃油蒸发控制系统的密闭性等，这些是OBD Ⅱ系统的主要功用之一。详见前面所述。

如果出现引起排气管的排放超过1.5倍FTP标准的问题，电控单元也将设置故障码，但此时故障指示灯并不亮。直到车辆已经过连续三次暖机驱动循环，并且车辆工作条件与目前检测到的故障情形相似，故障指示灯才会亮。

8.5.2 如何安排用诊断仪对监测项目进行检测

1. 用诊断仪对监测项目进行故障检测的过程

用具有显示功能的诊断仪对被监测系统进行测试，在开始测试前发动机冷却液温度应低于50℃、进气温度与发动机冷却液温度相差应在6℃以内、燃油箱应加入相当于总容积15%～85%的燃油。测试过程（驱动循环）如下：

1）起动发动机，急速运行2.5min。在这一步测试氧传感器加热装置、活性炭罐净化系统、间歇缺火、燃油修正和进入闭环控制的时间。

2）节气门半开，加速到88km/h。在这一步测试间歇缺火、活性炭罐净化和燃油修正诊断。

3）保持稳定的转速3min。在这一步测试氧传感器、废气再循环系统、活性炭罐净化和燃油修正诊断。

4）不用制动或离合器（如果装备）的减速。在这一步测试废气再循环系统、活性炭罐净化和燃油修正诊断。

5）节气门开启四分之三，加速到88～96km/h。在这一步测试间歇缺火、活性炭罐净化和燃油修正诊断。

6）保持稳定的转速5min。在这一步测试催化转化器。

7）不用制动或离合器的减速。在这一步测试废气再循环系统、活性炭罐净化和燃油修正诊断。

2. 间歇故障诊断方法

在所有类型的故障诊断中，最难的是间歇性故障，因为间歇故障出现的条件要么多是发动机过热、过冷或潮湿，采用诊断仪进行常规检测时可能无法检测到这些间歇性故障。出现间歇性故障时，必须先确定故障出现时发动机的工作状况，模拟发动机重复出现的条件和环境，进行验证。常见模拟方法有振动法、加热法、水淋法（不能将水直接喷在发动机的零部件上，而应喷在散热器前面，间接改变温度和湿度）、电器全接通法、道路模拟试验法。

对有些未配置的系统，OBD Ⅱ系统也进行了检测，也会被错误当作间歇性故障，例如氧传感器加热装置、燃油蒸发净化监控系统、催化转化效率监控系统和废气再循环量控制系统。

3. 非 OBD Ⅱ 系统相关原因引起的故障诊断

非 OBD Ⅱ 相关原因造成的排放问题也会使电控单元设置故障码。如发动机的机械故障、真空泄漏、排放泄漏、燃油箱盖问题、燃油污染、燃油液位过低等，OBD Ⅱ 系统也会设置故障码。此时除读取故障码之外，还要读取数据流，进行逻辑分析。

进气歧管漏气对发动机怠速转速影响很大，对中高速、大负荷工况影响不大。采用进气歧管绝对压力传感器的 D 型电控发动机，漏气时的怠速转速一般表现为转速过高，或发动机在高低速间游车；而采用空气流量传感器的 D 型电控发动机的表现则较为复杂，可能表现为怠速转速低、缺火、混合气稀或排气过热等各种现象，可从排气及数据流等方面进行分析，下面通过 1 个实例对进气歧管漏气的故障表现进行分析。

案例：

一辆桑塔纳 3000 事故车，修复后起动发动机试车，发动机能起动，但怠速不稳，易熄火，怠速转速在 500～700r/min 游车。从排气管处观察，感到排气温度过高，排气管中段高温发红，排气无色但有异味；燃烧粗暴，好像有断火现象；中高速行车正常，冷却液温度、燃油系统压力和气缸压力均正常。更换了 4 个火花塞，故障依旧。用 VAG1552 测试，无故障信息存储。读数据流，发现多数数据正常，不正常的数据见表 8-9。

表 8-9 桑塔纳 3000 发动机数据流

发动机转速/(r/min)	500～700
怠速节气门开度/(°)	4～7
每循环喷油时间/ms	7.2～7.5
进气质量流量/(g/s)	4.5～6
混合气的 λ 调节值	+25%
氧传感器的信号/V	0.05～0.1

从数据中可以看出，该发动机所处的状态是：

1）怠速转速过低，正常怠速转速应是 840r/min 左右，该发动机怠速转速有时会低至 500r/min，并随后熄火。

2）节气门开度过大，而且怠速时开度不稳定，正常开度范围为 0°～5°，应稳定在某一开度上。

3）每循环喷油时间明显大于正常值（2～5ms），即喷油量过大。

4）空气质量流量大于正常值（2～4g/s），说明进气量过大。

5）混合气 λ 的调节值已加大至极限值（25%），说明混合气可能过稀。

6）氧传感器信号不能在 0.1～0.9V 跳变，说明混合气一直过稀。

根据上述数据和故障现象看，该车的问题是发动机怠速转速低、节气门开度大、进气量大、喷油量大，但混合气却过稀。结合前面的检查结果，怀疑喷油器或燃油系统有问题。于是拆下喷油器进行清洗，在拆卸喷油器时发现了一个异常情况：滴落在进气歧管垫部位的汽油没有在凹处滞留，而是迅速流入了进气歧管内，因此怀疑进气歧管垫漏气。将喷油器清洗完毕装复后，接通点火开关，燃油泵工作，4 只喷油器喷油 1 次，可以清楚地看到 1 缸进气歧管垫下面有汽油流出，进一步说明了进气歧管垫存在严重的漏气现象。

起动发动机后，测量进气歧管负压，仅为 10kPa。拆下进气歧管检查发现，该配件为后换的旧件，在安装时未将原来的密封胶清理干净，导致漏气。按照要求重新安装进气歧管后试车，发动机怠速平稳，故障现象消失。

进气歧管漏气时，其怠速时的负压一定很低，很大一部分空气由旁路进入进气歧管，空气流量传感器的测量值必然低于实际进气量，而喷油量是按空气流量传感器的测量值计算的，因而喷油量偏少。发动机ECU通过氧传感器探知这一信息后，必然增加喷油量，即增大混合气的调节值，但调节值不能无限度增大，最多能增大至+25%，结果混合气仍然过稀。

既然发动机怠速时多进了气也多喷了油，为什么怠速转速反而下降呢？

其原因在于：混合气太稀，难以正常燃烧，大量的未燃混合气被排放掉，没有做功，因而怠速转速低；当发动机ECU检测到发动机怠速转速低时，就会加大节气门开度，增加进气量，显然增加进气量的措施是无济于事的，实际进气量本来就过多。这样排气过热也就成为必然结果，因为废气中含有大量的未燃的混合气，三元催化转化器这时一定会发挥作用，将这些混合气转化成二氧化碳和水蒸气，同时放出大量的热，因此出现了排气管中节发红，排气温度过高的现象。

单元8 随车诊断系统

工单1　学会使用手持诊断仪

车辆名称	生产时间	发动机型号	变速器型号

实验实训目标：

通过填写工单，学员将学会使用诊断测试设备读取随车诊断系统信息，注意观察每个屏幕中显示的与OBDⅡ系统相关的内容。

工具和设备： 车辆维修手册、诊断测试设备。

操作过程：

第一项内容——故障码

1. 置检查下列项目的安装位置，连接好手持诊断仪。

DLC3（数据连接器3）：_____。

MIL（故障指示灯）：_____。

EFI 主熔丝：_____。

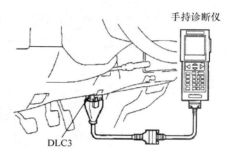

2. DTC 的读取和清除

（1）怠速时拆下冷却液温度传感器插接器。

（2）用手持式诊断仪检查检测仪屏幕显示的故障码。

故障码	

（3）读取发动机转速和冷却液温度的数据流。

发动机转速/(r/min)	
冷却液温度/℃	

（4）连接发动机冷却液温度传感器，检查故障指示灯是否熄灭：

□故障指示灯熄灭

□故障指示灯点亮

提示：当车辆使用OBDⅡ系统时，故障指示灯不会熄灭。

（5）用手持式诊断仪清除故障码。

（6）故障码清除后，检查并确认故障码是否被完全消除。

第二项内容——OBDⅡ系统的各项监测项目

认识OBDⅡ系统的各项监测项目，学会读取OBDⅡ系统的各项监测项目内容，并给出简短评价。例如，丰田故障诊断仪 Intelligent TesterⅡ的操作界面：

（续）

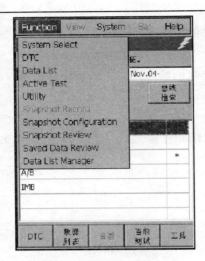

[Function]菜单

功能	内容
System Select	转到系统选择屏幕
DTC	开始DTC检查 冻结帧数据也可以通过 DTC 检查进行检查
Data List	启动数据列表 快照也可以通过数据列表进行检查
Active Test	启动当前测试
Utility	启动工具
Snapshot Record	启动快照记录
Snapshot Configuration	启动快照细节设置
Snapshot Review	显示已保存的快照数据文件
Saved Data Review	显示已保存的DTC数据文件
Data List Manager	启动数据列表管理器

屏幕菜单	内容评价
数据列表(DATA LIST)	
正常模式(NORMAL MODE)	
检测模式(CHECK MODE)	
维修信息(REPAIR CONFIRNATION)	
故障码(DTCs)	

屏幕菜单	内容评价
启动快照(SNAP SHOT)	
冻结帧(FREEZE DATA)	
清除故障信息(CLEAR DIAG INFO)	
氧传感器测试结果(O2 TEST RESULTS)	
主动测试(ACTIVE TEST)	
非连续监测(NO-CONTINUOUS)	
连续监测(CONTINUOUS)	
未决故障码(PENDING CODES)	

（续）

第三项内容——用诊断仪准确诊断车辆状态

用诊断仪准确诊断车辆状态，尝试对非连续监测项目的故障进行分析。先清除故障码，诊断仪还连接在车辆上，根据诊断仪上显示的数据（见下列列表），判断车辆状态，判断是否有问题。

```
READINESS TEST

MISFIRE MON......... AVAIL
FUEL SYS MON........ AVAIL
COMP MON............ AVAIL
CAT EVAL............ COMPL
HTD CAT EVAL........ N/A
EVAP EVAL........... COMPL
2nd AIR EVAL........ N/A
A/C EVAL............ N/A
O2S EVAL............ COMPL
O2S HTR EVAL........ COMPL
EGR EVAL............ COMPL
```

```
NON-CONTINUOUS TESTS

Time#01 CID#01........ Pass
Time#02 CID#01........ Pass
Time#02 CID#02........ Pass
Time#02 CID#03........ Pass
Time#02 CID#04........ Pass
Time#04 CID#00........ Pass
Time#04 CID#02........ Pass
Time#05 CID#01........ Pass
Time#06 CID#01........ Pass
Time#07 CID#01........ Pass
```

监测项目	系统状态
缸火监测(MISFIRE MON)	
燃油系统监测(FUEL SYS MON)	
全面元器件监测(COMP MON)	
燃油蒸发监测(EVAP MON)	
催化转化器监测(CAT EVAL)	
氧传感器监测(O2S EVAL)	
氧传感器加热装置监测(O2S HTS EVAL)	
废气再循环监测(EGR EVAL)	

结论：_____。

本单元小结

1）汽车计算机控制系统由传感器、计算机控制单元、执行器、通信与连接网络、随车诊断系统五部分组成。

2）车载计算机也被称为动力控制模块（ECU），协调发动机与变速器之间的工作、进行数据处理、维持数据流通、做出控制判断，让车辆正常行驶。

3）车载计算机的四种基本功能包括：输入、处理、存储、输出。

4）只读存储器包括：ROM、PROM、EPROM 或者 EEPROM；随机存储器包括：RAM、KAM。

5）第二代随车诊断系统也被称为 OBD Ⅱ，美国 1996 年以后生产的车辆都安装了该系统。我国已在 2007 年和 2010 年分别实施国家第三、第四阶段机动车排放标准，OBD Ⅱ 系统开始被采用。

6）OBD Ⅱ 系统要求对所有与排放有关的元器件进行检查和测试。

7）维修技术人员可以使用 Global OBD Ⅱ 执行以下操作：

a. 检查 PCM 是否检测到故障。

b. 确认维修。

c. 检查测试结果是否接近失败，能否会触发 MIL。

8）Global OBD Ⅱ 有 10 种模式，每种模式都涵盖诊断系统的某个方面。

9）模式 \$ 06 是全局 OBD Ⅱ 的最常用模式，因为它包含非连续监视系统的数据。

10）大多数售后诊断工具和某些原始诊断设备都可以访问 Global OBD Ⅱ 数据。

11）多数汽车制造商推荐使用诊断仪清除故障码。

12）可通过 OBD Ⅱ 系统读取汽车当前与排放相关的串行数据流：传感器输入信号、执行器工作位置和系统状态。通过分析数据流，对电控发动机进行故障诊断。

13）非 OBD Ⅱ 相关原因造成排放问题的也会使电控单元设置故障码，如发动机的机械故障、真空泄漏、排放泄漏、燃油箱盖问题、燃油污染、燃油液位过低等。

14）当计算机检测出电路或系统故障时，能点亮故障指示灯（MIL）。如果出现发动机间歇不点火，会损坏催化转化器，故障指示灯将闪烁。没有监测到与排放相关的任何元器件或系统的故障，或故障指示灯电路有问题，故障指示灯不亮。一旦故障码已设置，若工作状况恢复正常，只有在通过了三次连续的行驶过程，OBD Ⅱ 系统自诊断后，MIL 才会熄灭。

复习题

一、判断题

1. 诊断仪只有读取和清除电控发动机故障码的功能。（ ）
2. 汽车专用示波器同样具有提供故障码信息的功能。（ ）
3. 根据诊断仪提示的故障信息可直接判断传感器的性能。（ ）
4. 进气歧管真空泄漏，OBD Ⅱ系统也会置出故障码。（ ）
5. 如果同一故障在 4 个以上暖机驱动循环内不再出现，计算机可以自动清除该故障码。（ ）
6. 加油盖松动，计算机会设置故障码。（ ）

二、选择题

1. 断开蓄电池电缆后，会对车载计算机内的（ ）部件造成影响。
 A. KAM   B. ROM   C. A/D   D. EPROM
2. 计算机中的哪一部分进行实际计算？（ ）
 A. PROM   B. RAM   C. CPU   D. KAM
3. OBD Ⅱ采用统一的故障码，对 P0301 的解释，以下错误的是（ ）。
 A. P 代表发动机或变速器   B. 第一位 0 表示 SAE 定义的标准故障码
 C. 3 代表点火系统或失火   D. 该码表示第一缸火花塞故障导致缺火
4. OBD Ⅱ系统对氧传感器的监控工况过程，包括以下哪种？（ ）
 A. 稀混合比变动次数   B. 混合气由稀转浓的"转换点"
 C. 由稀转浓时间差   D. 两"转变点"之间的时间（浓稀变动时间）
 E. 以上项目都对
5. OBD Ⅱ标准为了对空燃比进行监控，以下哪项对氧传感器的监控，将会设置故障不当（ ）。
 A. 单位时间内混合气比的变化次数少   B. 单位时间内混合气比的变化太慢
 C. 混合气持续偏稀   D. 信号电压超出设定的最高电压
 E. 以上情况出现都会设置故障码
6. OBD Ⅱ采用统一的检测插座形式，以下哪些是正确的说法？（ ）
 A. 10#针脚接开关电路（Key‑ON）   B. 8#针脚提供信号回路搭铁
 C. 4#针脚接车身搭铁   D. 11#针脚接蓄电池正极
7. 美国从（ ）年起所有销售的车辆都要装备 OBD Ⅱ系统。
 A. 1996   B. 1998   C. 2000   D. 2002
8. 用具有显示功能的诊断仪对被监测系统进行测试，在开始测试前发动机冷却液温度应低于（ ）。
 A. 16℃   B. 50℃   C. 71℃   D. 82℃
9. 需要出错（ ）次，才能调取到 B 型故障码，并点亮故障指示灯。
 A. 一次   B. 两次   C. 三次   D. 四次
10. （ ）时 OBD Ⅱ系统中出现冻结故障状态。
 A. 当设置 C 型和 D 型故障码   B. 当设置 A 型和 B 型故障码

C. 每隔一个运转循环　　　　　　　D. 当 PCM 检测出与氧传感器有关的故障时

11. 点火系统间歇不点火或可燃混合气问题是（　　）故障。
  A. A 类　　　　B. B 类　　　　C. C 类　　　　D. D 类

12. 车辆上的 OBD Ⅱ 系统将断开的火花塞视为熄火，可能会损坏三元催化转化器。ECU 在经过几个行程会点亮故障指示灯（MIL）（　　）。
  A. 1 次　　　　B. 2 次　　　　C. 3 次　　　　D. 4 次

13. 哪一个是连续监视器？（　　）
  A. 燃油调节监测器　　　　　　B. 废气再循环监测器
  C. 氧传感器监测器　　　　　　D. 催化转化器监测器

14. 模式 $06 是检查哪个系统的模式？（　　）
  A．氧传感器　　　　　　　　　B．持续监控的系统
  C．不连续监视的系统　　　　　D．当前动力总成数据（PID）

15. 冻结帧定格数据包括以下所有内容，但不包括：（　　）。
  A. 转速　　　　B. 故障日期　　　C. 冷却液温度　　　D. 车速

16. 故障码 P0302 是一个：（　　）。
  A. 一般故障码　　　　　　　　B. 车辆制造商特定故障码
  C. 急速相关故障码　　　　　　D. 变速器/变速驱动桥相关故障诊断码

17. 将氧气传感器从浓到稀的切换时间标识为测试标识（TID）（　　）。
  A. $05　　　　B. $0A　　　　C. $02　　　　D. $09

18. OBD Ⅱ 任务管理软件负责：（　　）。
  A. 计算火花正时　　　　　　　B. 计算喷油器正时
  C. 控制诊断测试的时序　　　　D. 测量冷却液温度

三、案例分析

1. 驾驶员抱怨最近燃油经济性很差，尾气排放有黑烟，检测人员用仪器检测到各传感器在急速时的数据如下：

测试次数	1	2	3	4	5	6	7	8	9
TPS：（V）	1.0	1.0	1.0	1.0	1.0	1.0	1.0	1.0	1.0
MAP：（V）	1.1	1.1	1.1	1.1	1.1	1.1	1.1	1.1	1.1
THW：（V）	0.5	0.5	0.5	0.5	0.5	0.5	0.5	0.5	0.5
OX：（V）	0.9	0.9	0.9	0.9	0.9	0.9	0.9	0.9	0.9
RPM：	800	800	810	800	810	800	810	800	800
INJ：（ms）	1.9	1.9	1.9	1.9	1.9	1.9	1.9	1.9	1.9
LFTRIM	−18	−18	−18	−18	−18	−18	−18	−18	−18

从数据中可以分析出原因应为（　　），并说明为什么？
  A. 燃油压力调节器回油路堵塞
  B. 点火分高压线
  C. 冷却液温度传感器信号超出正常范围
  D. 进气歧管真空泄漏

2. 车主抱怨车辆在正常行驶时动力不足，但在急速时尾气排放正常，在正常行驶路况下测得的数据如下表：

测试次数	1	2	3	4	5	6	7	8	9
TPS：(V)	3.1	3.1	3.1	3.1	3.1	3.1	3.1	3.1	3.1
MAP：(V)	3.4	3.4	3.4	3.4	3.4	3.4	3.4	3.4	3.4
THW：(V)	0.5	0.5	0.5	0.5	0.5	0.5	0.5	0.5	0.5
OX：(V)	0.0	0.0	0.0	0.0	0.0	0.0	0.0	0.0	0.0
RPM：	1900	1900	1900	1900	1900	1900	1900	1900	1900
INJ：(ms)	6.4	6.4	6.4	6.4	6.4	6.4	6.4	6.4	6.4
LFTRIM	+20	+20	+20	+20	+20	+20	+20	+20	+20

从数据中可以分析出原因应为（　　），并说明为什么？

A. 氧传感器问题

B. 燃油滤清器堵塞

C. 空气滤清器堵塞

D. 进气歧管绝对压力传感器问题

3. 一台奥迪 200 型汽车，装备 1.8L 发动机，排气管冒黑烟，用诊断仪 V.A.G1551 检查电控发动机，没有存储记忆故障码可读。用 V.A.G1551 显示发动机运行的数据流如下：

显示一：

> Read measuring value block 1
> 840r/min　　4.6m　　5°∠　　3.0°v.ot

第二显示区的正常值在 0.5～1.5ms 之间，它是曲轴转一周理论上的喷油时间，测量值偏大，说明发动机电控单元 ECU 得到的（　　）不准确。

第三显示区是点火提前角，正常值是 12，测量值偏小。

A. 负荷信号　　　　　　　　B. 喷油信号

C. 节气门位置信号　　　　　D. 冷却液温度信号

显示二：

> Read measuring value block 2
> 840r/min　　4.6ms　　7.48ms　　129g/s

第二显示区是曲轴转一周理论上的喷油时间。

第三显示区是经校正的曲轴每转两周的喷油时间，它近似等于第二显示区的两倍，它们都比正常值高。第四显示区是进气量。

显示三：

> Read measuring value block 7
> −20.3%　　0.940V　　0%　　1.00

第二显示区是氧传感器电压，显示值恒定为 0.940V，但加速时有变化，说明（　　）。

A. 混合气太稀　　　　　　　B. 氧传感器失效

C. 排气管漏气　　　　　　　D. 混合气太浓

经过上述分析，你认为导致该车故障的原因有（　　）。

A. 油压偏高　　　　　　　　B. 氧传感器失效

C. 空气流量传感器故障　　　D. ECU 损坏

单元8 复习题答案

一、判断题

1. 错误 2. 错误 3. 错误 4. 正确 5. 错误 6. 正确

二、选择题

1. A 2. 3. D 4. D 5. E 6. C 7. A 8. B 9. B 10. B 11. A
12. A 13. A 14. C 15. B 16. A 17. A 18. C

三、案例分析

1. A
2. B
3. A D C

单元 9

 学习目标

1. 完成排放控制系统的诊断与修复。
2. 了解汽车排放标准。
3. 列出标准范围内 HC、CO 和 NO_x 可被接受的数值。
4. 列出导致 HC、CO 和 NO_x 排放高的四个可能的原因。
5. 判别 HC、CO 和 NO_x 排放超标的原因。
6. 对排放检测失败后的车辆进行检查。

9.1 认识排放

> 问题链接：
> 1. 为什么要检测尾气排放状况？
> 2. 主要检测哪几种尾气呢？

9.1.1 废气成分

道路交通工具排出的污染物对大气造成严重污染，大量的法规都涉及降低汽车排放污染物。交通工具所用的燃料主要成分是碳氢化合物（HC），燃料完全燃烧主要排放物是二氧化碳（CO_2）和水蒸气（H_2O）。大量排放 CO_2 是气候变暖的主要原因之一。

在汽油发动机内，如果燃料不完全燃烧，除了会形成 CO_2 和 H_2O 之外，还会形成下列有害气体：一氧化碳（CO）、未燃碳氢化合物（HC）、氮氧化物（NO_x）以及固态颗粒物。

当汽油发动机在正常工作温度工作时，且负荷中等、转速中等情况下，催化转化器之前的 CO、HC 和 NO_x 质量之和所占比例为废气总质量的1%，见图9-1。

1. 废气与过量空气系数的关系

废气中各污染物的产生量主要受空燃比（过量空气系数 λ）的影响，见图9-2。发动机输出功率和燃油经济性受空燃比的影响，见图9-3。

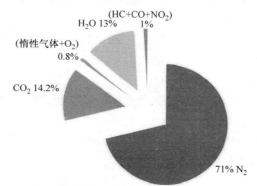

图 9-1 催化转化器前的废气成分（质量分数）

汽油发动机可燃混合气中空气量缺少5%～10%（$\lambda = 0.90 \sim 0.95$ 的浓混合气）的情况下，获得最大功率。在空气不足的情况下，可燃混合气不能充分地利用，燃油消耗率增加，有害的废气成分CO和未然的HC也会增加。

当空气量过量5%～10%（$\lambda = 1.05 \sim 1.1$ 的稀混合气）时，汽油发动机会得到最低的燃油消耗。然而，发动机功率会减小，最高温度会升高（主要原因是燃油汽化导致冷却效果减弱）。CO和未燃烧的HC的形成量减少，而废气中的NO_x含量却很高。

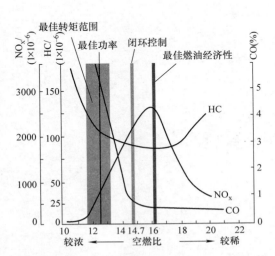

图 9-2　废气中各污染物含量以及最佳功率、转矩、燃油经济性与对应的空燃比关系

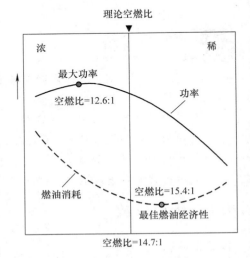

图 9-3　不同空燃比时的功率和燃油消耗

2. 有害废气成分的特点

（1）CO

CO是一种无色、无味的气体，如果吸入，会阻塞氧在血液中的输送。吸入低浓度的CO会导致头痛、疲劳和反应迟钝。长时间处于CO体积分数高于3%的环境中会有生命危险。

CO是汽油在发动机气缸内不完全燃烧的产物，CO的生成主要受混合气浓度的影响。产生CO排放的根本原因是混合气过浓，在过量空气系数$\lambda < 1$时，由于混合气缺氧，汽油中的碳不能完全被氧化成CO_2而生成CO，在过量空气系数$\lambda > 1$时，因为混合气较稀，总体氧气过量，但也会由于油气混合不均匀而造成局部过浓产生少量CO。

（2）未燃HC

汽车HC排放的成分非常复杂，是一些不同的碳与氢的化合物的混合物，其中包括烷烃、烯烃、芳香烃。它会刺激黏膜，气味难闻。并且某些HC被认为是致癌物。在光照作用下，HC与NO_x结合会产生光化学作用，生成臭氧（O_3）和醛类等有害物，造成所谓的夏天烟雾的破坏作用。

汽车排放的HC主要来自于燃油的不完全燃烧。在缺氧（$\lambda < 1$）或在混合气非常稀薄（$\lambda > 1.2$）的情况下，由于混合气不能完全燃烧，都会形成HC。因发动机燃烧室壁面淬熄效应而导致燃油不完全燃烧也会产生HC排放，特别是在发动机冷起动和怠速时，燃烧室壁面温度较低，更易产生淬熄层。

(3) NO_x

氮氧化物这个通用术语用来表示各种不同的氮的氧化物,如一氧化氮 NO、二氧化氮 NO_2、一氧化二氮 N_2O。根据氮氧化合物成分的不同,它可能是无色、无味气体,或者是浅红棕色、带有刺鼻气味的气体。氮氧化物浓度太高,会刺激呼吸道,引起肺组织损坏,导致臭氧的形成,破坏树木和森林。

汽油机燃烧过程主要生成 NO,占 NO_x 总排放量的 95%。NO 产生途径包括高温 NO、激发 NO 和燃料 NO,其中高温富氧是 NO 产生的主要原因。

(4) 固体颗粒物

当燃料不完全燃烧时,就会形成颗粒物(炭核/炭烟核加上附着的聚合物)。如果是碳氢化合物附着在炭核上,就被划归为致癌物。与柴油机不同,汽油发动机的颗粒物排放约为柴油机的 1/20~1/200。对于新型乘用车,颗粒物(Particulate Matter,PM)和颗粒数量限值(Paritculate Number limit,PN)必须要检测,且不能超过限值。

3. 排放限值单位

排放限值有三种单位,其中前两种是质量单位,最后一种是浓度单位。

1)对于轻型和中型乘用车辆,单位为每行驶距离内排出污染物的质量,即 g/km。

2)对于重型和中型乘用车辆,单位为排出污染物的质量除以单位做功量,即 $g/(kW \cdot h)$。

3)以体积浓度单位%、1×10^{-6} 表示检测的排气污染物的量值,高浓度用%表示,低浓度用 1×10^{-6} 表示。

9.1.2 美国汽车排放标准及限值

美国汽车排放标准归联邦环境保护局(EPA)和各州政府颁布和管理,也就是在美国汽车排放标准有两大类,一类是联邦(US FEDERAL)标准;一类是加州标准,加利福尼亚空气资源委员会(CARB)曾出台了世界上最严格的排放标准。

1. 早期联邦和加州排放标准

Tier1 和 Tier2 标准是美国联邦排放标准,由 1990 年的《清洁空气法修正案(CAAA)》(按等级分组)设定的。在美国销售的所有车辆必须符合 Tier 1 标准,它也是相对最不严格的标准。自 2001 年以来,附加的 Tier 2 标准已经成为可选标准,并于 2009 年全面采用。Tier 1 标准在轿车和轻型车(SUV,皮卡车和小型货车)之间有所不同,但是对于这两种车型,Tier 2 标准将相同。

制造商要在美国某地区销售车辆,应选择一定比例的车辆进行不同级别排放的评定。通过了,才能使公司在这些标准受影响的地区销售其产品。除 Tier 1 排放标准外,按等级排列的排放标准还有如下:

① TLEV(过渡性低排放车辆),对 HC 的排放要求比 Tier 1 更严格。

② LEV(也称为 LEV I)(低排放车辆),是加利福尼亚州的中间标准严格度,对 HC 和 NO_x 排放要求是 Tier 标准的两倍。

③ ULEV(也称为 ULEV I)(超低排放车辆),是加利福尼亚州的更高标准,强调 HC 的排放量非常低。

④ ULEV Ⅱ(超低排放车辆)。它的清洁程度高于 Ⅱ 期 LEV 标准。HC 和 CO 的排放水平比 LEV Ⅱ 认证的汽车低近 50%。

⑤ SULEV（超低排放汽车）。它是加利福尼亚州标准，甚至比 ULEV 更严格，包括更低的 HC 和 NO_x 排放量，大致相当于 Tier 2 Bin 2 车辆标准。

⑥ ZEV（零排放车辆）。它是加利福尼亚州标准，禁止排放任何污染物。零排放汽车类别主要限于电动汽车和氢燃料汽车。

⑦ PZEV（部分零排放车辆）。符合 SULEV 标准，并具有几乎为零的蒸发排放物，并且其排放控制设备具有 15 年/24 万 km 的保修期。而 Tier 2 标准更加严格，它的变体附加"Ⅱ"，例如 LEV Ⅱ 或 SULEV Ⅱ。

⑧ ILEV（固有的低排放车辆）。由某些州使用，允许某些车辆使用 HOV 车道，而不管车辆中的人数。检查州和地方法律法规，以了解所包括的车辆清单。

⑨ AT-PZEV（先进技术，部分零排放车辆）。如果车辆符合 PZEV 标准并使用高科技功能（例如，使用了压缩天然气的发动机或高压气态燃料箱），则有资格成为合 AT-PZEV 排放标准。混合动力汽车，例如丰田普锐斯（Prius）以及使用天然气（CNG）的汽车如本田 Civic Gx。这些车辆被归类为"部分"ZEV，因为它们获得了汽车制造商原本需要在加利福尼亚销售 ZEV 车辆的部分积分。

⑩ NLEV（国家低排放车辆）。全国所有车辆必须符合此标准（该标准始于 2001 年）。

Tier 后面数字越高，法规就越新。认证限值（BIN）越低，表明车辆越清洁。

2. 联邦排放标准

美国环境保护局（EPA）和国家公路交通安全管理局（NHTSA）共同制定了轻型车辆（乘用车和货车）的温室气体排放（GHG）和燃油经济性标准国家计划。该标准实施计划分两个阶段：

第一阶段 2012—2016 年示范年。

第二阶段 2017—2025 年示范年。

在第二阶段，即目前和未来使用的排放法规为三级排放标准（US-EPA 2017—2025 Tier 3）。Tier 3（三级）标准于 2014 年 3 月被采用，见表 9-1，于 2017 年至 2025 年分阶段实施。该标准对汽油的硫限值提出了更高的要求。该标准要求车辆排放持久性提高到 15 年或 24 万 km。

表 9-1 美国联邦三级标准 Tier3 轻型车辆排放限值

Bin 认证限值	$NMOG+NO_x$ /(mg/mile⊖)	PM /(mg/mile)	CO /(g/mile)	HCHO（甲醛）/(mg/mile)
Bin 160	160	3	4.2	4
Bin 125	125	3	2.1	4
Bin 70	70	3	1.7	4
Bin 50	50	3	1.7	4
Bin 30	30	3	1.0	4
Bin 20	20	3	1.0	4
Bin 0	0	0	0	0

⊖ 1mile≈1.6km

3. 加州轻型汽车排放标准及限值

美国加州推行使用低排放车辆（Low-Emission Vehicle，LEV）、超低排放车辆（Ultra-Low-Emission Vehicle，ULEV）、超超低排放车辆（Super-Low-Emission Vehicle，SLEV）。CARB LEV Ⅲ标准实施时间是2015年至2025年期间，见表9-2，同样该标准要求车辆排放持久性提高到15年或24万km。

表9-2 美国加州CARB LEV Ⅲ轻型车辆排放限值

车辆类别①	$NMOG+NO_x$ /(g/mile)	CO /(g/mile)	HCHO(甲醛) /(g/mile)	颗粒物② /(g/mile)
LEV160	0.160	4.2	4	0.01
ULEV125	0.125	2.1	4	0.01
ULEV70	0.070	1.7	4	0.01
ULEV50	0.050	1.7	4	0.01
SULEV30	0.030	1.0	4	0.01
SULEV20	0.020	1.0	4	0.01

说明：
① 车辆类别后面的数字即为$NMOG+NO_x$值，单位为（g/mile）。
② 该标准仅适用于不包括颗粒物标准分阶段使用中的车辆。

9.1.3 欧洲汽车排放标准及限值

欧洲标准是通过欧洲经济委员会（ECE）的汽车废气排放法规和欧盟（EU）的汽车废气排放指令共同加以实现的。汽车废气排放法规由ECE参与国自愿认可，排放指令是EU成员国强制实施的。

在欧洲，汽车废气排放的标准一般每四年更新一次。相对于美国和日本的汽车废气排放标准来说，测试要求比较宽泛，因此，欧洲标准也是发展中国家大都沿用的汽车废气排放体系。欧洲汽车排放法规实行时间：

欧Ⅰ标准是1992年12月开始实行。
欧Ⅱ标准是1997年1月开始实行。
欧Ⅲ标准是2001年1月开始实行。
欧Ⅳ标准是2006年1月开始实行。
欧Ⅴa标准是2011年1月开始实行。
欧Ⅴb标准是2013年1月开始实行。
欧Ⅵb标准是2015年9月开始实行。
欧Ⅵc标准是2018年9月开始实行。
欧Ⅵd-Temp标准是2019年9月开始实行。
欧Ⅵd标准是2021年1月开始实行。
近些年，欧洲汽车废气排放限值见表9-3。

表 9-3　欧洲汽油乘用车/客货两用车（M1[①]）排放限值

M1≤(2.5t, ≤6座位)	CO /(g/km)	THC /(g/km)	NMHC	NO$_x$ /(g/km)	PM /(g/km)	PN /(个/km)
欧Ⅲ	2.30	0.20		0.15	—	—
欧Ⅳ	1.00	0.10		0.08		—
欧Ⅴa	1.00	0.10	0.068	0.060	0.005[②]	—
欧Ⅴb	1.00	0.10	0.068	0.060	0.0045[②]	
欧Ⅵb	1.00	0.10	0.068	0.060	0.0045[②]	$6×10^{11}$[②]
欧Ⅵc	1.00	0.10	0.068	0.060	0.0045[②]	$6×10^{11}$[②]
欧Ⅵd–Temp	1.00	0.10	0.068	0.060	0.0045[②]	$6×10^{11}$[②]
欧Ⅵd	1.00	0.10	0.068	0.060	0.0045[②]	$6×10^{11}$[②]

说明：
① M1 车辆座椅最多 9 人，GVWR≤3.5kg。
② 是针对直喷发动机。

9.1.4　中国汽车排放标准及限值

为加大我国对汽车污染物排放的控制力度，自 2001 年以来，中国汽车排放标准得以持续快速发展。近些年由环境保护部和国家质量监督检验检疫总局共同发布了以下排放标准：

1）GB18352.3—2005《轻型汽车污染物排放限值及测量方法（中国Ⅲ、Ⅳ阶段）》（简称"国Ⅳ"）。

2）GB 18352.5—2013《轻型汽车污染物排放限值及测量方法（中国第五阶段）》（简称"国Ⅴ"）。

3）GB 18352.6—2016《轻型汽车污染物排放限值及测量方法（中国第六阶段）》（简称"国Ⅵ"）。

国Ⅵ排放标准分两个阶段实施，从 2019 年 7 月 1 日到 2021 年 7 月 1 日先实施国Ⅵa 阶段标准，从 2021 年 1 月 1 日到 2023 年 7 月 1 日开始实施国Ⅵb 阶段标准。国Ⅵb 阶段要求的常规气态物排放限值降低了约 50%，增加了 N$_2$O 和颗粒物数量 PN 的限值要求。相比国Ⅴ限值要求，国Ⅵa 阶段 CO 排放降低 30%，国Ⅵb 阶段降低 50%。国Ⅵa 阶段 THC 和 NMHC 排放限值保持与国Ⅴ阶段一致，到国Ⅵb 阶段，限值下降约 50%。

与国Ⅴ相比较，国Ⅵ测试循环由新欧洲测试循环（NEDC）改变为世界轻型车统一测试循环（WLTC），NEDC 循环以稳态工况为主，而 WLTC 循环以完全瞬态工况为主的，减排要求更高。

近些年，中国汽车废气排放限值见表 9-4。

表 9-4　轻型汽油车 国Ⅴ和国Ⅵa/b 排放限值

汽车排放标准	CO /(mg/km)	NMHC /(mg/km)	NO$_x$ /(mg/km)	N$_2$O /(mg/km)	PM /(mg/km)	PN /(个/km)	循环
国Ⅴ	1000	68	60	—	4.5	—	NEDC
国Ⅵa	700	68	60	20	4.5	$6×10^{11}$	WLTC
国Ⅵb	500	35	35	20	3.0	$6×10^{11}$	WLTC

9.2 检测汽车排放

9.2.1 排放检测方法

> **问题链接：**
> 1. 汽车年检所采取的排放检测方法是什么？
> 2. 这种常用排放检测方法所能检测的极限值是多少？

常见的机动车尾气排放检测方法有无载荷检测法、有载荷检测法和遥感检测法等几种。

1. 无负荷检测法

无负荷检测法就是在对车辆进行尾气检测时车辆没有负载，检测被检车辆处于怠速状态下运转时的尾气排放结果。无负荷检测法主要包括怠速法（汽油车）、双怠速法（汽油车）和自由加速法（柴油车）等。

（1）怠速法

怠速法是通过便携式尾气检测仪，在被检车辆（汽油车）怠速工况下检测其污染物排放浓度的一种方法。怠速法反映的只是汽油车在怠速状态下空负荷时的尾气排放情况，此时的发动机为贫氧偏浓燃烧，主要产生 CO 和 HC，所测得的排放结果与汽车实际运行时所排放的尾气中的有害物质的含量有较大差异，特别是无法检测 NO_x，这是因为 NO_x 是汽车处在大负荷运行时才会产生的一种有害气体，在怠速时，由于其排放量较小很难检测到。怠速法的工况远远落后于电控燃油喷射+三元催化转化器的汽油车排放控制技术发展，对新生产的、车况较好的在用汽油车，怠速法的尾气排放检测结果几乎为零。

（2）双怠速法

汽车双怠速法是利用尾气分析仪测量发动机处于高怠速（2200～2800r/min）和怠速（350～1200r/min）两种工况下的排气污染物 CO（%）、HC（1×10^{-6}）的体积分数，并核算读取过量空气系数（λ）的数值，最后进行燃油箱加注盖完整性检测，以满足国家汽车排放法规的要求。

汽油车双怠速法是由国际标准化组织在 ISO3929 中提出，各国普遍认可并采用。在生态环境部和国家市场监督管理总局颁布的在用汽油车排放国标 GB18285—2018《汽油车污染物排放限值及测量方法（双怠速法及简易工况法）》中，双怠速法作为基本的尾气排放测量方法，该方法等同于欧盟 92/55/EEC 法规的标准。

双怠速法测量的主要污染物是 CO 和 HC。国标 GB18285—2018 规定气体分析仪应至少能测量汽车排气中的 CO、CO_2、HC 和 O_2 等 4 种成分的体积分数；对使用闭环控制电子燃油喷射系统和三元催化转化器技术的车辆，还应能根据上述参数的测量结果同时计算出过量空气系数（λ）的数值；CO、CO_2、HC 的测量应采用不分光红外线法（NDIR），O_2 可采用电化学电池法或其他等效方法。双怠速法的主要优点是对测试仪器的要求不高，简单易行，对高排放车辆的尾气测量有一定的辨识率。

双怠速法排放限值见表 9-5。

表 9-5 双怠速法检验排气污染物排放限值

类别	怠速		高怠速	
	CO(%)	HC/(1×10^{-6})①	CO(%)	HC/(1×10^{-6})①
限值 a	0.6	80	0.3	50
限值 b	0.4	40	0.3	30

① 对以天然气为燃料的点燃式发动机汽车,该项目为推荐性要求。

双怠速法测试流程:

1) 应保证被检测车辆处于制造厂规定的正常状态,发动机进气系统应装有空气滤清器,排气系统应装有排气消声器和排气后处理装置,排气系统不允许有泄漏。

2) 进行排放测量时,发动机冷却液或机油温度应不低于 80℃,或者达到汽车使用说明书规定的热状态。

3) 发动机从怠速状态加速至 70% 额定转速或企业规定的暖机转速,运转 30s 后降至高怠速状态。将双怠速法排放测试仪取样探头插入排气管中,深度不少于 400mm,并固定在排气管上。维持 15s 后,由具有平均值计算功能的双怠速法排放测试仪读取 30s 内的平均值,该值即为高怠速污染物测量结果。对使用闭环控制电子燃油喷射系统和三元催化转化器技术的汽车,还应同时计算过量空气系数(λ)的数值。

4) 发动机从高怠速降至怠速状态 15s 后,由具有平均值计算功能的双怠速法排放测试仪读取 30s 内的平均值,该值即为怠速污染物测量结果。

5) 在测试过程中,如果任何时刻 CO 与 CO_2 的浓度之和小于 6.0%,或者发动机熄火,应终止测试,排放测量结果无效,需重新进行测试。

6) 对多排气管车辆,应取各排气管测量结果的算术平均值作为测量结果。

7) 若车辆排气系统设计导致的车辆排气管长度小于测量深度时,应使用排气延长管。

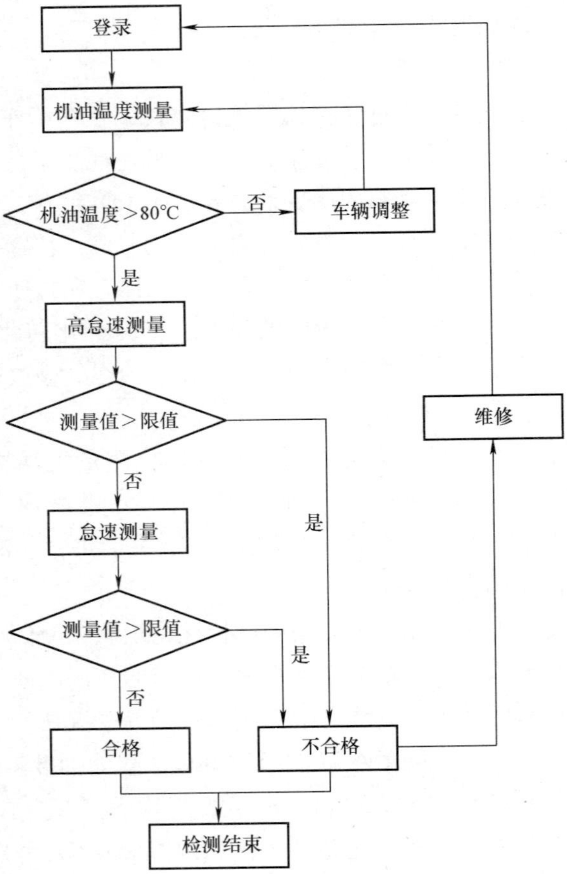

双怠速法测量流程图见图 9-4。

图 9-4 双怠速法测量流程

无论是怠速法还是双怠速法在实际使用中都存在如下问题:

1) 用怠速法和双怠速法测试旧的、技术落后车辆的尾气排放会取得很好的效果;但在测试电控汽车、装有三元催化转化器和氧传感器的车辆时，测量效果不佳。因为即使三元催化转化器效率下降，在转速相对较低的怠速工况时，其转化效率可能仍然较高，而转速相对较高的中、大负荷工况，其转化效率会急剧下降。

2）怠速法和双怠速法不适合测试 NO_x 的排放量。因为在怠速或高怠速工况下，NO_x 的排放量小，很难检测到。

3）怠速法和双怠速法只是对汽车不具代表性工况进行尾气排放测试，不能反映汽车实际工作时的尾气排放情况。

4）怠速法、双怠速法和工况法的相关性较差，对高排放车辆的识别率比较低。

2. 有负荷检测法

为了满足 NO_x 的排放控制，需要用有负荷的测试方法对在用车尾气排放进行检测。在用车有负荷检测法是将车辆置于底盘测功机上（一种加载装置，见图9-5），车辆按规定车速在底盘测功机的滚筒上"行驶"。驱动轮带动滚筒转动，底盘测功机会按照检测标准事先设定向滚筒、最终向驱动轮施加一定的负荷，来模拟汽车道路行驶阻力。车辆按一定的速度、克服一定的阻力走完试验工况，同时测量尾气中的污染物含量。与新车有载荷法试验相比，设备、仪器进行了简化，试验时间也缩短很多，称为在用车尾气检测的"工况法"。

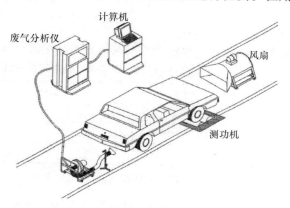

图9-5 底盘加载装置及废气检测示意图

所谓工况法是指按照常用的工况模型检测汽车排放的一种试验方法。工况法模拟被检测车辆在道路上实际运行时的怠速、加速、减速等工况下污染物排放量情况，并据此检测其所排放的污染物浓度。工况法主要有稳态工况法（ASM）、瞬态工况法（IM240，Inspection and Maintenance）、简易瞬态工况法（IG240/IG195）、柴油车加载减速法（Lug Down）、中国典型城市公交工况法等。除了检测排放之外，对于油耗也应该进行检测。油耗的检测可以采用碳平衡法，轻型车可以利用简易瞬态工况法（IG195）进行测量后换算得到油耗值。

(1) 稳态工况法（ASM）

稳态工况法（Acceleration Simulation Mode，ASM）是最简单的有负荷测试方法，它是1988年由美国加州西南研究所和Sierra研究所共同研究开发的一种由5025和2540两个稳态工况的组合工况，见图9-6。2019年5月1日正式实施的GB18285—2018《汽油车污染物排放限值及测量方法（双怠速法和简易工况法）》提出采用ASM作为在用车排放检测的一种简易工况法，在底盘测功机上的测试运转循环由ASM5025和ASM2540两个典型的等速有负荷运行工况组成。

稳态工况法（ASM）采用的排气分析系统应由至少能自动测量 HC、CO、CO_2、NO、O_2 等5种气体浓度的分析仪器组成。对 CO、HC 和 CO_2 的测量推荐采用不分光红外线法（NDIR）；对 NO 的测量优先采用红外线法（IR）、紫外线法（UV）或化学发光法（CLD），采用电化学法的 NO 分析仪已于2020年5月停止使用；对 O_2 的测量可以采用电化学法或其

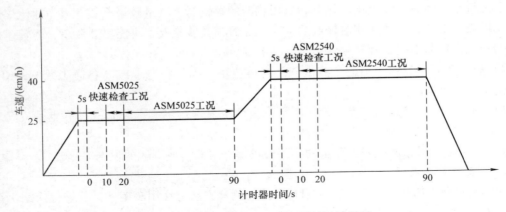

图 9-6 稳态工况法（ASM）测试运转循环

他方法。稳态工况法排放检测值必须小于表 9-6 中所列限值。

表 9-6 稳态工况法排气污染物排放限值

类别	ASM5025			ASM2540		
	CO(%)	HC/(1×10^{-6})[①]	NO/(1×10^{-6})	CO(%)	HC/(1×10^{-6})[①]	NO/(1×10^{-6})
限值 a	0.50	90	700	0.40	80	650
限值 b	0.35	47	420	0.30	44	390

① 对于以天然气为燃料的点燃式发动机汽车，该项目为推荐性要求。

稳态工况法（ASM）是有负荷测试，能够测量判断车辆 NO_x 排放的好坏，对高排放车辆的识别能力要好于怠速法或双怠速法，且其设备使用和维护费用相对较低，操作简单。

稳态工况法（ASM）缺点：一是其测试工况只有两个车速，工况单一，与汽车实际行驶时的排放状况仍有差异，这两个工况下的排放即使合格，并不能保证车辆在其他工况下的排放也合格；二是由于采用等速等负荷的稳态工况，与采用瞬态工况新车工况差异较大；三是车辆在实际使用过程中排放较差的加速、减速工况所占的比例较大，因此这种方法并不能判别加减速过程中的排放优劣；四是由于直接对尾气进行取样分析，造成检测结果为浓度排放而非质量排放，发动机排量小的车辆排放质量少，排量大的车辆排放质量多，但其排放浓度却有可能相同，因此用 ASM 对不同发动机排量的车辆进行尾气检测是欠公允的；五是 ASM 与新车工况及其他瞬态加载简易工况的相关性较差。

(2) 瞬态工况法

IM240 瞬态工况法是相对于美国新车型认证的简易工况，其试验工况采用新车型认定用联邦测试规程 FTP（Federal Test Procedure，简称 FTP 规程）。曲线前 0~333s 的 2 个峰，经修改缩短为 240s。IM240 测试程序的一个关键功能是使用特殊的惯性测功机来模拟 240s 行驶周期（包括加速，减速和巡航模式）中各种速度的车辆负载。该测试可以捕获通常在简单的怠速排放测试期间无法引起注意的排放问题，但是它需要训练有素的操作员在车辆驶上测功机上时"驾驶"车辆，并且所需的特殊测功机非常昂贵，维护比较复杂，检测时间较长，对检测人员的要求较高。

IM240 瞬态工况法的测试设备的工作原理同新车试验的要求一致。采样系统为定容稀释取样（Constant Volume Sampling，CVS），HC 的测量采用火焰离子检测法（FID），CO 和 CO_2 的测量采用非扩散型红外线法（NDIR），NO_x 的测量采用化学发光法（CLD）。最后的尾气排放测试结果以单位（g/km）表示。IM240 的优点是尾气测试结果与 FTP 结果有很好的相关性，CO 的相关因子为 91.8%，HC 的相关因子为 94.7%，NO_x 的相关因子为 84.3%，因此，采用 IM240 对机动车尾气进行检测的错误率很低。瞬态工况法排放检测值必须小于表 9-7 中所列限值。

表 9-7　瞬态工况法排气污染物排放限值

类别	CO/(g/km)	(HC + NO_x)/(g/km)
限值 a	3.5	1.5
限值 b	2.8	1.2

（3）简易瞬态工况法

IG240 简易瞬态工况法是相对于 IM240 瞬态工况法而言的，IG240 与 IM240 的试验循环完全相同，两者不同的是采样系统和气体分析仪采用的原理。IM240 采用的是 CVS 定容取样，而 IG240 采用的是汽车排放总量分析系统（Vehicle Mass Analysis System，VMAS），因此业内人士通常又称简易瞬态工况法 IG240 为 VMAS。VMAS 和 CVS 系统所测量的汽车排放污染物都是以 g/km 为单位的，测出车辆在规定的循环工况下的排放总质量，这较之以前的基于浓度测试的简易工况法（怠速法、双怠速法和稳态工况法），具有较好的科学性和较高的识别率。简易瞬态工况法排气污染物限值见表 9-8。

表 9-8　简易瞬态工况法排气污染物排放限值

类别	CO/(g/km)	HC/(g/km)[①]	NO_x/(g/km)
限值 a	8.0	1.6	1.3
限值 b	5.0	1.0	0.7

① 对于以天然气为燃料的点燃式发动机汽车，该项目为推荐性要求。

9.2.2　五气体分析仪检测范围

在从排气管排出的许多分子和化合物中，EPA 主要关注其中的五个：二氧化碳（CO_2）、氧气（O_2）、一氧化碳（CO）、碳氢化合物（HC）、氮氧化物（NO_x）的废气采样。市场上也主要出售五气体分析仪。五气体分析仪还计算 LAMBDA/AFR（过量空气系数/空燃比）的值。表 9-9 是五气体分析仪正常检测范围。

表 9-9　五气体分析仪正常检测范围

检测项目	解析度	精度	检测范围
CO	0.01%	±5% 读数或 ±0.06% 体积分数	0% ~ 10% 范围外 20%
O_2	0.01%	±5% 读数或 ±0.06% 体积分数	0% ~ 21% 范围外 25%
HC	1×10^{-6}	±5% 读数或 ±12/(1×10^{-6}) 体积分数	(0 ~ 5000)/(1×10^{-6}) 范围外:10000/(1×10^{-6})

(续)

检测项目	解析度	精度	检测范围
CO_2	0.1%	±5%读数或±0.5%体积分数	0%~16% 范围外25%
NO_x	$1×10^{-6}$	±5%读数或$25/(1×10^{-6})$体积分数	$(0~1500)/(1×10^{-6})$ 范围外$5000/(1×10^{-6})$
过量空气系数	0.001		0.8~1.2
空燃比(汽油)	0.001		11.76~17.64
空燃比(天然气)			12.48~18.72

9.3 分析排放检测结果

问题链接:
1. 汽车年检所采取的排放检测方法是什么?
2. 这种常用排放检测方法所能检测的极限值是多少?

分析汽车废气排放检测结果,可以帮助评估发动机的性能和诊断问题。使用四气体或五气体排放分析仪测得废气有 HC、CO、CO_2、O_2 和 NO_x,能有助于缩小驾驶性能和排放隐患的排查范围,将故障定位到最有可能引起关注的区域,节省诊断时间。废气排放检测还能用于发动机维修前后性能对比分析,判断维修的有效性。

为了分析排放检测结果,要弄清楚在燃烧室中或燃烧之前发生了什么?我们可以使用废气检测读数,来判断车辆是否在以下方面之一有问题:

1)空燃比。
2)燃烧。
3)点火。
4)排放控制装置。

9.3.1 尾气检测分析

1. HC 过高

碳氢化合物(HC)是未完全燃烧的汽油产生的,测量单位为百万分之一($1×10^{-6}$)。发动机正常燃烧会燃尽(氧化)所有汽油分子,应该只有很少的未燃汽油存留在尾气中。按照国标 GB 18285—2018 中的正常限值,HC 在 $80×10^{-6}$ 以下。如果 HC 检测值过高,机油消耗也增大,原因主要归结于活塞环损坏或气门导管磨损造成的。失火是导致 HC 排放过高的另一个主要原因,失火的可能原因如下:

1)火花塞。
2)火花塞高压线。
3)点火线圈。
4)点火正时等方面出现问题。
5)混合气过稀。

未完全燃烧而释放的燃料量与尾气中 HC 检测值之间的近似关系约为 1:200,若未完全燃烧释放掉的燃料为1%，则尾气中 HC 检测值可达 200×10^{-6}；如果未完全燃烧释放掉的燃料为10%，则尾气中 HC 检测值达 2000×10^{-6}。

2. CO 过高

一氧化碳（CO）是不稳定的，很容易与氧结合形成稳定的 CO_2。CO 如果和人体血液中的氧结合，会造成肺部和大脑缺氧，所以是有毒气体。按照国标 GB 18285—2018 中的正常限值，发动机正常工作情况下排放的 CO 必须低于 0.6%（质量分数）。CO 排放值过高，主要由于混合气过浓导致，高浓度的 CO 聚集说明发动机"缺氧"，没有足够的氧配给燃料，如进气阻滞或受限就会造成缺氧。导致 CO 过高的原因如下：

1）空气滤清器堵塞。
2）PCV 阀堵塞。
3）怠速不正常。
4）燃油泵泵油压力过高。
5）燃油压力调节缺陷。
6）燃油喷射缺陷。
7）其他导致混合气过浓的原因。

3. CO_2 过低

二氧化碳 CO_2 是发动机内氧和碳结合的产物，可允许的排放范围为 12%～15%（质量分数），CO_2 排放越高，说明发动机工作效率越高。如果 CO_2 排放水平过低，则说明混合气过浓或过稀。

4. O_2

大气中的氧含量占比 21%（质量分数），在混合气燃烧过程中，氧应该被燃尽，用于氧化氢和碳。尾气排放检测中 O_2 含量应该很低，约为 0.5%（质量分数）。如果排放检测 O_2 含量很高，尤其在怠速中更明显，说明排放系统可能存在泄漏。

5. NO_x

一氧化氮 NO 离开发动机时是无色无味的，一遇到大气中的氧，就形成二氧化氮 NO_2，而 NO_2 是红棕色且带刺激性气味的。NO 和 NO_2 被共同称为氮氧化物 NO_x，x 代表氮的全部氧化物。五气体分析仪可以检测出 NO_x，发动机废气再循环装置 EGR 用于减少 NO_x 形成。按照国标 GB 18285—2018 规定，尾气排放检测中 NO_x 应低于 700×10^{-6}。

五种尾气成分产生的主要原因归纳见表 9-10。

表 9-10 五种尾气成分产生原因归纳

废气	产生原因
HC	失火或不完全燃烧
CO	混合气过浓
NO_x	发动机工作温度过高或混合气过稀
O_2	混合气过稀
CO_2	发动机效率太高

9.3.2 催化转化器工作状况与尾气检测结果的关系

通过尾气检测结果分析，可判断催化转化器的工作状况。表 9-11 是发动机和催化转化器正常且处于怠速工况时的废气检测值。表 9-12 是催化转化器与尾气排放之间的表现关系。

表 9-11　典型五气体检测读数（质量分数）表明发动机和催化转化器（怠速）正常

CO_2（%）	O_2（%）	CO（%）	HC/（1×10^{-6}）	λ
14.5 ~ 16	0 ~ 0.35	0.1 ~ 0.45	0 ~ 35	0.995 ~ 1.005

表 9-12　催化转化器与尾气排放的对应关系

尾气	催化转化器正常时	注意
CO_2（质量分数）	12% ~ 15%	• CO_2 是完全燃烧的指示器 • 读数越高说明燃烧效率越高 • 四缸发动机中的单缸失火使读数减少 25%
O_2（质量分数）	<0.5%，但不会为 0	• O_2 读数应接近 CO 读数，但通常略低于 CO 读数（与 CO 的差在 0.1% 范围内） • 高读数表示稀混合气状态，可能设置 P0420 故障码
CO（质量分数）	<0.6%，但不会为 0	• CO 读数应接近但略高于氧读数（与氧的差在 0.1% 范围内） • 高读数表示混合气浓，是不完全燃烧的指示器
HC（质量分数）	$<80 \times 10^{-6}$	• 高 HC 读数表明转化器有问题，同时伴有高的 CO、NO_x 排放 • 如果高 HC 读数与高 O_2 读数同时存在，则可能会推断出缺火或气缸不平衡，这可能导致催化转化器过热，外壳发红并变色，从而导致基板熔毁 • 较低的 HC 读数表明发动机和催化转化器的效率是好的
NO_x（质量分数）	$<700 \times 10^{-6}$	• 轻微的稀混合环境是高氮氧化物读数高的主要原因 • 排气泄漏导致催化转化器无法有效降低氮氧化物 • 氮氧化物通常在发动机处于部分负载的情况下，在底盘测功机上进行测试
λ	应该总是 1 或非常接近	• λ 是比空燃比更精确的指示器，因为它是空气与燃料的实际平衡 • 催化转化器要求 λ 在 0.98 到 1.02 之间才能正常工作，λ 在 0.995 到 1.005 之间，才可以在峰值效率下工作
空燃比	14.7:1	• 14.6 ~ 14.8 可接受，只要 λ 为 1 • λ 是一个更好的测量方法，因为它显示了真实的空气和燃油平衡关系 • 14.7:1 是一个理论目标

9.3.3 OBDⅡ对排放相关系统的监测

车载诊断系统 OBD 在车辆工作期间，凡是影响到排气的系统都会受到诊断系统的监控，所出现的任何故障码都会存储在 ECU 中，并且允许通过一个标准化诊断接口对存储的故障进行查询，此外，还通过仪表指示灯（图9-7），将发生故障的情况警示提醒。

图9-7 各类排放相关故障指示灯

以欧洲车载诊断系统（European On – Board Diagnostics，EOBD）为例，非连续监测是指在驾驶循环中进行的监测，它意味着在监测准备就绪之前，需要车辆在特定条件下运行。以下是对排放相关系统进行的非连续监测。

1）催化转化器功能、催化剂加热。
2）氧传感器功能。
3）失火监测。
4）废气再循环功能。
5）二次空气系统功能。
6）燃油箱通风系统。
7）所有与排气相关的零部件的电路。
8）燃油箱盖。

1. 燃油系统监测

这是最重要的监测之一，优先级很高。若系统在起动后5min内没能进入闭环模式，或在发动机暖机后的任何时间内，长期燃油修正过高或过低，该监视都将设定故障码，还将两个连续故障中第一个故障发生过程中捕捉到的冻结帧数据加以保存。当长期燃油修正达到其极限值（+30%或-30%）时，始终会是这种情况。

2. 失火故障监测

此策略进行曲轴速度波动监测，判断每个曲轴齿之间是否有速度变化发生，以确定是否失火。此策略非常精确，可以确定故障的严重程度和故障气缸。若失火严重到足以导致催化转化器损坏，且这种严重失火只要被监测到，MIL 将一直闪烁。

3. 氧传感器监测

当工作条件达到时，喷油器脉冲变至固定的占空比，监测此时每个氧传感器的响应时间和电压。若氧传感器信号维持在过低或过高状态，信号电压变化过慢或完全无变化，将设定故障码。

4. 氧传感器加热器监测

该监测程序检查通过每个氧传感器加热器的电流，若电流过大或过小，将设定故障码。只要点火开关打开，蓄电池电压始终提供氧传感器加热器，ECU 控制加热器的搭铁。

5. 催化转化器效率监测

此策略监视两个加热型氧传感器。比较催化转化器前后的氧气浓度，可以判断进入催化转化器储存的大部分氧气在氧化阶段是否在催化转化器内部被用掉,进而判断催化转化器是否正常工作。只有在上下游氧传感器和氧传感器加热器监控已运行并通过后,该监测程序才工作。

6. 废气再循环系统监测

这是一个被动测试,在驾驶条件允许的情况下执行。不同的公司设计有许多 EGR 监测系统,它们大多使用系统中可用的元素,如排气中的氧气浓度或进气压力的波动。多数车型使用 MAP 传感器信号监测进气歧管压力随 EGR 阀被指令打开或关闭时的变化,若压力变化过大或过小都将设定故障码。

7. 燃油蒸发系统监测

燃油箱蒸发是碳氢化合物排放的重要来源。OBD Ⅱ 通过监控整个系统密封的完整性解决了这个问题。监控程序能够检测到整个系统中任何直径为 1mm 的孔。测量是通过位于活性炭罐和净化阀之间的净化管路中的改进型 MAP 传感器进行的,监测程序驱动 EVAP 通风电磁阀以封堵提供给 EVAP 炭罐的新鲜空气,然后 EVAP 净化电磁阀打开,对整个 EVAP 系统(包括燃油箱)施加较低的真空度,接着关闭以密封整个 EVAP 系统。该监测程序从燃油箱压力传感器信号确定 EVAP 系统是否泄漏。在泄漏测试完成后,EVAP 通风电磁阀关闭(断开)以解除真空度。若不能建立足够的真空度或真空度下降过快,或泄漏测试完成后不能快速下降,都将设定故障码。为了运行这个监测程序,发动机必须是冷态即低于 30℃,且燃油液位必须在满箱的 1/4~3/4 之间。

8. 二次空气系统监测器

OBD Ⅱ 要求对该系统进行监控。它验证当在第一个氧传感器之前喷入空气时,排气成分发生的变化,氧传感器应该能检测到这种变化。

9. 可变气门正时

该监测程序将期望的气门正时与用 CMP 传感器反映的实际气门正时加以比较。若气门正时错误或达到期望值的时间过长都将设定故障码。

10. 发动机节温器

该监测程序核实发动机在合理的时间内是否能充分暖机。若冷却液温度维持过低的时间过长,将设定故障码。

在任何情况下,OBD Ⅱ 系统都必须表明车辆的动力系统控制模块监控系统是否已完成对每个系统的监测。已测试的系统将报告为"就绪"或"完整"。一些因素,包括使用诊断仪删除故障码(DTC)或断开蓄电池连接,可能会导致排放监测设置为"未就绪"。如果支持的非连续监视器的验证尚未完成,监测器的状态将显示为"未完成"或"未就绪"。

为了使车载诊断系统准备就绪,车辆应在各种正常条件下行驶。这些条件可能包括道路驾驶、停车和高速、城市驾驶和至少一些夜间驾驶的混合。有关如何准备排放监测器的具体信息,请参阅车辆手册。

9.3.4 与排放系统相关的故障码

1. P0300、P0301、P0302、P0303、P0304、P0305 为发动机失火故障码

如果发动机缺火,缺火故障码不会告诉技师为什么缺火,故障码只会显示气缸运行不正常。当发动机运转时,检测到曲轴位置传感器的细微变化,这就是 OBD Ⅱ 系统跟踪缺火的

方式。曲轴的转速会因缺火而稍有损失,OBD Ⅱ 系统日志将显示为缺火。有一些缺火是正常的,如果在给定的时间段内发动机经历过多的缺火,将设置一个或多个缺火故障码。缺火故障码的最后两位数字将告诉技师缺火的气缸号。如果有 P0300 缺火故障码,这意味着缺火从一个气缸跳到另一个气缸,这是发动机上的随机缺火。

P0300 的原因:燃油混合气稀、真空制动助力器泄漏、进气歧管密封垫泄漏、真空软管破裂或松动或其他真空泄漏,随机缺火的一些因素会设置故障码 P0300。

P0171 或 P0174 失火故障码通常是由稀混合气引起的,这可能意味着发动机获得的空气过多,或发动机获得的燃油不足,也可能是由于废气再循环阀泄漏或真空泄漏。

P0301、P0302 等是气缸特定的缺火故障码,其中最后两位是指缺火气缸,它只是让技师知道缺火气缸,不会告诉技师为什么气缸缺火。可能的原因有所不同,如与压缩有关(密封垫泄漏或气门烧坏或弯曲)、与燃油有关(喷油器脏污或熄火)、与点火有关(火花塞上的点火线圈或火花塞导线不良、火花塞被污染或磨损)。如果技师想消除失火的原因,所有这些可能性都应该检查。

2. P0411、P0440、P0442、P0446、P0455 为 EVAP 相关故障码

由于蒸发排放控制,燃油蒸气不会从燃油箱逸出。为了储存或捕获燃油蒸气,蒸发排放系统包括一个炭罐和通风软管,吸入的烟雾将被净化阀吸入发动机(当发动机运转时)。此外,它还配有真空传感器或压力传感器,用于检测蒸气泄漏(大小)。油箱盖缺失或丢失是出现蒸发排放泄漏故障码 P0455 的常见原因。EVAP 泄漏检测系统或净化阀故障、泄漏的 EVAP 储液罐、燃油箱蒸气软管松动或破裂将显示一个小泄漏故障码 P0442。

燃油不足可以导致 EVAP 的相关故障码。

(1)燃油压力低

燃油压力调节器泄漏或燃油泵无力会导致燃油压力过低。当发动机怠速时,使用燃油压力表检查燃油压力。如果检查结果显示燃油压力低于技术规范,则可能是燃油压力调节器泄漏、线路连接不良、燃油泵故障或燃油滤清器堵塞。

(2)喷油器脏污

要解决此问题,请使用燃油系统添加剂清洁喷油器或由专业技师清洁喷油器。

(3)节气门体、进气歧管或真空软管连接处存在真空泄漏

修理真空泄漏处。

(4)废气再循环阀泄漏

检查废气再循环(EGR)系统和阀以及阀内积炭。

(5)PCV 阀或软管泄漏

检查软管连接和 PCV 阀连接。

(6)MAF(空气质量流量传感器)有缺陷或脏污

使用气溶胶电子清洁剂,清洁空气质量流量传感器的传感器导线或加热丝。不要触摸传感器导线,也不要用其他任何东西清洁传感器。

3. P0171、P0174 为燃油修正故障码

失火故障码 P0171 或 P0174 表示发动机空气过多或发动机燃油不足(燃油混合气稀)。使用故障诊断仪,可以查看 STFT(短期燃油调整)和 LTFT(长期燃油调整)的值来确认故障。STFT 和 LTFT 的正常值是从 0 加或减到 5~10。当 STFT 和/或 LTFT 的值大于 +12

时，表明发动机混合气过稀，正处于加浓趋势。当STFT和/或LTFT的为 -12或更小时，表明发动机混合气过浓，正处于减油趋势。

4. P0133、P0135、P0141为氧传感器故障码

通过氧传感器监控排气中的氧气量，因此可以通过ECU调节可燃混合气，以最大限度地节省燃油并最大限度地减少排放。氧传感器性能故障码和加热器电路故障码是氧传感器故障码的两种类型。首次起动发动机时会加热氧传感器的电路，将被氧传感器检测为故障，并设置加热器故障码。这是减少冷起动排放所必需的。如果氧传感器的读数保持较高（浓）或低（稀）或变化的速度不够快或根本没有变化，ECU将设置一个氧传感器性能故障码。

导致氧传感器相关故障码的原因：可能有火花塞未点火，或者是有未燃烧的氧气进入排气的状况，例如排气阀已烧坏或弯曲，或者排气歧管真空泄漏"愚弄了"氧传感器或氧传感器出现故障，所有这些都会设置低电压（稀）氧传感器读数。

注意： 当同时收到随机的失火故障码、MAP传感器故障码以及氧传感器故障码时，表明发动机上存在严重的真空泄漏问题。

5. P0420、P0430为催化转化器故障故障码

为了监控催化转化器的效率，OBD Ⅱ车辆通过"上游""下游"氧传感器进行监控。如果催化转化器已被污染，会导致尾气排放增加。发生污染的原因是它已经老化，或者内部泄漏有冷却液或发动机烧机油。催化转化器的活性由下游的氧传感器监控。催化转化器的效率可以通过读取上游和下游氧传感器来确定，并确定效率水平，然后计算机将比较结果。如果效率降至特定点以下，则将设置故障码P0420或P0430。

如果经常输出催化转化器故障码，则催化转化器已到使用寿命终点，需要更换。修复发生故障的催化转化器的唯一方法是更换它，因为发生故障的催化转化器无法恢复活力。如果将其完全拆除，则将其视为违法修改，这不是明智的选择。

6. P0401为EGR故障码及原因

为了将少量排气再循环到进气歧管，EGR（废气再循环）系统使用电子阀或在进气歧管和排气歧管之间操作的真空阀。当发动机在重负载下运行或发动机加速且发动机处于常温时，会进行废气再循环，以降低燃烧温度，因为废气会稍微稀释可燃混合气。EGR系统有助于避免发动机的爆燃，并减少燃烧室中形成NO_x。如果EGR阀出现故障，或者由于在阀下方积炭而使废气无法正常流动，则会设置EGR故障码。检查的方法是必须对EGR阀和系统进行观察和测试，并且需要清理或清除进气歧管EGR通道中或阀下方的积炭。EGR系统中差压反馈排气传感器DPFE损坏，会导致EGR故障码经常出现。

工单1　尾气检测与分析

车辆名称	生产时间	发动机型号	变速器型号

实验实训目标：

1. 通过填写工单，学员将学会使用尾气分析仪。
2. 学会汽车尾气排放的检测，对照标准判断排放是否超标，分析出排放超标的原因。

第一项内容：准备过程——发动机暖机和尾气分析仪开机预热

1. 发动机暖机过程（发动机状态、现象、故障灯情况）

记录：

2. 尾气分析仪组成认识，图1中各图注的名字

1. ＿＿＿＿＿
2. ＿＿＿＿＿
3. ＿＿＿＿＿
4. ＿＿＿＿＿
5. ＿＿＿＿＿
6. ＿＿＿＿＿
7. ＿＿＿＿＿

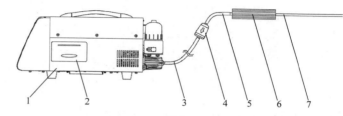

图1

3. 检测预热准备：

将电源线插到220V交流电源插座上，接通仪器开始预热，仪器屏幕中显示内容，见图2：

＿＿＿＿＿＿＿＿＿＿＿＿＿＿＿＿＿＿＿

总共预热时间为：＿＿＿＿＿s。

接下来进行检漏和调零；

最后校准（标准值参照气瓶）。

图2

4. 指认出图3中显示屏内所指示的能检测哪几种气体成分？图3的各按键的名称或功能

1. ＿＿＿＿＿
2. ＿＿＿＿＿
3. ＿＿＿＿＿
4. ＿＿＿＿＿
5. ＿＿＿＿＿
6. ＿＿＿＿＿
7. ＿＿＿＿＿
8. ＿＿＿＿＿
9. ＿＿＿＿＿

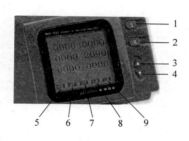

图3

（续）

第二项内容——五气体尾气测量

1. 查找国 V/VI 标准参数填表。

国 V/VI 标准		正常怠速		2500r/min	
HC：	1×10^{-6}	HC：	1×10^{-6}	HC：	1×10^{-6}
CO：	%	CO：	%	CO：	%
CO_2：	%	CO_2：	%	CO_2：	%
O_2：	%	O_2：	%	O_2：	%
NO_x：	%	NO_x：	%	NO_x：	%

2. 该检测仪排放检测方法是_____。

3. 将检测数据与标准对照，分析哪些不正常。

HC：_____。

CO：_____。

CO_2：_____。

O_2：_____。

NO_x：_____。

λ：_____。

4. 分析尾气检测结果，指出大致故障部位。

_____
_____
_____。

本单元小结

1）在汽油发动机内，如果燃料不完全燃烧，除了会生成 CO_2 和 H_2O 之外，还会生成下列有害气体：一氧化碳（CO）、未燃碳氢化合物（HC）、氮氧化物（NO_x）以及固态颗粒物。

2）排放限值有三种单位，其中 g/km、g/(kW·h) 是质量单位，而 %、1×10^{-6} 是浓度单位。

3）美国汽车排放标准有两大类：一类是联邦标准，一类是加州标准。加利福尼亚空气资源委员会（CARB）曾出台了世界上最严格的排放标准。联邦排放标准有 Tier 1、Tier 2、Tier 3，2017—2025 年使用的排放标准为 Tier 3。加州排放标准有低排放车辆 LEV、超低排放车辆 ULEV、超超低排放车辆 SLEV 三种标准，2015—2025 年使用的排放标准为 LEV Ⅲ，该标准要求车辆排放持久性提高到 15 年或 24 万 km。

4）欧洲排放标准也是很多非欧洲国家沿用的汽车废气排放标准体系，已用过的欧洲排放标准有欧Ⅰ、欧Ⅱ、欧Ⅲ、欧Ⅳ、欧Ⅴa、欧Ⅵb，2019 年 9 月开始实行欧Ⅵd–Temp 标准，2021 年 1 月将开始实行欧Ⅵd 标准。

5）目前中国实施的汽车排放标准是 GB 18352.6—2016《轻型汽车污染物排放限值及测量方法（中国第六阶段）》（简称"国Ⅵ"）。国Ⅵ排放标准分两个阶段实施，从 2019 年 7 月 1 日到 2021 年 7 月 1 日先实施国Ⅵa 阶段标准，从 2021 年 1 月 1 日到 2023 年 7 月 1 日开始实施国Ⅵb 阶段标准。

6）常见的机动车尾气排放检测方法有无载荷检测法、有载荷检测法和遥感检测法等。无负荷检测法主要包括怠速法（汽油车）、双怠速法（汽油车）和自由加速法（柴油车）等。有载荷工况法主要有稳态工况法（ASM）、瞬态工况法（IM240，Inspection and Maintenance）、简易瞬态工况法（IG240/IG195）、柴油车加载减速法（Lug Down）、中国典型城市公交工况法等。

7）IG240 与 IM240 的试验循环完全相同，不同的是采样系统和气体分析仪的原理。IM240 是 CVS 定容取样，而 IG240 是汽车排放总量分析系统（VMAS）。VMAS 和 CVS 系统所测量的汽车排放污染物都是以 g/km 为单位的，这较基于浓度测试的简易工况法（怠速法、双怠速法和稳态工况法）具有较好的科学性和较高的识别率。

8）五气体分析仪主要进行二氧化碳（CO_2）、氧气（O_2）、一氧化碳（CO）、碳氢化合物（HC）、氮氧化物（NO_x）的废气采样，计算过量空气系数/空燃比（LAMBDA/AFR）的值。

9）分析汽车废气排放检测结果，可以帮助诊断，来判断车辆是否在空燃比、燃烧、点火和排放控制装置中出现问题。

10）车载诊断系统 OBD 进行非连续监测，是经过多个驾驶循环，对排放相关系统进行的监测。监测内容包括催化转化器功能、催化转化器加热功能、氧传感器功能、失火监测、废气再循环功能、二次空气系统功能、燃油箱通风系统，以及所有与排气相关的零部件的电路，还有燃油箱盖。

复 习 题

一、判断题

1. 发动机内的积炭会造成 NO_x 排放过多。（ ）
2. 发动机冷却系统故障引起发动机工作温度过高，造成 NO_x 排放过高。（ ）
3. HC 排放水平常受到点火系统的影响。（ ）
4. CO_2 排放高通常是由混合气较浓造成的。（ ）

二、选择题

1. 技术人员 A 说，高 HC 排放水平通常是由点火系统故障引起的。技术人员 B 表示，高的 CO_2 排放是由比正常情况更浓的可燃混合气引起的。哪个技术员是正确的？（ ）
   A. 仅 A 正确　　　　B. 仅 B 正确　　　　C. A 和 B 都正确　　　　D. A 和 B 都不正确

2. HC 和 CO 高，而 CO_2 和 O_2 低。这可能是由（ ）引起的。
   A. 浓混合气引起　　B. 稀混合气引起　　C. 点火组件不良引起　　D. EGR 通道堵塞引起

3. 一般认为哪种气体是浓混合气的指示指标？（就是说，这种气体的含量越高，可燃混合气越浓）（ ）
   A. HC　　　　　　B. CO　　　　　　C. CO_2　　　　　　D. O_2

4. 哪种气体通常被认为是稀混合气的指示指标？（就是说，这种气体的含量越高，可燃混合气越稀）（ ）
   A. HC　　　　　　B. CO　　　　　　C. CO_2　　　　　　D. O_2

5. 哪种废气可以指示发动机效率？（就是说，这种气体的含量越高，发动机的运行效率就越高）（ ）
   A. HC　　　　　　B. CO　　　　　　C. CO_2　　　　　　D. O_2

6. 除_____以外的所有气体均按百分比测量体积分数。
   A. HC　　　　　　B. CO　　　　　　C. CO_2　　　　　　D. O_2

7. 在测量了以下废气排放数值之后，说明发动机运转如何？（ ）
   HC 5766×10^{-6}；CO_2 58.2%；CO 54.6%；O_2 50.1%
   A. 太浓
   B. 太稀
   C. 以理论空燃比运行
   D. 发动机运行（冷却液）温度过高

8. 技术人员 A 说，发动机内部积炭会导致形成过多的 NO_x。技术人员 B 说，冷却系统故障可能导致发动机过热而导致过多的 NO_x。哪个技术员是正确的？（ ）
   A. 仅 A 正确　　　　B. 仅 B 正确　　　　C. A 和 B 都正确　　　　D. A 和 B 都不正确

9. EGR 通道堵塞可能导致下列气体中的哪些排放过量？（ ）
   A. HC　　　　　　B. CO　　　　　　C. NO_x　　　　　　D. CO_2

10. 点火故障会导致哪种气体的排放过多？（ ）
    A. HC　　　　　　B. CO　　　　　　C. NO_x　　　　　　D. CO_2

三、分析题

1. 运用便携式尾气分析仪进行排放检测，得到如下表中数据，请分析出导致故障的可能原因。

空燃比	发动机转速	排放物			
		HC	CO	CO_2	O_2
<10:1	急速	250×10^{-6}	3%	7%~9%	0.2%
在所有转速	非急速	275×10^{-6}	3%	7%~9%	0.2%
	定速巡航	300×10^{-6}	3%	7%~9%	0.2%
其他症状	冒黑烟或有硫磺味,燃油经济性差,喘振,失速,急速粗暴或"波动",发动机无法暖机到正常工作温度,始终处于开环状态				
可能原因					

2. 运用便携式尾气分析仪进行排放检测,得到如下表中数据,请分析出导致故障的可能原因。

空燃比	发动机转速	排放物			
		HC	CO	CO_2	O_2
>16:1	急速	200×10^{-6}	0.5%	7%~9%	4%~5%
在所有转速	非急速	205×10^{-6}	0.5%	7%~9%	4%~5%
	定速巡航	250×10^{-6}	1.0%	7%~9%	4%~5%
其他症状	急速粗暴,高转速时失火,过热,喘振,定速巡航时爆燃				
可能原因					

单元9复习题答案

一、判断题

1. 正确 2. 正确 3. 正确 4. 错误

二、选择题

1. A 2. A 3. B 4. D 5. C 6. A 7. D 8. C 9. C 10. A

三、分析题

1. 可能原因：

(1) MAP 传感器电压高（真空泄漏或电气故障）。

(2) 喷油器泄漏。

(3) 燃油压力高。

(4) 节温器卡滞在打开位置，或发动机始终工作在极低温度下。

2. 可能原因：

(1) 间歇性点火问题引起失火。

(2) 喷油器阻塞。

(3) 燃油压力低。

(4) 真空泄漏。

(5) 气缸密封不良（压缩压力低）。

(6) 点火正时不正确。

(7) 节温器卡滞在关闭位置，或发动机始终工作在非常高的温度下。

单元10

 学习目标

1. 学会比较不同的示波器。
2. 说出如何设置和调整示波器。
3. 比较直流耦合和交流耦合在示波器上的区别。
4. 描绘出脉冲序列信号特征。
5. 描绘出示波器通道和触发使用方法。
6. 解释如何使用示波器和电流钳进行电路诊断。
7. 描绘出如何分析波形。

10.1 示波器基本常识

问题链接：
1. 如何选择示波器？
2. 示波器显示网格含义？
3. 如何设置和调整示波器？

有些故障是由电源线或搭铁线接触不良引起的，信号变化很快，OBD Ⅱ系统很难捕捉到，在ECU中没有保存故障码，也很难用数字万用表检测到线路问题。在这种情况下，汽车诊断示波器可发挥作用。用示波器可以观察到传感器或执行器的位置，如观察感应式传感器的输出信号、变化缓慢的模拟信号、起动机电流波形、充电电流等，并能可视化点火过程，以帮助诊断间歇性问题。

10.1.1 示波器类型

示波器实际上是带有计时器的可视电压表，用于显示信号电压的变化。以下给出是两种类型的示波器：

1）模拟示波器使用类似于电视屏幕的阴极射线管（CRT）来显示电压。示波器屏幕不断显示电信号。

2）数字示波器通常使用液晶显示器（LCD），可以存储信号样本，因此被称为数字存储示波器，或者DSO。

数字示波器不捕捉电压的每个变化，而是捕捉一段时间内的电压水平并将其存储为点，每个点都是一个电压水平。然后，示波器使用数千个点（每个点代表一个电压水平）连接以创建波形。

DSO 可以连接到传感器输出信号线，并且可以长时间记录电压信号，技术人员可以通过重播，查看是否检测故障。此功能使 DSO 成为帮助诊断间歇性问题的理想工具。

但是，数字存储示波器有时可能会漏掉故障，即所谓的"毛刺"，它可能发生在示波器捕捉的样本之间。这就是为什么首选具有高"采样率"的 DSO 的原因。高采样率意味着示波器能够捕捉到非常短时间内的电压水平。某些数字存储示波器的捕捉速率为每秒 2500 万个样本。这意味着示波器可以捕捉持续仅 40ns（0.00000004s）的"毛刺"（故障）。

示波器被称为"带时钟的电压表"。"电压表"意味着示波器可以捕获和显示变化的电压水平。

"时钟"意味着示波器可以显示特定时间段内电压水平的这些变化，并且 DSO 可以重放，以便可以"看到"和研究任何故障。

10.1.2 示波器屏幕显示

典型的示波器显示网格通常是垂直（上下）有八个或十个网格，水平（左至右）有十个网格，即 8×10 格或 10×10 格。网格每格称为刻度，是测量的参考刻度，见图 10-1。

电压显示在示波器上，从底部的 0V 开始，垂直显示较高的电压。时间范围是从左到右的时间。模式从左边开始，从左到右扫过整个屏幕。

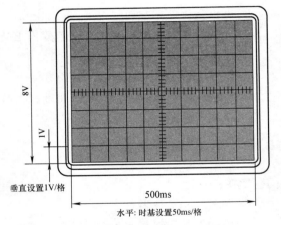

图 10-1 示波器显示网格设置

10.1.3 示波器设置和调整

1. 设置时基

大多数示波器在显示屏上从左到右使用 10 个刻度，设置时基就是定义每格将显示多少时间。例如，将示波器时基设置为 2s/格（s/div），则显示的总时间将为 20（2×10 格 = 20）。时基应设置为能显示两到四个事件的时间。调整时基时，示波器通常使用毫秒，刻度为每格毫秒数（ms/div），对应的总时间见表 10-1。

表 10-1 示波器时基刻度

每格单位	时间范围
1ms/格	10ms（0.01s）
10ms/格	100ms（0.1s）
50ms/格	500ms（0.5s）
100ms/格	1s
500ms/格	5s
1000ms/格	10s

注意： 增加时基会减少每秒的采样数。

水平刻度分为 10 格，如果每格代表 1s 的时间，则屏幕上显示的总时间段为 10s。选择每格的时间，以便显示波形的多个事件。在汽车使用中，每格时间设置可能会有很大差异，例如：

1）MAP/MAF 传感器：2ms/div（总计 20ms）。
2）网络（CAN）通信：2ms/div（总计 20ms）。
3）节气门位置（TP）传感器：100ms/div（总计 1s）。
4）喷油器：2ms/div（总计 20ms）。
5）氧传感器：1s/div（总计 10s）。
6）初级点火：10ms/div（总计 100ms）。
7）次级点火：10ms/div（总计 100ms）。
8）电压测量：5ms/div（总计 50ms）。

屏幕上显示的总时间要易于比较，以查看波形是否一致或正在变化。还可同时让多个波形显示在显示屏上，以使测量更容易观察。

节气门位置传感器波形的示例，请参见图 10-2，该波形是在踩下加速踏板然后释放时，由测量输出的信号电压而生成的。

2. 设置电压/格

应设置每格电压（V/div），以便可以查看整个预期波形。例如：

1）节气门位置（TP）传感器：1V/div（总计 8V）。
2）蓄电池电压、起动电压和充电电压：2V/div（总计 16V）。
3）氧传感器：200mV/div（总计 1.6V）。

注意：从示例中可以看出，要显示的总电压超出了被测组件的电压范围，这可以确保显示所有波形，还可以允许一些意外的电压读数。例如，氧传感器的读数应在 0～1V（1000mV）通过将 V/div 设置为 200mV，将显示高达 1.6V（1600mV）。

如图 10-3 所示，测量交流发电机纹波电压。交流发电机纹波电压是正常的，但如果交流部分超过 0.5V，则最可能的原因是二极管损坏。交流纹波电压过大会导致许多电气和电子设备无法正常工作。

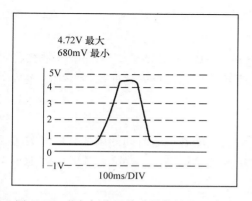

图 10-2　节气门位置传感器信号电压波形

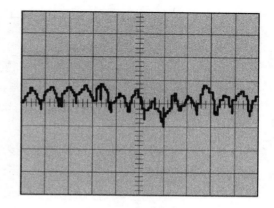

图 10-3　交流发电机纹波电压波形

3. 设置 DC 耦合或 AC 耦合

DC 耦合是示波器上最常用的位置，因为它允许示波器同时显示电路中存在的交流

（AC）电压信号和直流（DC）电压信号。信号的交流部分将位于直流部分之上。例如，如果发动机正在运行，并且充电电压为14.4V直流电，则它将在屏幕上显示为水平线。通过交流发电机二极管泄漏的任何交流纹波电压都将在水平直流电压线上显示为交流信号。因此，可以同时观察信号的两个分量。

选择AC耦合位置时，在仪表导线电路中放置一个电容器，该电容器有效地阻挡了所有直流电压信号，但允许信号的交流部分通过并显示出来。AC耦合可用于显示来自传感器的输出信号波形，例如：

1）分电器拾波线圈。
2）车轮转速传感器信号电压。
3）曲轴位置传感器信号电压。
4）凸轮轴位置传感器信号电压。
5）交流发电机的交流纹波电压。
6）磁感应车速传感器。

注意： 检查示波器制造商的说明以使用推荐的设置。有时有必要从DC耦合切换为AC耦合，或从AC耦合切换为DC耦合，以正确查看某些波形。

4. 脉冲序列

（1）脉冲序列概念

示波器可以显示所有电压信号。在汽车应用中最常见的是直流电压脉冲序列，它会上下波动，并且不会像交流电压那样可以低于零。以一系列脉冲打开和关闭的直流电压称为脉冲序列。脉冲序列与交流信号的区别在于它们不会低于零。交流电压则可以高于和低于零。脉冲序列信号可以有几种方式变化，见图10-4。

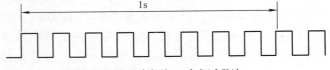

这是频率为8Hz脉冲序列，1s内有8个脉冲

图10-4　脉冲序列示意图

（2）频率

频率是每秒的周期数，以赫兹为单位。发动机转速，即每分钟转数（r/min），是在各种频率下的信号脉冲。在发动机低转速下，与发动机高转速相比，点火脉冲每秒发生的次数更少（频率更低）。

（3）占空比

占空比指的是一个完整周期内信号接通时间的百分比。随着接通时间的增加，信号关闭的时间量减少，通常以百分比来衡量。占空比也称为脉冲宽度调制（PWM），可以以度为单位进行测量，见图10-5。

（4）脉宽

脉冲宽度是对以ms为单位测量的实际接通时间的度量，见图10-6。喷油脉宽通常是通过改变脉冲宽度来控制喷油量的。

单元10 示波器的应用

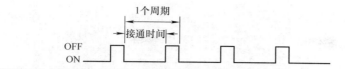

占空比是一个完整周期与信号接通时间之间的关系。信号的占空比可以变化，而且不会影响频率

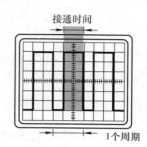

图 10-5　占空比示意图

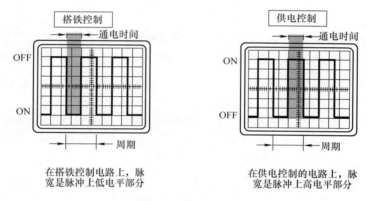

图 10-6　脉宽示意图

10.1.4　示波器通道

通道是示波器的输入，每个输入事件都需要线索数，称为需要的通道数。可以在示波器显示屏上同时查看多个传感器或事件。常见的示波器通道包括：

1）单通道。单通道示波器一次只能显示一个传感器信号波形。

2）两通道。两通道示波器可以同时显示来自两个单独的传感器或组件的波形。此功能在测试发动机上的凸轮轴和曲轴位置传感器，以查看它们的正时是否正确时非常有用。见图10-7。

3）四通道。四通道示波器使技术人员可以在一个显示器上查看多达四个不同的传感器或执行器。

4）八通道。现在，八通道示波器可提供给技术人员，查看比四通道示波器显示的更多的数据。

注意：使用多个通道时，信号的捕捉速度通常会降低。

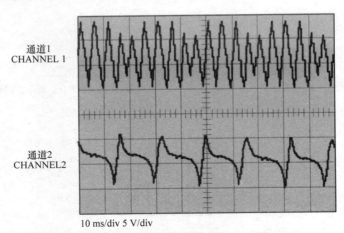

图 10-7 两通道示波器用于比较凸轮轴和曲轴信号

10.1.5 触发

（1）外部触发

外部触发是指波形从另一个外部源，而不是从信号拾取引线接收到信号时开始波形的。外部触发器的一个常见示例是来自#1 气缸火花塞线周围的探针夹，用于触发点火模式显示的启用。

（2）触发电平

触发电平是示波器在显示模式呈现之前必须检测到的电压。仅当触发或告知示波器启用时，示波器才会开始显示电压信号，必须设置触发电平才能开始显示。如果显示模式是以 1V 开始的，则在达到 1V 时，迹线将在屏幕左侧开始显示。

（3）触发斜率

触发斜率是波形开始显示所必须具有的电压方向。通常，启用波形显示的触发信号来自信号本身。除了触发电平，大多数示波器都可以调整为仅在电压上升到触发电平电压以上时才触发，这称为正斜率。如果是电压下降到较低电平时才会激活触发器，这称为负斜率。

示波器显示屏同时显示正斜率符号和负斜率符号。例如，曲轴位置或车轮速度的磁感应传感器信号波形，开始向上移动，则应选择正斜率。如果选择负斜率，则直到电压在向下方向达到触发电平之后，波形才会开始显示。分析燃油喷射器回路时，应使用负斜率。在此电路中，计算机提供搭铁控制，当计算机命令喷油器开启时电压会下降。如果波形显示不正确，有时技术人员需要从负触发变为正触发，或从正触发变为负触发，见图 10-8。

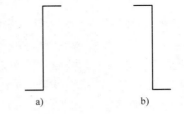

图 10-8 触发斜率
a) 正触发的符号——触发发生在波形的上升（正）沿
b) 负触发的符号——触发发生在波形的下降（负）沿

10.1.6 示波器使用

模拟和数字示波器通常都使用相同的测试导线。这些导线通常通过 BNC 插接器连接到示波器，BNC是电子行业中使用的国际标准，BNC插接器是微型标准同轴电缆插接器。如果使用BNC插接器，请确保将一根导线连接到干净的发动机金属部位，进行良好搭铁。示波器引线的探针连接到要测试的电路或组件，其附属的另一根线搭铁。

测量蓄电池电压。在示波器上测量和观察蓄电池电压是最简单的操作。发动机起动时，示波器显示屏上会观察到较低的电压，发动机起动后，显示较高的电压，见图10-9。

模拟示波器会迅速显示，但无法设置为冻结（HOLD）显示。因此，即使能显示所有的信号电压，也很容易错过模拟瞬时毛刺的显示。

注意：在尝试对家用交流电路进行示波器测量之前，请先查看所使用示波器的说明。某些示波器不可用于测量高压交流电路。

10.1.7 示波器配件

（1）电流钳 电流钳

电流钳是一种测试工具（也称为安培钳），其钳口张开以允许围绕电导体进行钳夹。探头测量由电流产生的磁场，并将其转换为示波器上的波形。

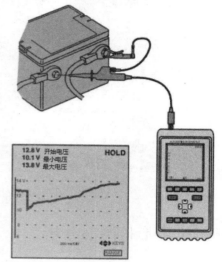

图10-9 用模拟示波器测量蓄电池电压

使用它，无需断开任何电线或组件就可以测量电路中的交流或直流电流。电流钳可以测量很小的电流或很大的电流。在诊断燃油泵组件、电磁线圈或电动机的故障时，电流钳是很有用的工具。见图10-10。

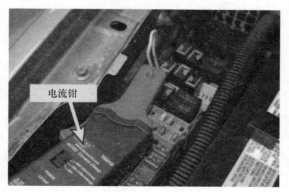

图10-10 用电流钳测量燃油泵的工作电流

（2）压力转换器

压力转换器是将压力转换为电信号的电气设备。压力转换器分为两类：
1）实际：实际传感器测量被测系统的实际压力。
2）相对：相对传感器测量系统压力的变化。

压力转换器可以用于测量各种动力总成系统的工作压力，例如燃油压力、发动机真空度、排气压力和气缸压缩。

例如：将压力转换器替换火花塞，安装在火花塞孔中，观察气缸压力。禁用喷油和点火，节气门必须完全打开。起动发动机，将发动机旋转 6 至 8 个压缩行程，观察气缸压缩压力，见图 10-11。

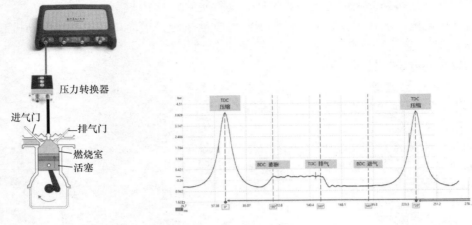

图 10-11　用压力转换器测量气缸压缩压力

10.2　波形检测与分析

> 问题链接：
> 1. 如何正确使用示波器？
> 2. 如何正确分析所测波形？

10.2.1　测试条件和波形比对

1. 测试条件判断

分析波形时，首先要查看条件是否可以满足正常操作条件。

例如，冷却液温度在 45s 内从 93℃ 下降到零下 17℃ 以下，然后又回升到接近 93℃，在正常运行的发动机上不可能发生这种情况，因此应该从电气上发现问题。再例如，在整个测试过程中，冷却液温度传感器信号电压均为 5V，这对于两线 NTC 热敏电阻电路是不正常的情况。

又例如，MAP 传感器电压正在变化，但是发动机转速或 MAP 真空度没有相应的变化。在正常运行的发动机上，这是不可能的。MAP 电压的变化将相应地改变 MAP 真空度和发动机转速。

2. 线特性判断

线特性指所记录的数据具有一定的规则性，若异常可以指示出故障。见图 10-12，转速信号不规则性，是失火状态的典型特征。此时，从其他传感器信号波形图中也可以看到类似的不规则性。

如图 10-13 所示，氧传感器信号电压增加到电源电压大小，表示开路。如果氧传感器信号电压下降到接近 0V，则表明短路。在这种情况下，用示波器可指示出电气故障。

发动机转速在稳定之前随时间缓慢下降。注意：MAP 真空度和喷射器脉冲宽度也应有相应变化。随着时间的推移，这种变化可以给出外部故障的指示，例如发动机燃料耗尽，而不会是像电气故障那样导致立即变化。

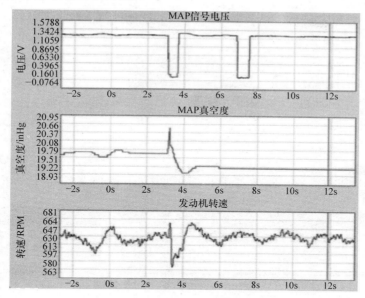

图 10-12　用示波器判断出失火故障

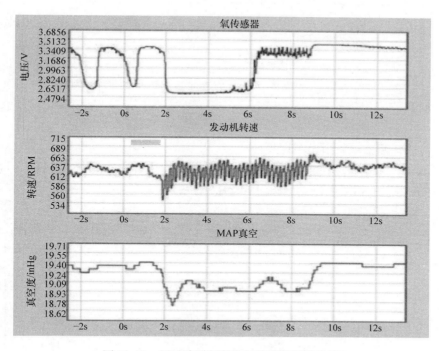

图 10-13　用示波器判断出氧传感器开路故障

10.2.2　示波器检测流程

第 1 步：将示波器接口插入计算机上的 USB 端口（图 10-14）。
第 2 步：起动程序。

图 10-14　连接示波器到笔记本电脑

双击桌面 图标，打开软件，软件界面如图 10-15 所示。

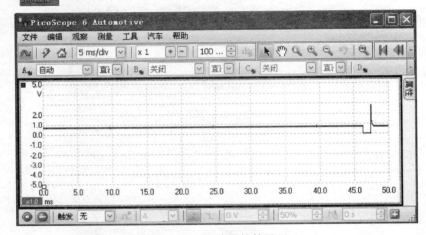

图 10-15　示波器软件界面

第 3 步：选择测量项目引出帮助页面。

点击"汽车"菜单，→选择"点火"→选择"无分电器点火系统（DIS）/无效火花点火（Wasted Spark）→初级电压，如图 10-16 所示。

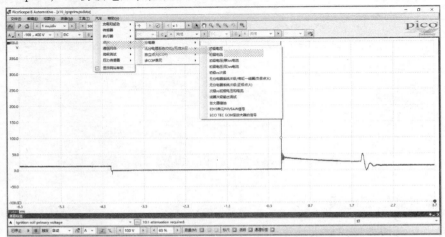

图 10-16　选择测量项目

单元10 示波器的应用

第4步：按帮助页面提示（图10-17），进行探针及测试线连接，测量并读数。

连接10:1衰减器到PicoScope的通道A上，连接一条BNC测试线到衰减器上。连接一个大的黑色鳄鱼夹（探针）到测试线的黑色接头（负极）上，连接一个小的红色鳄鱼夹（探针）到测试线彩色接头（正极）上。将黑色鳄鱼夹连接到蓄电池的负极上，并用小的红色鳄鱼夹连接线圈的负极（或1号端子），如图10-18所示。

注意：示例波形显示一个高电压，需要调节适当的量程。当测量电压超过200V的情况，一定要使用10:1衰减器。

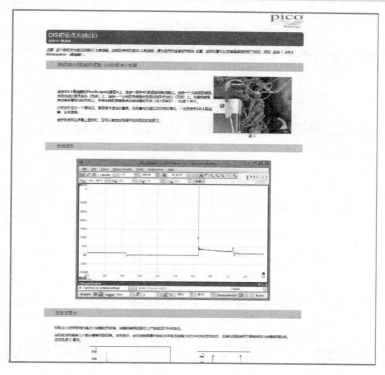

图10-17　帮助页面

当示例波形在屏幕上显示时，敲击空格键就开始观察实时读数了。

软件可以自动为设置好电压轴和时间轴，点击界面左下方的 ▶ 图标或电脑的空格键，示波器开始捕捉信号，此时在软件上显示的波形为实时波形，见图10-19。

如果需增加测量显示值，请点击界面下方的图标 ，在弹出的对话框中为相应通道选择增加测试量。如图10-20所示，操作者为A通道增加了"循环时间"测试项目。

图10-18　探针及测试线连接

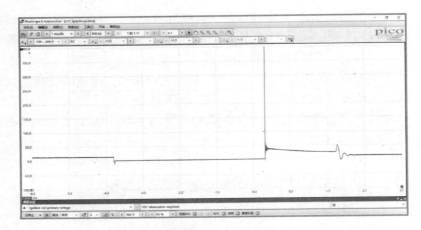

图 10-19　初级点火电压波形

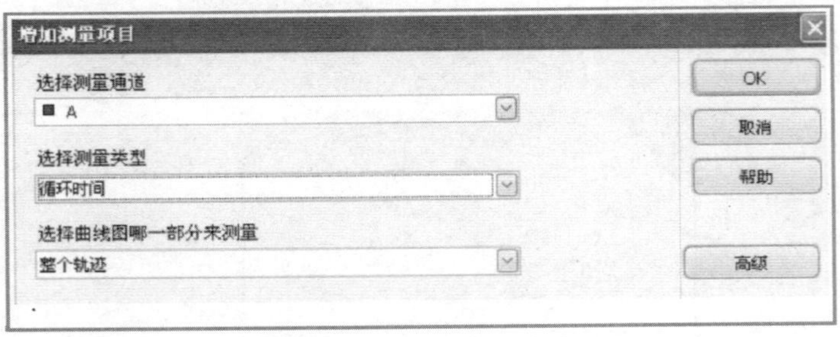

图 10-20　选择增加测试项目

增加后，软件在界面下方显示增加的测试项目时，如图 10-21 所示。

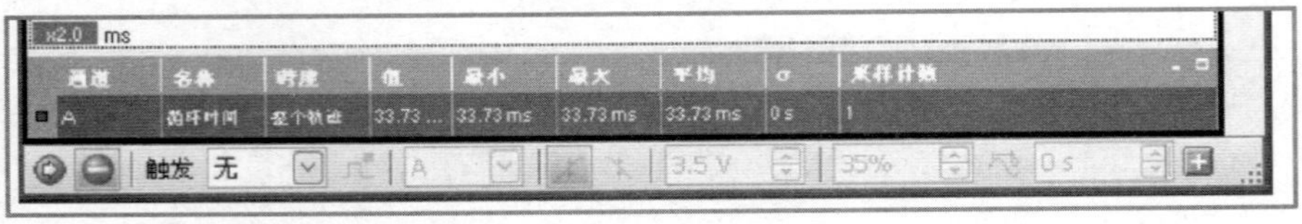

图 10-21　增加循环时间测试项目

第 5 步：横轴标尺的使用。

在波形观察窗口左下角，有一个白色的小"□"块，这是时间标尺的手柄。将光标放在白色的小"□"块上，光标会变成左右箭头，此时按住鼠标左键即可拖动标尺，进行时间的测量。在时间轴上可拖出两条时间标尺。

在波形观察窗口右下角，有一个绿色的小"○"块，这是角度标尺的手柄。将光标放在绿色的小"○"块上，光标会变成左右箭头，此时按住鼠标左键即可拖动标尺，进行角度的测量。在角度轴上可拖出两条角度标尺，见图 10-22。

第 6 步：纵轴标尺的使用。

在波形观察窗口左上角，有一个蓝色的小"□"块，这是电压标尺的手柄。将光标放在蓝色的小"□"块上，光标会变成上下箭头，此时按住鼠标左键即可拖动标尺，进行电压插值的测量。在纵轴上可拖出两条电压标尺，见图 10-23。

单元10　示波器的应用

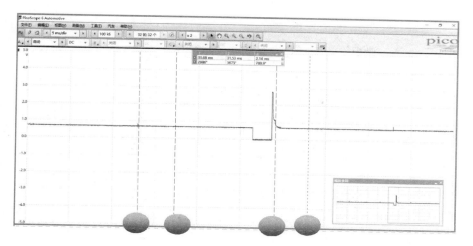

图 10-22　横轴时间和角度标尺的使用

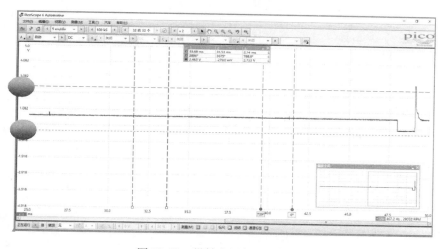

图 10-23　纵轴电压标尺的使用

第7步：自定义测试。

如果"汽车"测试菜单里没有操作者需要的测试，或者操作者不想按照菜单进行测试，操作者可以自己设置软件进行自定义测试。打开软件后，默认 A 通道自动打开，B、C、D 通道关闭，见图 10-24。

如打开 C 通道，设定时基和电压量程，可点击软件左下方"开始"按钮，进行信号采集。

注意：在手动设置软件（自定义）测试时，如果某一通道使用了 20:1 衰减器、电流钳或次级点火拾取线，需要先打开通道，然后在通道选项里选择相应的附件名称，以告知软件操作者正在使用什么附件，如此软件才会显示正确的量程读数。如 C 通道使用了 60A 电流钳 20A 档位，则点击通道按钮 C ，然后在下拉菜单中选择 60A Current Clamp [20A Mode]，见图 10-25。

第8步：保存数据进行分析。

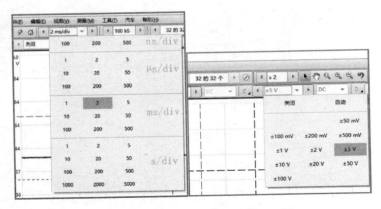

图 10-24　自定义时基和电压量程（一）

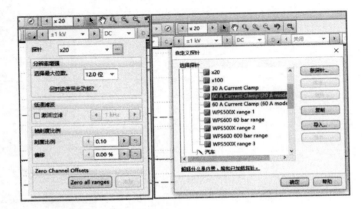

图 10-25　自定义时基和电压量程（二）

本单元小结

1）模拟示波器使用阴极射线管显示电压模式。
2）模拟示波器上显示的波形无法存储供以后查看。
3）数字存储示波器（DSO）通过连接示波器引线捕获的数千个点，在显示器上创建图像或波形。
4）示波器显示网格称为刻度，显示屏内有 8×10 格或 10×0 格。
5）设置时基意味着确定每个分区所代表的时间。
6）设置每格电压数可使技术人员查看整个波形或部分波形。
7）DC 耦合和 AC 耦合是两种选择，可以观察不同类型的波形。
8）示波器显示一段时间内的电压。DSO 可以捕获并存储波形以供以后查看。

复 习 题

一、判断题

1. 用示波器测量电压超过200V的情况，一定要使用2∶1衰减器。（　　）
2. 汽车示波器一般有自定义测量和专用测量项目两种测量方式。（　　）
3. 用汽车示波器可直接测量气缸压缩压力，不需要辅助转换器。（　　）
4. 用汽车示波器电流钳只能测量大电流。（　　）

二、选择题

1. 技术人员A表示，模拟示波器可以存储波形以供以后查看。技术人员B表示，必须在大多数示波器上设置触发电平，才能查看变化的波形。哪个技术人员是正确的？（　　）
   A. 仅技术人员A说的正确
   B. 仅技术人员B说的正确
   C. 技术人员A和B说的都正确
   D. 技术人员A和B说的都不正确

2. 示波器显示单元称为（　　）。
   A. 网格　　　　　B. 标线　　　　　C. 划分　　　　　D. 框

3. 正在讨论显示在数字存储示波器（DSO）上的蓄电池电压信号。技术人员A表示显示屏将在零线上方显示一条水平线。技术人员B表示显示屏将显示一条从零到蓄电池电压水平向上倾斜的线。哪个技术员是正确的？（　　）
   A. 仅技术人员A说的正确
   B. 仅技术人员B说的正确
   C. 技术人员A和B说的都正确
   D. 技术人员A和B说的都不正确

4. 将时基设置为每格50ms，技术人员可以查看的波形最多可持续多长时间？（　　）
   A. 50ms　　　　B. 200ms　　　　C. 400ms　　　　D. 500ms

5. 检测节气门位置传感器波形。在什么样的设置下，即每格应该设置的电压刻度为多少合适，才能查看0~5V的整个波形？（　　）
   A. 0.5V/div　　B. 1.0V/div　　C. 2.0V/div　　D. 5.0V/div

6. 两名技术人员正在讨论DSO上的DC耦合设置。技术人员A说这个位置可以显示波形的直流和交流信号。技术人员B说，这个设置只允许显示波形的直流部分。哪个技师是正确的？（　　）
   A. 仅技术人员A说的正确
   B. 仅技术人员B说的正确
   C. 技术人员A和B说的都正确
   D. 技术人员A和B说的都不正确

7. 不低于零的电压信号（波形）称为：_____。
   A. 交流信号　　B. 脉冲序列　　C. 脉冲宽度　　D. DC耦合信号

8. 每秒循环数用_____表示。
   A. 赫兹　　　　B. 占空比　　　C. 脉宽　　　　D. 斜率

9. 使用数字存储示波器观察节气门位置传感器信号电压。示波器上的显示偶尔会上升到电源电压水平。这说明什么？（　　）
   A. 示波器导线有故障
   B. 节气门位置传感器瞬间短路
   C. 正常工作
   D. 瞬间开路

10. 两名技术人员正在讨论脉冲序列信号。技术人员 A 说，脉冲序列是一种直流信号波形，在 0V 以上和 0V 以下。技术人员 B 说，脉冲序列是直流电压，在一系列脉冲中打开和关闭，它们不会低于零。哪个技师是正确的？（　　）

A. 仅技术人员 A 说的正确
B. 仅技术人员 B 说的正确
C. 技术人员 A 和 B 说的都正确
D. 技术人员 A 和 B 说的都不正确

三、问答题

1. 模拟示波器和数字示波器有什么区别？
2. DC 耦合和 AC 耦合有什么区别？
3. 为什么将变化的直流信号称为脉冲序列？
4. 记录示波器和 DSO 波形有什么好处？
5. 在 DSO 上捕获数据时，触发器的目的是什么？

单元 10 复习题答案

一、判断题

1. 错误 2. 正确 3. 错误 4. 错误

二、选择题

1. B 2. A 3. A 4. D 5. D 6. B 7. B 8. A 9. D 10. B

单元 11

 学习目标

1. 能根据症状判断发动机性能问题。
2. 列出发动机加速迟滞的可能原因。
3. 列出发动机怠速不稳的可能原因。
4. 列出发动机起动困难的可能原因。
5. 列出发动机能起动转动但无法着车的可能原因。
6. 列出发动机回火的可能原因。
7. 列出发动机动力不足的可能原因。
8. 列出燃油经济性差的可能原因。

11.1 发动机加速迟滞

问题链接：
1. 发动机加速迟滞是什么原因导致的呢？
2. 发动机加速迟滞与哪些传感器或执行器有关呢？

大约80%的问题可以用系统的方法解决，剩下的20%，要靠维修技术人员的技能和经验将问题缩小到可以确定的原因。

加速迟滞是指踩下加速踏板时发动机转速提升的延迟，也被描述为"犹豫或缺乏反应"。加速"下沉"和熄火，是指踩下加速踏板时发动机转速反而下降甚至熄火。

最常见的加速迟滞原因是在踩下加速踏板的过程中，向发动机输送的可燃混合气过稀。理论上，踩下加速踏板时，额外的空气会迅速流入发动机。汽油比空气重，不能像空气一样快速流入发动机，导致发动机加速迟滞、加速"下沉"、加速熄火。要设计燃油系统补偿功能（见单元3中的相关内容），让汽油流量与进入发动机的空气量增加量相匹配，这样在踩下加速踏板的同时，向进气歧管或气缸中额外喷射燃油来补偿这种迟滞。

正常情况，电控发动机不会出现加速迟滞问题，一旦出现加速迟滞故障，主要原因如下。

1）进气门背面积炭。进气门背面积炭会吸收汽油蒸气，尤其在发动机冷机时，会导致迟滞。见图11-1。

2）节气门位置传感器（TPS）信号问题。TPS向计算机发送的信号有问题，导致在踩下加速踏板时不能向喷油器提供额外的脉冲，发生加速迟滞，见图11-2。

图 11-1 进气门积炭

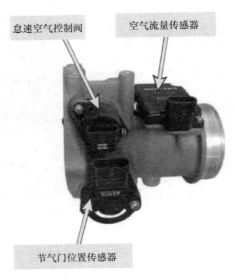

图 11-2 节气门位置传感器

3）加速踏板位置（APP）传感器信号问题。APP 传感器向计算机发送的信号有问题，导致在踩下加速踏板时不能及时反映出驾驶员的加速意图，导致发动机 ECU 不能向喷油器提供额外的脉冲。

4）进气歧管绝对压力（MAP）传感器信号问题。MAP 传感器无法真实检测发动机负载的变化，向计算机发送的信号失常，导致发动机 ECU 不能向喷油器提供额外的脉冲，增加正常工作所需的燃油量。MAP 传感器真空软管和传感器本身发生故障，都会引起发动机加速迟滞。

5）燃油污染。被过量乙醇或水污染的燃油可能会在加速过程中引起迟滞、加速"下沉"。

6）节气门体处的气流限制。节气门积炭不仅减少了到达发动机的空气，而且会由于沉积物而产生空气涡流。这种涡流或不均匀气流会导致供应给发动机的可燃混合气不均匀，从而导致怠速稳定性差以及加速过程中的迟滞。

7）加速踏板或节气门机械机构卡滞。加速踏板机械机构卡滞，或节气门拉线的松弛都会导致加速迟滞。

8）喷油器堵塞。喷油器线路问题或泄漏都会导致输送到气缸的燃油量低于理想值，发生加速迟滞、加速"下沉"和熄火。

9）火花塞或火花塞导线问题。点火系统中的任何故障（如火花塞导线有缺陷或火花塞破裂）都可能导致加速过程中的加速迟滞、加速"下沉"和熄火。在较高的发动机转速下，有缺陷的火花塞导线不像在较低的转速下那么明显，特别是在配备 V8 发动机的车辆上。

10）EGR 阀操作问题。如果 EGR 阀打开过快或卡在部分打开位置，可能会出现加速迟滞、加速"下沉"或熄火。

11）假空气供给。空气流量传感器（MAF）和节气门之间的进气软管松动或破裂，使得 MAF 检测到的进气量少于实际进入到发动机的进气量，混合气过稀，导致加速迟滞。

11.2 发动机怠速不稳

问题链接：
1. 发动机怠速不稳是什么原因导致的呢？
2. 发动机怠速不稳与哪些传感器或执行器有关呢？

怠速不稳定（或粗暴）是一种常见的故障现象，因为许多不同的系统对怠速质量都有直接影响。如果发动机熄火（停止运转），大多数客户都非常担心，因为这可能是安全相关的故障。为了使发动机以正确的怠速转速运转，每个气缸都必须具有相同（或几乎相同）的压缩比、可燃混合气、点火正时和火花质量。

正常情况，电控发动机不会出现怠速不稳的问题，一旦发生此类故障，主要原因如下。

（1）真空泄漏

真空泄漏也称为空气泄漏，即额外的空气进入进气歧管或单个气缸，从而将一个或多个气缸的可燃混合气变稀。由于气缸没有接收到相同的可燃混合气信号，发动机将无法平稳运转，这可能导致怠速不稳。

图 11-3　脏污的节气门

在某些情况下，真空泄漏可能导致怠速高于正常值，甚至导致发动机失速。

（2）节气门脏（进气口燃油喷射发动机）

脏的节气门会限制进入发动机的空气量，见图11-3，这在发动机怠速时尤其明显。通常，怠速空气控制阀可以通过增加节气门旁通的空气量来抵消脏节气门的影响。虽然这可以恢复正确的怠速，但怠速质量可能仍然很差。在严重情况下，特别是当滑行停止时，脏的节气门会导致失速。

（3）喷油器堵塞、短路或泄漏

喷油器堵塞或不工作会导致受影响的一个或多个气缸内的混合气比平时更稀。因为所有气缸内的燃油量都不相同，所以发动机将运转粗暴，甚至可能失速。

如果喷油器发生泄漏并且在断开喷油器电源时没有关闭，则喷油器会导致过量的燃油进入受影响的一个或多个气缸。

如果喷油器电气短路，过大的电流将流过喷油器线圈的绕组。短路的喷油器可能会工作，但会从另一个喷油器中"吸取"电流，该喷油器在计算机内共享同一喷油器驱动器。在这种情况下，"短路"的喷油器工作正常，但"良好"的喷油器却不工作了。

短路的喷油器能不能工作，取决于喷油器短路的严重程度，以及计算机内的喷油器驱动电路如何控制（限制）流过喷油器的电流。

（4）点火系统故障

有缺陷的火花塞导线会导致发动机怠速运转不平稳，严重时会导致发动机失速。

脏的、破裂的、间隙不均匀的或过度磨损的火花塞会导致发动机运转不良、怠速不稳甚至熄火。

点火线圈短路、点火模块（点火器）故障或曲轴位置传感器故障可能导致点火微弱，进而引起怠速方面的故障。

(5) 废气再循环（EGR）阀卡在打开位置

打开的 EGR 阀允许惰性废气与适当的可燃混合气混合。废气不能燃烧，怠速时打开 EGR 可能会导致怠速不稳或失速。

在较高的发动机转速下，废气可以像正常情况一样进入气缸；因此，发动机在转速高于怠速转速以上时能正常运转。

(6) 曲轴箱通风（PCV）系统故障

怠速时进入发动机的空气约有 20% 来自 PCV 系统。检查更换的 PCV 阀是否未针对发动机正确校准（在以前的维修过程中，PCV 阀发生应用错误）。再仔细检查所有真空软管是否有裂纹，检查所有真空通道是否有障碍物。如 PCV 软管连接到进气歧管的歧管端口中有积炭，也会影响到怠速稳定性。

(7) 二次空气喷射系统故障

检查单向阀。单向阀上的孔会导致废气流入空气泵系统和进气歧管，从而极大地影响可燃混合气。

(8) 怠速空气控制（IAC）问题

怠速空气控制通道受限会限制怠速时进入发动机的空气量，无法提供正确的怠速。如果怠速空气控制卡滞，通常会导致怠速过高，但也有可能导致怠速过低，或者导致发动机怠速不稳，严重时甚至失速。

(9) 进气歧管绝对压力（MAP）或空气流量（MAF）传感器故障

进气歧管绝对压力传感器的真空软管，无论是裂开还是折叠，都会严重影响进气歧管绝对压力传感器的工作。不正确的进气歧管绝对压力传感器信号会导致计算机发出过浓或过稀指令。MAP 或 MAF 传感器故障也会导致怠速不稳或失速。

(10) 驻车档—空档开关故障或调整不当

如果档位选择处于前进档或倒档，但计算机"认为"档位选择杆仍处于驻车档或空档，计算机将不会指令正确的可燃混合气。怠速受驻车档—空档开关的影响，发动机可能会怠速粗暴甚至失速。

11.3 发动机能起动但无法着车

问题链接：
1. 发动机能起动但无法着车是什么原因导致的呢？
2. 发动机能起动但无法着车与哪些传感器或执行器有关呢？

为了使发动机起动：
1）必须向气缸输送正确空燃比的可燃混合气。
2）点火正时和火花质量。必须有强烈的火花，并且在正确时刻和顺序来点燃混合气。
3）足够的压缩力。磨损的发动机零件也可能导致发动机无法着车。
4）配气正时和点火正时准确。气门必须能在适当的时间打开和关闭，并且持续时间正确。

正常情况，电控发动机不会出现能转动但无法着车问题，发生此类故障的主要原因如下。

单元11 电控发动机故障现象及原因

1）火花塞火花微弱。点火线圈、火花塞高压导线或分配器盖或转子（如有配备）中的故障导致火花微弱，发动机起动后气缸压缩后可燃混合气无法着火。

2）燃油压力低。燃油泵故障或燃油压力调节器故障导致的燃油压力过低，会导致发动机燃油供应不足。燃油泵中有故障的单向阀也可能导致燃油压力降至零，并可能导致反复起动才能着车。

3）污染或变质的汽油。含有过量乙醇的汽油会导致起动困难，特别是在寒冷的天气。变质汽油是指储存了很长一段时间（几个月）的汽油，轻馏分已经蒸发，剩下较重的部分很难点燃。

4）喷油器泄漏、堵塞或不工作。如果喷油器卡在打开位置，过量的燃油将充满气缸，导致火花塞脏污并使着车困难。如果喷油器堵塞或不工作，燃油不足会导致气缸过稀，也会发生不着车。

5）低起动真空度。当节气门关闭、进气门打开时，每个活塞沿气缸下行就会产生真空。当发动机以不同的转速和负载运转时，真空度会发生剧烈的变化。如果气缸中有压缩损失，或者节气门和气缸之间有泄漏，真空度也会改变，见图11-4。

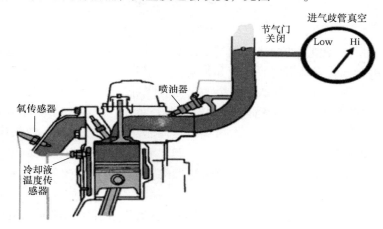

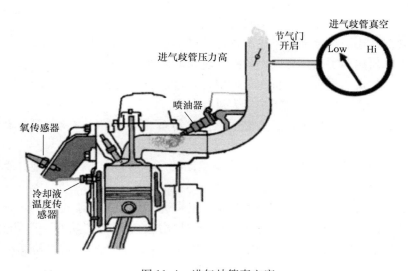

图11-4 进气歧管真空度

起动时真空度低于 8.5kPa 可能是由于怠速空气控制阀（IAC）卡在打开位置或发动机过度磨损引起。起动时真空度低的另一个原因是安装的高性能凸轮轴让气门保持开启的持续时间过长。

6）点火正时过度提前或延迟。当活塞在压缩行程结束升起时，点火正时过度提前会导致火花过早产生。这种过度提前的点火正时通常会导致发动机着车缓慢且不均匀。点火正时过度延迟会导致火花在活塞到达上止点（TDC）附近或之后产生，导致发动机必须反复起动才能着车。

7）气门正时过度提前或延迟。由于正时链条的磨损（拉伸），可能会出现不正确的气门正时。更换的正时链条或正时带可能安装不正确。寻找以前正时带或链条修理或更换的证据。

11.4 点火爆燃或有引爆似的砰砰声

问题链接：
1. 点火爆燃或有引爆似的砰砰声是什么原因导致的呢？
2. 点火爆燃或有引爆似的砰砰声与哪些传感器或执行器有关呢？

火花爆燃是最值得注意的加速过程。火花爆燃通常是由于可燃混合气过稀或发动机运行过热造成的。爆燃或有引爆似的砰砰声是燃烧室内最后 3%～5% 的混合气二次快速燃烧的结果。当二次火焰前锋撞击一次火花点燃的火焰前锋时，出现两种情况：

1）在两个火焰前沿碰撞的瞬间，温度急剧上升。

2）同时由于温度升高，压力大大增加。这两个因素结合起来，使活塞像一个钟在敲击，产生了爆燃的特殊声音。

正常情况下，电控发动机不会出现点火爆燃问题，发生此类故障的主要原因如下。

1）真空泄漏。导致可燃混合气比正常情况下稀。

2）EGR 阀/系统故障。废气再循环（EGR）系统使用惰性气体来减缓燃烧过程。如果没有足够的废气再循环，可能会发生火花爆燃。

3）冷却液液位低。可能导致发动机过热。

4）氧传感器污染。导致计算机输出过稀的可燃混合气指示。

5）电动冷却风扇不工作。导致发动机在过高的温度下工作。

6）燃油压力过低。导致发动机在可燃混合气过稀的情况下运转。

7）点火正时过快。导致燃烧室中压力过度积聚。

8）爆燃传感器或系统不工作。如果爆燃传感器系统不工作，当检测到火花爆燃时，点火正时将不会延迟。

9）驻车档—空档开关。如果车辆未处于驱动档（行驶档或倒档），则计算机看不到驱动档，且 EGR 未被指令接通。

10）气门杆密封件有缺陷。导致燃烧室内积炭过多，产生高于正常的压缩比。有缺陷的气门杆密封件可能是在火花塞点火前点燃可燃混合气的点火源，从而导致早燃。

11）发动机机械故障。不正确的发动机零件，如活塞、凸轮轴或气缸盖，可能导致过度压缩。

12) PROM 只读存储器。一个更新的 PROM（可编程只读存储器）可能已经上市，它可以改变点火正时或可燃混合气来解决火花爆燃问题。

11.5　发动机无法起动或起动缓慢

问题链接：
1. 发动机无法起动或起动缓慢是什么原因导致的呢？
2. 发动机无法起动或起动缓慢与哪些传感器或执行器有关呢？

起动机的设计可使发动机以 80~250r/min 的速度转动，以允许吸入适当的可燃混合气来起动。如果发动机没有起动，则故障在起动电路中，该电路由以下部件组成：①蓄电池；②起动机；③起动电磁阀；④点火开关；⑤驻车档—空档开关或离合器安全开关。⑥电缆、导线和插头。

当点火开关转到起动位置时，这些部件中的任何一个故障都可能导致发动机起动缓慢或不起动。

正常情况下，电控发动机不会出现无法起动或起动缓慢问题，发生此类故障的主要原因如下。

1）蓄电池电量不足或已放电。蓄电池应至少充电75%，电压至少为12.4V，以确保起动机正常工作。见图 11-5，所测蓄电池电压过低。

2）蓄电池连接松动或脏污，驻车—空档安全开关故障或调整不当。松动或腐蚀的连接可能导致电压降过大，从而导致起动机两端的电压降低。安全开关（自动变速器的驻车档—空档开关或手动变速器的离合器开关）可能导致起动机电磁阀开路。在电磁阀没有电压的情况下，会出现无法起动状态。

图 11-5　蓄电池电压不足

11.6　发动机回火

问题链接：
1. 发动机回火是什么原因导致的呢？
2. 发动机回火与哪些传感器或执行器有关呢？

发动机回火是指燃油在进气歧管或排气系统中燃烧，伴随着巨大的爆裂声。

正常情况下，电控发动机不会出现回火问题，发生此类故障的主要原因如下。

1）真空泄漏。真空泄漏会导致可燃混合气比正常情况下的更稀。稀薄的混合气比正常的混合气燃烧得更热、更慢。这种缓慢燃烧的混合气可以在整个排气行程中继续燃烧，并在排气行程结束、进气门打开时进入进气歧管中燃烧，导致回火。

2）燃油压力低。导致可燃混合气比正常稀。

3）喷油器堵塞或不工作。导致可燃混合气比正常情况下稀。

4）点火正时不正确、火花塞导线交火、并排的两个气缸交火、分配器盖开裂或有积炭痕迹、火花塞有缺陷或磨损。如果点火正时不正确，无论是提前还是延迟，火花都不会在应该出现的时候出现。由于可燃混合气燃烧所需的时间（约3ms），当进气门在排气行程结束打开时，可能会导致混合气在排气系统中燃烧或进入进气歧管燃烧，出现回火现象。

5) 凸轮轴磨损、气门机构故障妨碍气门的正常打开和关闭。如果气门没有在适当的时间完全打开和关闭，可能会发生回火。如果进气门没有尽可能地打开，当火花塞点火时，气缸中将出现比正常情况下更稀的可燃混合气。当进气门在排气行程结束时打开时，这可能导致燃油仍在燃烧。气门泄漏会导致燃烧的可燃混合气逸出，并导致回火。

6) 废气再循环（EGR）阀始终打开或EGR阀垫片损坏。废气是惰性气体，不会与可燃混合气发生化学反应。EGR系统的目的和功能是通过向气缸中引入定量的废气来降低可燃混合气的燃烧速度。过多的EGR会大大减慢燃油的燃烧。当进气门在排气行程结束打开时，这种可燃混合气燃烧的减慢会导致燃油继续燃烧，从而导致回火。

7) 空气泵故障，如开关阀故障。空气泵的工作将额外的空气注入排气歧管或催化转化器，具体取决于发动机温度和其他因素。为防止回火，在进气歧管真空度高的减速过程中，空气泵输出应导向大气或空气滤清器。

8) 排气孔。排气泄漏会导致噪声过大，车主可能会将其误以为回火发生。

11.7 发动机动力不足

问题链接：
1. 发动机动力不足是什么原因导致的呢？
2. 发动机动力不足与哪些传感器或执行器有关呢？

发动机动力不足主要表现为加速迟缓。这意味着当踩下加速踏板时，发动机输出的功率低于预期，车速没有按预期增加。

正常情况下，电控发动机不会出现动力不足的问题，发生此类故障的主要原因如下。

1) 点火正时延迟。如果火花发生得比正常时间晚，则会导致功率降低。例如，如果火花发生在上止点前（BTDC）2°而不是BTDC10°时，点火正时会过迟。

2) 凸轮轴正时延迟。正时链条拉长或正时链条或正时带安装不当，都会导致发动机转速低时功率低。但是，当发动机转速升高时，可燃混合气能够以更高的速度进出发动机，发动机将正常工作。

3) 排气系统阻塞。排气系统受限会导致功率低，因为在排气行程结束时，部分燃烧的排气仍在气缸中。这导致在下一个进气行程时，不太理想的可燃混合气被吸入气缸。检查以下可能的限制：

① 排气系统是否有塌陷或损坏的部分。
② 用手检查并敲打催化转化器和消声器，以检查内部挡板是否损坏。
③ 使用一个代替氧传感器的接头，并在发动机运转时使用压力/真空计测量背压量。大多数车辆制造商规定，发动机转速为2500r/min时排气背压读数应小于17.2kPa。

4) 点火线圈弱或火花塞磨损。线圈的点火输出应能够提供足够高的电压，以点燃火花测试仪，该测试仪的最低要求电压为25000V（25kV）。弱点火线圈或过度磨损的火花塞会妨碍气缸内可燃混合气的正常点燃。如果可燃混合气没有被点燃，就会导致动力不足。

5) 燃油滤清器堵塞、燃油泵压力低、污染的汽油。在适当的压力下缺少清洁的燃油会导致发动机产生低于正常的功率。燃油不足会导致可燃混合气变稀，这也会导致火花爆燃、回火、迟滞和相关问题。

6）爆燃传感器活动过度。如果检测到发动机爆燃，计算机会延迟点火正时，以减少或消除火花爆燃。当点火正时延迟时，发动机产生的功率低于正常功率。火花爆燃活动过大可能由以下一种或多种原因引起：

① 辛烷值过低的汽油。
② 可燃混合气过稀。
③ 燃烧室内积炭过多。
④ 发动机机械或附件传动带故障，导致爆燃传感器检测到类似的由火花爆燃引起的振动或噪声。

7）发动机机械故障。如果发动机凸轮轴磨损或压缩率低，则无法产生正常功率。

8）加速踏板没有完全打开节气门。如果机械连杆无法调整，或者内部地毯垫阻止节气门完全打开，则会造成动力损失。检查从车内踩下加速踏板时，节气门是否一直打开。

11.8　燃油经济性差

问题链接：
1. 燃油经济性差是什么原因导致的呢？
2. 燃油经济性差与哪些传感器或执行器有关呢？

糟糕的燃油经济性意味着每升燃油行驶里程低于通常的要求值。试验程序应包括以下步骤：

① 加注燃油箱（不要加注过量）并记录里程数 $X1$。
② 正常驾驶车辆 100~200km 或以上。
③ 再加满油箱。记录所用燃油的升数 $L2$ 和结束里程数 $X2$；
④ 计算每升的里程数：$(X2-X1)/L2$。

燃油效率由许多因素决定，包括：

① 适当的可燃混合气。
② 适当的点火正时。
③ 适当的变速比（这可确保在高速巡航时活塞速度尽可能低）。
④ 机械性能良好的发动机，包括适当的气门正时部件。
⑤ 发动机在其最有效的冷却液温度下运行。
⑥ 废气排放和燃油蒸发控制系统的正确操作。
⑦ 车辆是否一直开着空调或除霜（这会降低燃油经济性）。

正常情况下，电控发动机不会出现燃油经济变差的问题，发生此类故障的主要原因如下。

1）发动机未在正确的冷却液温度下工作。节温器出现故障，或卡在打开位置会导致发动机工作效率降低。使用低于规定温度的节温器也会降低燃油经济性。节温器的温度代表开启温度，在此温度基础上高10℃时节温器完全开启。例如，82℃节温器在82℃时开始打开，在92℃时完全打开。图 11-6 所示的节温器卡滞在打开位置。

2）变矩器内锁止离合器不工作（锁定变矩器）。当配备自动变速器（带锁止离合器的变矩器）的车辆达到巡航速度时，锁止离合器工作（变矩器锁定），从而减少变矩器内部的正常打滑。当变矩器接合时，发动机转速下降150～250r/min，并提高燃油经济性。使用故障诊断仪或转速表监测发动机转速（r/min）。一旦计算机指令变矩器接合，发动机转速应立即下降。

3）检查蒸发排放控制系统是否正常工作。真空隔膜上的一个孔都会导致液态汽油从油箱直接吸入发动机，大大降低燃油经济性。使用手动真空泵检查所有炭罐真空隔膜。

图11-6　节温器卡滞在打开位置

4）检查以下与发动机相关的系统：①点火正时。②真空泄漏。③空气滤清器或进气口脏污（堵塞）。④排气系统是否阻塞。

单元11 电控发动机故障现象及原因

本单元小结

1）在加速过程中，稀薄的可燃混合气是导致加速迟滞、加速"下沉"、加速熄火的常见原因。

2）真空泄漏和稀薄的可燃混合气会导致怠速不稳或失速。

3）点火爆燃或引爆似的砰砰声通常是由于可燃混合气过稀或发动机工作温度过高引起的。

4）发动机起动困难问题通常是由于燃油不足造成的。

5）发动机起动缓慢通常是由于蓄电池电压过低造成的。无法起动通常是由于起动电路中的开路造成的。

6）稀薄的可燃混合气通常是由于真空泄漏造成的。

复 习 题

一、动力总成一般诊断

1. 配备 MAF 传感器的进气口燃油喷射 OBD Ⅱ 型 V6 发动机怠速不稳，没有故障码（DTC）。技师 A 说，在以前的维修中可能安装了错误的 PCV 阀。技师 B 说，可能是因为机油加注口盖丢失。哪个技师是正确的？（　　）

　　A. 只有技师 A 说的正确　　　　　　B. 只有技师 B 说的正确
　　C. 技师 A 和 B 说的都正确　　　　　D. 技师 A 和 B 说的都不正确

2. 设置了 P0300（随机失火）故障码。执行有效诊断需要哪些维修信息？（　　）

　　A. 火花塞导线电阻规格　　　　　　B. 车辆识别号
　　C. 发动机代码　　　　　　　　　　D. 以上所有 3 项

3. 在诊断起动困难问题时，下列哪项数据流信息最不可能有帮助？（　　）

　　A. 氧传感器　　　　　　　　　　　B. ECT
　　C. CMP　　　　　　　　　　　　　D. CKP

4. 车辆在加速过程中未通过负载 I/M 排放试验，还检测出了存在过量的 NO_x 排放和火花爆燃。哪一个是最不可能的原因？（　　）

　　A. 散热器部分堵塞　　　　　　　　B. 可燃混合气稀薄
　　C. 催化转化器部分堵塞　　　　　　D. 气缸内积炭

5. 运动型多用途车的车主安装了比规定尺寸更大的车轮和轮胎。技师 A 说车辆的加速可能会比更换前慢。技师 B 说燃油经济性（汽油里程）将比更换前低。哪个技师是正确的？（　　）

　　A. 只有技师 A 说的正确　　　　　　B. 只有技师 B 说的正确
　　C. 技师 A 和 B 说的都正确　　　　　D. 技师 A 和 B 说的都不正确

6. 排气系统受限的最佳诊断方法是哪种测试？（　　）

　　A. 怠速下的真空测试　　　　　　　B. 2500r/min 下的真空
　　C. 气缸泄漏率　　　　　　　　　　D. 运转压缩测试

二、动力总成控制诊断（包括 OBD Ⅱ）

1. 要准确诊断发动机性能问题，不需要知道列出的哪一项？（　　）

　　A. 使用的汽油等级　　　　　　　　B. 问题发生的时间和地点
　　C. 使用的机油品牌　　　　　　　　D. 存储或待处理的故障码（DTC）

2. 车辆扫描读取到以下的数据，存储了两个氧传感器电压过低故障码（气缸组 1 和气缸组 2）。根据以下诊断仪数据，最可能的原因是什么？（　　）

HO2S1 = 0.093～0.110V

HO2S2 = 0.004～0.209V

STFT = +2%

LTFT = +24%

MAF = 2.7g/s

ECT = 100℃

IAT = 22℃

MAP＝1.41V
A．燃油泵故障
B．PCV 阀或软管部分堵塞
C．EGR 端口部分堵塞
D．EVAP 净化阀卡在打开的位置

3．读取到 P0740（锁止离合器故障）故障码（DTC）。当存储此 DTC 时，冻结帧指示存在以下参数。最可能的原因是什么？（　　）

车速＝80km/h
ECT＝98℃
IAT＝24℃
TCC＝ON
EGR＝43%
喷油器脉冲宽度＝8.3 ms
IAC＝67 计数
TP＝1.97V
制动开关＝断开
变速器档位＝4 档（OD）
MAP＝2.48V
净化占空比＝28%

A．变矩器离合器磨损（故障）
B．TP 传感器故障或调整不当
C．节温器故障
D．EGR 流量过大

4．在诊断无法起动条件时，故障诊断仪读取哪个参数最重要？（　　）
A．ECT
B．CKP
C．IAT
D．加热型氧传感器

5．在读取到随机失火故障码（P0300）时，诊断仪读取到哪个参数最重要？（　　）
A．HO2S
B．失火计数器
C．MAF
D．MAP

6．发动机动力不足，并且没有存储故障码。故障诊断仪在怠速时读取以下哪个数据最有可能指示故障原因？（　　）
A．HO2S1＝0.088～0.917V
B．MAF＝3.8 g/s
C．喷油器脉冲宽度＝3.3 ms
D．MAP＝2.01V

7．技师正在使用数字式万用表读取直流电压，并在发动机停机、点火开关接通的情况下，将一根测试导线连接到蓄电池负极（−）柱，另一根导线连接到节气门位置传感器的搭铁端子。表上的读数是 0.55V。这个读数表明什么情况？（　　）
A．节气门位置传感器信号电压读数
B．计算机搭铁电压降过大
C．蓄电池放电
D．来自 PCM 的参考电压

8．正在诊断燃油泵电路。蓄电池电压为 12.6V，但泵附近插头上的电压读数为 12.4V。最可能的情况是什么？（　　）
A．燃油泵继电器故障
B．插头或导线腐蚀
C．燃油泵故障
D．这是正常读数

9．使用双向诊断仪诊断出 P0401 故障码（检测到废气再循环流量不足）。技师指令

EGR 阀 100% 接通，发动机转速下降并怠速开始变得粗暴，但没熄火。技师 A 说，此测试表明 EGR 系统正常工作，故障一定出在 EGR 流量检测传感器（MAP 或 O2S）电路上。技师 B 表示，此故障码可能是一个错误码，应清除该故障码，然后驾驶车辆查看该故障码是否再次设置。哪个技师是正确的？（　　）

　　A. 只有技师 A 说的正确　　　　　　B. 只有技师 B 说的正确
　　C. 技师 A 和 B 说的都正确　　　　 D. 技师 A 和 B 说的都不正确

10. 氧传感器电压过高可能是由于？（　　）

　　A. 排气中氧含量高　　　　　　　　B. 排气中氧含量低
　　C. 火花塞导线有缺陷　　　　　　　D. B 和 C 都有

11. 氧传感器电压过低可能是由于（　　）？

　　A. 排气中氧含量高　　　　　　　　B. 排气中氧含量低
　　C. 有缺陷的火花塞导线　　　　　　D. A 和 C 都有

12. 一名技术人员正在一辆装有进气道燃油喷射系统的车辆上工作。将车辆连接到诊断仪后，技师发现车辆的燃油长期调整率为 +20%。技师 A 说，氧传感器前面的排气泄漏可能会导致这种情况。技师 B 说有缺陷的插线可能会导致这种情况。哪个技师是正确的？（　　）

　　A. 只有技师 A 说的正确　　　　　　B. 只有技师 B 说的正确
　　C. 技师 A 和 B 说的都正确　　　　 D. 技师 A 和 B 说的都不正确

13. 燃油喷射发动机在怠速时的长期燃油调节为 +19%，在 2500r/min 时的长期燃油调节为 0%。最可能的原因是：（　　）

　　A. 一个小的真空泄漏　　　　　　　B. 一个有缺陷的空气流量传感器
　　C. 一个有缺陷的燃油压力调节器　　D. 一个有故障的怠速空气控制系统

14. 正在进行测试一台 4 缸燃油喷射发动机上的氧传感器。读数在 0.388~0.460V 之间相对稳定。添加丙烷会将电压增加到 0.687V，而产生真空泄漏会将电压降低到 0.312V。技师 A 说氧传感器可能有故障。技师 B 说，排气歧管可能有裂缝，使外部空气进入排气系统上游的氧传感器。哪个技师说的对？（　　）

　　A. 只有技师 A 说的正确　　　　　　B. 只有技师 B 说的正确
　　C. 技师 A 和 B 说的都正确　　　　 D. 技师 A 和 B 说的都不正确

三、点火系统诊断

1. 正在诊断发动机缺火。一个火花塞被发现为白色且已过度磨损，而其他火花塞轻微磨损且颜色正常。最可能的原因是什么？（　　）

　　A. 真空泄漏　　　　　　　　　　　B. 火花塞松动
　　C. 燃油压力调节器故障　　　　　　D. EGR 阀部分卡在打开位置

2. 大多数车辆的火花塞间隙规格显示在哪里？（　　）

　　A. 在发动机罩下的标牌上　　　　　B. 在用户手册中
　　C. 在维修手册（信息）中　　　　　D. 以上所有都对

3. 在配备同时点火的发动机上诊断出发动机缺火。拆下每个火花塞导线，火花检测仪一次安装到一个火花上。起动发动机，只有一个通过火花检测仪点火，其他所有气缸都不能点火。技师 A 说，最可能的原因是点火模块。技师 B 说点火线圈是最可能的原因。哪个技

师是正确的？（   ）

    A. 只有技师 A 说的正确　　　　　　　　B. 只有技师 B 说的正确

    C. 技师 A 和 B 说的都正确　　　　　　　D. 技师 A 和 B 说的都不正确

  4. 同时电子点火装置上的火花塞导线意外安装在正确线圈的错误端子上。例如，连接 3 号气缸的电线意外地被放在 V6 发动机 6 号气缸的线圈端子上。最可能的结果是什么？（   ）

    A. 不会注意到发动机运转有任何变化　　B. 发动机将缺火，并可能设置缺火故障码

    C. 发动机加速时会发出爆燃声　　　　　D. 发动机运转平稳，但迟钝且动力不足

  5. 故障指示灯闪烁，表示动力系统控制模块检测到严重缺火。技师 A 说火花塞破裂是可能原因。技师 B 说，可能是点火线圈某端子开路。哪个技师是正确的？（   ）

    A. 只有技师 A 说的正确　　　　　　　　B. 只有技师 B 说的正确

    C. 技师 A 和 B 说的都正确　　　　　　　D. 技师 A 和 B 说的都不正确

  6. 发动机起动正常，但不能着车，正在进行诊断。技师 A 说，凸轮轴位置传感器信号端子搭铁短路是可能原因。技师 B 说熔丝烧断是可能原因。哪个技师是正确的？（   ）

    A. 只有技师 A 说的正确　　　　　　　　B. 只有技师 B 说的正确

    C. 技师 A 和 B 说的都正确　　　　　　　D. 技师 A 和 B 说的都不正确

四、燃油系统和进气系统诊断

  1. 在例行维修时，发现空气滤清器不见了。由于缺少空气滤清器，哪个部件会直接影响发动机的运行？（   ）

    A. MAF　　　　　　　　　　　　　　　B. MAP

    C. 氧传感器　　　　　　　　　　　　　 D. IAT

  2. 诊断出动力不足。发动机怠速时的诊断仪数据（PID）包括：

ECT = 91℃

IAT = 26℃

IAC = 20

MAF = 4.4 g/s

MAP = 1.1V

喷油器脉冲宽度 = 4.5 ms

RPM = 750

车速 = 0 km/h

HO2S1 = 198 ~ 618mV

HO2S2 = 50 ~ 571mV

哪种故障最有可能？（   ）

    A. 氧传感器污染　　　　　　　　　　　B. 燃油滤清器堵塞或燃油泵损坏

    C. 节温器损坏　　　　　　　　　　　　 D. 怠速空气控制卡滞

  3. 长期燃油调节在怠速时为 +2%，在 2500r/min 时为 +27%。最可能的原因是什么？（   ）

    A. 燃油压力调节器故障　　　　　　　　B. 进气歧管泄漏

    C. 燃油泵故障　　　　　　　　　　　　 D. 催化转化器部分堵塞

4. 正在诊断四缸发动机，读取到 P0132（氧传感器电路电压过高，气缸组 1 传感器 1）故障码。技师 A 说，进气歧管垫片泄漏（真空泄漏）是可能的原因。技师 B 说燃油压力调节器有缺陷是可能的原因。哪个技师是正确的？（　　）

  A. 只有技师 A 说的正确　　　　　　B. 只有技师 B 说的正确

  C. 技师 A 和 B 说的都正确　　　　　D. 技师 A 和 B 说的都不正确

5. 诊断时读取到 DTC P0101（质量或体积流量电路范围或性能问题）。技师 A 说，空气流量传感器和节气门体之间的连接松动是可能原因。技师 B 说空气流量传感器可能有故障。哪个技师是正确的？（　　）

  A. 只有技师 A 说的正确　　　　　　B. 只有技师 B 说的正确

  C. 技师 A 和 B 说的都正确　　　　　D. 技师 A 和 B 说的都不正确

6. 一名技术人员正在研究一台配备进气口燃油喷射的 OBD Ⅱ V8 发动机。将车辆连接到诊断仪后，技师发现气缸组 1 的燃油长期调整率为 +20%，气缸组 2 显示 0% 燃油修正。技师 A 说，气缸组 1 上氧传感器前面的排气泄漏可能会导致这种情况。技师 B 说，气缸组 2 气缸上插头导线有故障可能会导致这种情况。哪个技师是正确的？（　　）

  A. 只有技师 A 说的正确　　　　　　B. 只有技师 B 说的正确

  C. 技师 A 和 B 说的都正确　　　　　D. 技师 A 和 B 说的都不正确

7. 燃油喷射发动机在怠速时的长期燃油调整率为 +18%，在 2500r/min 时的长期燃油调整率为 0%。最可能的原因是（　　）。

  A. 一个小的真空泄漏　　　　　　　　B. 有缺陷的 MAF

  C. 有缺陷的燃油压力调节器　　　　　D. 有故障的 IAC

单元11 复习题答案

一、1. C 2. D 3. A 4. C 5. C 6. B
二、1. C 2. A 3. A 4. B 5. B 6. D 7. B 8. D 9. D 10. A 11. D 12. C 13. A 14. B
三、1. B 2. D 3. B 4. A 5. C 6. B
四、1. A 2. B 3. C 4. D 5. C 6. A 7. A

单元 12

 学习目标

1. 列出诊断步骤。
2. 解释间歇性熄火问题的诊断策略。
3. 解释未读取到故障码时应遵循的故障排除步骤。
4. 解释重复发生故障或同时出现多个故障的诊断。
5. 总线系统对发动机故障的关联和诊断。
6. 无钥匙进入与一键起动和防盗系统对发动机故障的关联和诊断。

12.1 八步诊断步骤

> 问题链接：
> 1. 电控发动机故障诊断分哪几步？诊断故障前要与客户沟通吗？
> 2. 制造商提供的技术服务公告 TSB 对故障诊断起什么作用？

基于策略的诊断过程，就是对所有问题和客户提问都使用相同的流程，以找到问题的根本原因。导致发动机性能问题的原因很多，维修技术人员必须能缩小范围找到故障原因并进行纠正。"漏斗"是一种可视化诊断过程的方法，见图12-1，宽大的"漏斗"顶部是问题的症状，越往下"漏斗"越窄，表示可能的原因逐步被消除，最终在"漏斗"底部找到一个根本原因。以下部分介绍维修技师可以采取的八步诊断步骤，以将可能的故障原因缩小到一个。

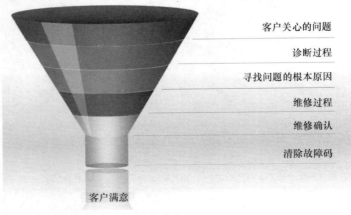

图 12-1 "漏斗"诊断过程

1. 步骤1 验证问题

在进行诊断之前花几分钟时间，确保问题存在。如果无法验证问题，则无法解决或测试以验证修理是否完成。见图12-2，车辆驾驶员应该对车辆及其驾驶方式非常了解。诊断前，务必询问驾驶员以下问题：

1）问题出现时发动机故障指示灯是否亮起？
2）问题出现时外面的温度是多少？
3）问题出现时发动机是热的还是冷的？
4）是哪种工况下出现问题的，起动、加速、巡航或其他？
5）车辆行驶了多远？
6）组合仪表警告灯是否亮起？如果有，哪一个？见图12-3。
7）最近是否对车辆进行过任何保养或维修工作？

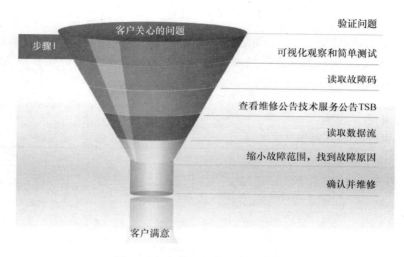

图12-2 步骤1是验证客户的问题

图12-3 仪表警告符号和警告灯

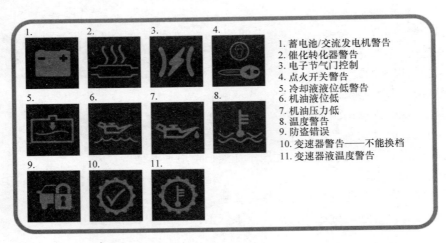

图 12-3 仪表警告符号和警告灯（续）

在执行进一步的诊断测试之前，确定客户提出问题的性质和范围。客户可以填写详细信息，见表 12-1 的样本。琥珀色警告符号表示已检测到故障，红色组合仪表警告灯表示检测到重大故障，需要驾驶员尽快采取措施。

表 12-1 发动机性能问询工单

姓名：　　　行驶里程：　　　日期：
车型：　　　车辆识别码：　　　发动机型号：

	下列项目中，符合的请打对钩
描述问题：	
问题第一次出现的时间？	● 刚起动时　● 上周　● 上个月 ● 其他
列出在六个月内的维修事项	
起动	● 不能起动　● 能起动，不能着车 ● 已着车，但是花很久时间才着车
发动机熄火	● 刚着车后　● 换档时　● 车辆稳定行驶期间 ● 车辆刚停下时　● 怠速时　● 加速时　● 驻车时
怠速性能差	● 怠速转速一直低　● 怠速转速一直高　● 怠速转速忽高忽低 ● 怠速粗暴不平顺　● 怠速转速上下波动
车辆行驶性能差	● 车辆行驶粗暴　● 动力不足　● 车辆行驶猝动 ● 燃油经济性差　● 加速迟缓或加速"下沉"　● 回火 ● 缺火或熄火　● 发动机爆燃、有敲缸声　● 剧烈抖动
自动变速器	● 换档过早或过迟　● 档位变换不正确 ● 挂档后车辆不走　● 车辆行驶中猝动
时间	● 上午　● 下午　● 任何时候
发动机温度	● 冷机　● 暖机　● 热机
行驶	● 少于2km　● 2～10km　● 大于10km ● 停下来再行驶　● 转弯　● 制动　● 挂档啮合 ● 开空调　● 开前照灯　● 加速　● 减速 ● 下坡　● 上坡　● 平路　● 弯曲道路　● 崎岖不平

单元12 电控发动机故障诊断

(续)

描述问题：	下列项目中，符合的请打对钩
驾驶习惯	• 城区　• 高速　• 车停房里　• 车停房外面 每天行驶里程：• 少于10km　• 10～50km　• ＞50km
汽油	辛烷值：• 92　• 95
外界温度	• 0～12℃　• 0℃以下　• 12℃以上
发动机故障指示灯/仪表警告灯	• 有时亮　• 一直亮　• 一直未亮
气味	• 热气　• 燃油气味　• 烧机油气味　• 烧电线气味
噪声	• 咔嗒声　• 敲击声　• 尖叫声　• 其他

2. 步骤2 进行彻底的目视检查和基本测试

目视检查是诊断的最重要方面，大多数专家都认为10%～30%的发动机性能问题，可以通过进行彻底的目视检查来发现。检查应包括以下内容：

1）检查是否存在明显问题：
① 燃油泄漏。
② 真空软管断开或裂开。
③ 接头腐蚀。
④ 不寻常的噪声、烟雾或气味。
⑤ 空气滤清器和空气管道。

2）检查所有起作用和不起作用的部件。这一步包括打开电源，观察每一个部件是否都在正常工作。

3）寻找先前维修的证据。在车辆上执行任何工作时，总可能有东西被干扰、撞倒或断开连接。

4）检查油位和状况。目视检查的另一个区域是油位和状况。
① 机油油位。机油应达到适当的油位。
② 机油状况。用火柴或打火机，试着点燃油尺上的机油，如果机油燃烧起来，说明在发动机机油中有汽油。将一些发动机机油从油尺滴到热的排气歧管上，如果机油起泡或沸腾，说明机油中存在冷却液（水）。用手指摩擦机油，检查是否有磨屑。

5）检查冷却液液位和状况。许多发动机机械故障是由过热引起的。冷却系统的正确操作对任何发动机的寿命都至关重要。

6）使用纸张测试。车辆运行时排气尾管处排气流均匀稳定。在发动机怠速运转的情况下，在距离排气尾管2.5m的范围内拿一张纸，纸张应均匀地被吹走，不要存在"喘气"或朝排气尾管末端向内拉。如果纸张有时被拉向排气尾管，则一个或多个气缸中存在气门关不严。纸张可能朝向排气尾管的其他原因包括：
① 发动机可能缺火，因为发动机冷机时通常会出现混合气过稀情况。
② 纸张向排气管的脉动也可能是由排气系统中的孔引起的。如果废气通过排气系统中的一个孔逸出，空气可能会在从排气尾管到排气孔之间的间隔中被吸入，从而导致纸张被吸向排气尾管。

7) 检查燃油油位。确保燃油箱至少加满四分之一到一半，如果燃油油位低，则燃油箱底部的任何水或乙醇都可能会更集中，并会被吸入燃油系统。

8) 检查蓄电池电压。在2000r/min时，蓄电池电压应至少为12.4V，充电电压（发动机运转）应为13.5~15.0V。蓄电池电压过低会导致各种问题，包括燃油经济性降低和怠速不正确（通常过高）。蓄电池电压高于正常值还可能导致动力总成控制模块（PCM）出现故障，并可能导致电子模块损坏。

9) 使用火花测试仪检查火花。拆下一根火花塞导线并将拆下的火花塞导线连接到火花检测仪上。将火花检测仪的搭铁夹连接到干净的发动机搭铁上，起动发动机，并观察火花检测仪，见图12-4。火花测试仪上的火花应稳定一致。如果出现间歇性火花，则应将此情况视为无火花情况。如果此测试未显示令人满意的火花，请仔细检查和测试点火系统的所有部件。

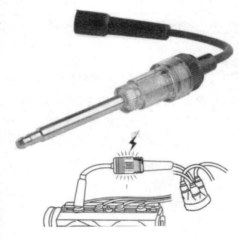

10) 检查燃油泵压力。检查燃油泵压力在许多进气口燃油喷射发动机上相对容易。发动机性能间歇性故障的原因通常是由于电动燃油泵性能差或燃油滤清器堵塞。在诊断过程的早期检查燃油泵压力可以消除燃油压力过低的可能性。

图12-4 火花检测仪

3. 步骤3 检索故障码（DTC）

如果计算机内存中存在故障码（DTC），则可能会点亮故障指示灯（MIL），有的标记为"检查发动机"灯或"尽快维修发动机"灯。当故障指示灯不亮时，故障诊断仪上显示的任何故障码称为未决故障码。由于故障指示灯不亮，这表明故障没有重复出现，从而导致动力系统控制模块没有接通故障指示灯。尽管此未决故障码有助于技术人员了解过去检测到的故障，但仍需要进一步测试以找到问题的根本原因。检查并记录定格信息。这将指示何时设置了故障码，这不仅有助于技师确定是什么原因导致了故障码的设置，而且有助于在相同或类似的条件下操作车辆来验证修理情况。

4. 步骤4 检查技术服务公告（TSB）

检查技术服务公告（TSB）中是否有与症状匹配的更正或维修程序。见图12-5，根据汽车制造商的研究，多达30%的汽车可以按照服务公告中的信息、建议或更换零件进行维修。在搜索维修公告之前必须知道故障码（DTC），因为公告通常包含有关解决故障码问题的信息。

5. 步骤5 仔细查看故障诊断仪上的数据

目前车辆诊断过程中，通过诊断仪调取的数据流越来越多，初入职的技术人员在浏览扫描滚动的数据时，没有线索去寻找到故

图12-5 技术服务公告（TSB）

障原因。数据流本身并不会告诉技师这就是故障原因。

查看扫描数据的最佳方法是按照一定的顺序选定特定的数据,这些数据可以最清楚地说明发动机的运行情况,例如:

1)车辆静止数小时后,发动机冷却液温度(ECT)与进气温度(IAT)相同。
2)怠速空气控制(IAC)阀被指令在可接受的范围内。
3)氧传感器(O2S)工作正常:①读数低于200mV;②读数高于800mV;③在浓稀之间快速转换。

6. 步骤6 将问题缩小到系统或气缸

整个诊断过程中最困难的部分是将焦点缩小到某个系统或单个气缸。例如:

1)进行气缸功率平衡测试。
2)进行压缩和气缸泄漏试验能检测到某气缸不正常,以确定可能的原因。

7. 步骤7 修理故障并确定根本原因

必须按照车辆制造商的维修程序和建议进行修理或更换零件,并确保已找到故障的根本原因。

8. 步骤8 维修验证

验证维修情况并清除所有存储的故障码(DTC)。

1)试驾以验证原始问题(问题)已修复。
2)确认在维修过程中没有出现其他问题。
3)检查并清除所有故障码。此步骤要确保计算机不会根据存储的 DTC 进行任何更改。如果要测试车辆的排放情况,则不应执行此步骤。
4)将车辆交还给客户,并仔细检查以下各项:①车辆干净。②收音机关了。③如果在维修过程中断开了蓄电池,交车前要确保已把时钟设置到正确的时间,并且已恢复了收音机。

12.2 间歇性熄火故障诊断

问题链接:
1. 描述间歇性熄火故障发生的场景?
2. 如何缩短间歇性熄火故障的诊断时间?

12.2.1 常见间歇性熄火故障

最难准确诊断和维修的是间歇性失速故障。每台发动机需要三样条件才能平稳运转或和怠速运转而不失速:①正确的空燃比;②足够的空转速度以应对空载;③良好的火花。如果缺少这些,则发动机可能失速。

1. 最常见的间歇性冷熄火

因为发动机需要更浓的可燃混合气来维持怠速直到暖机。间歇性的冷失速问题几乎都是与燃料有关。在进气道燃油喷射式发动机上,冷熄火也可能是由紊乱的可燃混合气状况引起的,包括真空泄漏或未计量的空气进入 MAF 下游的进气歧管、节气门位置信息错误、MAP 或氧传感器、喷油器脏污,或喷射器的燃油压力低(燃油泵弱、燃油压力调节器故障或燃油受限）等。节温器故障也可能会阻止发动机快速预热，或达到正常工作温度。冷却液传感器故障也可能告诉 ECU 发动机比实际温度更冷（或更热）。这些条件中的任何一种都会破坏发动机的燃油校准，并导致失速问题。在尝试诊断间歇性熄火问题时，务必使用诊断仪来查看所有基本传感器的输入是否在正常范围内，判断它们是否向 ECU 提供了准确的信息。

怠速空气旁路电动机或怠速控制电动机不良也可能导致间歇性失速。如果这些设备无法提供正确的怠速转速，则发动机可能会熄火。有时故障是因 ECU 输入命令引起的，如当 A/C 开启，交流发电机处于高负载或温度过高或过低时，ECU 可能无法提供足够的怠速速度。此时的解决方法是用 OEM 更新来刷新 ECU。

冷熄火问题还有可能是由于 PCV 阀卡住了，从而导致过多的空气被吸入进气歧管。

2. 随机发生的间歇性熄火

随机发生的间歇性熄火大多数都与点火有关，火花突然缺失会让发动机随机熄火并阻止其重新起动。造成火花缺失的最常见原因包括点火线圈、点火模块和曲轴位置传感器线路短路/开路。接线端子松动或腐蚀会导致点火电路中的电压突然下降，也会让发动机熄火，导致车辆抛锚。

12.2.2　间歇性熄火诊断策略

策略 1：诊断间歇性发生的熄火问题，一种策略是等到问题变得更严重之后再尝试诊断，这比找到大多数情况下仅偶尔出问题的零件容易。

策略 2：这个策略可能大大节省时间，就是查看车辆制造商发布的技术服务公告（TSB），也许发现已发布了修复问题的方法，仅花了几分钟的时间进行 TSB 搜索，就节省了数小时的诊断时间。对于许多新款车辆，解决方法通常是给 ECU 重新刷写而不是更换零件。

策略 3：即使故障指示灯（MIL）未点亮，也要连接诊断仪检查故障码（DTC）。寻找历史故障码或未决故障码，可能会发现问题所在。另外，在发动机怠速时（冷起动后和热起动时）查看 ECU 的传感器输入，还应该查看短期和长期的燃油调整。发动机运行时是稀混合气还是浓混合气？这些会告诉技师问题所在。

策略 4：一定要检查蓄电池电压和充电电压。蓄电池电量低，交流发电机弱或过电压都会对车载电子设备造成严重破坏。电磁阀和继电器都需要最低电压才能正常工作，因此，如果蓄电池或充电系统不在正常规格范围内，则可能是问题的根本原因。

策略 5：如果没有故障码或奇怪的读数引向故障原因，这时要考虑故障发生的条件。发动机在冷或热时才熄火吗？还是仅在潮湿的天气中发生（可能是火花塞电线不良）？这些情况可能与温度有关（仅在车辆热或冷时发生），也可能与湿度有关（仅在下雨时发生）。在处理间歇性故障时，应确定故障发生时的条件，然后尝试复现这些条件。如果技师不清楚原因，就请询问客户，询问与该问题有关的任何情况。

策略 6：在装备 OBD II 的车辆上诊断时，还要考虑另一个问题，这种间歇性的故障是仅在 ECU 执行特定诊断测试时才出现的吗？由于 OBD II 系统只能在非常精确的条件下进行诊断测试，如果有些测试在点火循环中只运行了一次，不满足执行测试所需的要求，这种情况可能会被车载诊断误认为是"间歇性"的故障。特定诊断测试包括加热型氧传感器加热器、蒸发炭罐净化、催化剂效率和 EGR 流量。

所有 1996 年及更新的车辆都有 OBD 监视器对特定排放控制部件（如发动机、变速器、

单元12　电控发动机故障诊断

燃油系统和其他排放控制）执行增强诊断检查。每次诊断检查都与动力总成控制模块的诊断执行器通信，以便将数据记录在就绪监视器中。这些诊断检查通常是在车辆以特定方式行驶时执行的，是证明维修成功的好方法。如果已执行并通过诊断检查，ECU 会将其标记为"就绪"。非排放测试故障维修后，技术人员可以直接清除故障码和数据，将车辆返还给客户。对于与排放相关故障的维修，如果在车辆维修过程中或通过断开蓄电池而清除了诊断数据，动力系统控制模块将监视器标记为"未完成"或"未准备就绪"。当这些诊断检查未完成时，车辆将被拒绝进行排放测试，也就是技术人员即使清除了故障码和数据，交付客户后，几个驱动循环下来，故障码仍会出现。因此应执行与冻结帧中记录的参数相匹配的路试，以检查修理是否已排除故障。重复路试，直到 MIL 熄灭，自动清除 DTC。

策略 7：在诊断装备 OBD Ⅱ 的车辆上的间歇性故障时，逻辑诊断策略至关重要。如果存储了故障码，在诊断间歇性故障时，使用存储的冻结帧信息也非常有用。

12.3　无故障码的故障诊断

问题链接：
1. 描述一下无故障码的故障诊断步骤。
2. 高优先权主要传感器有哪些？

无故障码的故障诊断策略包括以下步骤。

步骤 1：确认客户问题后，检查车辆维修历史，并进行彻底的目视检查，检查是否存在以下情况：

1）以前或最近有无因碰撞而进行的车身维修记录。
2）检查燃油有无污染或乙醇含量是否过高。
3）检查所有轮胎尺寸是否相同，因为如果不相同，可能会导致振动，这通常会被误认为是缺火，尤其对四轮驱动和全轮驱动车辆而言。
4）检查以前的维修记录，如有无更换正时带或水泵。
5）检查与客户问题相关的技术服务公告（TSB）。

步骤 2：检查故障诊断仪数据并查看燃油修正值。燃油修正值首选小于 5%，而小于 10% 都被视为可接受。当燃油修正值超过 25% 时，通常会设置空燃比过浓或过稀的故障码。有时，当混合气过稀但不足以设置故障码时，会感觉到动力不足问题。

步骤 3：使用诊断仪进行路试，以记录高优先权主要传感器，包括：

1）MAP/MAF。
2）ECT/IAT。
3）TP 传感器。
4）氧传感器。

节气门位置传感器和空气流量传感器应相互比较，当使用诊断仪上的绘图功能显示时，在车辆加速时显示出彼此的直接关系。发动机负载测试期间若显示没有响应的任何传感器，必须要彻底地排查。

步骤 4：如果根本原因尚未找到，则对尾气进行五气体分析。有关结果可能显示发动机运转的详细信息，请参见第 9 单元。

步骤 5：使用所有可用的资源，包括车辆制造商推荐的测试程序，确定问题的根本原因。修理后，在引起客户问题的类似条件下进行路试，以验证修理情况，确保故障已成功排除。

12.4 重复发生故障或同时出现多个故障的诊断

问题链接：
1. 什么原因会导致部件或系统重复出现故障？
2. 多个部件同时出现故障最有可能的原因是什么？

12.4.1 部件或系统重复发生故障的诊断

当一个部件或系统重复发生多次故障时，说明故障的根本原因没有得到纠正。在诊断部件或系统重复故障的根本原因时，采用问"五个为什么"的方法。例如，如果动力系统控制模块重复设置了 P0017（曲轴位置/凸轮轴位置相关性）故障码，更换了机油控制阀（OCV）并清除故障码。根据 TSB，这是常见的修复方法。发动机似乎也恢复正常，但是，一周后再次出现相同的故障码，发动机故障指示灯又点亮。

第 1 个为什么？技师有没有完成彻底的诊断？回答是否定的。技师仅仅按 TSB 上的一个线索，更换了机油控制阀。又出现类似故障后，技师开始遵循故障码的诊断程序，发现新机油控制阀的电阻在技术规格范围内，凸轮轴位置（CMP）传感器通过了所有诊断测试，似乎产生了正常信号。

第 2 个为什么？如果机油控制阀和传感器都正常，为什么故障码会重置？技师检查了所有接线和电气插头，发现它们都正常。为什么问题还在发生？

第 3 个为什么？在随后的试驾中，为什么故障码再次出现？这次技师测试了曲轴位置传感器并确认了正时带的状况。每个部件测试正常。

第 4 个为什么？为什么技师认为反复出现的问题与 OCV 有关？因为在更换 OCV 后，车辆恢复正常一段时间。技师随后注意到发动机机油油位低且非常脏。为什么机油这么重要？

第 5 个为什么？了解到机油需要清洁，因此更换了发动机机油和机油滤清器，确保使用制造商推荐的机油和符合原始设备规格的机油滤清器。清除故障码，在随后的路试中，故障没有再次发生。在第二次维修中，技师按照规定的诊断流程进行操作，没有做出任何假设，而是根据测试结果做出决定。最后，问题的根本原因其实很简单，维修费用也相对便宜。

12.4.2 同时出现多部件故障的诊断

如果发现同时出现多个部件问题，则必须找到根本原因。如果是电气部件，查阅接线图并检查以下情况：

1) 这些部件是否共用搭铁连接？如果是这样，这是最有可能的原因，也是第一个需要检查的地方。

2) 这些部件是否共用相同的电源？如果是这样，那么这可能是常见部件失效的根源。

3) 这些部件或部件接线是否靠近热源？如果靠近排气系统或 EGR 系统部件，热量会导致电气问题，并且会导致多个部件出现问题。

单元12 电控发动机故障诊断

4）这些部件是否靠近移动物体？如果部件或接线靠近车门、发动机舱盖或行李舱盖附近，它们的打开过程可能会导致电气问题，并且通常会导致多个部件出现问题。

遵循诊断策略，找出并纠正根本原因，交付车辆之前，验证维修是否解决了客户问题。

12.5 总线系统与发动机故障的关联和诊断

问题链接：
1. 车载网络通信系统故障如何诊断？
2. 用数字万用表测量 CAN 总线的终端电阻值为多少？

12.5.1 网络通信故障诊断步骤

当怀疑网络通信故障时，请执行以下步骤查找故障。
1. 第 1 步检查所有工作和不工作的情况

通常，似乎没有连接的附件可以帮助技师确定哪个模块或总线电路有故障。

2. 第 2 步执行模块状态测试

使用制造商提供的专用诊断仪或配备增强型软件的通用诊断仪，该软件允许类似 OEM 的功能。检查是否可以通过诊断仪检测这些部件或系统，见图 12-6。

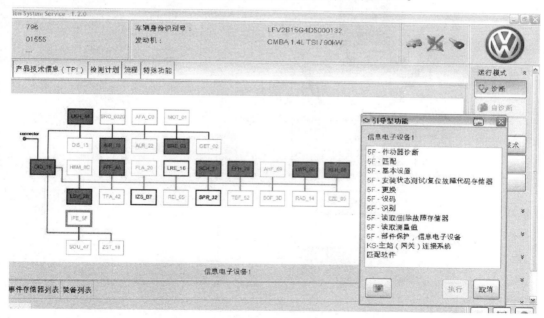

图 12-6 迈腾 B8L ODIS 整体诊断界面

1）Ping 模块。用故障诊断仪开始总线诊断，并选择 diagnostic circuit check（诊断电路检查）。如果未显示故障码（DTC），则可能存在通信故障。选择 message monitor（消息监视器），它将显示动力总线电路上所有模块的状态，见图 12-7。唤醒的模块将显示为激活（Active），故障诊断仪可用于 ping 单个模块或命令所有模块。ping 命令也能将模块状态从"激活"更改为"非激活"。

2）检查健康状况。动力总线电路上的所有模块中至少有一个模块负责报告健康状态（SOH）。如果模块未能在5s内发送健康状态消息，则伴随模块将视为未响应的模块，并将设置故障码。有缺陷的模块无法发送此消息。

3. 第3步检查端接电阻器的电阻

大多数高速总线系统在两端使用电阻器，称为端接电阻器。这些电阻器用于帮助减少对车内其他系统的干扰。通常在每一端安装两个120Ω的电阻器，因此它们是并联的。如果用万用表测试，两个并联的120Ω电阻器的电阻值为60Ω，见图12-8。

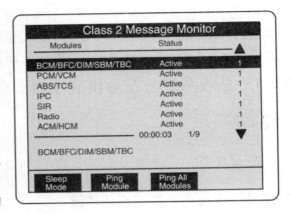

图12-7　动力总成系统信息监控

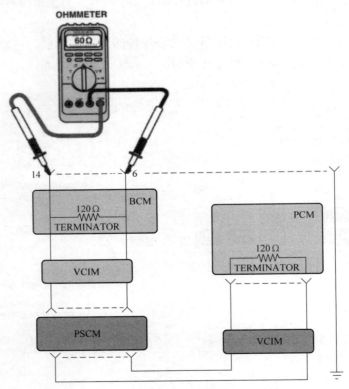

图12-8　动力CAN总线终端电阻的检测

4. 第4步检查数据总线电压

将数字万用表设置为DC电压档监测总线是否正常工作。总线典型问题和原因如下：

1）信号一直是0V。每次拔下一个模块，来检查是否存在对地短路，以确认是否有一个模块导致了故障。

2）信号一直很高或为12V。总线电路可能对12V短路。与客户确认最近是否做过保养

单元12　电控发动机故障诊断

或车身维修工作。试着一次一个地拔掉每个模块的插头，确定是哪个模块导致了通信问题。

3）电压可变表示正在发送和接收消息。查看与动力 CAN 总线通信的 CAN 总线数据诊断接头中端子电压，可以识别CAN-H 和 CAN-L。如果动力 CAN 总线在点火开关"打开"的所有时间都处于激活状态，数字式万用表可以测量出 0~7V 之间的电压变化，见图 12-9。

5. 第 5 步使用数字存储示波器监测总线电路的波形

用示波器代替数字万用表监视数据诊断插头中是否正在传输通信。

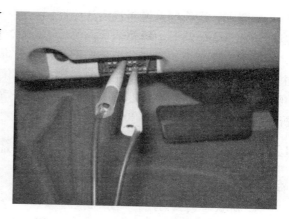

图 12-9　使用探头端子接触数据诊断插头进行信号测量

1）正常运行。正常情况下显示数据线上是可变电压信号。如果存在短段不活动的，也属于正常范畴，见图 12-10。数据在总线数据层上是以数据包的形式发送的，所以看到波形中有局部平线是正常的。

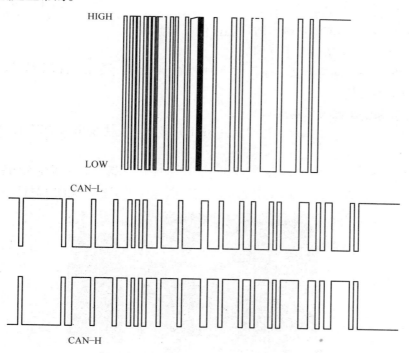

图 12-10　正常的动力 CAN 总线波形

2）高压。如果有恒定的高压信号而没有任何变化，则表明数据线对电源短路。

3）零电压或低电压。如果数据线电压为零或几乎为零，并且没有显示任何更高的电压信号，则数据线对地短路。

按照工厂维修信息说明找出故障原因。这一步骤通常涉及一次断开一个模块，以确定是否是导致总线电路对地短路或开路的原因。

提示：哪个模块是网关模块？网关模块负责与其他模块通信，并充当故障诊断仪数据的主通信模块。大多数汽车使用车身控制模块或仪表板控制模块作为网关。要验证哪个模块是网关，请检查网络示意图，并查找在以下所有情况下有施加电压的模块：①钥匙打开、发动机关闭；②发动机起动；③发动机运转。

12.6 无钥匙进入与一键起动和防盗系统对发动机故障的关联和诊断

问题链接：
1. 防盗系统出问题，发动机能起动吗？
2. 一键起动时发动机不能运转，如何进行故障诊断？

12.6.1 防盗系统与发动机故障的关联和诊断

12.6.1.1 防盗系统问题引起的发动机故障现象

由防盗系统引起的发动机相关故障可能是下列情况之一，具体取决于车辆的品牌和型号：
1) 无拖转状态（起动机不工作）。
2) 发动机能拖转但不能持续运转（燃油供应不上）。
3) 发动机起动，但随后几乎立即熄火。

因此，如果客户的问题涉及上述任何一种情况，则最有可能是防盗系统故障引起的，而不是点火或燃油系统故障。

12.6.1.2 防盗系统射频技术组成

今天大多数的防盗系统采用射频识别（RFID）技术，它主要由两个部分组成。

1. 发射器

遥控钥匙内含解锁车辆的发射器（天线），用于解锁车辆，实现遥控无钥匙进入。钥匙内有电池为发射器供电，而 RFID 芯片部分不需要电池就可工作。见图 12-11。

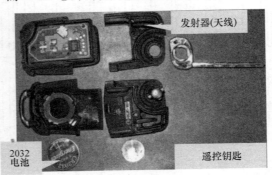

图 12-11 遥控钥匙

2. 应答器（收发器）

应答器安装在钥匙内和锁体中。应答器有一个天线，天线由一个线圈和一个电路板组

成,电路板上装有处理器和存储器。应答器的这些电子元件集成在其塑料板内,由以下组件组成:

1) 微芯片包含唯一的内部标识(ID)号。为了防止未经授权 ID 号码,代码会随着每次传输而改变,并有数百万种不同码(图 12-12)。

遥控门锁用于解锁车门,并向发动机控制单元发出信号,用于控制起动机和/或燃油系统,以及仪表板组合仪表(仪表控制单元)上的警告灯。

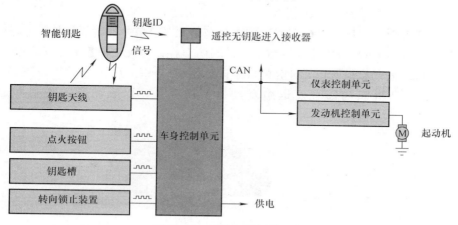

图 12-12 遥控钥匙操作过程

2) 钥匙中的天线线圈由一个缠绕的铜线圈和一个集成电路组成,用于为传导耦合产生高频交流电信号,通过感应(电磁)耦合,钥匙的数据传输到防盗模块。

3) 另一个线圈安装在车内锁体周围,并连接到防盗系统的控制模块。该线圈使用天线向防盗模块传输和接收所有数据信号。更换时无须重新编程至防盗系统。

4) 位于车内的收发器,接收钥匙中收发器发送的信号。收发器既相当于一个"审稿"人,又是一个"发信人"。收发器通常安装在转向柱总成上。收发器的天线是一个线圈,安装在车内锁体周围的塑料环内,见图 12-13。

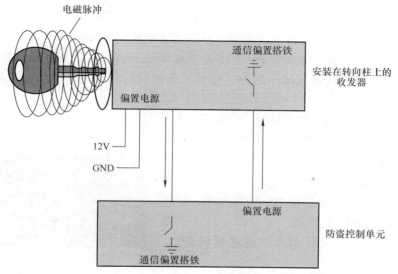

图 12-13 钥匙和收发器、防盗控制单元之间的通信

12.6.1.3 防盗系统的操作

当点火钥匙插入时,收发器发出电磁脉冲。电磁脉冲由钥匙收发器内的线圈接收,从而产生电压。磁脉冲中的信息或数据是调频信号的形式。

典型的防盗系统由钥匙收发器、天线线圈、钥匙槽记忆位置开关、单独的防盗控制模块、发动机控制单元和安全灯组成。大多数防盗系统的工作过程如下:

防盗控制单元和发动机控制单元之间的信号通过串行数据总线传输。

总之,当防盗控制单元识别出钥匙时,就会向钥匙和发动机控制单元发送一个随机数字。然后由遥控钥匙、发动机控制单元和防盗控制单元对该数字执行算法计算。车辆钥匙和发动机控制单元通过 CAN 数据总线将结果发送回防盗控制单元。防盗控制模块将其计算的数字与遥控钥匙和发动机控制单元计算的数字进行比较,只有当三个数字都匹配时,防盗控制单元才会将发动机起动信号发送给发动机控制单元,以起动燃油喷射和点火,见图 12-14。

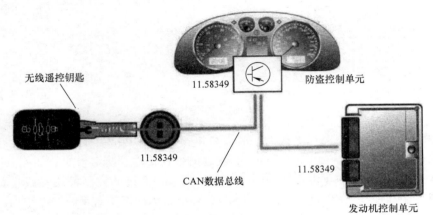

图 12-14 防盗系统工作过程

12.6.1.4 防盗系统的故障诊断步骤

大多数车辆制造商建议修理技师在诊断防盗系统故障时应遵循下列步骤。

步骤 1 确认客户问题。防盗系统故障通常会导致发动机无法起动或起动后失速。故障也可能是间歇性的,因为如果发生错误,许多系统在等待 20min 后可能正常工作,也可能出现与防盗系统有关联的"无法起动"情况,应使用车辆制造商为无法起动情况规定的标准诊断程序进行处理。

步骤 2 目视检查。大多数车辆制造商规定,客户问题得到验证后的第一步是进行目视检查。目视检查包括检查安全灯状态(图 12-15)。典型的安全灯状态包括:

1)正常。当点火开关打开时,安全仪表板灯亮 2~5s 进行灯泡检查,然后熄灭。

2)篡改模式。如果系统检测到钥匙损坏、锁芯损坏或与安全相关的接线问题,安全指示灯大约每秒闪烁一次。发动机将无法起动,或者虽可起动,但将无法持续运转。

图 12-15 防盗系统安全灯

3) 故障启用模式。如果车辆运行时安全系统发生故障,安全灯将保持亮起,但防盗系统将被禁用,因为这显然不是盗窃企图。因此,除组合仪表上的安全警告灯一直亮起外,发动机将正常起动和运转。

检查是否存在附加的配件。这些系统需要备用钥匙在锁芯附近使用,才允许发动机使用起动。附加配件故障可能会影响防盗系统的正常工作。

步骤3 检查故障诊断码。使用工厂级或增强型诊断仪检索故障码。检查维修信息以获得DTC及其含义。

步骤4 检查技术服务公告(TSB)。TSB由制造商发布,用于通知技术人员情况或技术问题,并给出解决问题所需的正确步骤和零件清单。

一些TSB涉及小问题涵盖少数车辆,包含非常有用的解决方案。TSB也可以在获得许可的网站上购买。TSB通常可以为技术人员节省许多故障的排除时间。

步骤5 按照维修信息中指定的诊断步骤执行精确定位测试。检查每个部件的系统电压是否正确。

步骤6 确定根本原因。通过遵循特定的诊断程序,通常可以确定根本原因。如果更换了模块,通常必须对其进行编程以接受点火钥匙。

步骤7 验证修理。执行维修程序后,验证系统是否恢复正常。如果需要,在与客户问题得到纠正时相同的条件下操作车辆,以验证维修情况。记录工单并将车辆以干净的状态返还给客户。

12.6.2 无钥匙进入与一键起动系对发动机故障的关联和诊断

12.6.2.1 无钥匙进入的正常反应过程

以大众迈腾B8系列为例,无钥匙进入系统基本工作原理如下(图12-16):

1) 车外门把手触摸传感器(电流约14mA)唤醒J965,J965被唤醒后,一方面通过唤醒线唤醒J519,另一方面J965向该侧车门室外天线发送低频信号(125kHz,包括钥匙唤醒信息、ID码询问信息等)。

2) 已授权的钥匙被唤醒后,指示灯会闪烁,验证ID码,若合法,则发出高频信号(433.9 MHz,含钥匙ID码、钥匙接收到的天线信息)给J519。

3) J519通过内置高频天线R47接收钥匙信息,若合法,则唤醒舒适CAN总线,同时通过网关J533进一步唤醒动力驱动CAN总线。

4) 车辆还会有以下反应:

① J519控制车辆所有转向灯闪烁。

② 各车门控制模块接收到来自舒适CAN总线的解锁信息,控制门锁电动机、后视镜折叠电动机(需要考虑车辆设置功能确定)、后视镜上的转向灯动作。

③ 仪表J285接收到来自舒适CAN总线的信息,控制仪表内的转向指示灯闪烁两次。

④ 发动机控制模块J623激活J271继电器约8s,但此时油泵不运转。

⑤ 车辆蜂鸣器会发出响声。

⑥ 舒适CAN会通过J965点亮点火开关背景灯;通过J519、LIN点亮灯光旋钮开关背景灯。

⑦ 驱动CAN上的J623激活J271继电器(持续约8s),同时通过油泵控制信号线激活

J538，控制油泵运转一段时间（取决于油压），实现预供油。

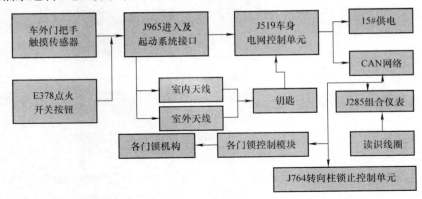

图 12-16　大众迈腾 B8 系列的无钥匙进入与一键起动系统工作原理

12.6.2.2　打开车门的正常反应过程

拉开车门，车门开关 F2 信号经驾驶员侧车门控制单元 J386 激活并传送至舒适 CAN 系统，车辆会做出以下反应：

1) 车门开关 F2 把车门打开和关闭至少一次的信号输送给 J386，后者把信号经 CAN 总线系统传输给 J965，J965 接收到该信息后，一方面通过唤醒线唤醒 J519，进而唤醒整个总线系统，J285 通过总线问询车内是否多了一把钥匙，然后 J965 通过室内天线搜寻钥匙，并指示该钥匙向 J519 发送自身 ID 信息，J519 或 J285（无法验证）确认钥匙身份合法的情况下，通过 CAN 总线系统解锁转向盘。

2) 组合仪表控制单元 J285 接收到总线被车门开关 F2 激活的信息后，就会点亮仪表中心屏幕，并且根据每个车门的开关状态信息来显示四个车门、发动机机舱盖、行李舱盖的开闭状态。

3) 由于 CAN 总线处于激活状态，一些不受点火开关控制的系统或部件就会工作，例如中控锁开关、行李舱锁开关、喇叭按钮、危险警告灯开关等。

12.6.2.3　一键起动的正常反应过程

一键起动系统也称为 +15 电，基本工作原理如下：

1) 打开点火开关 E378，点火开关信号会发送给 J965，后者瞬间唤醒舒适 CAN 总线并问询总线系统中的 J285 是否需要 +15 电信号，J285 接收到该信号后会问系统车内是否多了一把合法钥匙，此时 J965 通过室内天线发出低频信号。

2) 钥匙接收到低频信号后，一方面其指示灯会闪烁，另一方面对接收到的信号进行识别，若符合要求，则以高频信号发送给 J519，以传送钥匙 ID 信息。

3) J519 或者 J285（无法确定）确定钥匙身份合法后，若一致，则 J285 通过舒适 CAN 总线发送允许对码指令至 J764。

4) J764 完成电子防盗码比对后，为电子转向柱锁电动机供电，电子转向柱锁解锁，J764 通过内部集成位置传感器得知锁舌解锁状态后，通过舒适 CAN 总线向 J965 发送建立 +15 电信号指令。

5) J965 收到 J764 指令后，产生高电位，发送 +15 电信号建立指令。

6) J519 收到发送的信息后，建立 +15 电信号，产生如下动作：

① 通过 J329 控制线圈供电，使端子 15 供电继电器 J329 工作。

② 通过产生 +15a 电信号至 J533 及驱动 CAN 总线，激活 J623，以促使 J623 等动力系统控制模块与 J285 彼此进行身份验证，然后经主继电器 J271 及燃油泵控制单元 J538 激活油泵运转一定的时间，以再次蓄压。

③ 通过舒适 CAN 总线向外发送 +15 电信号，整体唤醒全车网络。所有系统基本都进入运行状态，此时诊断仪可以和所有模块进行通讯。

12.6.2.4 无钥匙进入与一键起动系统引起无法起动案例1

故障现象：

1）无钥匙进入可正常开启车门，所有转向灯及仪表上的警告指示灯闪烁正常，后视镜打开，车辆发出短暂声响。

2）进入车内并关闭车门，钥匙指示灯闪烁，仪表可正常显示车门状态，转向盘正常解锁，灯光开关旋钮背景指示灯、E378 背景指示灯正常点亮。

3）一键起动和应急起动均无法打开点火开关 E378，钥匙指示灯不闪烁，仪表不亮，起动机不转。

故障分析：

电路图如图 12-17 所示，无钥匙进入时，仪表上的转向指示灯闪烁正常，说明车外门把手触摸传感器→J965（通过唤醒线、舒适 CAN）→J519（舒适 CAN）→J285，以及 J965→室外天线→钥匙→J519 工作正常。

一键起动时钥匙仪表指示灯未闪烁，说明 E378→J965（通过舒适 CAN）→J285 异常。

一键起动时无法起动，说明 J965→室内天线→钥匙工作异常。

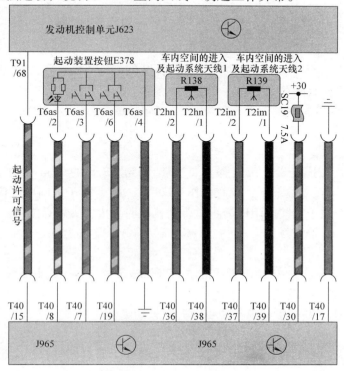

图 12-17 发动机控制单元 J623 与进入、起动系统接口 J965 的电路连接

E378 背景指示灯点亮，说明 J965（通过一根导线）→E378 背景指示灯→搭铁工作正常。

注意：根据车辆技术特点，车内前部天线属于主天线，如果其出现故障，车外天线均失效，现在无钥匙进入功能正常，说明室内天线肯定没有问题。由此可以推断，E378 与 J965 之间信号电路存在故障，具体表现在：

1）E378 自身故障。
2）E378 到 J965 之间的信号线路故障。
3）J965 局部故障。

诊断思路：

1）读取故障码，由于点火开关无法打开，可能诊断仪无法进行通信，可以通过操作钥匙遥控器、操作变光灯、操作中控锁开关等方法激活 CAN 总线，以便进行通信。读取后发现无故障码。基于测量方便原则，下一步利用诊断仪读取 J965 内的 15#信号。

2）利用诊断仪在 J965 内读取 15#信号。测试时，反复操作变光灯开关，用诊断仪读取 J965 内 15#相关数据组，正常情况下，打开点火开关时应显示为 OFF–ON，实测为 OFF，测试结果异常，说明 J965 没有接收到正常的来自 E378 的 15#信号。可能原因为：

① J965 自身故障。
② J965 与 E378 之间的线路故障。
③ E378 自身。

基于信号形成原理及测量方便原则，下一步测量 E378 的信号输出信号。

3）测量 E378 的信号输出（单触点故障）。

按下 E378，见图 12-17，用万用表分别测量 E378 的 T6as/3、T6as/6 的对地电压，正常情况下两个端子的对地电压均为 +B→0V。实测结果为：E378 的 T6as/3 对地电压为 +B→0V，正常；而 T6as/6 的对地电压均为 +B 不变，异常。

由于 E378 的 T6as/3 对地电压正常，说明 E378 的搭铁线路正常。而 T6as/6 的对地电压异常，只能说明 E378 自身存在故障。

注意：为了确保不会错误的更换配件，加之该配件可以进行单件测试，所以最好进一步确认。

4）E378 单件测试。

拔掉 E378 的电气连接器，反复操作 E378，测量 E378 的 T6as/4 和 T6as/3、6as/4 和 T6as/6 之间的电阻，正常情况下，没有操作 E378 时，两个端子之间电阻应无穷大，而没有操作 E378 时，两个端子之间电阻应为零，否则就说明点火开关触点损坏。

更换 E378 后，车辆恢复正常。

机理分析：

由于点火开关故障，造成 J965 无法准确识别驾驶员的指令，因此系统不会针对 15#信号做出反应，仪表不亮，发动机无法起动。

12.6.2.5 无钥匙进入与一键起动系统引起无法起动案例 2

故障现象：

1）无钥匙进入功能失效，操作时钥匙指示灯闪烁，但车外所有转向灯及仪表上的警告指示灯均不闪烁，后视镜无法展开；操作钥匙遥控器，可以正常解锁车门，车外所有转向灯及仪表上的警告指示灯正常闪烁，后视镜可以展开；两种情况下 E378 背景灯不能点亮。

2) 进入车内并关闭车门，钥匙指示灯不能闪烁。

3) 按下 E378，钥匙指示灯不闪烁，转向盘无法解锁，仪表不能点亮，整车不能上电，应急起动同样不能打开点火开关。

故障分析（图 12-18）：

1) 拉开、关闭车门时钥匙指示灯不能闪烁，说明驾驶员侧车门接触开关 F2→J 驾驶员侧车门控制单元 386（通过 CAN）→车载电网控制单元 J519→进入及起动系统接口 J965→室内天线→钥匙工作异常；但仪表显示车门状态正常，说明 F2→J386（通过 CAN）→J519→组合仪表控制单元 J285 工作正常。

2) 打开点火开关时钥匙指示灯不能闪烁，说明起动按钮 E378→J965→室内天线→钥匙、J965（通过 CAN）→J285 工作异常，但仪表显示车门状态正常，说明 J285 与 CAN 通信正常。

3) 所有车门无钥匙进入时钥匙指示灯闪烁，说明各车门触摸传感器→J965→室外天线→钥匙工作正常，及室外天线、J965 及其电源均没有故障。

根据故障概率，各车门 F2、E378、各天线同时损坏的概率很低，那造成以上故障的原因应该为 J965 没有与外界进行通信：即 J965 端 CAN 故障。

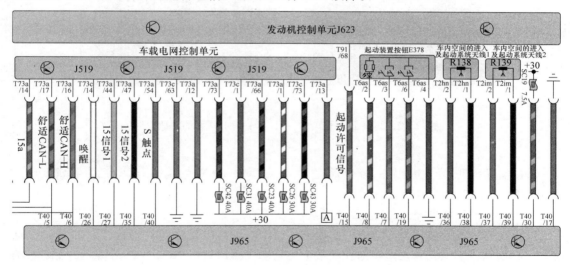

图 12-18　发动机控制单元电路连接

诊断思路：

1) 反复操作钥匙遥控器的开锁键（用于激活 CAN 总线系统），读取故障码，发现 131634（进入及起动许可，无通信）。此诊断信息进一步验证了之前推断的正确性。而造成 J965 控制模块无法正常通信的主要原因为：

① J965 的 CAN 总线故障。

② J965 自身故障。

2) 测量 J965 的 CAN 总线波形，以验证故障码的真实性，确定故障范围，见图 12-19。

打开双闪（用于激活 CAN 总线系统）后，用示波器测量 J965 的 CAN－H、CAN－L 线路的对地波形，正常波形如图 12-19a 所示。实测波形根据断路情况有所区别，有三种断路

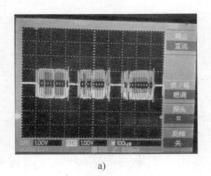
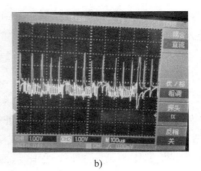

图 12-19 测量 J965 的 CAN 总线波形
a) 正常　b) 仅 CAN-H 断

的方式包括 CAN-H 和 CAN-L 双断、仅 CAN-H 断、仅 CAN-L 断。但不管哪种断的方式，都很容易通过实际波形图，可以看出 J965 的 CAN 总线存在的故障。

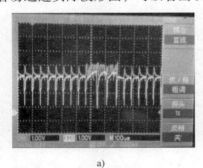
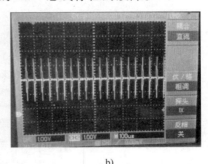

图 12-20　测量 J965 的 CAN-H、CAN-L 线路的对地波形
a) 仅 CAN-L 断　b) CAN-H 和 CAN-L 双断

通过实际波形图，可以看出 J965 的一根或两根 CAN 总线与外界联系中断的情况（图 12-19、图 12-20）。

3）测量 J533 端或 J386 端的 CAN 总线波形（图 12-21）。

打开双闪，用示波器测量 J533 的 CAN-H、CAN-L 线路的对地波形，正常波形如图 12-21a 所示，实测正常。经过对比两端的波形图，可以看出 J965 与 CAN 总线之间线路存在断路故障。

4）检查电路导通性。

关闭点火开关，拔掉 J965 和 J533 的电气插接器（因为测试条件的原因，拔掉 J965 和 J386），用万用表测量 J965 与总线之间的导通性（正常值为 0.6Ω，实测值为无穷大），发现确实存在断路现象。

修复线路后，系统恢复正常。

机理分析：

由于 J965 与 CAN 总线之间存在断路故障，导致 J965 无法与外界进行通信，导致无钥匙进入时，或者打开车门进入车内并关闭车门时，J519 无法向 J965 发送钥匙问询指令，而使得 J965 无法通过天线发出低频信号给钥匙，所以钥匙指示灯不能闪烁，无钥匙进入功能失

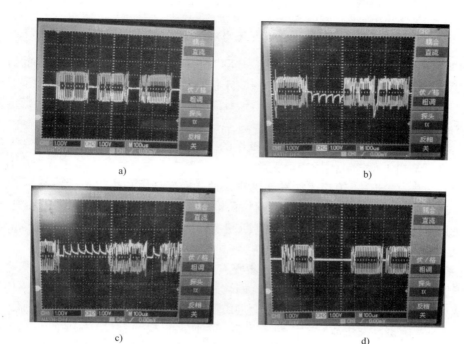

图 12-21 测量 J533 端或 J386 端的 CAN 总线波形
a) 正常 b) 仅 CAN-H 断 c) 仅 CAN-L 断 d) CAN-H 和 CAN-L 双断

效，或者转向盘无法解锁。

由于 J965 与 CAN 总线之间存在断路故障，导致 J965 无法与外界进行通信，导致打开点火开关时，J519 无法向 J965 发出 15#请求验证信息，所以 J965 就不会向 J519 发出 15#信号，导致仪表不亮，整车不能上电。

本单元小结

1）漏斗诊断——诊断程序的目视方法：步骤1 验证问题，步骤2 执行彻底的目视检查和基本测试，步骤3 检索故障码（DTC），步骤4 检查技术维修公告（TSB），步骤5 仔细查看故障诊断仪上的数据，步骤6 将故障缩小到系统或气缸，步骤7 修理故障并确定根本原因，步骤8 维修验证。

2）最常见的间歇性故障是冷熄火。间歇性的冷失速问题几乎都是与燃料有关。间歇性熄火诊断策略：策略1 是等到问题变得更严重之后再尝试诊断；策略2 是查看车辆制造商发布的技术服务公告（TSB）；策略3 在发动机空转时（冷起动后和热起动时）查看ECU的传感器输入，还应该查看短期和长期的燃油调整；策略4 一定要检查蓄电池电压和充电电压；策略5 要考虑故障发生的条件；策略6 是判断间歇性故障是否在ECU执行特定诊断测试时出现；策略7 使用存储的冻结帧信息。

3）无故障码的故障诊断策略包括以下步骤：步骤1 确认客户问题，步骤2 检查故障诊断仪数据并查看燃油修正值，步骤3 使用诊断仪进行路试，并记录高优先权主要传感器数据，步骤4 对尾气进行五气体分析，步骤5 使用所有可用的资源确定问题的根本原因。

4）部件或系统重复发生故障的诊断，问5个为什么：技师有没有完成彻底的诊断？为什么故障码会重置？为什么在随后的试驾中故障码再次出现？为什么技师认为反复出现的问题与OCV有关？为什么不了解下机油需要清洁吗？

5）同时出现多部件故障的诊断，检查以下情况：部件是否共用搭铁连接？部件是否共用相同的电源？部件或部件的接线是否靠近热源？部件是否靠近移动物体？

6）网络通信故障诊断步骤：第1步检查所有工作和不工作的情况，第2步执行模块状态测试，第3步检查端接电阻器的电阻，第4步检查数据总线电压，第5步使用数字存储示波器监测总线电路的波形。

7）防盗系统故障可导致发动机无法起动（起动机不工作）、发动机能拖转但不能持续运转、发动机起动后立即熄火。要诊断防盗系统，请使用厂家专用或增强型诊断仪，检索故障码，然后按照指定的诊断程序进行操作。

附录

1. 汽车技术赛项汽车发动机管理技术竞赛内容

围绕起动机不转、汽车发动机无法起动、发动机工作不良三种故障现象,进行检测分析并查找故障点,见表1。重点考察参赛选手对车辆的结构和控制逻辑的理解程度,以及参赛选手对万用表、故障诊断仪、示波器等常用诊断设备的应用能力。

表1 汽车发动机管理技术竞赛内容分解

平台	作业内容
迈腾整车	起动机不转的故障诊断
	发动机无法起动的故障诊断
	发动机运转不良的故障诊断
	作业规范及职业素养

2. 汽车发动机管理技术竞赛涉及的知识和技能点

故障点来自车辆发动机管理电控系统及随车相关配置设备中各种常见的元器件和电路故障,具体考察的知识点和技能点如下:

1) 了解汽车发动机维修过程中容易出现哪些安全事故以及如何预防。

2) 了解通过车辆身份证号码(VIN)识别车辆的方法,即VIN各个字母或数字代表的含义。

3) 理解电控汽油发动机的通用诊断和检测过程。

4) 理解汽车电控系统的三种常用的诊断和检测方法,即电脑通信式、在线测量式和模拟诊断式。

5) 了解汽油发动机在诊断和检测作业中通常使用哪些检测和诊断仪器,每种检测和诊断仪器的作用和特点是什么。

6) 掌握电控汽油发动机系统的每种传感器、执行器元件的工作原理、电路连接和信号特点;理解元器件故障对发动机性能的影响;掌握每一种元件的诊断和测试过程以及对测试诊断结果进行分析。

7) 掌握汽油发动机燃油系统压力的测试方法,掌握燃油压力过高或过低的故障分析方法。

8) 理解汽油发动机控制系统控制喷油量的三个因素,掌握喷油器工作性能的测试方法,并能对测试结果进行正确的分析。

9）理解影响发动机点火正时的各种因素，掌握利用汽车专用诊断仪测试发动机点火正时的方法，并能对测试结果进行正确的分析。

10）理解喷油脉冲宽度信号的影响因素，掌握利用汽车专用示波器、汽车专用诊断仪获取喷油脉冲宽度信号的方法；掌握利用喷油器脉冲宽度信号测试发动机电控系统工作性能的方法，并能对测试结果进行正确的分析。

11）理解氧传感器信号的影响因素，掌握利用汽车专用示波器、汽车专用诊断仪或汽车专用万用表获取氧传感器信号的方法；掌握利用氧传感器信号测试发动机电控系统工作性能的方法，并能对测试结果进行正确的分析。

12）理解长期燃油修正系数和短期燃油修正系数的意义，掌握利用汽车专用诊断仪获取长期燃油修正系数和短期燃油修正系数的方法；掌握利用长期燃油修正系数和短期燃油修正系数测试发动机电控系统工作性能的方法，并能对测试结果进行正确的分析。

13）理解初级点火波形的各个参数的含义；掌握初级点火波形的获取办法；掌握利用初级点火波形对发动机，特别是对点火系统的工作性能进行检测，并能对测试结果进行正确的分析。

14）理解次级点火波形的各个参数的含义；掌握次级点火波形的获取办法；掌握利用次级点火波形对发动机，特别是对点火系统的工作性能进行检测，并能对测试结果进行正确的分析。

15）理解汽油发动机怠速控制原理；掌握利用汽车专用诊断仪读取数据流或汽车专用示波器测试发动机怠速控制性能的方法，并能对测试结果进行正确的分析。

16）理解汽油发动机燃油供给系统的常见故障（主要包括系统压力过高、系统压力过低、系统不工作、各缸喷油器的喷油量不均匀、喷油器工作性能不符合要求）的形成机理；掌握汽油发动机燃油供给系统（含双喷系统）的常见故障的诊断思路；掌握系统测试过程中所需仪器的使用方法。

17）理解汽油发动机点火系统常见故障（主要包括点火正时失准、点火系统不工作、点火系统能量不足、点火系统能量过高、个别气缸火花塞不工作或点火能量不足）的形成机理；掌握汽油发动机点火系统常见故障的诊断思路；掌握系统测试过程中所需仪器的使用方法。

18）理解汽油发动机怠速控制系统常见故障（主要包括无怠速、怠速过高、怠速过低、怠速抖动）的形成机理；掌握汽油发动机怠速控制系统常见故障的诊断思路；掌握系统测试过程中所需仪器的使用方法。

19）理解废气循环量过大或过小对发动机性能的影响，了解废气再循环系统的检测和故障诊断方法。

20）理解三元催化转化器、氧传感器和闭环控制系统的工作原理；掌握判定氧传感器工作是否正常的检测和诊断方法；掌握判定发动机是否处于闭环状态的测试方法；掌握判定三元催化转化器工作是否正常的三种常用的方法。

21）理解进气控制系统的工作原理，了解进气控制系统的检测和故障诊断方法。

22）理解配气相位控制及可变升程控制系统的工作原理，了解配气相位控制及可变升程控制系统的检测和故障诊断方法。

23）理解涡轮增压系统的工作原理，了解涡轮增压系统的检测和故障诊断方法。

附录　全国职业院校技能大赛汽车技术　赛项规程中汽车发动机管理技术竞赛内容

24）理解冷却系统（含智能热能管理系统）的工作原理，了解冷却系统（含智能热能管理系统）的检测和故障诊断方法。

25）了解自诊断系统的发展过程、技术规范和局限性；掌握故障诊断仪的使用方法，重点掌握数据流的分析和利用OBDⅡ的功用进行相关系统的诊断和测试。

26）掌握汽车蓄电池的结构和工作原理，理解蓄电池测试参数的含义，掌握蓄电池的测试方法，学会测试仪器的使用，并能对测试结果进行正确的分析。

27）掌握汽油发动机起动系统的构成和工作原理，理解汽油发动机起动系统测试参数的含义，掌握汽油发动机起动系统的测试方法，学会测试仪器的使用，并能对测试结果进行正确的分析。

28）掌握与汽油发动机相关的CAN – BUS系统的构成和工作原理，理解CAN – BUS系统相关测试参数的含义，掌握CAN – BUS系统的测试方法，学会测试仪器的使用，并能对测试结果进行正确的分析。

29）掌握防盗系统的构成和工作原理，理解防盗系统相关测试参数的含义，学会测试仪器的使用，并能对测试结果进行正确的分析。

30）理解汽油发动机常见故障（主要包括发动机无法自诊断、无法起动、发动机起动困难、发动机怠速不稳、发动机动力不足、发动机尾气排放超标）的形成机理；掌握汽油发动机常见故障的诊断思路；掌握系统测试过程中所需仪器的使用方法。

参 考 文 献

[1] 斯威姆. ASE 汽车职业技能提升指南：高级发动机性能 [M]. 王凯明，译. 北京：机械工业出版社，2018.

[2] 弋国鹏，魏建平，郑世界. 汽车发动机控制系统及检修 [M]. 北京：机械工业出版社，2017.

[3] 理查德，等. 现代汽车技术 [M]. 杨占鹏，等译. 北京：机械工业出版社，2010.

[4] 霍尔德曼. 汽车发动机性能 [M]. 张葵葵，等译. 北京：中国劳动社会保障出版社，2007.

[5] 汤姆森学习公司. 发动机高级诊断专家技能训练 [M]. 宋进桂，等译. 北京：机械工业出版社，2005.